墨子教育新论

蒋振远 著

山东大学出版社
SHANDONG UNIVERSITY PRESS
·济南·

图书在版编目(CIP)数据

墨子教育新论/蒋振远著．—济南：山东大学出版社，2023.11
ISBN 978-7-5607-7718-4

Ⅰ.①墨… Ⅱ.①蒋… Ⅲ.①墨翟(前468-前376)-教育思想-研究②《墨子》-研究 Ⅳ.①G40-092②B224.5

中国国家版本馆CIP数据核字(2023)第002358号

责任编辑 肖世伟
封面设计 王秋忆

墨子教育新论

MOZI JIAOYU XINLUN

出版发行 山东大学出版社
社　　址 山东省济南市山大南路20号
邮政编码 250100
发行热线 (0531)88363008
经　　销 新华书店
印　　刷 山东翰林纸业股份有限公司
规　　格 720毫米×1000毫米 1/16
28.75印张 440千字
版　　次 2023年11月第1版
印　　次 2023年11月第1次印刷
定　　价 92.00元

2006 年 11 月 5 日，中国教育学会“十一五”课题“适时施教”开题暨新课程教学艺术研讨会

2016 年 7 月 11 日，出席第十一届国际墨子鲁班学术研讨会暨第六届墨子文化节

2016年10月15日，和中国墨子学会副会长、中国逻辑学会监事、中国人民大学哲学院教授孙中原（右）在一起

2017年10月12日，和中国墨子学会副会长、曲阜师范大学文学院教授陈克守（右）在一起

2019 年 4 月 11 日，为枣庄科技职业学院“墨子论坛”第 12 期做题为《墨子职业教育思想述要》的学术报告

2019 年 4 月 11 日，被枣庄科技职业学院聘为特聘教授，枣庄科技职业学院党委书记侯同运颁发证书

2019年7月18日，和中国墨子学会副会长、山东大学教授姜宝昌（左）在一起

内容提要

本书是作者数十年来研读墨子文本、研究墨子思想、实践墨子教育理论的系统总结和反思成果的结晶。本书在充分考察前人研究的基础上，运用科学发展观的观点和方法，从当前时代“新”的角度，从现实教育“新”的视角，对墨子的教育目的、教育性质、育人标准、办学形式、课程设置、育人施教、教育原则、教学方法、施教足迹、教育价值中能代表中华民族优秀传统，对今天建设中国特色社会主义和社会主义精神文明的精华做了系统、详细的阐述。本书以墨子的教育思想观照当代教育，书中提出的每个新观点，均用墨子的教育理论和实践进行论证。本书理论联系实际，吸收和借鉴当今墨子教育研究的新成果，来阐释墨子教育的核心问题和当前教育的热点问题，为增强中小学教师和教育工作管理者提高教育教学的针对性和实效性、创造适合学生的教育，进而解决教育改革中的困惑提供了参照，为当代教育实践提出了一些新的思路，为教育问题的破解提供了一些新的方法，是一部系统、详尽的墨子教育思想研究论著。

Summary

This book is written according to the systematic review and reflection of the author who has read Mo-tse's literatures, studied Mo-tse's thoughts and practiced Mo-tse's educational theory for decades. There are some quintessential aspects of Mohism's educational objective, educational nature, educational standards, forms of running schools, curriculum, implementation of education, educational principles, didactical methods and the teaching practice, which can represent the excellent traditions of the Chinese nation to enlighten the constructing of the socialism with Chinese characteristics and socialist spiritual civilization. Based on the thorough investigation of previous studies, from the "new" perspective of the current times and from the "new" perspective of educational reality, this book makes a systematic and elaborate illustration on the essence by using the views and methods of Scientific Outlook on Development. Since the author uses Mo-tse's educational thoughts to scrutinize our contemporary education, every new viewpoint which is put forward in this book is demonstrated by Mo-tse's educational theory and practice. By linking theory with practice, this book absorbs some new research achievements of Mohism education to illustrate the core issues of Mohism educational thoughts and the hot topics in current education. Some references are provided for teachers and administrators of primary and secondary schools to improve the pertinence and effectiveness of teaching, to create a suitable education for students and to solve the puzzles in educational reform. Some new ideas are put forward in this book for the practice of contemporary education and some new methods are also provided in this book for solving the problems of education. This book is a systematic and elaborate monograph that studies Mo-tse's educational thoughts.

序

谷汉民

墨子是与孔子比肩的华夏文化的杰出代表；墨学是先秦显学，富于创新；墨子学说在中国学术上占有非常重要的地位。秦汉以后，墨子的社会、政治观点被儒家、法家等消化吸纳，墨子的认识论、逻辑学、科技思想、教育学说则湮灭无闻。自清代中叶特别是20世纪80年代以来，墨学越来越受到重视，人们希望从墨学这个富于创新精神的学派中找到实现中华民族复兴的启示。

蒋振远同志在从事基础教育教学、科研的同时，致力于墨子研究，这既是他对家乡古代圣哲的追慕，又是对现代教育不断探索的必然延伸。他工作勤奋刻苦，学习孜孜不倦，研究长于辨析，多年来硕果累累。经过十多年的研究探索，他将推出一部研究墨学的力作——《墨子教育新论》，这是一件可喜可贺的事情。

读罢书稿，掩卷而思。我感觉《墨子教育新论》的“新”主要体现在以下五个方面：一是本书以墨子教育为主线，兼论墨子教育产生的历史政治背景、所处区域经济环境以及墨子成长的生活状况，全方位、深刻地阐述了墨子的教育思想，并指出墨子的一切活动都是教育活动。二是对墨子教育体系进行阐发分析，多有创意，见解新颖独到。比如《尚贤》，崇尚重用贤才；《天志》，实即墨子之志；《大取》，言兼爱中取大；《备高临》，防备居高攻下。又如，提出墨子在世界上首开“义务教育”的先河，开辟了我国乃至世界职业教育的新时代……三是高度赞扬墨子以身示教的精神，指出墨子就是活的课程、活的教科书，墨子的教育教学活动时时处处闪耀着创新的光芒。科学论证了墨子教育课程与施教者、受教者，施教者与受教者，知识学习与实践应用，教书与育人的关系。总结出墨子独具匠心创造的具有墨家特色，适合受教者身心发展的教育原则和教学方法。这些教育原则和教学方法在中国乃至世界教育史上具有举足轻重的地位，为后世教育奠定了坚实的基础，这是值得我们引以为豪的。四是为了方便读者理解《墨子》原文，从课程开发的角度，按“谈辩、说书、从事”三类，逐篇进行精辟分析，列出要点，指出精义，特别是在阐述墨子好学博闻、巧思善辩、创新为民、强说强教、自苦行义等方面，案例选取得当，阐发深刻，读后催人奋进。五是墨子的教育思想于当代社会并未过时，从独树高标的墨子教育思想中，提取出能为我们所用的精华，对我国社会主义现代化建设，培养具有创新精神和实践能力的建设者和接班人，具有重要价值。书中以习近平新时代中国特色社会主义思想为指引，结合“适时施教”的理论和实践，站在时代高度，从创造适合学生教育的十个方面阐发墨子教育思想对当代教育的观照、对未来教育的引领，使人读后豁然开朗。可以说，《墨子教育新论》是中国第一部全面研究墨子教育思想的著作，它将墨子研究着实向前推进了一大步。

蒋振远同志在上大学时，我担任他的班主任。他勤奋好学、独立思考，给我留下了深刻的印象。毕业后他回到家乡滕县当了一名中学教师。在近半个世纪的从教生涯中，他曾在墨子故里的中学和全国唯一的墨子中学担任校长十余年，他从未脱离教学、科研第一线。他创立了“适时施教（创造适合学生的教育）”理论，被评为特级教师，入选“新中国课堂教学的开拓者”。退休后，他退而不休，研究不止，笔耕不辍，积极参加教育公益活动，宣讲“适时施教”理论，研究、宣传墨子教育思想。这种无限忠诚教育事业，认真执着、锲而不舍、追求完美的精神，大有墨子遗风，又闪烁着时代的光辉，难能可贵、令人钦佩。作为他的老师，我由衷地感到欣慰和骄傲。

国家正处在中华民族伟大复兴的新时代，我谨祝愿蒋振远同志一如既往，不断进取，为新时代的教育和墨子研究做出更大贡献。

2020 年 2 月

前言 | 蒋振远

在中国历史上，有一个人创立的“义务教育”影响了世界的发展。这个人就是墨子。墨子，名翟，春秋战国之际小邾国（今山东滕州木石镇）人。据山东大学张知寒教授考证，墨子约生于公元前480年，卒于公元前390年，是我国当时杰出的思想家、教育家、科学家、军事家和社会活动家，墨家学派的创始人。

墨子开创了“义务教育”的先河，是世界上提出“义务教育”的第一人。现在全球190多个国家和地区，已有170多个实现了义务教育。墨子思想独树高标、博大精深，是中华民族优秀传统文化的重要组成部分，是中华民族最崇高智慧的表现。通过研读墨子文本、研究墨子思想、实践墨子教育，我获得如下认识和体会。

一、墨子教育的目的：济民救世

墨子通过对所处社会、生活环境的观察和教育实践，树立了“兴天下之利，除天下之害”（《尚同中》）的信念，独有见地地确立了自己的教育目的——“济民救世”。“济民救世”即救济民众，拯治时世。从宏观角度看，是让“国家之富，人民之众，刑政之治”（《尚贤上》）；从微观角度看，是让“饥者得食，寒者得衣，乱者得治”（《尚贤下》）。“济民救世”将“兼爱”作为立论基础，说出了社会下层劳动人民要求生活保障的心声。“济民救世”有着鲜明的人民性，展示了墨子的坚定自信；名位利禄不为所动，行义艰难不改初衷。“济民救世”是墨子终其一生的追求。

二、墨子教育的性质：义务教育

“义务教育”是现代的说法。墨子时代虽无“义务教育”其名，但墨子的教育行为确有“义务教育”之实。他不辞劳苦地宣传施教、辛苦办学、耐心教人这些改造社会的努力，正是“义务教育”的真切表现。墨子在《耕柱》中说：“‘为义孰为大务?’子墨子曰：‘譬若筑墙然，能筑者筑，能实壤者实壤，能欣者欣，然后墙成也。为义犹是也，能谈辩者谈辩，能说书者说书，能从事者从事，然后义事成也。’”这段话很形象地告诉人们：“义务”是“为义孰为大务”的精缩；“义务”就是你有责任不计报酬地去行“义（教育）”；“义务教育”就是你把义（教育）这个最重要的事情，有责任不计报酬地去做（务）好。墨子的“义务教育”独树一帜，前无古人，有着墨家的特点，主要表现在四个方面：一是全民性，人人都可以受教育；二是公平性，面向平民大众；三是主动性，来学者不拒，不来者则主动送教上门；四是公益性，免费为民众、社会、民族服务。

三、墨子教育的标准：德厚、善辩、博术

墨子认为要使国家得治，首先要聚集贤才、培养人才。“况又有贤良之士，厚乎德行、辩乎言谈、博乎道术者乎，此固国家之珍，而社稷之佐也。”（《尚贤上》）这是墨子提出的育人标准。这个标准包含了德行、才能和学识三个方面，“厚乎德行”是首要标准，贤良之士必须是德行敦厚之士，强调品行是为人治国的根本；“辩乎言谈”是基本能力标准，要求贤良之士宣扬墨家的治世韬略，要有高超的言谈技巧和灵活的交际能力；“博乎道术”是知识、技能的标准。贤良之士必须掌握生产建造、自然科学、治国理政、军事守备等知识和技能。

四、墨子教育的形式：私学、学团、社会、终身教育

墨子教育在形式上有着自己的深刻思考，创立了具有墨家特色的“四步同行、齐头并进”的办学形式和教育系统：私学，是基础教育——开创了中国私学新局面，办学形式灵活，传授制造技能，科技知识，论战谈辩的方法等；学团教育，是提高教育——造就国家民族精英，免费义务施教，主动广招弟子，实行分科教学，形成了组织纪律严密、统一行动、经济一体化的半军事学术团体；社会教育，是普及教育——唤起民众的觉醒意识，墨子是唯一把自己的各种理论付诸实践的教育家，在教育内容的选择、活动的安排、方法的运用上，都采取了适合受教者的切实措施；终身教育，是发展教育——为弟子提供持续发展的动力，人的一生必须接受不同类型的教育。“终身教育”是墨子在2400多年前提出的，可见墨子教育思想的深邃、教育眼光的高远。

五、墨子教育的课程：谈辩、说书、从事

墨子教育的课程内容博大，《墨子》一书是基本教材，内容无所不包，涵盖社会百科。墨子独辟蹊径揭开了课程设置的神秘面纱：“为义犹是也，能谈辩者谈辩，能说书者说书，能从事者从事，然后义事成也。”（《耕柱》）墨子把课程分为三类：一是“谈辩”类课程。“谈辩”就是能言善辩，这是墨子在课程方面的一个重要创造。墨子首次提出用“三表（本、原、用）”来判断人的认识和观点是否正确；首次提出“察类明故”的命题，运用类推与求故的方法，以理服人。二是“说书”类课程。“说书”就是运用科技知识，办学传道，阐述墨学。《墨子》书中有不少篇目与现代科学知识相通的记载。就当时的科技成就来说，以墨子为最。三是“从事”类课程。“从事”就是运用知识技能，参与实际工作。墨子特别注意让弟子参加生产劳动，从实践中学习和总结经验。墨子的“从事”类课程，实际上就是职业教育，培养的是实干能战的各类人才，让弟子都“各从事其所能”（《节用中》）。从这个意义上说，墨子的职业教育是中国教育史上的创举，墨子是中国乃至世界职业教育第一人。

六、墨子教育的施教：躬行实践

墨子教育的施教，独行特立，躬行实践，和弟子一道学习、研究、实验。墨子重视课程的关系，“谈辩、说书、从事”，不是自成一体，而是相互交叉、互为依存，有利于人才的全面培养。墨子非常关注受教者的基础，需要什么，欠缺什么，施教者要及时发现并更新内容和方法。“谈辩”类课程的施教，紧扣“行义谋利”。“义，利也。”（《经上》）“义”可以谋“利”，以“利”来促“义”。墨子“自苦而为义”（《贵义》），采取多种方法“上说下教”。“说书”类课程的施教，主要是安排弟子到各国治国理政和弟子一道进行科学实验：“使胜绰事项子牛”，“游公尚过于越”（《鲁问》），“臣之弟子禽滑厘等三百人……待楚寇矣”

（《公输》），“使管黔游高石子于卫”（《耕柱》）。“若得鼓而进于义，则吾义岂不益进哉!”（《鲁问》）著名的“光学八条”和直线传播，成就了今天的量子卫星“墨子号”。“从事”类课程的施教，主要是墨子和弟子一道，运用生产技能为社会服务，制造利民工具为百姓造福；运用战略战术和制造利军工具，抵御侵略，保卫国家安全。

七、墨子教育的原则：促人发展

墨子教育以“促人发展”为指导思想，可谓独具匠心，创造性地提出了具有墨家特色、适合受教者身心发展的教育原则：一是“志功合一”，评价受教者要“合其志（动机）功（效果）而观”（《鲁问》）；二是“因人、因宜、因时施教”，“能谈辩者谈辩，能说书者说书，能从事者从事”（《耕柱》），有的放矢地进行差别教学；三是“量力而行”，“知者必量其力所能至而从事”（《公孟》），墨子是中国教育史上第一个明确提出“学必量力”原则的教育家，比西方早2400多年；四是“主动教人”，施教者要主动传授，“问则答，不问则讲”（《公孟》）；五是“有善且作”，“古之善者则述之，今之善者则作之”（《耕柱》），述古作今，大胆创新；六是“察类明故”，“察吾言之类，明其故也”（《非攻下》），对事物进行合理分类，探明原理；七是“环境育人”，育人如同“染丝”，“染于苍则苍，染于黄则黄”（《所染》），有什么样的环境与教育，就造就什么样的人；八是“实践第一”，强调“以身戴行”（《修身》），反对只说空话，不务实际。

八、墨子教育的方法：适合受教者

墨子独出机杼，首创适合受教者的教学方法：一是“主动讲授”，君子若钟“叩则鸣，不叩亦鸣”（《公孟》），主动地向弟子传授知识；二是“以身示教”，“口言之，身必行之”（《公孟》），引导、感化、教育弟子；三是“激发勉励”，“墨子怒耕柱、款待禽滑厘”，就是激发弟子产生内驱力，朝着所期望的目标努力；四是“追根究底”，讲清事物的所以然，弄清“所以为之若之何”（《耕柱》）；五是“博约并重”，培养弟子“博乎道术”（《尚贤上》），在“博”中“数逆于精微（约）”（《贵义》），汲取知识营养；六是“躬行实践”，墨子“信身而从事”

(《尚同下》),和弟子一起在实践中获得新知;七是"积极创新","欲善之益多也"(《耕柱》),用新的思想、知识、方法,向弟子施教;七是"妙言尽意","执所言而意得现,心之辩也"(《经上》),用美妙的言辞表达自己的心意情感;八是"活用典故",据学界统计,《墨子》中17篇文章里引用典籍条文近70则,墨子根据需要将历史人物、故事、典籍灵活运用到自己的文章、辩谈、劝说之中。

九、墨子教育的足迹:奔走各国

为了实现"济民救世",墨子身体力行,苦心施教,谋求制止战争,安定社会,长期奔走于各诸侯国之间。小邾国是墨子的家乡,墨子生于斯,长于斯,他的学说继承了邾娄文化的传统。晚年的墨子无力再出游各国行义,便著书立说。公元前390年前后,墨子带着他所描绘的社会蓝图,离开了这个战乱动荡的人间。据传弟子们遵照他生前节葬的主张,将他的遗体从简安葬在狐骀山下。鲁国是儒家的大本营,墨子在鲁国很受限制、排挤,但为实现"济民救世"的目标,墨子尽可能"上说下教",宣传自己的主张。墨子"济民救世"的行为在鲁国遭到严重挑战,于是转道宋国。墨子在宋国的活动较多,与宋国的关系最为密切,对宋国的感情最深,这可以从墨子在宋国的施教活动中看出来。在卫国墨子"劝卫养士、批评弟子、盛赞高石"。墨子多次访问楚国,著名的事件是"止楚攻宋"。墨子与齐国的渊源颇深,他多次到齐国,有时居住在齐国,有齐国弟子,与齐国君臣交往密切,墨子的文章中也有很多关于齐国文化的内容。越王邀请墨子做官,并许给他五百里的封地,墨子守义志坚,辞封不受。在奔赴魏国的途中,当弟子问起墨子"既得见四方之君,子则将先语"时,墨子给予了"凡入国,必择务而从事"的回答。

十、墨子教育的价值:观照当代、引领未来

墨子教育思想构成完善的结构体系,可谓独领风骚。墨子教育思想滋养了"适时施教(创造适合学生的教育)"理论,"适时施教"对墨子教育思想作了最好的阐释。墨子教育思想观照当代,引领未来。一是教师成功,教师要秉承墨子风范,在教育学生的同时也要教育自己;二是学生成长，学校、教师对学生要多一些研究、认识和尊重，创造适合学生的教育；三是教育时机，教育要抓住有利时机，对学生施教；四是教育环境，要在有利于学生接受的环境中对学生进行教育；五是道德教育，使学生身上养成国家和人民所希望的品质；六是教育创新，目标瞄准"提高国民素质，培养适应新时代、新世界需要的人才"；七是学校管理，以最小的投入达到最大的效果，形成学校的新形态；八是课堂教学，促进学生生命全方位的发展；九是课程改革，确立"为了人生发展、为了民族复兴、为了每一个学生的发展"的新理念；十是教育科研，投身于新时代的教育科研革命，助推教育科研常态化的形成。

由于学力有限，我对博大精深的墨子思想恐不能领悟其精髓。我不揣浅陋，将自己的研读认识和学习体会冒昧展示，算是为墨学复兴和中华复兴贡献一份力量吧！

目录

第一章 独有见地的教育目的：济民救世

教育作为培养人的社会活动，是一种在理性引导下的有目的的追求，事关人才培养的核心问题。通过教育培养什么样的人，怎样为社会培养人，一直是古今中外一切教育活动展开的前提。

人类活动的一个基本特征，就是它的意识性和目的性。在其生存和发展中，通过自身的意识活动，不仅能够认识自然与社会、认识自己和他人，而且能够凭借所获得的认识，提出活动的任务、设定活动的目的。教育是人类社会的重要活动之一，人类活动的意识性、目的性决定了教育活动的目的性。从其产生来看，教育是基于人类及其生产和社会生活经验、知识得以延续的需要而进行的一种有目的、有意识地培养人的活动。从其运行过程来看，一切教育内容的确定、教育方法的选择及具体培养目标的制定等，无一不是依据教育目的来进行的。可见，教育目的体现了人类活动的特性，任何社会对人的培养都是依据教育目的来进行的。

教育目的指教育要达到的预期结果，反映了教育在人的培养规格标准、努力方向和社会倾向性等方面的要求。狭义的教育目的特指一定社会（国家或地区）为所属各级各类教育人才培养所确立的总体要求。广义的教育目的是指对教育活动具有指向作用的目的领域。它不仅标志着一定社会（国家或地区）对教育培养人的要求，而且也标志着教育活动的方向和目标，是教育活动的出发点和归宿。总之，教育目的对教育活动所具有的质的规定性，说明教育目的作为培养人的总体要求，总是内在地决定着教育的社会性质和教育对象发展的素质，反映一定社会（国家或地区）发展的需要。墨子在教育实践过程中，经过对所处社会、生活、环境的观察和教育实践的体会，以及个人生活处世的感受，独有见地地确立了自己的教育目的——济民救世。

第一节　“济民救世”的提出确立

墨子的教育思想自成体系，我们从教育目的入手研究，是因为墨子的教育目的在整个教育理论体系和教育实践活动中都有其独特的地位与重要的作用。在墨子教育理论体系中，教育性质、教育形式、教育内容、教育原则、教学方法、育人实践等，都是为实现教育目的而服务的，教育目的起到了决定性和支配性作用。

追溯到春秋战国时代，虽然物质生活落后，但思想解放，流派众多，出现了“百家争鸣”的学术盛世。在诸子百家当中，儒家在思想学术界始终占据首要地位，正因为如此，其他诸家才把矛头直接对准了儒家。墨子是公开批判儒家的第一个人，是“百家争鸣”的首倡者，因为道家的庄子和法家的韩非虽然也公开批判孔子，但他们都是在墨子之后。老子虽然和孔子处于同一个时代，但在《老子》一书中并未公开批判孔子，没有和儒家发生正面冲突。墨子对儒家的批判，相当激烈。墨子除了和儒家门徒辩论，还专门撰写文章。墨子的这一举动，揭开了“百家争鸣”的序幕。

两千多年前的墨子时代，中国教育的精神基因——教人学做人在那时奠定。当时的教育既无学校也无课程，更无年限，还无群众集合之讲会，但有伟大的教师，墨子被尊称为“智者先师”“平民圣人”。他是以身教、以行教，使施教者与受教者的生命交融为一。中国教育最重要的是“师道”，亲其师，信其道，教师的生命、教育的精神在代代学生中传递。教育目的是当时争鸣的焦点之一，从各家的教育理论可以看出，大部分教育的目的都是围绕培养什么样的人而展开的。“儒家者流，盖出于文士；墨家者流，盖出于武士；道家者流，盖出于隐者；名家者流，盖出于辩者……”[①] 诸子各执己见，推动了当时教育事业的发展，也为后世留下了宝贵的教育思想财富。

墨子具有实现天下“大义”的伟大理想，以吃苦耐劳、热心救世的古代圣王作为榜样，并在实践中形成了“兼爱”天下的博大胸怀、匡时救世的侠义风范、言信行果的务实作风等。为了唤醒国民人格精神和救国救民的需要，墨子“上本之于古者圣王之事”，“下原察百姓耳目之实”，“废以为刑政，观其中国家百姓人民之利”（《非命上》），提出并确立了“济民救世”的教育目的。

> 为万民兴利除害。（《尚同中》）
>
> 兴天下之利，除天下之害。（《兼爱下》）
>
> 有力者疾以助人，有财者勉以分人，有道者劝以教人。（《尚贤下》）

第一则墨子以自己所见、所闻为依据，以自己的认识论为出发点，明确提出教育目的：“为万民兴利除害。”第二则是墨子对“为万民兴利除害”的解释，这也是墨子大力兴办教育的宗旨。第三则是说“为万民兴利除害”，要通过“有力气的人赶快帮助需要帮助的人，有钱财的人努力分给没有钱财的人，有道的人尽心尽力教育众人”，以建设一个民众平等、互助“兼爱”的社会。

1. “济民救世”的内蕴含义

“济民救世”是要通过“兴天下之利，除天下之害”来实现的，所以我们要了解它的内蕴含义。

所谓“兴天下之利”，从宏观来说，是指“国家之富，人民之众，刑政之治”（《尚贤上》）。这是告诉人们：“兴天下之利”就是让国家富足强盛，人民众多富裕，刑法政令得到整治调理。从微观来说，是指“饥者得食，寒者得衣，劳者得息，乱者得治”（《尚贤下》）。这是告诉人们：“兴天下之利”就是让饥饿的人可以得到食物，寒冷的人可以得到衣服，混乱的社会可以得到治理。

---

① 冯友兰：《中国哲学简史》，生活·读书·新知 三联书店 2014 年版，第 51 页。

所谓“天下之害”，是指：

> 大国之攻小国也，大家之乱小家也，强之劫弱，众之暴寡，诈之谋愚，贵之敖贱……为人君者之不惠也，臣者之不忠也，父者之不慈也，子者之不孝也……今人之贱人，执其兵刃毒药水火，以交相亏贼……（《兼爱下》）

这段话的意思：大国攻伐小国，大家族侵扰小家族，强大者强迫弱小者，人众者虐待人少者，狡诈者算计愚笨者，尊贵者傲视卑贱者……做国君的不仁惠，做臣下的不忠诚，做父亲的不慈爱，做儿子的不孝敬……现在的贱民拿着兵刃、毒药、水火，用来相互残害……

2. “济民救世”的人才要求

墨子为了实现“为万民兴利除害”，他清楚地认识到必须培养大批“贤良之士”(《尚贤上》)，墨子提出了培养人才的具体要求：

> 厚乎德行，辩乎言谈，博乎道术。(《尚贤上》)

这个要求用现在的话说，就是“具有敦厚的德行，善辩的才能，广博的道术”。这是墨子对“贤良之士”提出的标准，具有极强的针对性、极高的概括性。“厚乎德行”涉及政治与道德教育，让人明白爱人爱己的价值；“辩乎言谈”涉及思维训练教育，让人不仅懂得知识，更习得智慧；“博乎道术”涉及科学知识和技能知识教育，让人掌握一技之长。这些都说明墨子的教育目的关注人本身，注重人文精神、科学技术和智慧。

3. “济民救世”的立论基础

墨子尊崇“天志”，进而提出“兼相爱”作为“为万民兴利除害”教育目的的立论基础。因为“天欲人相爱相利不欲人相恶相贼”（《法仪》），所以人要“兼爱”。“若事上利天，中利鬼，下利人。三利而无所不利，是谓天德。是其何故也？则顺天之意也。”（《天志下》）墨子又从人们趋利避害的本性角度，对人们求利动机的合理性给予了肯定。墨子认为利己的实现，存在于利人之中，所以提出“交相利”；以“兼相爱，交相利”之法来取代“别相恶，交相贼”，从而达到“兴天下之利，除天下之害”（《非乐上》）的目的。

“兼相爱”和“交相利”可以相互训释。“兼爱”，就是爱人如爱己，要天下的人都彼此相亲相爱。视人若已，则必相爱、相利。墨子讲求爱人，有着利人的内容和目的。墨子认为，有了“兼爱”之心才能做出利他的道德行为，也只有爱人无私欲目的利他的行为，才真正有利于社会和他人。“天下之人皆相爱，强不执弱，众不劫寡，富不侮贫，贵不敖贱，诈不欺愚。凡天下祸篡怨恨可使毋起者，以相爱生也，是以仁者誉之。”（《兼爱中》）“兼相爱”必然反对独自爱己的自私自利。“兼相爱”也包含“爱无差等”的规定，即不分人我、亲疏、贵贱、强弱、智愚、众寡，彼此相爱、相利。墨子认为，人与人之间是互利互惠的关系。“夫爱人者，人必从而爱之；利人者，人必从而利之；恶人者，人必从而恶之；善人者，人必从而善之。”（《兼爱中》）主体的道德行为总是期望能得到相应的甚至更大的利益回报，人的自我利益的实现存在于利人之中。如果只追求个人利益，个人最终也将无利可得。而爱人、利人不仅无损人的利益，还可以通过爱人、利人使自己的利益得到保障。于是，爱人、利人就与个人的利益保持一致。

墨子“兼相爱，交相利”思想实际是对劳动人民道德实践的一种概括，反映了劳动者之间的阶级同情心和互助精神，具有人民性品格，其实质是调和个人利益和他人利益的矛盾和冲突。墨子“兼爱”的光辉之处是要求统治者成为爱人的君主，对万民“饥即食之，寒即衣之，疾病待养之，死丧葬埋之”（《尚贤下》），反映了社会下层劳动人民要求生活保障的心声。

4. “济民救世”的义利合一

为实现“济民救世”的教育目的，墨子把“兼相爱，交相利”作为“济民救世”的核心思想。“兼相爱”是爱人与爱己的统一，“交相利”是利人与利己的统一。爱与利是相互通约的，“兼相爱”是“交相利”的前提，“交相利”是“兼相爱”的保证。“兼相爱，交相利”对建构和谐社会具有重要意义。墨子从平民百姓的利益出发，在“兼相爱，交相利”精神的指引下，提出了一套完备的道德论和价值观，即“义利观”。墨子主张“贵义”，这个“义”不是抽象空洞的道德范畴，而是天下百姓万民之大利。在这种“义利观”的支配下，墨子和他的弟子始终实践着利他主义精神，追求着墨家的人生理想。

墨子认为“利”即“义”，无论是为人还是从政，都应该以“义”为基准。《墨子》中几乎每一篇都离不开“义”：“兼爱”天下是“义”，“非攻”他国是“义”，“尚贤、尚同”“节用、节葬”“非命”“非乐”也都是“义”，因为这些都是为整个天下、为平民百姓谋取利益，去除祸患。墨子的教育目的就在于实现这个理想，这也是墨子教育目的的最高纲领。比起“有力者疾以助人”和“有财者勉以分人”，墨子更看重“有道者劝以教人”(《尚贤下》)。墨子认为教育是一种实现天下“大义”的活动，只有通过教育才能培养出大批“贤良之士”，让人充分懂得“为义”于己于他人的价值与意义，并身体力行地践行“义”，“为义”的人多了，讲道德的人多了，社会就会安定与进步。

“义利合一”，和谐并举。墨子既“贵义”又“尚利”，提出了“义利合一”的观点，既肯定“利人”为至善的标准，维护了道德原则的尊严，又把“义”看成是达到“利人”“利天下”的手段。墨子的“义利合一”思想，具有较大的合理性；“利”“义”并举，体现了道德观念的根本变革，具有反传统的革命意义。一是墨子认为：“义者，正也。何以知义之为正也？天下有义则治，无义则乱。我以此知义之为正也。”(《天志下》)墨子说“义”是“正”，还从正反两方面对“义”之为“正”做了解释。正面解释是：“为贤之道将奈何？曰：有力者疾以助人，有财者勉以分人，有道者劝以教人。若此，则饥者得食，寒者得衣，乱者得治。”(《尚贤下》)反面解释是：“义正者若何？曰：大不攻小也，强不侮弱也，众不贼寡也，智不欺愚也，贵不傲贱也，富不骄贫也，壮不夺老也。故凡从事此者，圣知也，仁义也，忠惠也，慈孝也。是故聚敛天下之善名而加之。”(《天志下》)由此正反解释可以看出，墨子的“义”就是正义。二是墨子在《经说上》中说“义，利也”，即“义”是“利”，具体的体现是无私：“三圣人者，谨其言慎其行，精其思虑，索天下隐事遗利。以上事天，则天享其德；下施之万民，万民被其利，终身无已。”(《尚贤中》)墨子还说：“所谓贵良宝者，为其可以利也。而和氏之璧、隋侯之珠、三棘六异不可以利人，是非天下之良宝也。今用义为政于国家，人民必众，刑政必治，社稷必安。所为贵良宝者，可以利民也，而义可以利人，故曰：义，天下之良宝也。”（《耕柱》）也就是说，墨子以利人、利民为“义”，认为“义”与“利”是合一的，“义”是“天下之良宝”。

第二节　“济民救世”的真谛实义

墨子选择“济民救世”作为教育目的，可谓独有见地。“济民救世”的教育目的是墨子教育思想创新体系的主要组成部分，研究墨子的教育思想就需要把墨子的教育目的和墨子的其他（政治、经济、伦理、宗教、军事）思想联系起来，明确“济民救世”对墨子教育思想起到的作用，这样才能真正体会墨子教育思想的真谛。

1.“济民救世”的社会价值

墨子教育的“济民救世”目的具有重要的社会价值：一是有着鲜明的治乱世救万民的人民性。“济民救世”的教育目的旨在通过教育来唤醒广大民众的觉悟，提高广大民众的智慧，寻觅一条“济民救世”的途径。二是清醒地认识到社会的治理、国家的富强都需要人才，而人才的培养离不开教育。三是墨子身体力行，培养了一大批具有创新思想、掌握科学技术知识、自愿为行义而奋斗的人才，为社会的变革与发展提供了重要的组织准备，使他们为民行侠仗义的思想根植于中华民族的传统之中，代代相传。

2.“济民救世”的教育功用

墨子“济民救世”的教育功用在于培养“贤良之士”，以备担当治国利民的职责。墨子认为“贤良之士”是否在位，对国家的治乱盛衰有着决定性的影响。作为“贤良之士”，德行居于首位。但墨子强调的是“士虽有学，而行为本焉”（《修身》），“有力者疾以助人，有财者勉以分人，有道者劝以教人”（《尚贤下》）。关于言谈，墨子认为在学派争鸣时代，立论能否言之成理、持之有故，能否具有说服力，关系到一个学派势力的消长，因此作为“贤良之士”，必须能言善辩，能奔走说教，能改变社会风气。“道术”是指通晓治国的道理，墨子要求“贤良之士”必须“好学而博”，不仅掌握墨家的基本思想，而且还要掌握科学、生产技术。这是墨子对“贤良之士”提出的必须具备的知识技能要求，而非仅限于文史知识。总的说来，墨子所要培养的“贤良之士”，必须具有“兼爱”精神，长于辩论，明辨是非，又道术渊博，有益于世。

3. “济民救世”的奉献宗旨

墨子以其强烈的忧国忧民的情怀、救苦救难的悲愿，以“济民救世”为宗旨，赴汤蹈火，不辞生死。墨子的学说和墨子弟子的行为体现了一种强烈的爱民、助民、利民的“济民救世”精神。可以说，“墨子精神”就是以奉献为核心的救世精神：

> 墨翟之徒，世谓热腹。（颜之推《颜氏家训·省事》）
>
> 墨家之徒，专务救人。（孙诒让《墨学传授考》）
>
> 墨子真天下之好也，将求之不得也，虽枯槁不舍也，才士也夫。（《庄子·天下》）

由于墨子的情操、品行，即使是激烈批评墨子思想的孟子，也由衷地称赞道：

> 墨子兼爱，摩顶放踵，利天下为之。（《孟子·尽心上》）

墨子是利天下主义者，墨子以“济民救世”作为自己的使命和职责。今天，弘扬墨子“济民救世”的精神，对于我们弘扬中华民族的伟大精神，具有十分重要的意义。墨子以天下兴亡、百姓幸福为己任，不仅在言论上大力宣传自己兴国治邦、“济民救世”的理论，而且身体力行，努力实践自己的理论。墨子十分反感空言理论而不行动或言行不一的行为：

> 言足以复行者常之，不足以举行者勿常。不足以举行而常之，是荡口也。（《耕柱》）

墨子和他的弟子是言行一致、知行合一的实践主义者。墨子“使胜绰事项子牛”（《鲁问》），而“项子牛三侵鲁地”，墨子认为胜绰“言义而弗行”，“请而退之”。墨子主张“强从事”和“节用”，即辛勤劳动、节俭生活，墨子和他的弟子严格遵守这一要求：

> 墨者多以裘褐为衣，以跂蹻为服，日夜不休，以自苦为极。（《庄子·天下》）

为实现“兴利除害”“济民救世”的理想，墨子和弟子不计艰险，不顾困窘，不畏强暴，甚至不惜牺牲自己的生命。墨子说：

> 断指与断腕，利于天下，相若无择也，死生利若，一无择也。（《大取》）

为止楚攻宋，墨子裂裳裹足，行十日十夜，亲至楚都，与公输盘唇枪舌剑，并大义凛然地对楚王说：“虽杀臣，不能绝也。”（《公输》）墨子这种为民舍生、无私奉献的精神，在当时诸子百家中是少有的。

4.“济民救世”的坚定自信

墨子对“济民救世”教育目的的始终坚持，主要表现在两个方面。

一是墨子怀“济民救世”之志，虽诱以名位利禄，亦不为所动。越王欲以五百里地封墨子，并束车五十乘迎之，墨子曰：

> 子观越王之志何若？意越王将听吾言，用我道，则翟将往，量腹而食，度身而衣，自比于群臣，奚能以封为哉？抑越不听吾言，不用吾道，而吾往焉，则是我义粜也。钧之粜，亦于中国耳，何必于越哉！（《鲁问》）

这段话的意思是：（墨子对公尚过说）“你观察越王的心志怎么样？假如越王将听我的言论，采纳我的学说，那么我将前往。根据自己的肚子吃饭，衡量自己的身体穿衣，自己客居于此会和群臣相同，又哪能要那封地呢？或者越王不听我的言论，不采纳我的学说，如果我去了，那是我把‘义’出卖了。同样是出卖‘义’，在中原国家好了，何必跑到越国呢！”在墨子看来，若能行其道，即使粗茶淡饭也乐于前往，若不能行其道，五百封地如草芥不值一文。

二是墨子行“济民救世”之义，曲高和寡，时受讥刺，但始终不改初衷：

子墨子自鲁即齐，过故人，谓子墨子曰："今天下莫为义，子独自苦而为义，子不若已。"子墨子曰："今有人于此，有子十人，一人耕而九人处，则耕者不可以不益急矣。何故？则食者众者而耕者寡也。今下莫为义，则子如劝我者也，何故止我？"（《贵义》）

墨子则十分自信：

吾言足用矣，舍言革思者，是犹舍获而攈粟也。以其言非吾言者，是犹以卵投石也，尽天下之卵，其石犹是也，不可毁也。（《贵义》）

天下无人，子墨子之言也犹在。（《大取》）

前者墨子用以卵击石、卵毁石在为喻，说明自己学说的正确，体现了墨子的自信。后者墨子认为：天下没有继承墨学的人，但墨子的学说仍然存在世上。比之其他诸子，墨子这种矢志不渝的"济民救世"精神更为可贵。

5. "济民救世"的上说下教

教育是有目的的行为。墨子为了"济民救世"，大力开办私学授徒，倾力开展学团教育，积极推行社会教育和终身教育，并始终坚持"遍从人而说之"（《公孟》）。墨子认为，"上说"诸侯、王公、大夫是必要的，因为这些统治者手中有权，既可以办好事，也可以办坏事，所以要对他们进行说教、劝告、教育，让他们懂得为民谋福的好处，促使他们"兼爱""贵义""非攻""尚贤""节用""节葬""非乐"。除"上说"之外，更重要的是"下教"，即对平民百姓进行教育，教育他们学习文化科学知识，提高生产劳动技术，增强社会公德意识，以改善他们的生活，提高他们的地位。

第三节 “济民救世”的时代背景

每一种思想的产生，都离不开其生存的时代背景。墨子所处的时代社会政治动荡，学术下移。原来官守其书的局面被打破，私学破土而出，社会上“士竞于教”（《左传·襄公九年》）成为一种风气。在这个大动荡的时代，教育的作用显得尤为突出，墨子胸怀天下，摩顶放踵进行教育实践活动是和他所处的时代分不开的。墨子“济民救世”教育目的的确立，是墨子对自己所处时代、社会背景、生活环境、教育实践进行深刻反思的结果。

1. 对所处大环境——国与国兼并战争的感受

在中国的历史上，春秋战国时代可谓多姿多彩且波澜壮阔。春秋战国时代，是中国思想文化史上最为辉煌的时代。这是一个百花齐放、百家争鸣的时代，也是一个人才辈出、群星闪耀的时代，在中国思想发展史上占有极其重要的地位。毋庸置疑，这一时期是中国历史上诸子百家政治学术思想大融合、大碰撞的一个重要历史时期。这个时期，社会结构急剧变化，社会矛盾异常尖锐，兼并战争接连不断，文化思想空前活跃。春秋战国时代又是一个大动荡的时代，西周时期森严的等级制度逐渐崩溃，大夫专权，且兼并愈演愈烈，民不聊生，社会处于水深火热之中。《左传·昭公三年》记载齐相晏婴与晋国大夫叔向论齐晋两国“季世”，叔向说：

> 然。虽吾公室，今亦季世也。戎马不驾，卿无军行；公乘无人，卒列无长；庶民罢敝，而宫室滋侈；道殣相望，而女富溢尤。民闻公命，如逃寇仇。栾、郤、胥、原、狐、续、庆、伯，降在皂隶，……晋之公族尽矣！肸闻之，公室将卑，其宗族枝叶先落，则公室从之。肸之宗十一族，唯羊舌氏在而已。

这段话的意思是：“是这样的。即使我们公室，现在也是末世了。国君驾戎车的马不驾战车，国卿不掌握军队，公室的战车没有御者和戎右，步兵的行列没有长官。老百姓疲乏困苦，而宫廷建筑更加奢华。道路上到处都能看到饿死的人，而宠姬的家里财富特别多，老百姓一听到国君的命令，就好像躲避仇敌一样。栾、郤、胥、原、狐、续、庆、伯这八家旧贵族的后代都沦为了差役……晋国的公族完结了。我听说，公室将近衰亡的时候，它的宗族像树叶一样先落，那么公室也就跟着衰亡了。听说羊舌这一宗十一族，只有羊舌氏这一族还存在。”这虽然是对公族衰落的慨叹，但是可以看出社会的动荡、人民的疾苦。墨子恰逢其时，大国对小国的侵吞、大家对小家的侵夺历历在目。

墨子认为社会的稳定不是靠君臣的关系来维系的，所以他没有像孔子那样去维护繁文缛节的“礼”，以维护社会稳定。面对大国征伐小国、大家侵夺小家的现实，墨子认为祸害的根源是父与子、弟与兄、臣与君的不相“兼爱”造成的。人的不相“兼爱”，扩展至家与家、国与国之间的不相“兼爱”。社会的安宁、平民百姓的幸福，墨子认为只有通过“兼相爱、交相利”来实现。墨子的社会理想把追求落实到了实处，因而具有务实的精神，墨子敢于言利，不讳言利，力图为平民百姓谋幸福。但是仅靠墨子一个人“兼爱”是不够的，要天下人“兼爱”才行。墨子只能奔走各国，不断宣传自己治国安天下的思想。天下人“不强说人，人莫知也”（《公孟》），政治上墨子只有通过宣传以及“尚同”的感化才能使自己的学说广为接受，达到“济民救世”的目的，才能使社会面貌得到彻底的改变。墨子“济民救世”的教育目的具有很强的操作性，所以墨子在教育实践中自然而然地把培养具有墨子精神的“贤良之士”作为教育目标，以期达到“救世救民”的目的。

春秋以来，各国皆以战争为第一要务。经过连续不断的争战，至春秋末期，形成了数个强国。最强的国家有晋、楚、齐、秦、越、燕等，其中晋、楚、齐、越四国处于争霸的中心，而以晋、楚最有实力。几乎与诸侯争霸同步进行的，是一些诸侯国内卿族与公室争权的斗争。晋国内部自春秋中期始，诸卿族尤其是异姓卿族不断扩展和壮大自己的势力，在逼迫公室就范之后，相互间又展开了兼并斗争，公元前 453 年形成了韩、赵、魏三家分晋的局面。公元前 403 年，韩、赵、魏借口讨平齐乱，迫使周威烈王封其为诸侯。这样，秦、齐、楚、燕、韩、赵、魏七个大国，就成为左右这一时期政治形势和政治格局的最主要的政治力量。春秋初期共有几百个小国，诸国的兼并与斗争，促进了各国、各地区社会经济的发展，也加速了不同族属的接触与融合。经过这一时期的大动荡、大改组，几百个小国逐渐归并为齐、楚、燕、韩、赵、魏、秦七个大国和它们周围的十几个小国。

春秋战国时代是中国历史文化的奠基时代，中国伟大的思想家大多出现于这个时代，他们睿智的思想和浩瀚的学术著作，构成中华文明的重要思想理论基础。墨子就是这个伟大时代出现的一位杰出的思想家。

2. 受所居中环境——小郳国经济文化发达的浸润

墨子作为春秋战国之际的小郳国（今山东省滕州市）人，深受小郳国发达文化的浸润。明代万历《滕县志》载：

> 滕盖以一邑而包春秋侯国之地者三矣。以今图按之，县治为小郳地，而滕城为滕地，南薛城为薛地……东北之漷水，东南之昌虑，皆郳地也。

西周灭商后，将商族后裔微子封于宋，将以上小国均划为宋国的附庸。一直到春秋晚期，宋国的仲几还说："滕、薛、郳，吾役也。"（《左传》定公元年）小郳国，从夷父颜封其子友于郳（ní），改称"小郳娄"或"小郳子"之日起，就臣服于宋。所以，宋能将他的大司马封于小郳境内的"目夷"。战国初，宋国把其都城迁到彭城（今江苏省徐州市），与滕、薛、小郳成为近邻，以上小国更无法摆脱宋国的控制。特别是小郳国，一直受宋国的统治。起初，宋国为周王朝治下唯一的公国（齐、鲁、燕、晋、郑、卫皆侯国），有泱泱大国之风，后来日趋衰弱，对附庸已无力保护。至春秋晚期，小郳国即为鲁国占有；战国初年，小郳又成了齐国的下邑。

从渊源来看，墨子学术思想和科技成就是由小郳娄文化培溉出来的。关于郳娄的问题，《公羊传》徐疏曰："《公羊》以为郳娄本大国……亦仅次于齐鲁。"（王献唐：《春秋郳分三国考》）周族灭商后，对异族采用分而治之的办法，郳遂被一分为三。郳，"在今邹县中部、南部，济宁东境，滕县北境，东、西、北三面界鲁"（王献唐：《春秋郳分三国考》）明万历十三年编《滕县志》载，“小邾在今滕之东北至东南一带”，“滥城在今滕县东南六十里，陶山北，周十里许”（王献唐：《春秋邾分三国考》），三邾“土著人民，乃炎帝、神农之后，当时所谓夷者也”（王献唐：《炎黄氏族文化考》）三邾文化，自唐、虞三代以来，一直就领先于其他各族。三邾民众，皆“彬彬礼让，文质相宜……知古代东方土著民族，敦厚和平。其气度风范，黄族虽以异族嫉视，鄙为东夷，终以良心上之驱使，不能不曰‘有君子国’、‘夷俗仁也’。他方之人各有贬词，独于东夷无异言，以礼让称之，以仁人称之”（王献唐：《炎黄氏族文化考》）。《山海经·大荒东经》也说，东方“有君子之国，其人衣冠带剑……”《海外东经》说：“其人好让不争。”所以史称“炎族秉性仁爱”，并“有夷仁好生万物”之说。三邾人民尊天，敬祖，重鬼神，尚祝由，与物无竞。

墨子学说尚“兼”而反“别”。所谓“兼”，就是要有利于群体，有利于他人，要视人如己；所谓“别”，就是“亏人自利”和人不关己。墨子由此而倡导“兼爱”，要人们爱人如己，让天下所有的人都相亲相爱，以“兼相爱”而达到“交相利”的目的；反对“兼相恶，交相贼”，相互仇视和伤害。墨子认为，“别道”“亏人自利”是产生一切社会祸害的根源。因此，墨子主张以“兼”易“别”，“禁恶而劝爱”，以“兼相爱，交相利”，去取代“兼相恶，交相贼”。只有这样社会才得治理，民生才得安定。墨子认为，能符合“兼相爱，交相利”这一宗旨的，就是“义”；反之，就是不“义”。墨子称这个“义”，是“天下之良贵”，是“大器”。墨子曾竭尽全力将“天下鼓而进于义”，他由这个中心思想出发，进而提出了“兼爱”“非攻”“尚贤”“尚同”“强本”“节用”“非儒”“非乐”“天志”“明鬼”等主张。墨子为了宣传和贯彻这些主张，不仅游说列国，而且艰苦卓绝地身体力行，真如孟子所说：“摩顶放踵利天下，为之。”墨子确是“‘凡民有丧，匍匐救之’之仁人也”（汪中：《述学·墨子序》）。墨子的这些思想，与邾娄文化有着明显的源流承继关系，而与当时其他地域文化特征的差异是显而易见的。

墨子取得的惊人的科技成就，是和他生长在邾娄地区分不开的。当时的三邾地区，在科技方面也遥遥领先于其他各地。我国古代人民的衣裳、宫室、舟车、文字、历数、音律等，相传都是黄帝和他的臣下创造的，其实不然。古人衣、食、住、行方面的器物用品等，多系郳娄人发明。何以知之？王献唐先生说：

> 知声音文字者，前代典章文物之秘钥也，今以此钥求典章文物，其出于炎族者，皆可以郳娄一词得之。

制造舟、车，在春秋战国仍然是一项尖端技术。如果没有相当发达的力学、数学特别是几何学、机械学等方面的知识，是根本做不成的。奚仲是薛人的始祖，奚仲墓和奚仲造车处遗址，与小郳娄南端毗邻，距墨子的故乡“目夷”才十余里。今天来看，乃属同一地。墨子自幼就生长于这样的科技之乡，文化环境对他成为杰出的科学家有着极为重大的影响。与墨子同时代而年纪稍长的公输盘，也成长于郳娄地区北境的山脚下。他们都是在郳娄文化的培溉下成长为能工巧匠和杰出科学家的。

墨子根据力学原理为古代车子制造的“车辖”，为“备城门”用的“堑县（悬）梁”（即吊桥），以及根据声学原理制作的“罂（瓮）听”等，都是前无古人的。值得注意的是，墨子在自然观（见《经上》）、光学（见《经下》）等方面的创见，与近代的科学原理几乎如出一辙。有科学家说：墨子给“力”下的定义，是牛顿第二定律的雏形。他对几何学既有概念的描述又有定理的表述，都领先于当时世界各国。他对“方”的定义，与欧几里得几何学“四个角都是直角的四边形是长方形”的定义也完全一样。更重要的是他对几何、光学的贡献。他用物影生成、小孔成像和瞬间鸟影不动三个例子，来说明光的直线定律——光线（在同一种均匀媒质中）是沿直线传播的。这不仅比欧几里得关于光线直进的描述要科学得多，而且还早于欧氏一百多年。墨子的这些科学成就，与当时郳娄地区重视科技的文化传统有着必然联系。

3. 在所住小环境——人与人之间的生活体验

墨子说：

> 古者民始生，未有刑政之时，盖其语，人异义。是以一人则一义，二人则二义，十人则十义。其人兹众，其所谓义者亦兹众。是以人是其义，以非人之义，故交相非也。是以内者父子兄弟作

> 怨恶离散，不能相和合；天下之百姓，皆以水火毒药相亏害。至有余力，不能以相劳；腐死余财，不以相分；隐匿良道，不以相教。天下之乱，若禽兽然。（《尚同上》）

这段话真实地描写了没有刑法政治的时候人们用言语表达意见的情况：一人就有一种意见，两人就有两种意见，十人就有十种意见。人越多，不同的意见也就越多。每个人都以为自己的意见对而别人的意见错，因而相互攻击。所以，在家庭内父子兄弟常因意见不同而相互怨恨，使得家人离散而不能和睦相处。天下的百姓，都用水火毒药相互残害，以致有余力的人不能帮助别人，有余财者宁愿让它腐烂也不分给别人，有好的道理也自己隐藏起来，不肯教给别人，最终导致天下混乱，犹如禽兽一般。墨子在这里告诉我们天下之所以大乱，原因有二：一是国与国之间兼并战争不断，二是家与家之间意见相左不和。每个人都是平等的，每人都有自己的“义”。一人一义，十人十义，百人百义。最初，人比较少，相应“义”也较少。到了后来，正如墨子所说：

> 逮至人之众，不可胜计也。则其所谓义者，亦不可胜计。（《尚同下》）

依墨子之见，原生形态的一人一义之义，不仅只知“自爱”，而且有强烈的排他性，与他人格格不入。每个人“皆是其义，而非人之义”（《尚同下》）。由于自是而非人，人与人之间根本无法和睦相处，一接触就闹矛盾，“是以人是其义，以非人之义，故交相非也”（《尚同上》）。一人一义之争不只是思想之争，还有物质内容。“厚者有斗，而薄者有争。”（《尚同下》）斗的结果是天下乱作一团。墨子认为，一人一义是祸乱之源，与此相反，如果有了同一之义，祸乱就会消除。为什么不能有同一之义呢？他认为，这是由于“无政长”“无刑政”。用今天的话讲，就是由于没有国家、政府的关系。为了改变混乱的局面，必须使一人一义归于统一。

第四节 “济民救世”的不懈追求

墨子基于“济民救世”的教育目的，终其一生不懈地追求。我们研究认为：墨子所做的一切都是教育活动，都是为教育目的的实现做出的努力。墨子的生平事迹，根据《墨子》一书和其他古籍，可考见的大致如下。

1. 出身平民，精通手工技艺

墨子出生在一个以木工为谋生手段的手工业者家庭。当时的社会是一个“处工就官府”的社会，即工匠处于官府的严格控制之下，隶属和服务于官府，社会地位十分低下。而当时的工匠是世袭的，因此墨子从小就承袭了木工制作技术，而且由于聪明巧思，他成为一名高明的木工匠师和杰出的机械制造家，这为他后来的社会活动奠定了良好的基础。

北方之鄙人。（《吕氏春秋·爱类》）

布衣之士。（《吕氏春秋·博志》）

子墨子南游于楚，见楚献惠王，献惠王以老辞，使穆贺见子墨子。子墨子说穆贺，穆贺大说，谓子墨子曰：“子之言，则成善矣！而君王，天下之大王也，毋乃曰‘贱人之所为’，而不用乎?”子墨子曰：“唯其可行。譬若药然，草之本，天子食之，以顺其疾，岂曰‘一草之本’而不食哉？今农夫入其税于大人，大人为酒醴粢盛，以祭上帝鬼神，岂曰‘贱人之所为’，而不享哉？故虽贱人也，上比之农，下比之药，曾不若一草之本乎?”（《贵义》）

墨子为木鸢，三年而成，蜚一日而败。（《韩非子·外储说左上》）

鲁般墨子，以木为鸢而飞之，三日不集。（《淮南子·齐俗训》）

子墨子谓公输子曰：“子之为鹊，不如匠之为车辖，须臾刘三寸之木，而任五十石之重。”（《鲁问》）

子墨子南游使卫，关中载书甚多，弦唐子见而怪之，曰：“吾夫子教公尚过曰：‘揣曲直而已。’今夫子载书甚多，何有也?”子墨子曰："昔者周公旦朝读书百篇，夕见漆（'七'之借音字）十士，故周公旦佐相天子，其修至于今。翟上无君上之事，下无耕农之难，吾安敢废此？"（《贵义》）

博习辩智如孔墨。（《韩非子·八说》）

第一则是说墨子是北方边远地区知识浅陋的人。第二则是说墨子是穿着平民衣服、没有高官地位的人。也是指没有官方头衔却很有见识或很有能力的人。第三则是说穆贺将墨子看作贱人，墨子也自认如此，并以农夫作比，可以看出，墨子原本就是一位劳动者。第四则、第五则是说墨子能制作木鸢，说明其手艺精湛无比。第六则是说公输削木为鹊，木匠削木成辖，可见二者皆巧，都是能工巧匠。从第七则可以看出墨子已经"无耕农之难"，即不参加生产劳动，虽读书而期"佐相天子"但还未有"君上之事"，也就说明并没有外出做官。第八则是说墨子知识渊博，技艺全面。

2. 好学而博，自创学派

（1）学于儒家。

墨子年少之时、未创立学派之前，曾学习孔子之术，在鲁国拜精通周礼的周代史官史角为师。

鲁惠公使宰让请郊庙之礼于天子，桓王使史角往，惠公止之，其后在于鲁，墨子学焉。（《吕氏春秋·仲春纪·当染》）

墨子学儒者之业，受孔子之术，以为其礼烦扰而不说，厚葬靡财而贫民，服伤生而害事，故背周道而用夏政。（《淮南子·要略》）

好学而博。（《庄子·天下》）

今天下之士君子之书，不可胜载，言语不可尽计，上说诸侯，下说列士，其于仁义则大相远也。（《天志上》）

第一则是说墨子向史官"角"学习，学习了丰富的西周官学的先进文化知识，提升了墨子自身的文化素养，因此墨子的教育中文化知识的学习是一个重要的方面。第二则是说墨子学习儒学，儒学称道尧舜禹，学习《诗》《书》《春秋》等儒家典籍。但墨子批评儒者对待天帝、鬼神和命运的不正确态度，以及厚葬久丧和奢靡礼乐，认为儒家所讲的都是一些华而不实的废话，“故背周道而行夏政”。第三则是说墨子博学，源于其扎实的理论基础。第四则是说墨子一生著述甚多。战国时期墨学兴盛时，据说有书籍三车。《墨子》一书中有丰富的逻辑学、数学、自然科学和技术知识。它们不是散见于政治论述之中，而是独立成篇。梁启超在研究私人藏书的起源时说：“苏秦发书，陈箧数十；墨子南游，载书甚多。可见书籍已经流行，私人藏储，颇便且当。”由此可以猜想墨子著作之多。

（2）自创学派。

墨子的“好学而博”，使他拥有相当多的文化知识；而在思想上，墨子更接近工农小生产者，亲近劳苦大众。墨子的这些经历和立场，令他既能学习儒家理念，博采众长，又能融入自身思想。墨子的为学之道不仅表现在对已有知识的学习和继承方面，更重要的是体现在他富于批判和创新的精神方面。

墨子努力地汲取前人的知识，又不受前人思想的束缚，他能在继承前人知识的基础上，结合自己亲身的社会实践，提出自己的见解，创立自己的学说，建立自己的学派。清儒汪中《述学·墨子序》云：

> 墨子质实，未尝援人以自重。其则古昔，称先王，言尧、舜、禹、汤、文、武者六，言禹、汤、文、武者四，言文王者三，而未尝专及禹。墨子固非儒，而不非周也。又不言其学之出于禹也。公孟谓：“君子必古言服然后仁”，墨子既非之，而曰：“子法周而未法夏，则子之古非古也。”此因其所好而激之，且属之言服，甚明而易晓。然则谓墨子背周而从夏者，非也。惟墨离为三，取舍相反，倍谲不同，自谓别墨，然后托于禹以尊其术，而淮南著之书耳。

墨子在论述中没有一味援引前人的话来抬高自己的学说，而是注重实用，按照自己的理解和需要对引文加以改造。汪中认为墨子非源于尧、舜，也非源自夏政，又说：“墨子者盖学焉而自为其道也。”墨子虽然和儒家同样重视诗、书，但是墨子创立了具有独特精神的学说。墨子的教育思想有源于他人的成分，但是更多的是墨子自己独特的创见：

> 公孟子曰：“君子不作，术而已。”子墨子曰：“不然。人之其

不君子者，古之善者不诛，今也善者不作。其次不君子者，古之善者不遂，己有善则作之，欲善之自己出也。今诛而不作，是无所异于不好遂而作者矣。吾以为古之善者则诛之，今之善者则作之，欲善之益多也。”（《耕柱》）

这说的是墨子对待各种思想渊源的态度。墨子的教育思想有源于尧舜、夏禹、史佚、史角、孔子的成分，“以为古之善者则诛（述）之”，也有墨子根据前人思想推论得出的自己的独特的观点。这就是为什么墨子与以上各家虽都有渊源但是又相互区别，所以墨子说：“今之善者则作之。”墨子教育思想中包含墨子吸收前人思想化为自己的教育思想的有机组成部分，也有墨子自己独特的教育思想内涵。而且，“述而且作”就是对孔子“述而不作”的发展，是拓展教育、教学内容的一种良好的方式，极具创新精神。

3. 行义为民，为百姓排忧解难

针对当时社会战争频繁、民不聊生，墨子为“济民救世”开出了“义”的药方，并以独特的方式承担起“济民救世”的重任。在一般人看来，墨子是孤独的，但这并不妨碍“万事莫贵于义”（《贵义》）成为他一以贯之的行动宗旨。对于墨子来说，“义”的内涵丰富而又深厚，一切有利于天地万物和黎民百姓的言论与行动都可视为“义”。为民请命是“义”，济苦救贫是“义”，仗剑行侠是“义”，维护和平是“义”，勤俭节用也是“义”。“义”是墨子一切思想和行动的出发点和归宿。

义，天下之良宝也。（《耕柱》）

万事莫贵于义。（《贵义》）

天下有义则生，无义则死。有义则富，无义则贫。有义则治，无义则乱。（《天志上》）

墨子“贵义”，以“利”释“义”。《经上》曰：“义，利也。”在墨子这里，“义”和“利”不是割裂的，而是高度统一的。墨子认为，人际关系的本质就是利益关系，人际道德最终也必然指向“利”。忠于君国落实到最后是“利”，孝于父母落实到最后也是“利”。一切羞于言“利”的道德必然是伪道德。这一点，既不同于孔子的“君子喻于义，小人喻于利”(《论语·里仁》),也不同于孟子的“王何必曰利”(《孟子·梁惠王上》)。当然,墨子的“利”不是只讲自己的“利”,也不是完全忽略自己的“利”,而是“交相利”。墨子讲人际道德,非常强调这个“相”字,讲究的是互动性,墨子说“君惠臣忠”“父慈子孝”“兄友弟悌”“夫和妇调”,说明墨子非常看重道德义务的互动性,在墨子这里,没有任何单方绝对化的道德义务。“交相利”是墨子人际交往的基本原理。“交相利”必须有人先行一步,墨子是有先行者意识的思想家。墨子主动付出,不图回报,有多少能力就做多少,这样才能使灵魂得到升华、心灵得到净化。“义,志以天下为芬,而能能利之,不必用。”(《经说上》)行义讲究的是自愿,把天下的事当作自己的份内事,有能力善利天下,就不必一定要为己所用。所谓“义”之大者,志在天下,事成即身退,拂去功与名,这深刻地体现了墨子行“义”的风范。

在传统文化中,墨子“义”的思想对后人的道德观念产生了积极而深远的影响,“义”已成为个人修养的重要内容。无论身处何地,我们都应坚守心中的“义”,处理好“义”与“利”的关系,做一个对国家、社会、他人有益的人,做一个有益于人民的人。

4. 多方交接世人,与人广泛沟通

墨子多方交接世人,《墨子》中有很多记载。

齐将伐鲁,子墨子谓项子牛曰:“伐鲁,齐之大过也……”(《鲁问》)

鲁君谓子墨子曰:“我有二子,一人者好学,一人者好分人财,孰以为太子而可?”子墨子曰:“未可知也。或所为赏与为是也……”(《鲁问》)

鲁人有因子墨子而学其子者,其子战而死,其父让子墨子。子墨子曰:“子欲学子之子,今学成矣……”(《鲁问》)

鲁之南鄙人有吴虑者,冬陶夏耕,自比于舜。子墨子闻而见之。(《鲁问》)

鲁君之嬖人死……子墨子闻之曰:“诔者,道死人之志也……”(《鲁问》)

鲁祝以一豚祭,而求百福于鬼神。子墨子闻之曰:“是不

可……”（《鲁问》）

5. 奔走各国，宣传行义主张

(1) 其他史书中的记载。

(孔子无黔突，) 墨子无暖席。(《淮南子·修务训》)

(孔子无黔突，) 墨子无暖席。(《文子·自然》)

是以圣哲之治，栖栖遑遑，(孔席不暖，) 墨突不黔。(班固《答宾戏》)

(……周公仰思，仲尼皇皇，) 墨突不及污 (圣贤若此，岂不得辩也)。(《孟子注疏》卷六下《滕文公章句下》)

(昔者鲁听季孙之说而逐孔子，) 宋信子罕之计而囚墨翟。(《史记·鲁仲连邹阳列传》)

墨子见荆王，锦衣吹笙，因也。(《吕氏春秋·贵因》)

(2)《墨子》中的记载。

公输盘为楚造云梯之械，成，将以攻宋。子墨子闻之，起于齐，行十日十夜而至于郢。(《公输》)

子墨子曰："公输子之意，不过欲杀臣，杀臣，宋莫能守，可攻也。然臣之弟子禽滑厘等三百人，已持臣守圉之器，在宋城上而待楚寇矣。"(《公输》)

子墨子自鲁即齐，过故人。(《贵义》)

子墨子南游于楚，见楚献惠王。(《贵义》)

子墨子南游使卫。(《贵义》)

子墨子谓公良桓子曰："卫，小国也……"(《贵义》)

子墨子北之齐，遇日者。(《贵义》)

鲁君谓子墨子曰："吾恐齐之攻我也，可救乎?"子墨子曰："可……"(《鲁问》)

鲁阳文君将攻郑，子墨子闻而止之。(《鲁问》)

齐将伐鲁，子墨子谓项子牛曰："伐鲁，齐之大过也……"(《鲁问》)

子墨子见齐大王曰。(《鲁问》)

子墨子出曹公子而于宋。（《鲁问》）

子墨子游公尚过于越。（《鲁问》）

子墨子游荆耕柱子于楚。（《耕柱》）

子墨子使管黔敖游高石子于卫……高石子三朝必尽言，而言无行者。去而之齐，见子墨子……（《耕柱》）

第五节 “济民救世”的理论支撑

凡是能够称为理论的东西，一定会表现为各种不同的概念系统。理论是用来指导实践、造福人类的。马克思说：“批判的武器当然不能代替武器的批判，物质力量只能用物质力量来摧毁；但是理论一经掌握群众，也会变成物质力量。理论只要能说服人［ad hominem］，就能掌握群众；而理论只要彻底，就能说服人［ad hominem］。所谓彻底，就是抓住事物的根本。”[①] 这段话指明了理论和实践的关系，“批判的武器当然不能代替武器的批判”是说“理论不能代替实践”，“理论一经掌握群众，也会变成物质力量”是说“理论对实践有指导作用”。马克思对理论的作用、对理论的力量做了精辟的论述。墨子是一个重视实践、以解决现实问题为宗旨的教育家。他在教育实践中创立教育理论来实现他“济民救世“的教育目的。

1. 教育认识论

墨子对教育的认识有着独到之处。

（1）教育是实现社会理想的手段。

墨子认为，教育可以提高人的素质，使人明白事理，即“知义”。

天下匹夫徒步之士少知义，而教天下以义者功亦多。（《鲁问》）

有力者疾以助人，有财者勉以分人，有道者劝以教人。（《尚贤下》）

---

① 《马克思恩格斯全集》第3卷，人民出版社2002年版，第207页。

人的素质提高以后，会“兼爱”“非攻”，互帮互助，平等相待，和睦相处，逐渐建立一个“兼爱”的理想社会。墨子把实施教育视为培养人才、实现教育目标和社会理想的必由之路。

（2）教育是促进人发展的手段。

针对统治阶级宣扬的“命富则富，命贫则贫”（《非命上》）的宿命论，墨子旗帜鲜明地提出“非命说”，发出“民无终贱，官无常贵”（《尚贤上》）的呐喊。墨子是第一个公开宣布神秘的“命”根本不存在的哲学家，也是第一个敢于向命运挑战的实践家。他教育人们勉力进取，开拓奋进，改变自己的命运，并首倡“人性素丝论”来阐明教育对人的巨大作用。他认为人的本性如同“素丝”，“染于苍则苍，染于黄则黄”（《所染》），人生而平等，每个人都应该享有平等受教育的权利。墨子的这种教育观点，正是义务教育思想的真切体现。

（3）教育是促进生产力发展的手段。

墨子认为教育能使更多的人学会劳动生产技能，这个观点从吴虑和墨子对话、吴虑承认“教人耕者其功多”（《鲁问》）中可以看出来。教育使人们懂得“生财密，用之节”（《七患》）的生产管理和经济管理方法，从而增加社会财富，促进社会生产力发展。墨子的教育夙愿是：

> 刑政治，万民和，国家富，财用足，百姓皆得暖衣饱食，便宁无忧。（《天志中》）

这是说，刑法政治就能得到治理，广大百姓就能和睦，国家就会富有，财用就会充足，百姓都能穿上暖和的衣服、吃上饱饭，于是就可以安宁而没有忧患。墨子以此作为教育的使命，把天下百姓的衣食住行等现实利益作为教育教学的立足点，从最根本、最实在的社会问题入手，力求满足百姓“暖衣饱食”的现实需要，追求一种理想的社会制度，显示了墨子独特的思维与民主平等的社会观。

2. 社会进步论

墨子从当时的政治形势出发，为了教育平民百姓和王公大人，为了社会经济发展和社会进步，提出了系统的教育理论和政治革新主张。这些主张不仅在历史上具有不可磨灭的进步性，而且对当今社会经济发展和社会进步也具有积极的借鉴意义。

(1)“尚同”“尚贤”是墨子社会进步论的核心内容。

这是墨子针对当时的世袭贵族制度提出的，目的是让贤良之士参与管理国家和治理社会。

> 虽在农与工肆之人，有能则举之。高予之爵，重予之禄，任之以事，断予之令。(《尚贤上》)
>
> 以德就列，以官服事，以劳殿赏，量功而分禄。(《尚贤上》)
>
> 官无常贵而民无终贱。有能则举之，无能则下之。(《尚贤上》)

第一则是说国家各级政府中的官职，应该平等地、无条件地向农夫和手工业者等一般平民开放，只要他们贤能，自天子、王公、诸侯，直到地方上的乡长、里长等官职，都应该由他们担任。第二则是说墨子提出了衡量和要求贤良的具体准则。第三则是说墨子提出了自己的政治主张。墨子认为，“尚贤使能”(《尚贤中》)是为政之本。一个国家的贤良之士的多寡以及是否做到“尚贤使能”，关系国家强弱兴衰、社会治混乱。墨子说：

> 尚贤使能为政也。逮至其国家之乱，社稷之危，则不知使能以治之。(《尚贤中》)
>
> 国有贤良之士众，则国家之治厚；贤良之士寡，则国家之治薄。故大人之务，将在于众贤而已。(《尚贤上》)

在墨子看来，贤良之士是有高尚道德的“仁人”，是有学识、能善辩的智者，是国家之珍宝，是社稷之栋梁。

墨子提倡和称赞天下“皆竞为义”的社会风尚。为此必须实行“尚同”即求得全社会的思想共识和舆论一致的举措。“尚同”虽然是要求社会成员的思想都要统一于长官，下级的思想要统一于上一级，以此逐级统一思想，即所谓“上之所是，必皆是之；所非，必皆非之”(《尚贤上》)，但不是实行思想专制。墨子强调“尚同”是以“尚贤”为基础的，“尚贤”是实现“尚同”的前提。墨子认为只有“贤良之士”才能“总天下之义，以尚同于天”(《尚同下》)，即以“天志”来统一全社会的思想舆论。墨子所说的“天志”是反映下层劳动群众利益和要求的意志的外化，“天志”的根本含义是“爱利百姓”。这样，“尚同”以“尚贤”为前提就成为有利于百姓的正确导向。

（2）“兼相爱，交相利”（《兼爱中》）是墨子社会进步论的中心内容。

墨子明确提出“兼相爱”，“兼以易别”，以“兼”来代替“别”。他主张：

> 厚不外己，爱无厚薄。（《大取》）
>
> 使天下兼相爱，爱人若爱其身。（《兼爱上》）
>
> 爱人不外己，己在所爱之中。己在所爱，爱加于己。伦列之爱己，爱人也。（《大取》）

第一则是说，爱人就不应有亲疏、厚薄之别，而应“兼爱”。第二则是墨子的爱人主张。第三则是对第二则的进一步论证，无差等地爱己，也就是爱人，从而也就做到了“兼爱”。可见，墨子的“兼爱”具有朴素的平等思想。墨子的“兼爱”，是把平民百姓作为爱的主体对象。所以，墨子明确提出“爱民谨忠，利民谨厚”（《节用中》）的原则，要求天子、君王都要做到。墨子提出“兼爱”是为了利人。“兼相爱”与“交相利”是紧密结合在一起的。

> 仁，仁爱也。义，利也。（《经说下》）

这就是说，仁爱与义利是一致的，二者是互通互补的。所以说，墨子的“兼爱”又是着眼于实际利益的，不是空泛的道德说教。墨子认为，爱而必利，不利无以见爱。“爱利万民”“爱利天下”就是墨子义利一致、爱利统一观的具体表现，并且他把这种义利一致、爱利统一的兼爱相利的社会伦理上升到治理国家、佐治社稷的高度，作为他奔走救世的政治理论和政治纲领。

（3）“法仪”“天志”是社会进步论的保证措施。

墨子是主张建立法治社会的，他积极倡导贤良政治，主张天为“法仪”。墨子竭力倡导“尚同”“尚贤”的民主政治，这本身就蕴含着法治思想。

> 天下从事者，不可以无法仪，无法仪而其事能成者，无有也。虽

至士之为将相者，皆有法。虽至百工从事者，亦皆有法。（《法仪》）

天底下办事的人，不能没有法则；没有法则而能把事情办好，是从来没有的事。即使士人作了将相，也必须有法度。即使从事各种行业的工匠，也都有法度。这是墨子正告统治者对人民不得实行暴虐的礼治，这对于当时和以后反对礼治与倡导法治的斗争都有着积极的直接影响。

（4）“非乐”“节用”“节葬”是积极的进步主张。

墨子为了让平民百姓得以安居乐业，对贵族统治者奢侈淫乐、攻伐杀掠的暴政进行了毫不留情的批判。残酷的战争给社会和人民带来难以忍受的灾难。这和墨子倡导的“兼相爱、交相利”是相背离的。所以，墨子提出“非攻”来反对和制止这种掠夺性的战争；提出“非乐”，并非反对音乐本身，而是反对为满足贵族统治者的淫乐享受所从事的音乐活动；提出“节用”和“节葬”是针对统治者骄奢淫逸、横征暴敛的腐败生活，借用“天志”的名义要求统治者仿效古代“圣王”，以能否有利于人民的利益为基点；提出“节用”是积极地从事生产、发展经济来“强本”；提出“节葬”，指责统治者厚葬、久丧是愚蠢之举，要变革社会习俗。这些在当时都具有进步意义和革新精神。时至今日，墨子的这些主张，对于我们进行反腐倡廉、净化社会风气仍具有借鉴意义。

3. 教育救世论

墨子的一切教育活动，都是围绕“济民救世”的教育目的展开的，他创立的学说针对社会的弊病、缺陷，按照社会的功能、作用和意志，提出了建设的办法。为此，“上说王公大人，次匹夫徒步之士”使他的教育思想散发出实践理性主义的价值光芒。

翟以为不若诵先王之道，而求其说，通圣人之言，而察其辞，上说王公大人，次匹夫徒步之士。王公大人用吾言，国必治；匹夫徒步之士用吾言，行必修……故翟以为虽不耕织乎，而功贤于耕织也。（《鲁问》）

意思是说，我认为，不如传授先王的治世规律，进而寻求他们的学说，了解圣人的言论，考察他们的文辞，上以游说王公大人，其次游说百姓、行走之人。王公大人采用我的言论，国家必然治理好；百姓、行走之人采用我的言论，行为必定修正……所以，我认为虽然不耕种、织布，但是功效胜过耕种、织布。

> 子墨子曰："籍设而天下不知耕，教人耕，与不教人耕而独耕者，其功孰多?'吴虑曰：'教人耕者其功多。'……子墨子曰：'天下匹夫徒步之士，少知义而教天下以义者，功亦多。'"（《鲁问》）

墨子说，假设天下人不知道耕种而教人耕种，与不教人耕种而独自耕种，那个功效更大？吴虑说，教人耕种的人功效更大。墨子又说，天下百姓、行走之人很少知道义而教天下人为义者，功效也更大。墨子在此强调教育的作用较大、功效较为显著：上有利于为政治国，下有利于传授百姓技艺；上有利于弘扬天下之义，下有利于百姓之修行。

> 子墨子游，魏越曰："既得见四方之君，子则将先语?"子墨子曰："凡入国，必择务而从事焉。国家昏乱，则语之尚贤、尚同；国家贫，则语之节用、节葬；国家憙音湛湎，则语之非乐、非命；国家淫僻无礼，则语之尊天事鬼；国家务夺侵凌，即语之兼爱、非攻。故曰：择务而从事焉。"（《鲁问》）

墨子这是在"上说王公大人"，根据其国情分别游说不同的内容，从而教化各国君主为"义"从善。墨子"上说王公大人"最为成功的范例是"止楚攻宋"，《公输》篇中墨子通过劝化楚王，终于制止了楚国对宋国的侵略战争。墨子"次匹夫徒步之士"的例子很多。比如：

> 鲁人有因子墨子而学其子者，其子战而死，其父让子墨子。子墨子曰："子欲学子之子，今学成矣，战而死，而子愠，是犹欲粜籴，仇则愠也。岂不费哉?"（《鲁问》）

这是说，有个鲁国人让儿子跟随墨子学习，他的儿子后来在作战中战死，他就责备墨子。墨子说，你儿子学成而战死，你愤怒。这就像要卖米，米卖出去了你却愤怒，这不荒谬吗？墨子努力通过教育来挽救颓世。换言之，墨子大力倡导的教育正是为了"济民救世"。

4. 环境熏染论

墨子认识到环境能对人产生巨大影响，因而提出了"环境熏染论"。

墨子从人性上说明了人是可塑造、可改造的，而促使人变化的根源是外在环境，墨子看到了环境对人的潜移默化的培育、教化作用。

> 子墨子言见染丝者而叹曰："染于苍则苍，染于黄则黄。所入者变，其色亦变；五入必而已则为五色矣。故染不可不慎也！"（《所染》）

墨子看到染丝的情景感慨万千，感慨于丝染了深蓝色颜料就变成深蓝色，染了黄色颜料就变成黄色。染料不同，丝的颜色也跟着变化。联想人生何尝不是如此，而国家随人事而兴衰，社会随风俗而浮沉……于是，引发了他对社会人生的深沉思考。"染于苍则苍，染于黄则黄"，"近朱者赤，近墨者黑"，都说明了环境的影响。环境是人们运动变化的外因，而真正的动力是自身的主观努力。有环境论而不唯环境论，把争取良好的环境与立足于自身努力结合起来，这才是应有的正确态度。

> 非独染丝然也，国亦有染。舜染于许由、伯阳，禹染于皋陶、伯益，汤染于伊尹、仲虺，武王染于太公、周公。此四王者所染当，故王天下，立为天下，功名蔽天地。举天下之仁义显人，必称此四王者。夏桀染于干辛、推哆，殷纣染于崇侯、恶来，厉王染于厉公长父、荣夷终，幽王染于傅公夷、蔡公穀。此四王者所染不当，故国残身死，为天下僇。举天下不义辱人，必称此四王者。（《所染》）

墨子在这里以染丝为喻，说明了这样一个道理：国君、诸侯必须正确选择自己的近臣，如此才能受到好的熏染，否则就会受到坏的影响；而"所染"是否得当，直接关系到国家的兴亡、事业的成败。墨子从正反两方面列举历史事实说明：舜等四王由于"所染当"，所以"王天下"，功名蔽天地；夏桀等四王由于"所染不当"，结果"国残身死，为天下僇"。这告诉人们，国君如此，士也是如此。提醒人们必须慎其所染。

> 非独国有染也，士亦有染。其友皆好仁义，淳谨畏令，则家日益，身日安，名日荣，处官得其理矣，则段干木、禽子、傅说之徒是也。其友皆好矜奋，创作比周，则家日损，身日危，名日辱，处官失其理矣，则子西、易牙、竖刀之徒是也。《诗》曰：

“必择所堪，必谨所堪”者，此之谓也。（《所染》）

《所染》篇告诉人们：在与人的交往中，也必须正确选择自己的亲信和朋友，以受到良好的熏陶和积极的影响。墨子举出正反两方面的例子，提醒人们交友影响一个人的发展，关系到事业的成败，所以交友不可不慎。墨子在此强调了教育环境对人所起的重要作用。这一作用是潜移默化的，是不可忽视的。睿智的墨子以染为喻，指出人在什么样的环境下便会被什么感化。社会环境关乎国家盛衰和民族兴亡。

5. 天志决定论

墨子认为：天志时刻在规范、制约着人们的思想和行为，任何人包括最高统治者都不能违背天志。那么，墨子所说的“天志”是什么呢？

天之意不欲大国之攻小国也，大家之乱小家也，强之暴寡，诈之欺愚，贵之傲贱……欲人之有力相营，有道相教，有财相分也，又欲上之强听治也，下之强从事也。（《天志中》）

顺天意者，兼相爱、交相利，必得赏；反天意者，别相恶、交相贼，必得罚。（《天志上》）

第一则是说天不希望大国攻打小国，大家族侵扰小家族，强大的侵暴弱小的，狡诈的算计愚笨的，尊贵的傲视卑贱的……天希望人们有力则相互帮助，有道义就相互教导，有财物便相互分享，又希望居上位的努力听政治事，居下位的努力从事劳作。第二则是说顺从天意的人，同时都相爱，交互都得利，必定会得到赏赐；违反天意的人，分别都相恶，交互都残害，必定会受到惩罚。从这两则例子可见，墨子“尊天”，并非从天命论出发，而是源于其“兼爱”“非攻”的思想，他想在统治者之上确立一种至高无上的权威，迫使统治阶级从义，以减少战乱和减轻人民的负担，建立“刑政治，万民和，国家富，财用足”（《天志中》），“百姓皆得暖衣饱食”（《天志中》）的理想社会。这是墨子为之奋斗的目标，是墨子之“志”。墨子的“天志”之“志”可看作“标准”“尺度”。

子墨子言曰：我有天志，譬若轮人之有规，匠人之有矩。轮匠执其规矩以度天下之方圆，曰：“中者是也，不中者非也。”（《天志上》）

上将以度天下之王公大人为刑政也，下将以量天下之万民为文学出言谈也。观其行，顺天之意，谓之善意行，反天之意，谓之不善意行。观其言谈，顺天之意，谓之善言谈，反天之意，谓之不善言谈……故置此以为法，立此以为仪，将以量度天下之王公大人卿大夫之仁与不仁，譬之犹分黑白也。(《天志中》)

第一则中，墨子认为他所掌握的天志就像匠人持有的规矩，找到标准就可以衡量天下的是非对错。第二则中，墨子把天志作为衡量善意行的客观标准，上至王公大人，下至平民百姓，在这一标准面前都可以找到善意行的尺度。很明显，墨子认为天下人的言行、刑政皆以天志为标准，都应该按照天志来行事，即天志是人世间唯一的标准，是绝对的法则准仪：

子墨子言曰：戒之慎之，必为天之所欲，而去天之所恶。曰：天之所欲者何也？所恶者何也？天欲义而恶其不义者也。何以知其然也？曰：义者，正也。何以知义之为正也？天下有义则治，无义则乱，我以此知义之为正也。(《天志下》)

顺天意者，义政也。反天意者，力政也。(《天志上》)

从上述两则例子可看出，墨子认为，天有一定的行事规律，能对人的行为进行奖罚，即天有意愿，人应按天行事，即符合天志，把天之志看作衡量人类善恶是非的尺度。实际上，墨子是把自己的主张诉诸天，天志就是墨子之志。墨子借助民间信仰为人的行为制定外在的标准，希望促进社会发展，希望人与人有力就互相营救，有道就互相传授，有财就互相分享。

第二章　独树一帜的教育性质：义务教育

墨子是一位以“济民救世”为己任的教育家。他认为“济民救世”是教育的目的，也是最高目标。既然如此，就一定会面对这样的问题：拯救改造社会需要什么样的人？怎样造就拯救改造社会的人才？这就涉及今天我们所要讨论的问题——教育性质。

《墨子》中虽还没有明确、概括地表述教育性质——“义务教育”，但是墨子的确有自己的想法并付诸行动，也就是说墨子不辞辛苦地宣传施教、刻苦办学、耐心教人这些改造社会的努力，为实现自己的教育理想——义务教育打下了良好的基础。

第一节　“义务教育”的明确提出

“义务教育”是现代的说法。墨子时代虽无“义务教育”之名，但墨子的教育行为确有“义务教育”之实。墨子是怎样提出“义务教育”的？为了弄清楚这个问题，我们可以从以下几个方面来考察。

1. “义”、“务”和“义务”

(1) 墨子的“义”。

古代思想家多释“义”为“宜”：

> 义者，宜也。（《礼记·中庸》）
>
> 义，人之正路也。（《孟子·离娄上》）

第一则是“应该、应当、适宜”之意。第二则孟子认为“义”是一种引导人们正确行动的规范、准则。在社会生活中，人们始终在追求一种既能满足自己，又能给他人和集体带来利益的处世原则，这种原则就是“义”。“义”在《墨子》中共出现294次，既有上述意义，同时也有一些特定的内涵。

其一，正义、仁义、道义。共出现234次，主要如下。

> 万事莫贵于义。（《贵义》）
>
> 是故古者圣王之为政也，言曰：不义不富，不义不贵，不义不亲，不义不近。（《尚贤上》）
>
> 天下匹夫徒步之士少知义，而教天下以义者，功亦多，何故弗言也？若得鼓而进于义，则吾义岂不益进哉。（《鲁问》）
>
> 今用义为政于国家，人民必众，刑政必治，社稷必安。所为贵良宝也，可以利民也，而义可以利人，故曰：义，天下之良宝也。（《耕柱》）
>
> 必去喜，去怒，去乐，去悲，去爱，而用仁义，手足口鼻耳，从事于义，必为圣人。（《贵义》）
>
> 兼即仁矣，义矣。（《兼爱下》）
>
> 虽有义不能征无义。（《七患》）
>
> 今至大为不义攻国，则弗知非，从而誉之，谓之义。（《非攻上》）
>
> 天下有义则生，无义则死；有义则富，无义则贫；有义则治，无义则乱。（《天志上》）
>
> 义，利也。（《经上》）
>
> 人是其义，以非人之义，故交相非也。（《尚同上》）
>
> 古者民始生，未有刑政之时，盖其语，人异义。（《尚同上》）
>
> 唯能以尚同一义为政，然后可矣。（《尚同下》）
>
> 大臣有功劳于上者，多主信以义，万民乐之无穷。（《备城门》）

其二，意思、意义、意见。共出现56次，主要是：

> 一人则一义，二人则二义，十人则十义。其人兹众，其所谓义者亦兹众。是以人是其义，以非人之义。（《尚同上》）

天下之人异义，是以一人一义，十人十义，百人百义。其人兹众，其所谓义者亦兹众。是以人是其义，而非人之义，故相交非也。（《尚同上》）

使从事乎一同天下之义。（《尚同中》）

置以为三公，与从事乎一同天下之义。（《尚同中》）

以远至乎乡里之长，与从事乎一同其国之义。（《尚同中》）

一人一义，十人十义，百人百义，千人千义。逮至人之众，不可胜计也；则其所谓义者，亦不可胜计。此皆是其义，而非人之义，是以厚者有斗，而薄者有争。是故天下之欲同一天下之义也。（《尚同下》）

然则欲同一天下之义，将奈何可？（《尚同下》）

子墨子曰："子之义将匿邪，意将以告人乎？"巫马子曰："我何故匿我义？吾将以告人。"（《耕柱》）

其三，通"仪"：法仪、法度、法则、标准。共出现两次。

凡出言谈、由文学之为道也，则不可而不先立义法。若言而无义，譬犹立朝夕于员钧之上也，则虽有巧工，必不能得正焉。（《非命中》）

墨子的"义"可以从以上两个方面来把握。通过对墨子思想的深入研究，墨子的"义"更多的指是"仁义""正义""道义"，也就是说更多的是作为一种道德价值规范。墨子追求的是"天下公利"的人生目标。

夫义，天下之大器也。（《公孟》）

万事莫贵于义。（《贵义》）

有义则生，无义则死，有义则富，无义则贫。（《天志上》）

是故古之知者之为天下度也，必顺慎虑其义，而后为之行。是以动则不疑速通，成得其所欲，而顺天鬼百姓之利，则知者之道也。（《非攻下》）

第一则是说，"义"是天下最贵重的宝器。第二则是说，墨子认为万事没有比"义"更珍贵的，天下最可贵的就是"义"。第三则是说，墨子认为“义”是考察是非的绝对标准。因此，墨子要求统治者在治理天下之前首先把“义”考虑好，如果“义”的准则定好了，才能遇事不误，处事不乱。第四则的意思是：古时的智者为天下谋划，必先考虑此事是否合乎“义”，然后去做。行为依“义”而动，则号令毫无疑问地迅速施行于天下。确乎实现了自己的愿望，而又顺乎上天、鬼神、百姓的利益，这就是智者之道。

(2) 墨子的“务”。

“务”，《说文解字》的解释是：“务，为使命而奔忙。”字形采用“力”作偏旁，“敄”作声旁。“务”在《墨子》一书中共出现46次。

其一，事务、任务、要务。作为名词，主要如下。

疑：逢为务则士。(《经说下》)

置本不安者，无务丰末；近者不亲，无务求远；亲戚不附，无务外交；事无终始，无务多业；举物而暗，无务博闻。(《修身》)

务言而缓行，虽辩必不听。(《修身》)

言无务为多而务为智，无务为文而务为察。(《修身》)

故食不可不务也，地不可不力也，用不可不节也。(《七患》)

故大人之务，将在于众贤而已。(《尚贤上》)

为政若此，非国之务者也。(《非攻中》)

偏具此物，而致从事焉，则是国家失卒，而百姓易务也。(《非攻下》)

是上不暇听治，士不暇治其官府，农夫不暇稼穑，妇人不暇纺绩织纴，则是国家失卒，而百姓易务也。(《非攻下》)

此天下之利，而王公大人不知而用，则此可谓不知利天下之巨务矣。(《非攻下》)

若三务者，孝子之为亲度也。(《节葬下》)

若三务者，此仁者之为天下度也。(《节葬下》)

今有人于此，欢若爱其子，竭力单务以利之。(《天志中》)

惰于作务，陷于饥寒，危于冻馁，无以违之。(《非儒下》)

为义孰为大务。(《耕柱》)

凡入国，必择务而从事焉。(《鲁问》)

其二，致力、从事。作为动词，主要是：

此圣王之法，天下之治道也，不可不务为也。（《兼爱中》）
仁人之事者，必务求兴天下之利，除天下之害。（《兼爱下》）
君子莫若审兼而务行之。（《兼爱下》）
诗曰：鱼水不务，陆将何及乎！（《非攻中》）
务兴天下之利……此君子之道也。（《非儒下》）
务趋翔之节以观众。（《非儒下》）
入人之国，必务合其君臣之亲。（《非儒下》）
务善则美。（《非儒下》）
子务为义，翟又将予子天下。（《鲁问》）

（3）墨子的“义务”。

“义务”是一个现代词，有两个意思：一是与权利相对，指政治上、法律上、道义上应尽的责任，包括作为义务与不作为义务；二是不要报酬。我们认为：“义务”就是说有责任不计报酬地去做某件事情。墨子下面的一段话是对“义务教育”最好的说明。

治徒娱、县子硕问于子墨子曰：“为义孰为大务?”子墨子曰：“譬若筑墙然，能筑者筑，能实壤者实壤，能欣者欣，然后墙成也。为义犹是也，能谈辩者谈辩，能说书者说书，能从事者从事，然后义事成也。”（《耕柱》）

治徒娱、县子硕问墨子：“行义，什么是最重要的呢?”墨子答道：“就像你们筑墙一样，能用木槌捣实泥土的人，用木槌捣实泥土；能往夹版中填土的人，就往夹版中填土；能用锨挖土的人，就用锨挖土。这样墙就可以筑成了。行义就如同筑墙，能谈论辩说的人，谈论辩说；能解说典籍中的文字的人，解说典籍；能从事农工兵的人，从事农工兵。这样行义之事就可以做成了。”这很形象地告诉人们：“义务”是“为义孰为大务”的精缩。“义务”就是你有责任不计报酬地去做“义（教育）”的事情。

2.“教”、“育”和“教育”

（1）墨子的“教”。

“教”，许慎《说文解字》的解释是：“上所施，下所效也。”《文言文字典》这样释“教”：读“jiào”，教化、教育、教导、教诲；读“jiāo”，教授、使、令。“教”在《墨子》一书中，读“jiāo”音的12次，读“jiào”音的36次。共出现48次，全是“教授”“教育”之意。

和而不唱，是不教也；智而不教，功适息。（《经说下》）

以为不知学之无益也，故告之也是。使智学之无益也，是教也，以学为无益也教，悖。（《经说下》）

子墨子曰：“教人学而执有命，是犹命人葆而去其冠也。”（《公孟》）

吏不治则乱，农事缓则贫，贫且乱，政之本，而儒者以为道教，是贼天下之人者也。（《非儒下》）

教人耕，与不教人耕而独耕者，其功孰多？吴虑曰：教人耕者，其功多。（《鲁问》）

有力者疾以助人，有财者勉以分人，有道者劝以教人。（《尚贤下》）

天下之所以生者，以先王之道教也。（《耕柱》）

天子为发政施教。（《尚同中》）

古者国君诸侯之以春秋来朝聘天子之廷，受天子之严教，退而治国，政之所加，莫敢不宾。当此之时，本无有敢纷天子之教者。（《尚同中》）

有道肆相教诲。（《兼爱下》）

欲人之有力相营，有道相教，有财相分也。（《天志中》）

发宪布令以教诲。（《非命中》）

繁饰有命，以教众愚朴人。（《非命中》）

上有以规谏其君长，下有以教顺其百姓。（《非命中》）

必务举孝子而劝之事亲，尊贤良之人而教之为善。（《非命下》）

是故出政施教，赏善罚暴。（《非命下》）

靳卒中教，解前后左右，卒劳者更休之。（《旗帜》）

昔越王勾践好士之勇，教驯其臣和合之，焚舟失火。（《兼爱中》）

（2）墨子的“育”。

“育”，《汉语词典》的基本解释是生养、养活。“育”是个会意字，甲骨文字形，上为“母”及头上的装饰，下为倒着的“子”。《说文解字》释“育”曰：“养子使作善也。”“不从子而从倒子者，正谓不善者可使作善也。”[①]“育”字在《墨子》一书中只出现1次：

是故溪陕者速涸，逝浅者速竭，墝埆者其地不育。（《亲士》）

（3）墨子的“教育”。

“教育”始见于《孟子·尽心上》：

君子有三乐，而王天下不与存焉。父母俱存，兄弟无故，一乐也；仰不愧于天，俯不怍于人，二乐也；得天下英才而教育之，三乐也。

“教育”成为常用词是在19世纪末20世纪初。19世纪末，辛亥革命元老、中国现代教育奠基人何子渊、丘逢甲等有识之士开风气之先，排除顽固守旧势力的干扰，成功创办和推广新式学堂。现代汉语中“教育”一词的通行，与中国教育的现代化联系在一起，反映了中国教育话语由“以学为本”向“以教为本”的现代性转变。在西方，“教育”一词源于拉丁文educate，前缀“e”有“出”的意思，意为“引出”或“导出”，意思就是通过一定的手段把某种本来潜在于身体和心灵内部的东西引发出来。从词源上说，西方“教育”一词是内发之意，强调教育是一种顺其自然的活动，旨在把自然人所固有的或潜在的素质自内而外引发出来，以成为现实的发展状态。

教育有广义和狭义之分，广义的教育泛指一切有目的地影响人的身心发展的社会实践活动，狭义的教育是指专门组织的教育，即学校教育，不仅包括全日制的学校教育，而且也包括半日制的、业余的学校教育、函授教育、刊授教育、广播学校和电视学校的教育等。它是根据一定社会的现实和未来的需要，遵循年轻一代身心发展规律，有目的、有计划、有组织、系统地引导受教育者获得知识技能，陶冶其思想品德、

① （汉）许慎著，（清）段玉裁注解：《说文解字注》，上海古籍出版社1988年版，第744页。

发展其智力和体力的活动，以便把受教育者培养成为适应一定社会需要和促进社会发展的人。

墨子对教育有着深刻的认识：其一，重视教育的社会作用。墨子从“兼爱”的立场出发，指出劳者不得食、寒者不得衣、人民受不到教育是社会不安定的重要原因，把教育作为使社会走向和谐、稳定、幸福的重要措施。其二，强调教育的必要性。墨子认为人的一切知识和道德观念都是后天习得和形成的。“素丝”之所以能变成不同的颜色，是“染”的结果；人之所以能形成各种不同的道德观念和知识，是环境与教育的结果。后天的教育培养，在墨子看来是很有必要而且是非常严肃的。其三，主张德育和智育相结合。将德育和智育相结合是墨子教育的一个重要特征。重德行是墨子教育的一贯要求，墨子的教育内容以“兼爱”的基本思想为主，同时重视文史知识的学习及逻辑思维能力的培养，还注重建筑、科学、军事实用技术的传习。

3. 墨子的“义务教育”

墨子的“义务教育”就是把教育（义）这个最重要的事情，有责任不计报酬地去做（务）好。根据宪法规定，适龄儿童和青少年都必须接受国家、社会、家庭予以保证的国民教育。其实质是国家依照法律的规定对适龄儿童和青少年实施的一定年限的强制教育的制度。义务教育又称强迫教育和免费义务教育，具有强制性、公益性、普及性。《中华人民共和国义务教育法》规定的义务教育年限为九年（小学六年，初中三年，部分省市为小学五年，初中四年）。墨子自幼“学儒子之业，受孔子之术”（《淮南子·要略》），其教育观受儒家的影响。孔子按照“有教无类”的办学思想，广收门徒，成为孔门弟子对普通老百姓而言绝非难事。孔子曾言：“自行束脩以上，吾未尝无诲焉。”（《论语·述而》）可见只要自动奉上干肉作为师生见面礼，就可成为孔子的门徒。而墨子则更为干脆，要成为墨子弟子，不分身份尊卑，不问地域远近，不管年龄大小，只要尚义即可，更无需干肉。墨子一生尚义，将其视为教学双边活动的根本目的。他在劝人学习时说：

今子为义，我亦为义，岂独我义也哉？（《公孟》）

现在你行义，我也行义，怎么能说只是我的义呢？表明了人人皆有受教育之可能。同时，墨子不仅在家广收门徒，如“禽滑厘子事子墨子三年”（《备梯》），还主动上学生家门去劝学，其足迹遍布鲁、齐、宋、魏、楚、卫、赵等国。墨子还多次面见楚王、鲁阳文君、卫大夫、齐太王、鲁君、宋王等王公大人，宣传其“济民救世”的理想，宣讲“尚贤”“尚同”，真正身体力行，“上说王公大人，次说匹夫徒步之士”（《鲁问》）。

墨子的“义务教育”是中国古代教育史上的里程碑，而且对中国、世界教育的发展产生了极为深远的影响。墨子的“义务教育”思想是前无古人的，它比德国宗教改革领袖马丁·路德（1483～1546）提出的“义务教育”概念早2000多年。德国宗教改革胜利后，为使人们都有学习《圣经》的能力，马丁·路德提倡公费设立学校，强制公民送子女上学。1619年，德意志魏玛公国率先尝试通过立法的手段，借助国家权力强制全体适龄儿童接受初步的国民教育，规定送6～12岁儿童入学，教育学史上认为这是义务教育的开端。实际上，义务教育起源于中国，自墨子首倡义务教育之后，经过2400多年的发展，实行全民免费义务教育始终是世界各国近代教育界孜孜以求的目标，但由于制度、国力、财力等多方面的限制，始终难以完全实现。此间有社会学家指出，全球190多个国家和地区中已有170多个实现了义务教育。

第二节　“义务教育”的全民性

墨子是主张全民教育的，他认为人人都可以受教育，不论年龄、贫富、地域，主张“有道相教”（《天志中》）、“有道者劝以相教”（《尚贤下》），即凡有道德学问者，应不拘形式，不论智愚、贵贱，随时随地教诲他人或彼此相教。

墨子“济民救世”教育目的的核心价值观是“兼爱”，即爱无差等，它最重要的内涵就是不可坑人、害人，应该爱人、助人，也就是尊重每个人应有的基本权利。墨子以“兼爱”精神，将教育对象扩大到整个人类社会，“上说王公大人，次说匹夫徒步之士”（《鲁问》）。因此，墨子的教育含有人人平等的思想。墨子还认为：

> 今夫世乱……求善者寡，不强说人，人莫之知也……行说人者，其功善亦多，何故不行说人也？（《公孟》）

显然，墨子的逻辑是：求善者愈少，教人行善就更有必要，“有道以教人”，来者即“教”，不来者也可“往教”。这比孔子的“有教无类”更具有积极行教和勇于奉献的精神，更具有平民的色彩。

墨子“义务教育”的全民性，在墨子进行全面社会施教的方式、范畴上得到充分、广泛的体现。

1. 上说王公大人

墨子从社会政治方面着眼，认识到社会教育具有极其重要的作用。首先，因为王公大人掌握着统治大权，他们的领导作风和个人的好恶影响着整个社会的发展，所以要对他们进行上说，说服教育他们“尊天”“事鬼”“兼爱”“非攻”“尚贤”“尚同”“非命”“非乐”“节用”“节葬”。墨子“上说王公大人”的例子很多。

（1）说服楚王。

墨子在鲁国听说楚国要攻打宋国，组织弟子帮助宋国防御，还亲自步行，裂裳裹足，十天十夜，赶到楚国，说服楚王放弃攻宋的计划。

> 子墨子见王，曰：“今有人于此，舍其文轩，邻有敝舆，而欲窃之；舍其锦绣，邻有短褐，而欲窃之；舍其粱肉，邻有糠糟，而欲窃之。此为何若人？”王曰：“必为窃疾矣。”子墨子曰：“荆之地，方五千里，宋之地，方五百里，此犹文轩之与敝舆也；荆有云梦，犀兕麋鹿满之，江汉之鱼鳖鼋鼍为天下富，宋所为无雉兔狐狸者也，此犹粱肉之与糠糟也；荆有长松、文梓、楩楠、豫章，宋无长木，此犹锦绣之与短褐也。臣以三事之攻宋也，为与此同类。臣见大王之必伤义而不得。”……子墨子曰：“……然臣之弟子禽滑厘等三百人，已持臣守圉之器，在宋城上而待楚寇矣……”楚王曰：“善哉！吾请无攻宋矣。”（《公输》）

（2）教育鲁阳文君。

鲁阳文君将要攻打郑国，墨子听说后马不停蹄赶去劝说。墨子说得鲁阳文君点头称是，鲁阳文君听从劝告终止了攻郑的计划，墨子阻止了一场战争的发生。从下面这段文字中，可以看出墨子“非攻”主张的正确和他为了天下安宁奔走呼号的劝说精神。

鲁阳文君将攻郑，子墨子闻而止之，谓阳文君曰：“今使鲁四境之内，大都攻其小都，大家伐其小家，杀其人民，取其牛马、狗豕、布帛、米粟、货财，则何若?”鲁阳文君曰：“鲁四境之内，皆寡人之臣也。今大都攻其小都，大家伐其小家，夺之货财，则寡人必将厚罚之。”子墨子曰：“夫天之兼有天下也，亦犹君之有四境之内也。今举兵将以攻郑，天诛其不至乎?”鲁阳文君曰：“先生何止我攻郑也？我攻郑，顺于天之志。郑人三世杀其父，天加诛焉，使三年不全，我将助天诛也。”子墨子曰：“郑人三世杀其父，而天加诛焉，使三年不全，天诛足矣。今又举兵，将以攻郑，曰吾攻郑也，顺于天之志。譬有人于此，其子强梁不材，故其父笞之，其邻家之父，举木而击之，曰：吾击之也，顺于其父之志。则岂不悖哉!”（《鲁问》）

(3）教导鲁国国君。

鲁国国君为避免大国齐国的攻击，向墨子求救。墨子进行了详细的回答，阐明自己的观点并给出了具体的措施：对上尊天，对下利民，对外礼交四邻，对内动员全国百姓抵御侵略。墨子教导的内容，涉及内政、外交、军事等诸多方面。

(4）警告项子牛。

齐国将要攻打鲁国，墨子警告齐国的将领项子牛。这段文字故事简洁、完整，显示了墨子知识的渊博、说理的精要、惊人的辩才，使项子牛心服口服，放弃攻打主张。这是“不战而屈人之兵”（《孙子兵法·谋攻》）的生动案例。我们可以从中体察到墨子反对并制止侵略战争的良苦用心。

2. 下教匹夫徒步之士

匹夫徒步之士、农与工肆之人，是平民百姓，是社会的创造者，占人类的绝大多数，因而要对他们进行教育，唤起他们觉悟，吸引他们来共同创造一个“兼相爱、交相利”（《天志上》）的理想社会。在对这些人的教育上，墨子可谓苦口婆心。

（1）劝学游人。

一人到墨子门前游玩，墨子劝他学习，但这个人竟以自己“族人无学者”而犹疑。墨子对他进行劝导。从中可以看出，在墨子看来，学习是人生的第一要务。所以墨子时时、处处尽力诱导人们学习。

（2）教育智人。

有一个身体健壮、思维敏捷的人来到墨子门下，墨子为使他跟自己学习，曾许以出仕为官，这个人因此就跟墨子学习。过了一年他向墨子要官，墨子告诉他：你学习是行义，我教你学也是行义，难道只是我在行义吗？你不学习，人家就会笑话你，所以我才劝你学习。

> 有游于子墨子之门者，身体强良，思虑徇通，欲使随而学。子墨子曰：“姑学乎，吾将仕子。”劝于善言而学。其年，而责仕于子墨子。子墨子曰：“……今子为义，我亦为义，岂独我义也哉？子不学，则人将笑子，故劝子于学。”（《公孟》）

（3）指正名人。

墨子听说鲁国南郊有个叫吴虑的人，冬制陶，夏耕种，将自己与舜相比，便前去见他。吴虑对义提出不同看法，墨子对他的看法进行了指正教育，向吴虑阐明只有把义向天下人做广泛的宣传并为他们所接受，才有利于救世愿望的实现，使吴虑对义有了新的认识并点头称是。

> 鲁之南鄙人有吴虑者，冬陶夏耕，自比于舜。子墨子闻而见之……吴虑谓子墨子曰：“义耳义耳，焉用言之哉?”子墨子曰：“籍设而天下不知耕，教人耕，与不教人耕而独耕者，其功孰多?”吴虑曰：“教人耕者，其功多。”子墨子曰：“籍设而攻不义之国，鼓而使众进战，与不鼓而使众进战而独进战者，其功孰多?”吴虑曰：“鼓而进众者，其功多。”子墨子曰：“天下匹夫徒步之士少知义，而教天下以义者，功亦多，何故弗言也？若得鼓而进于义，则吾义岂不益进哉！”（《鲁问》）

3. 悉心教育培养弟子

墨子为培养博学多能的弟子，对他们进行系统的教育。墨子又能根据他们的不同特点有针对性地进行教育，即因人、因宜、因时施教。墨子承认人的禀赋是有差别的，所以他的因人、因宜、因时施教首先是根据人的资质和文化水平进行。墨子培养的一批又一批墨者，为传播墨学、兴利除害而“摩顶放踵”，“上说下教”。

（1）对优秀学生进一步激励，提出更高要求。

> 子墨子怒耕柱子。耕柱子曰：“我毋俞于人乎?”子墨子曰：“我将上大行，驾骥与羊，子将谁驱?”耕柱子曰：“将驱骥也。”子墨子曰：“何故驱骥也?”耕柱子曰：“骥足以责。”子墨子曰：“我亦以子为足以责。”（《耕柱》）

耕柱是墨子的优秀弟子，耕柱的学业胜过其他众人。耕柱骄傲自满，自以为还有胜过他人的地方。墨子却又提出了更高的要求，指出了远大目标，并还因之怒责耕柱。为什么？正像上高山以良马而不以牛驾车，是由于相信只有良马能当此重任，对弟子提出更高的要求，也是对弟子能够深造的信任，以此勉励弟子不断进步，真正承担得起责任。墨子的这种教人态度，体现了作为施教者要强教即勉力从教的精神。

（2）对有隐私的弟子直言不讳地进行教育。

> 有游于子墨子之门者，谓子墨子曰：“先生以鬼神为明知，能为祸人哉福（当为‘能为祸福’），为善者富之，为暴者祸之。今吾事先生久矣，而福不至，意者先生之言有不善乎，鬼神不明乎?我何故不得福也?”子墨子曰：“虽子不得福，吾言何遽不善，而鬼神何遽不明？子亦闻乎匿徒之刑之有刑乎?”对曰：“未之得闻也。”子墨子曰：“今有人于此，什子，子能什誉之，而一自誉乎?”对曰：“不能。”“有人于此，百子，子能终身誉其善，而子无一乎?”对曰：“不能。”子墨子曰：“匿一人者犹有罪，今子所匿者，若此其多，将有厚罪者也，何福之求!”（《公孟》）

墨子的一名弟子侍奉墨子已经很久，但福却不到来。他怀疑墨子的话有不精确的地方，或许鬼神不明智。墨子举例说明：有人贤能胜过你十倍，你能十倍地称誉他，而只一次称誉自己吗？贤能胜过你百倍，你能百倍地称誉他，而一次也不称誉自己吗？弟子回答：不能。于是墨子就直言不讳告诉这个学生：你有隐私，现在隐藏的这么多，将有重罪，还求什么福？这个弟子听后心服口服，便继续学习。

（3）对做官不为民的弟子严厉批评。

> 子墨子使胜绰事项子牛。项子牛三侵鲁地，而胜绰三从。子墨子闻之，使高孙子请而退之，曰："我使绰也，将以济骄而正嬖也。今绰也禄厚而谲夫子，夫子三侵鲁而绰三从，是鼓鞭于马靳也。翟闻之，言义而弗行，是犯明也。绰非弗之知也，禄胜义也。"（《鲁问》）

墨子介绍他的弟子胜绰到齐国做官，后来胜绰三次帮齐国侵略鲁国。墨子知道后很生气，对他进行严厉批评，认为胜绰"言义而弗行，是犯明也"（口称仁义却不实行，这是明知故犯），就派他的弟子高孙子到齐国，断绝了同胜绰的关系。

（4）对为官三年的曹公子进行再教育。

> 子墨子出（疑为"仕"字之误）曹公子而于宋，三年而反，睹子墨子曰："始吾游于子之门，短褐之衣，藜藿之羹，朝得之，则夕弗得祭祀鬼神。今而以夫子之教，家厚于始也。有家厚，谨祭祀鬼神。然而人徒多死，六畜不蕃，身湛于病，吾未知夫子之道之可用也。"子墨子曰："不然。夫鬼神之所欲于人者多：欲人之处高爵禄，则以让贤也；多财，则以分贫也。夫鬼神，岂唯擢季拑肺之为欲哉？今子处高爵禄而不以让贤，一不祥也；多财而不以分贫，二不祥也。今子事鬼神，唯祭而已矣，而曰'病何自至哉'，是犹百门而闭一门焉，曰'盗何从入'。若是而求福于有怪之鬼，岂可哉？'"（《鲁问》）

墨子的弟子曹公子经墨子推荐到宋国做了三年官，回来看望墨子。当初曹公子来到墨子门下学习时，穿粗布衣，吃野菜，上顿不接下顿，连祭祀鬼神的食品都没有。由于受到墨子的教育，家境富有了，反而家里灾祸不断，连自身都染上疾病。曹公子怀疑墨子的学说不管用。墨子对曹公子的怀疑，进行了巧妙的回答，通过运用比喻等方法教育曹公子要居官让贤，财物分人，祭祀鬼神真诚。墨子的言行正是"有道者劝以教人”（《尚贤下》）的真实写照。从墨子再次对曹公子进行教诲的事件，我们可以得到几点启示：一是墨子对有成就的弟子仍不忘教诲，施行继续教育，这种“强教”的精神可谓感人。二是教育针对性强，有理有据，娓娓道来。这种娓娓劝说的教育方法，值得我们今天的为师者仿效。三是在教诲弟子的过程中适时地宣传自己的主张——“有力以劳人，有财以分人”（《鲁问》），教育目的十分明确。

（5）对勤奋好学的弟子关怀备至。

> 禽滑厘子事子墨子三年，手足胼胝，面目黧黑，役身给使，不敢问欲。子墨子其哀之，乃管酒块脯，寄于大山，昧菜坐之，以樵禽子。禽子再拜而叹。子墨子曰：“亦何欲乎？”禽子再拜再拜曰：“敢问守道？”子墨子曰：“姑亡，姑亡。古有其术者，内不亲民，外不约治，以少间众，以弱轻强，身死国亡，为天下笑。子其慎之，恐为身姜。”（《备梯》）

这是说禽滑厘面色黧黑，手脚全长满了老茧，跟随墨子三年，随时听从召唤，但他却只是整天埋头做事而不敢向墨子提问。墨子深知他的心事，见他一直不问问题，便想了一招，他约禽滑厘一同登山，上山后，找些茅草垫好坐上，便拿出酒菜来，要请禽滑厘喝酒。墨子的这一举动既是对禽滑厘三年忠心耿耿的表彰，也是想以一个宽松的环境认真传授禽滑厘想了解的知识。禽滑厘对墨子的盛情颇有些意外，只是一再施礼感谢，一时不知说什么好。墨子见禽滑厘不说什么，便主动问他：“你有什么问题想问我吗？”禽滑厘这才又连拜了几下，说道：“我想问的是守城的方法。”记述到此为止，虽然十分简略，但禽滑厘对墨子恩师如父的恭敬、墨子对弟子的关爱提携之情跃然纸上，让人真切感到师徒二人如父子、似兄弟的知遇之情。禽滑厘能在墨子的众弟子中脱颖而出，成为代表性的墨家人物，墨子能对禽滑厘耳提面命，将毕生所学传授给他。从这里我们可以看出弟子对墨子的崇敬，但更让人惊奇的是墨子爱护学生的情思。墨子对禽滑厘的做法，这在等级森严、门第观念极强的战国时期实属罕见。

从墨子对耕柱的严格要求、对胜绰的严厉批评、对曹公子的再教育、对禽滑厘的爱护关心，可以看出墨子不愧为前无古人的伟大教育家。

第三节 “义务教育”的公平性

如前所述，“义务教育”的全民性得到了墨子的高度重视。“义务教育”的全民性推动了墨子“义务教育”公平的进程。因此，正确理解墨子“义务教育”公平性的内涵及特征，可以使我们更深入地体会墨子“义务教育”的公平性。

1. “义务教育”公平性的内涵

(1) 教育权利公平享有。

教育权利神圣不可侵犯，在墨子那里，首先因为教育是天这一最高权威的化身所内在规定了的，是“天之所欲”（《天志》）。局限于生产力，墨子所处的社会视天为社会最高价值准绳，是衡量一切行为的道德标尺，主政的国君越格行事，僭越了天的无上权威，故而天同时兼具法律评判的功能。但是，又正是在天的名义下，封建统治阶级以天的名义来教导、愚弄、约束平民百姓，因为在天命的安排下，人有九等（官、吏、僧、道、医、工、匠、娼、儒），命有贵贱，教育或者受教育只是部分达官贵人的特权。有鉴于此，为使天下人公平地享有教育权，墨子将教育权和受教育权上升到天的高度，大力宣传教育或受教育乃是天欲，任何人都不可违抗，墨子说道：

> 既以天为法，动作有为，必度于天，天之所欲则为之，天之所不欲则止。（《法仪》）

意思是：既然以天为法则，行动做事就必须依天而行。天所希望的就去做，天所不希望的就应停止。教育既然是“天之所欲”，因此凡天下“有道者”都应积极“有道相教”（《天志中》）。墨子的“天欲”论，为教育权的神圣不可侵犯预制了一条无可置辩的论据，这样就从根本上揭露了教育为官府所把持的理论虚伪性，为普通民众寻求教育提供了理论支持。其次，墨子从自身阶级立场出发，强调教育要面向大众。墨子当时属于小手工业独立劳动者中上升的士阶层，与劳动平民有着本能的联系，其教育主张自然深具人民性色彩。墨家学派在阶级构成上，主要是社会最底层的劳动者。墨子本人就是熟悉各种手工业技艺，常年着“短褐之衣”，吃“藜藿之羹”，甚至连“藜藿之羹”这样的野菜稀粥都“朝得之则夕弗得”（《鲁问》）。他深知底层劳动人民疾苦，不遗余力地倡导“有力者疾以助人，有财者勉以分人，有道者劝以教人”（《尚贤下》），就是希望通过对天下有道之士进行教育来使人们树立“强不执弱，众不劫寡，富不侮贫，贵不傲贱，诈不欺愚”（《兼爱中》）的道德观念，代表了从奴隶制向封建制转变过程中小私有劳动者和平民的利益，也表达了劳动人民渴望接受教育并通过教育改变自身命运的愿望，反映了底层平民百姓维护自身教育权利的利益诉求。再次，墨子在教育实践中着力维护百姓的教育权与受教育权，不断鼓励天下：

> 有道者劝以教人。（《尚贤下》）
>
> 有道肆相教诲。（《兼爱下》）

墨子希望通过教育来培养更多贤良人士，使社会健康发展。墨子积极高扬入世精神，平生立志于“兼爱”基础上的“一同天下之义”（《尚同中》），其“尚同”主张贯彻于教育实践，就是教天下人以仁义道德，因而教育承担着“教天下以义”（《鲁问》）的使命和“有功于天下”的功能。

（2）教育机会公平享有。

在教育实践中，墨子倡导“强说人”“行说人”，从而尽可能地扩大了教育受众面，使平民百姓在生产劳动之余有了更多接受教育的机会。墨子主张教师要采取主动积极的态度，其“强说人”教育主张强调，即使人们不来请教也应主动上门去教，问则答，不问则讲。他说：

> 不强说人，人莫之知。（《公孟》）
>
> 行说人者，其功善亦多，何故不行说人也？（《公孟》）

同时，在施教者积极主动性上，墨子对儒家“君子若钟，击之则鸣，弗击不鸣”（《非儒》）与“叩之以小者则小鸣，叩之以大者则大鸣”（《礼记·学记》）的被动答问的教学态度坚决反对。墨子的施教，不仅有问必答，而且“不叩必鸣”（《公孟》），即使受教育者不问，出于“义”

的需要，施教者亦需主动说教。施教者的积极主动，可直接扩大教育的受众面积，对教育机会的公平享有起到了促进作用。

2. “义务教育”公平性的基础

墨子义务教育公平性的基础是“兼爱”。墨子就所处的时代指出平民百姓有三患：

> 饥者不得食，寒者不得衣，劳者不得息。（《非乐》）

社会动荡不安，是这三患得不到根除之社会根源，在墨子看来，在于人与人之间不相爱而别相恶。墨子认为：

> 圣人以治天下为事者也，必知乱之所自起，焉能治之。不知乱之所自起，则不能治。（《兼爱上》）
>
> 圣人以治天下为事者也，不可不察乱之所自起。当察乱何自起？起不相爱。（《兼爱上》）
>
> 强必执弱，富必侮贫，贵必傲贱，诈必欺愚。（《兼爱中》）
>
> 凡天下祸篡怨恨，其所以起者，以不相爱生也。（《兼爱中》）
>
> 当今之时，天下之害，孰为大？曰：若大国之攻小国也，大家之乱小家也，强之劫弱，众之暴寡，诈之谋愚，贵之敖贱，此天下之害也。又与为人君者之不惠也，臣者之不忠也，父者之不慈也，子者之不孝也，此又天下之害也。（《兼爱下》）

凡此种种，不一而足。概而言之，墨子找到了人与人之间的不相爱，人人自私自利，强执弱、众劫寡、富侮贫、贵傲贱、诈欺愚，臣不忠、父不慈、子不孝的深层原因——“别”，即“别”是天下最最邪恶的东西，是一切罪恶的根源：

> 恶人而贼人者，兼与？别与？即必曰，别（与“兼爱”相反的思想行为，即以为人我有别，人必为己以致损人利己）也。（《兼爱下》）

有鉴于此，墨子主张“兼以易别”，宣称要通过教育人们用“兼爱”思想消除“别”所带来的种种弊端，要求人们

视人之国若视其国，视人之家若视其家，视人之身若视其身。（《兼爱中》）

墨子认为“兼爱”乃圣王之道，是害除利兴、国泰民安之根本保证。

3. “义务教育”公平性的体现

墨子义务教育公平性的体现是“尚贤”“尚同”。所谓“尚贤”，用《礼记·礼运》中的话来解释就是“选贤与能”，治国平天下任用贤能之士，此乃为政之根本，也是国家兴存的保证。墨子首先批判了当权统治者自相矛盾的使能之法，批判他们在日常生活中尚知选好裁缝制衣、挑好屠夫宰牛羊，但对于治国平天下此类大事，却非常糊涂：

亲戚则使之，无故富贵、面目佼好则使之。夫无故富贵、面目佼好则使之，岂必智且有慧哉？若使之治国家，则此使不智慧者治国家也。国家之乱，既可得而知矣。（《尚贤中》）

今王公大人之君人民、主社稷、治国家，欲修保而勿失，胡不察尚贤为政之本也。（《尚贤中》）

第一则是说，对于统治者，凡是亲戚就任用他，凡是无缘无故得到富贵的、面目生得美丽的就任用他。那些亲戚、无缘无故得到富贵的、面目生得美丽的就任用，难道这些人都很有智慧吗？如果使他们治理国家，那是使不聪明的人治理国家呀！国家的混乱，也就可想而知了。对这样的行为，墨子讥讽他们是“明于小而不明于大”（《天志中》），甚至是造成国家混乱的原因。第二则的意思是，现在王公大人统治人民，匡扶社稷，治理国家，希望永久保持而不失，却怎么看不到崇尚贤能是为政的根本呢！墨子这样讲意在警醒统治者，贤人施政首先是“尚贤”，即用仁义来一统天下。

4. “义务教育”公平性的意义

墨子“义务教育”的公平性，在今天仍具有时代意义。首先，国家实行普遍九年义务教育、推行义务教育阶段减免所有学费政策，对留守儿童、进城务工人员子女的教育采取了切实可行的关爱措施，这些都是“兼爱”思想在新时代的新表现。“兼爱”是当代社会师生关系和谐的前提。其次，墨子“义务教育”的公平性着重从教育权利占有和教育机会享有两方面把握公平内涵，为我们实现社会主义国家特有的教育公平提供了可资借鉴的理论参照。再次，墨子“义务教育”的公平性以“兼爱”为理论基础，以“尚贤”“尚同”为理论源泉，从受教育者角度出发，将教育公平理论建立在切实的经济利益和现实的政治利益之上，最有效地调动了社会各阶层尤其是“手工百肆之人”的积极性，使教育公平不再脱离具体生活实践，对社会主义教育事业建设有着启示意义。最后，墨子“义务教育”的公平性强调“一同天下之义”（《尚同下》），这启示我们在教育过程中要坚持马克思主义的一元指导地位，要在全社会持续开展习近平新时代中国特色社会主义思想宣传普及活动，切实推动中华民族复兴和构建人类命运共同体这一具有战略性意义的伟大工程，切实增强习近平新时代中国特色社会主义思想的传输力、渗透力和吸引力。

第四节　“义务教育”的主动性

墨子是历史上第一个不畏劳苦送教上门的教育家，他一贯坚持积极主动教育，坚决反对教师“待问而后对”“弗问不言”（《非儒下》）的被动施教，强调“强说”“强教”“扣则鸣，不扣必鸣”（《公孟》）。即使人们不来请教，施教者也应该主动地上门去教。施教者要“强说”“强教”，主动施教，主动去解决问题，在教育中起主导作用。在教学过程中，只有施教者主动施教是不够的，受教者也要强力而行，刻苦为学，只有这样才能取得良好的教学效果。在中国乃至世界教育史上，墨子倡导并率先实践的主动性教育，使其弟子受其道、传其术，取得了令人瞩目的效果。墨子教育的主动性，具体体现在以下几个方面。

1. “义务教育”主动性的基础

墨子的主动性教育，是由他本人的个性特点和其对教育作用的认识决定的。

(1) 墨子的个性特点。

墨子出身于一个较贫苦的家庭，其家庭成员“盖出于清庙之守”

（《汉书·艺文志》）。墨子非常讲究刻苦自励，喜欢积极的苦行者的生活，身体力行地奔走四方，亲自劳作。荀子评墨子为“瘠墨”，孟子曾说他“摩顶放踵，利天下为之”。墨子的这种人格特质和他出身下层社会是有密切关系的，他是个彻彻底底的手工业者。墨子的平民出身，不仅决定了他的文化取向，也影响了他的人格特质。墨子的“非礼”“非乐”“非儒”“节用”“节葬”，都是平民阶层孕育出来的思想。墨子的坚韧不拔、清苦自守使其学说经由他的生命实践成为一种人生的教化，这种教化引导人们在有生之年勤勉节俭，排斥弃绝歌舞和音乐，死后只需粗衣薄棺，不求厚葬久丧。这样的教化不是一般人能接受的，但墨子还是凭借自身力行感召了数百徒众，墨子的团体是一个不折不扣的行动团体，是一个有作为的实干团体。墨子经常同弟子们一起，“以裘褐为衣，以屐蹻为服，日夜不休，以自苦为极”（《庄子·天下》）。墨子积极进取，意志坚强，为了爱别人和为别人服务，甘愿牺牲自己。他有灵巧的双手、科学的大脑和能言善辩的口才。这都决定他不会消极、安静地待问而言，势必会大刀阔斧地进行主动教育。

（2）墨子对教育作用的认识。

墨子认为要使教育充分发挥改造社会的作用，必须进行主动性教育。

一是墨子认为治天下之道在于先统一人的思想，使天下有同一的是非观念，因为当时“天下之人异义，是以一人一义，十人十义，百人百义”（《尚同上》）。用什么统一人们的思想呢？只有用天的意志。在墨子看来，“兼爱”“非攻”等思想正代表了天的意志。他说：

> 我有天志，譬若轮人之有规，匠人之有矩，轮匠执其规矩以度天下之方圜。（《天志上》）

既然是代天立言，统一人心，“强说人”“行说人”（《公孟》）、上说下教，就是必然的了。

二是墨子认为必须把人们的思想统一到义的轨道上来，因为义是天的意志。但是，天下人义者少，不义者多，因而必须抱着“不扣亦鸣”的精神，强行说教，主动劝人。

> 子墨子自鲁即齐，过故人，谓子墨子曰："今天下莫为义，子独自苦而为义，子不若已。"子墨子曰："今有人于此，有子十人，一人耕而九人处，则耕者不可以不益急矣。何故？则食者众而耕者寡也。今天下莫为义，则子如劝我者也，何故止我？"（《贵义》）
>
> ……吴虑谓子墨子曰："义耳义耳，焉用言之哉？"子墨子曰："籍设而天下不知耕，教人耕，与不教人耕而独耕者，其功孰多？"吴虑曰："教人耕者，其功多。"子墨子曰："籍设而攻不义之国，鼓而使众进战，与不鼓而使众进战而独进战者，其功孰多？"吴虑曰："鼓而进众者，其功多。"子墨子曰："天下匹夫徒步之士少知义，而教天下以义者，功亦多，何故弗言也？若得鼓而进于义，则吾义岂不益进哉！"（《鲁问》）

正因为"天下莫为义"，"少知义"，所以"教天下以义"就"不可以不益急"，不得不"强说人""行说人"。

三是要给天下人带来实际的利，必须强行说教。《经上》说："义，利也。"墨子主张"兼相爱，交相利"（《兼爱中》），以"利"作为社会生活的准则。"若无利而必言，是荡口也"（《耕柱》），若有利则"不扣必鸣"。

> 公孟子谓子墨子曰："君子共己以待，问焉则言，不问焉则止。譬若钟然，扣则鸣，不扣则不鸣。"子墨子曰："……若大人为政，将因于国家之难，譬若机之将发也然，君子之必以谏，然而大人之利，若此者，虽不扣必鸣者也。若大人举不义之异行，虽得大巧之经，可行于军旅之事，欲攻伐无罪之国，有之也，君得之，则必用之矣。以广辟土地，著税伪材。出必见辱，所攻者不利，而攻者亦不利，是两不利也。若此者，虽不扣，必鸣者也。"（《公孟》）

对百姓有利，不主动讲说，明哲保身，"隐知豫力，恬莫待问而后对"，则是"大乱之赋也"（《非儒下》）。

四是对国家百姓有利的就是善的，教人行善，也必须主动讲说。

公孟子谓子墨子曰："实为善，人孰不知？譬若良玉，处而不出有余糈。譬若美女，处而不出，人争求之，行而自炫，人莫之取也。今子遍从人而说之，何其劳也！"子墨子曰："今夫世乱，求美女者众，美女虽不出，人多求之；今求善者寡，不强说人，人莫之知也。且有二生于此，善筮，一行为人筮者，一处而不出者，行为人筮者，与处而不出者，其糈孰多？"公孟子曰："行为人筮者，其糈多。"子墨子曰："仁义钧。行说人者，其功善亦多，何故不行说人也！"（《公孟》）

总之，墨子认为，天下人求义、求利、求善的人少，教人求义、求利、求善就非常困难，而且越困难，也就更有必要，其功绩也就越大，因此就更应该强行说教。

2. "义务教育"主动性的内容

除重视《诗》《书》的内容外，墨子更强调自然科学与军事科学教育，涉及几何、物理、数学、光学等等，仅光学《墨子》一书中就有8条之多，如果只指望弟子来问才向弟子传授，就不可能把这些自然科学知识系统地传授给学生。如果弟子不问，也就无从传授了。孔子的弟子问礼、问仁、问孝，整部《论语》有114问，但没有一个问及几何、物理、数学、光学的，孔子也没有教授这些。可见，要把自然科学知识有效地传授给弟子，主动性教育是必要的。墨子重视军事科学教学。他本人就有很高的军事科学素养，故教给弟子不少军事科学知识，以至于"墨子之门多勇士"（陆贾《新语・思务》）。春秋战国时期，强国合并弱国，大国合并小国，战争不断爆发，如果战争在即，"譬若机之将发也然"（《公孟》），就不能被动地等待弟子来问才零零碎碎地把军事知识传授给他们，而应主动、系统、有计划地进行教育。

3. "义务教育"主动性的方法

教学是教与学的对立统一。教学工作非常复杂，教与学既是对立的，又是统一的。参与教学活动中的人——施教者与受教者都不是作为孤立的个体而存在，而是相互依存、互为主客的对立统一关系，施教者和受教者具有双主体性质。因此，在以施教者与受教者互动为特征的教学活动中，施教者主体性与受教者主体性同时存在、相互依附，共处于一个统一体中。

（1）教学是施教者与受教者的双边活动。

> 唱和同患，说在功。（《经下》）
>
> 唱而不和是不学也，智少而不学，必寡。和而不唱，是不教也。智而不教，功适息。（《经说下》）

这两段话的意思是：教与学是统一的，以功相等故。有学无教或有教无学，成绩便没有。根据教与学关系的变化，墨子把教学分为六种情况。一是有教无学，二是有学无教，在这两种情况下，教学实际上不存在。三是教无害于学，四是学生不得已而听从教师的指使，这两种情况是正常的教学。五是学生智少而不学，六是教师智多而不教，这两种情况是不正常的教学。[①] 墨子已经认识到，教与学缺少了任何一方面都不完整。施教者主动传授，受教者听从施教者的教诲，才是正常的教学。施教者智多，而不主动施教，就是不正常的。

（2）教学中施教者应主动讲授。

墨子在与公孟子谈话时曾提到孔子的问答教学法，并把孔子的问答教学法形象地解释如下：

> 问焉则言，不问焉则止。譬若钟然，扣则鸣，不扣则不鸣。（《公孟》）

意思是（君子）问到他就说，不问他就不说。就像钟一样，敲击它就响，不敲就不响。墨子并不反对这种“扣则鸣，不扣则不鸣”的方法，比较而言，墨子更主张“虽不扣，亦必鸣”（《公孟》）。在《非儒》和《公孟》两篇中，墨子详细论述了这个观点。我们把“虽不扣，亦必鸣”理解为一种教育态度。但是，如果说“扣则鸣，不扣则不鸣”是对孔子问答教学法的形象解释，那么“虽不扣，亦必鸣”则是对墨子主动性教育的高度概括。主动性教育是施教者通过语言主动、系统地向受教者传授知识的一种教学方法。墨子“虽不扣，亦必鸣”，如“强说人”“行说

---

① 参见毛礼锐、沈灌群主编：《中国教育通史》第2卷，山东教育出版社1986年版。

人”，正表现出主动、系统地传授知识的特征。

“强说人”是主动性教育的特征。《墨子》一书是墨子进行教育教学活动的真实记录，书中载墨子与弟子、时人的谈话共 124 条，其中墨子不待问而言，以“子墨子曰”形式开头的有 84 条，弟子、时人提出问题，墨子答疑的有 40 条。从统计数据看，墨子教人主要靠主动性教育。另外，《墨子》现存 51 篇，自《亲士》至《小取》共 39 篇，除在《三辨》篇插入一段程繁问礼的话，其余全都是墨子对弟子、时人进行主动性教育的。再则，墨子回答弟子及时人提出的问题，往往是长篇大论，带有系统讲授的特征。如禽子问守道，墨子遂系统地教以守城之具六十六事。《墨子》一书中，自《备城门》至《杂守》共 11 篇，都是记墨子向禽子传授守城之法。孙诒让《墨子间诂》说：“《备城门》以下十余篇，皆其语也。”

“行说人”更能表现主动性教育的特征。在理论上，墨子认为：“行说人者，其功善宜多。”公孟子不理解，便问道：

> 有二生于此，善筮，一行为人筮者，一处而不出者，行为人筮者，与处而不出者，其糈孰多？公孟子曰：“行为人筮者，其糈多。”子墨子曰：“仁义钧，行说人者，其功善亦多。何故不行说人也。”（《公孟》）

墨子劳身苦志以教人，他自己即是一个典型的“行说人者”。主动性教育能调动受教者的积极性与自觉性，引导受教者独立思考。

（3）教学是施教者主动启发的过程。

施教者教育受教者启发灵活有方，受教者就会积极主动。施教者启发应站在受教者思维的起点上，就是充分考虑受教者的知识结构和认知能力，并照顾到受教者的年龄特征，这就是启发式。这样看来，墨子主动性教育正可算是启发式教育。

一是墨子注意到启发激励受教者学习的动机，调动受教者学习的主动性。

> 虑，求也。（《经上》）
>
> 虑：虑也者，以其知有求也，而不必得之，若睨。（《经说上》）

第一则的意思是，虑，谋求。第二则是对第一则的解释：虑，谋求，凭自己的知材而有所探求，而所求不一定能得到。好比斜视，有所见而并不真得看见。这说明墨子早就注意到了人的动机问题，并把动机理解为人的求知欲望即求知动力是难能可贵的，为主动启发式教学找到了理论依据，并用以指导自己的教育实践。

墨子为了劝一位到墨家门前游玩的青年跟自己求学，便以做官调动他求学的积极性。过了一年，青年学业大进，便找墨子要官做，墨子用“鲁语”给他讲了“鲁国兄弟给长兄买酒葬父”的故事，并回答说：“子不学，则人将笑子，故劝子于学。”

> 鲁君谓子墨子曰：“我有二子，一人者好学，一人者好分人财，孰以为太子而可？”子墨子曰：“未可知也。或所为赏与为是也。魡者之恭，非为鱼赐也；饵鼠以虫，非爱之也。吾愿主君之合其志功而观焉。”（《鲁问》）

墨子的意思很明显，谁可立为太子，不仅要看“功”——效果，而且要看“志”——动机，把动机与效果统一起来进行考察。

二是墨子注意到启发教育的时机问题。

> 子禽问曰：“多言有益乎？”墨子曰：“虾蟆、蛙蝇，日夜而鸣，舌干擗，然而不听。今鹤鸡时夜而鸣，天下振动。多言何益？唯其言之时也。”（《太平御览》卷三九〇引《墨子》）

这里所说的“时”，与《学记》中“当其可之谓时”的“时”意思相同。墨子要求施教者掌握受教者的最佳时机，及时进行教育，以便取得最佳的教育效果。墨子认为，启发应抓住适当时机，因势利导，根据受教者的年龄特征、教学内容和顺序及其要求，应该按照受教者心理发展的需要和水平进行。如果施之过早，则不适应受教者的接受能力和需要；如果施之过迟，则施教者的要求可能已经消失，也不大容易让他们接受。如果不注意客观规律，时机未到或时机已过便进行某种教育，就难以收到最佳的效果。

(4) 根据受教者的天赋、兴趣、爱好和接受能力，因材施教。

子深其深，浅其浅，益其益，尊其尊。（《大取》）

这是说墨子教人，当深就深，当浅就浅，当增加就增加，当减少就减少。

墨子重视受教者的个性心理特征及其差异，适当加以引导，发扬其积极因素，克服其消极因素。首先是对学习上急于求成、贪多求速的弟子，引导他们克服贪多求速的缺点，向博且专的方向发展，禽滑厘就是一个很好的例子。其次是对学习上单一、知识面过于狭窄的弟子，引导他们发扬追求专深知识的精神，克服知识面狭窄、好钻牛角尖的缺点，向专且博的方向发展，公尚过就是很好的例证。再次是对对学习的艰巨性认识不足，不愿往深处探究，刚一入门就停止钻研的弟子，引导他们发扬勇于进取的精神，克服浅尝辄止的缺点，逐渐培养他们由浅入深的认真的态度和习惯，拓展学习的深度与广度，耕柱子就是一例。最后是对学习上有畏难情绪，缺乏攻关的勇气，失去前进信心的弟子，引导他们发扬安稳谨慎的精神，克服畏难却步、怕出错误的缺点，逐渐培养学习与创新的勇气，曹公子就是最好的例子。

4．“义务教育”主动性的意义

在世界教育史上，墨子的主动性教育是对教育理论的重大贡献，同时他的教育实践也取得了令人瞩目的成就。在中国教育史上，墨子第一次论证和实践了教育的主动性。

春秋战国时，除墨家外，儒家、道家、法家等不重视主动性教育。墨子首倡和运用问答法。孔子的观点是“不愤不启，不悱不发”（《论语·述而》），即受教者不提出问题，就不主动去教。孟子继承了孔子这一思想，主张由受教者深造自得：“君子深造之以道，欲其自得之也。”（《孟子·离娄下》）他认为，施教者的作用不在于直接向受教者讲授知识，而在于引导他们自己去学习，“君子引而不发，跃如也”（《孟子·尽心上》）。《学记》要求受教者教学“道而弗牵，强而弗抑，开而弗达”，并严厉地批评“呻其占毕，多其讯言，及于数进”的教学方法。法家主张“以吏为师”，而吏靠的是威严，强人就范，根本不存在启发问答或讲解道理的教学。道家“无为”，主张无知、无识、无性、无欲，更谈不上通过问答或主动性教育传授知识。

在外国教育史上，苏格拉底问答法是大家都知道的。在柏拉图的学园里，全是用师生对话的形式进行教学，连柏拉图的著作也全都是对话体。总之，在中外教育史上，还找不到有记载的能够证明比墨子更早或同时论证和实践了教育主动性的人。

（1）教育主动性有利于发挥施教者的主导作用。

孔子的问答教学，其主要形式是受教者提出问题，施教者答疑。虽说也有施教者问受教者让受教者回答的，但很少，不是一种常用的形式。运用问答法进行教学，须待受教者有所问，施教者才能有所答，这往往使施教者处于被动的地位，不能很好地发挥施教者的主导作用。主动性教育一般是施教者主动传授，受教者领会和记住施教者传授的东西，这有利于施教者发挥主导作用。

（2）教育主动性有利于施教者系统地传授知识。

运用问答法进行教学，受教者问什么，施教者答什么，零碎而不系统。运用主动性教育，施教者可以依据知识本身的体系，由浅入深、由此及彼地进行系统讲授。

教育主动性在墨子的教育实践中取得了可喜的成果。应该说墨子的教育主动性、孔子的问答法都是运用得成功的。从某一角度说，墨子的教育主动性或许有更优越之处。孔子的问答法已为大家所熟悉，而墨子的教育主动性却鲜为人所注意。这在教育史上不能不说是一大遗憾。

第五节 “义务教育”的公益性

“公益”是指对公众有益的事，也是公共利益事业的简称。这是现代对“为人民服务”的一种通俗讲法，指有关社会公众的福祉和利益。“公益”为后起词，五四运动后方才出现，意为“公共利益”。社会公益组织一般是指那些非政府的、不把利润最大化当作首要目标，而且以社会公益事业为主要追求目标的社会组织。早先的公益组织主要从事人道主义救援和贫民救济活动，很多公益组织起源于慈善机构。

公益性是教育的一种客观属性。从教育产生的时候起，教育便有公益性，即为公众或团体提供服务，实现个体或群体的社会化，实现教育的政治、经济及文化功能。不论哪个国家、哪个时代的教育，首先都是符合社会公共利益的，即无论是教育方针、教育目的还是办学方式、办学内容，都必须以不损害国家利益和全社会民众利益为前提。从这个意义上说，墨子"义务教育"的公益性，是由作为教育过程的重要因素——教育内容、教育产品和教育利益主体的公益性决定的。

1. "义务教育"公益性的内容

教育过程是以传播文化知识为主，兼以创新和生产文化知识并且应用文化知识的过程。文化知识属于公共物品，具有非稀缺性、非分割性、非排他性、非消耗性、外部效应性、无限增殖性等特征，它的生产、扩散和应用区别于私人物品或服务，一旦被生产出来，就存在被公众普遍利用的可能性。墨子"义务教育"公益性的内容大致有以下几方面。

（1）以"兼爱"为核心的道德教育。

> 视人之国若视其国，视人之家若视其家，视人之身若视其身，……天下之人皆相爱，强不执弱，众不劫寡，富不辱贫，贵不敖贱，诈不欺愚。（《兼爱中》）

墨子"爱"的对象是所有人，一切人也都相爱，他希望用伦理道德来约束人们，从而消除社会矛盾，安定社会生活。墨子告诫弟子：

> 爱人者，人必从而爱之；利人者，人必从而利之。（《兼爱中》）

（2）经济思想教育。

墨子认识到劳动是人的本质，人类社会只有从事物质生产才有物质生活。墨子对发展农业提出了一些方法建议：

> 田不辟，少食。（《号令》）
>
> 安国之道，道任地始。地得其任，则功成；地不得其任，则劳而无功。（《号令》）
>
> 农夫不暇稼穑，妇人不暇纺绩织纴，则是国家失卒，而百姓

易务也。（《非攻下》）

春则废民耕稼树艺，秋则废民获敛。（《非攻中》）

第一则是建议发展农业首先应当开垦荒地。第二则是说土地得到合理使用，充分发挥效力，是农业生产发展的关键。第三则是说必须保证农业生产的时间。第四则反映了小生产者希望过上安定生活的愿望。墨子认为生产劳动是创造财富的基本手段，是人类生存的基础，也是人与动物的区别所在。

今人与此异者也，赖其力者生，不赖其力者不生。君子不强听治，即刑政乱；贱人不强从事，即财用不足。（《非乐上》）

在上述论述的基础上，墨子提出了发展生产的建议：一是进行合理的社会分工，使劳动者各尽其能、各从其事；二是发挥技术的作用，促进物质生产；三是重视人才。

墨子一方面积极倡导生产，另一方面倡导节用，主张“量腹而食”“度身而衣”。为防止统治阶级过高消费，墨子提出了三个原则：

贫家而学富家之衣食多用，则速亡必矣。（《贵义》）

去无用之费，圣王之道，天下之大利也。（《节用上》）

费财劳力不加利者，不为也。（《鲁问》）

第一个原则是个人的消费应当与自己的财力相当。第二个原则是“去无用之费”，治理国家要从最严重的弊端入手，因此财政开支应当用在最需要的地方。第三个原则是凡是劳民伤财、对人不产生更多好处的事情，不应为之。根据这三个原则，墨子以自苦为极，一生节俭，反对浪费，多次强调衣食住行要有一个适当的标准：

凡足以奉给民用，则止；诸加费不加于民利者，圣王弗为。（《节用中》）

（3）谈辩即逻辑学教育。

要宣扬“兼爱”“行义”思想，必须“上说下教”，和意见不一的人进行辩论。墨子认为人的言论是否正确有三个衡量标准，即“三表法”：

何谓三表？子墨子言曰：“有本之者，有原之者，有用之者，于何本之？上本之于古者圣王之事。于何原之？下原察百姓耳目之实。于何用之？废以为刑政，观其中国家百姓人民之利。此所谓言有三表也。”（《非命上》）

墨子在弟子的谈辩才能和逻辑思维的培养方面强调形式逻辑、归纳与演绎相结合，“察类明故”，并把假言推理、选言推理和归纳并列使用，讲究以理服人，追求谈辩技巧，做到言行有据。

（4）生产劳动知识及技能教育。

为帮助弟子和贤良之士获得“各从事其所能”（《节用中》）的本领，墨子非常重视生产劳动知识及技能教育。墨子及其弟子既是生产者阶层又是有文化的士阶层。双重的身份，使他们有条件且有能力将生产劳动和教育活动相结合。他们不但直接参与生产劳动，练就高超技艺，而且从生产实践中总结有价值的劳动经验，并将这些经验知识与技能作为教学内容，代代相传。墨子的劳动观念学说是对传统文化的一大贡献。

（5）自然科学知识教育。

墨子十分强调自然科学知识对人教育的重要性，创造性地把在生产实践中获得的自然知识与科技经验融入教育体系之中，增加了许多与生产实践相结合的实学内容。墨子在科学技术上的深入研究和教育方面的卓越贡献，丰富拓展了传统文化，在中国教育史上写下了壮丽的篇章；在历史上第一次把知识分子和劳动生产实践相结合，把知识与生产相结合。中国古代科技的发展和进步，与墨子的科技理论和科学实践息息相关。墨子的科学理论深刻全面，这一点是当时其他诸子远不能及的。墨子的科学知识主要载于《墨子》一书的《经上》《经下》《经说上》《经说下》《大取》《小取》篇。内容十分丰富，涵盖了数学、力学、光学、声学、机械设计与制造等诸多领域。

（6）军事教育。

在群雄并起、战争频繁的时代背景下，墨子十分关注对军事知识和军事器械的教育，培养懂军事的人才，做好反侵略战争的准备，实现其“非攻”学说，军事教育思想也是墨子与众不同的重要表现。墨子一生极力从事“非攻”的止战运动，在制作军事攻防器械方面积累了十分丰富的经验。《墨子》一书中，经过历朝的散失，现只保留《备城门》等11篇，较为全面地记述了防御的技巧，内容涉及城墙的建筑要求、守御设施的安排、兵力的部署、将卒的选拔、器械装备等各个方面。墨子将这些技能传授给弟子，使他们从事止战的活动。

2.“义务教育”公益性的产品

墨子教育公益性的产品是高素质的人才。教育是培育人才的，以人的智力、精神、灵魂为改造对象的。人才为整个社会甚至全人类贡献自身价值，提供应用服务，这种服务是很难用金钱来衡量的。高素质的人才是一种人力资本，这种资本与承载者不能分离，同时具有公共产品的性质。人力资本的发展对社会的发展具有举足轻重的作用，并且这种作用具有普遍性。

(1) 对人才的使用。

墨子高度重视人才的使用，把“尚贤”思想直接落脚到当权统治者对人才的使用上。墨子强调对人才能力的要求，提出了17字原则：

> 以德就列，以官服事，以劳殿赏，量功而分禄。(《尚贤上》)

墨子在对人才的使用上是这样做的，其一，据德授职，人尽其才。要正确使用人才，最大限度地发挥人才的作用，就要把人才安排在合适的职位上。

> 可使治国者，使治国，可使长官者，使长官，可使治邑者，使治邑。(《尚贤中》)

这就要求根据所举人才的才能大小安排其职位，量才用贤。

> 是故不能治百人者，使处乎千人之官……不能治千人者，使处乎万人之官……则此治一而弃其九矣……以下贤为政而乱……”(《尚贤中》)
>
> 贤者之治国也，蚤朝晏退，听狱治政，是以国家治而刑法正。贤者之长官也，夜寝夙兴，收敛关市、山林、泽梁之利，以实官府，是以官府实而财不散。贤者之治邑也，蚤出莫入，耕稼、树

艺、聚菽粟，是以菽粟多而民足乎食。（《尚贤中》）

以贤者来治理国家、担任行政长官、治理邑里，都会收到预想的效果，即国家政治清明，国库充盈有余，人民生活安康。如果没有实现，则说明用人不当，没有做到人尽其才。而“以劳殿货，量功分禄”（《尚贤上》）是以俸禄、薪水来使贤者“富之”“贵之”，俸禄的高低体现了人才的价值，量才举贤，把人才安排在一定的职位上，一定程度上也起到了考察和激励人才发挥才能的作用。另外，对于能够担负重任的人才，一定要委以重担，真正实现大才大用。其二，不避卑贱，毋须亲亲。墨子胸怀大志，有着很高的政治理想，墨子让当权统治者任用贤人，唯才是举，也是为了安定时局，巩固政权。墨子说：

虽在农与工肆之人，有能则举之。（《尚贤上》）

不辩贫富、贵贱、远迩、亲疏，贤者举而尚之，不肖者抑而废之。（《尚贤中》）

墨子立足底层平民百姓和未仕阶层，提出上述主张，提倡要把对人才的使用延伸到社会最底层，彻底打破当时基于世袭、血缘关系的举贤制度。墨子还对任人唯亲进行了深刻剖析：

今王公大人，有一衣裳不能制也，必藉良工；有一牛羊不能杀也，必藉良宰。故当若之二物者，王公大人未知以尚贤使能为政也。（《尚贤中》）

赏不当贤，罚不当暴，其所赏者已无故矣，其所罚者亦无罪。（《尚贤下》）

墨子还进一步以古代圣王的用人来加以论证。

故古者尧举舜于服泽之阳，授之政，天下平；禹举益于阴方之中，授之政，九州成；汤举伊尹于庖厨之中，授之政，其谋得；文王举闳夭泰颠于罝罔之中，授之政，西土服。（《尚贤上》）

其三，自身为贤，劝贤抑邪。墨子为了保证举者、授者自身的贤明，从三个方面加以论述。

选天下之贤可者，立以为天子……置立之以为三公，……立

诸侯国君……置立之以为正长……（《尚同上》）

志不彊者智不达，言不信者行不果。据财不能以分人者，不足与友；守道不笃、遍物不博、辩是非不察者，不足与游。(《修身》)

谮慝之言，无入之耳；批扞之声，无出之口；杀伤人之孩，无存之心。(《修身》)

第一则是说，所有当政者自上而下实行选举，层层设立，当然是由大家共同推举出来的。第二则是说，意志不坚强的，智慧一定不高；说话不讲信用的，行动一定不果敢；拥有财富而不肯分给人的，不值得和他交友；守道不坚定、阅历事物不广博、辨别是非不清楚的，不值得和他交游。第三则是说，加强自身修养，谗害诽谤之言不入于耳，攻击他人之语不出于口，伤害人的念头不存于心。

墨子还阐述了在对人才的使用过程中客观上发挥劝贤抑邪的作用，利于改善社会环境，纯洁民俗道德，也正是墨子以“尚贤”为核心思想的体现。以古人量才用贤为例，古代圣王“尚贤”，量才而授官，使“国之富贵人”“亲者”“近者”“远者”皆退而谋，认为“我不可不为义”(《修身》)，由“民皆劝其赏，畏其罚，相率而为贤者，以贤者众，而不肖者寡”(《尚贤中》)。贤者多了，就为实现“众贤”提供了可靠的、丰富的人力资源。另外，据德授职，不避卑贱，毋须亲亲，使人尽其才，各司其职，各享其禄，而无才便无官、无禄，这既是对贤良之士的重大激励，也是对小人者、无才者坚决的否定和打击，使他们不能再依靠自己的“歪才”生存立足，起到了育民、化民的作用。

(2) 墨子提供的教育服务。

教育服务不但具有公共产品的属性，而且具有社会调节器的功能，教育正是实现这一调节功能的社会机构之一。墨子对人才的考察做得比较精细，可谓服务周到，实际上是贯穿人才任用始终的，对人才实行了全程跟踪考察。现就贤良之士任职前和任职中的考察进行简要分析。其一，任职前的考察。贤良之士要被授予官职，首先要履行“举贤量才”的程序，主要是对即将授予官职的人才进行任前考察，看他是不是真正的人才，其能力有多大。墨子主要从三个方面进行考察。

凡出言谈，由文学之为道也，则不可而不先立义法。若言而

无义，譬犹立朝夕于员钧之上也，则虽有巧工，必不能得正焉。（《非命中）

然则天之所使能者，谁也？曰：若昔者禹、稷、皋陶是也。何以知其然也？先王之书《吕刑》道之，曰："皇帝清问下民，有辞有苗，曰：'群后之肆在下，明明不常，鳏寡不盖。德威维威，德明维明。'乃名三后，恤功于民。伯夷降典，哲民维刑；禹平水土，主名山川；稷隆播种，农殖嘉谷。三后成功，维假于民……"（《尚贤中》）

……昔者三代圣王尧舜禹汤文武者是也……其为政乎天下也，兼而爱之，从而利之，又率天下之万民，以尚尊天事鬼，爱利万民。是故天、鬼赏之，立为天子，以为民父母，万民从而誉之曰"圣王"……（《尚贤中》）

第一则是"听其言"。听他说话有没有道理，符不符合墨家所言的仁义道德。听其言，而知其人是否真有治国安民之道，是否广闻博见、雄辩有力，以及有何爱好、特长等。第二则是"迹其行"。就是到平民百姓中去了解贤士的情况，主要包括平时为人怎样，对待父母、兄弟的态度，对待钱财的态度，和邻里的关系，为人处事是否讲究仁义道德等。所以举其贤后，必察其行。像尧帝那样询问人民所患，用有德之人，使平民百姓大受其福。第三则是"察其能"。主要针对被举为"贤士"的人的能力进行考察，看他掌握了哪些技能，精通哪些技能，如果是未为官者，察其治家能力；如果是为官者，则赴其任职之地进行考察，察看他治理所管区域的能力。像从前的圣王尧、舜、禹、汤、文、武那样，治理天下，率领天下万民尊天事鬼，爱利百姓。其二，任职中的考察。对于已经授予官职的"贤士"，墨子主要采用"三观"考察法。"三观"考察法是以"天志"为尺度考察当政的贤良之士：

置此以为法，立此以为仪，将以量度天下之王公大人卿大夫之仁与不仁，譬之犹分黑白也。（《天志中》）

天之意……欲人之有力相营，有道相教，有财相分也。又欲上之强听治也，下之强从事也。上强听治，则国家治矣，下强从事则财用足矣。（《天志中》）

> 上将以度天下之王公大人为刑政也，下将以量天下之万民为文学出言谈也。（《天志中》）
>
> 顺天之意，谓之善意行，反天之意，谓之不善意行。……顺天之意，谓之善言谈，反天之意，谓之不善言谈。（《天志中》）
>
> 顺天之意，谓之善刑政，反天之意，谓之不善刑政。（《天志中》）

一是（第一则）以“天志”考察在职官员是否仁义，就像黑白一样分明。二是（第二则、第三则）“天志”即民意，以此为依据和标准对任职的贤士进行考察。和任职前的考察不同的是，对任职中的贤士首先要考察的是治理能力，所以要“观其行”，“观其言谈”。三是（第四则、第五则）考察他的政绩：“观其刑政”。其实，由于墨子对人才实行的是一种长期跟踪式的考察，所以并没有把各种考察贤良之士的方法孤立或是相对地使用，而是综合地、随时随地运用在人才的考察上。

> 胜绰事项子牛，项子牛三侵鲁地，而胜绰三从。子墨子闻之，使高孙子请而退之。（《鲁问》）

墨子一旦发现人才出现问题，“不肖者抑而废之”（《尚贤中》），毫不迟疑。

3. “义务教育”公益性的主体

墨子“义务教育”的主体是公众、社会、国家、民族乃至整个人类。教育不仅传授知识，而且塑造健全的人格。墨子教育对人才的管理也体现了公益性。

> 良弓难张，然可以及高入深；良马难乘，然可以任重致远；良才难令，然可以致君见尊。是故江河不恶小谷之满己也，故能大。（《亲士》）

这表明，墨子已经意识到“良才难令”的问题。“良才难令”用今天的话说，就是个性鲜明、自有主张的人，这些人都有各自的特点，不好管理。这里我们需要注意两个方面：一是这些难令的是什么人，他们都是能“致君见尊”的顶级人才；二是不能因为其“难令”就放弃他们，要有容人之量、用人之法，只有这样才能如“江河不恶小谷之满已也，故能大”（《亲士》）。在墨子人才思想中，人才管理问题得到重视。

（1）激励“贤良之士”。

当权统治者的首要任务就是“众贤”。

> 善为君者，劳于论人。（《所染》）
>
> 必将富之，贵之，敬之，誉之，然后善射御之之良士，将可得而众也。（《尚贤上》）
>
> 贤者举而上之，富而贵之，以为官长。（《尚贤中》）

第一则是说，善于做国君的，在选用人才时费尽心思。第二、三则是说，要把这些“国家之珍”“社稷之佐”的贤良之士“得而众”，是要讲究一定的方法的。不管是什么人，以今天的眼光看，“高予之爵”，“以为官长”，就是用相应的职位来激励人才；“富而贵之”，“重予之禄”则是以优厚俸禄来激励人才。我们说今天以职位、事业以及待遇等来激励人才，不是什么新鲜的话题，两千多年前墨子就已知道，足见墨子的真知灼见。

（2）消除国家祸患。

墨子认为国家存在七种祸患：

> 城郭沟池不可守而治宫室，一患也；边国至境四邻莫救，二患也；先尽民力无用之功，赏赐无能之人，民力尽于无用，财宝虚于待客，三患也；仕者持禄，游者爱佼，君修法讨臣，臣慑而不敢拂，四患也；君自以为圣智而不问事，自以为安强而无守备，四邻谋之不知戒，五患也；所信者不忠，所忠者不信，六患也；畜种菽粟不足以食之，大臣不足以事之，赏赐不能喜，诛罚不能威，七患也。（《七患》）

治理国家，如果不规避上述“七患”，则国家必定灭亡；防备城池时，如果国内“七患”当道，那么国家也一定要丢失。仔细分析上述“七患”，可知其根源无一不是人才管理不当。“城郭沟池不可守”，是因为当政者没有把守城良将放在其位；“边国至境四邻莫救”，是因为缺乏得当的外交人才，没有和邻国建立友好互助关系；“四邻谋之不知戒”，是因为小人专权、蒙蔽国君；“畜种菽粟不足以食之”，是因为没有这方面的人才管理好农业生产；至于“所信者不忠，所忠者不信”以及“大臣不足以事之”，更是由于当政者用人不当，对所用人才管理不力。因为对人才管理不力，没有使“有能则举之，无能则下之”（《尚贤上》），故而“贤者不至乎王公大人之侧，则此不肖者在左右也”（《尚贤中》），而对不肖者又没有“抑而废之”（《尚贤中》），所以七患生，国家危。再则，作为统治者，用人不亲即宠，既不忠信，又不足以事，明显存在用人不当的问题。加上赏罚不明，不关心百姓生活，不重视国防建设，肆意修改法律，杀戮忠臣，致民力于无用，大兴土木，只图自己享乐，这样的统治者本身就是不贤者、无能者。墨子说：“选天下之贤可者，立以为天子。”（《尚同上》）既然连天子都可以选举，那天下所有的当政者均可选举。所以，只要对上自天子下到正长的职位进行选举，让适合的贤良之士来担任，就可以消除国之七患。

（3）管理刚柔并济。

墨子说：

> 选天下之贤可者，立以为天子。天子立，以其力为未足，又选择天下之贤可者，置立之以为三公。天子三公既以立，以天下为博大，远国异土之民，是非利害之辩，不可一二而明知，故画分万国，立诸侯国君，诸侯国君既已立，以其力为未足，又选择其国之贤可者，置立之以为正长。正长既已具，天子发政于天下之百姓。（《尚同上》）

这是说，首先选择天下最贤能之士且可胜任的人来担任天子，其次选择天下贤能之人为三公，再次选择天下贤能之人为诸侯国国君，最后在诸侯国中选择贤能之人担任行政长官。这实际上也是后世中央集权的专制主义封建国家理论的最早的表述。至于墨子描述的这种专制主义，是否就是中国封建社会的最早蓝本，我们不做讨论，但其专制主义却体现了对人才的刚性管理。这就好像一个金字塔，每一层的职能都有着非常严格的区分。最高层次的是天下最贤能之人，其担任天子，亦是最高的统治者，有着至高无上的权力。墨子也采取这种金字塔式的人才管理模式，刚性很强，组织纪律严明。墨子可根据需要安排三类弟子从事不同的政治活动，并对出仕的弟子即召即回，均表现出墨家首领——巨子的绝对权威。但是，我们也要看到，处于塔尖的天子虽然很威风，但失去了百姓这个塔基，也就不复存在。墨子看到了这一点，所以在人才管理上强调刚柔并济，以“兼爱”之说来刻意淡化等级差异。如果说自上而下的选举是对人才的刚性管理，那么要求贤良之士实行“兼爱”之“义”，可看作对人才的柔性管理。“故兼者，圣王之道，而万民之大利也。”（《兼爱下》）墨子强调、突出万民的利益，把万民从塔基推至顶端。以今天的管理眼光看，这是一种倒金字塔管理法，弱化了最高管理者的权威，强化了最底层、最广大人群的利益，使其在显处得到足够的重视。

4. “义务教育”公益性的意义

古今中外教育发展的历史表明，无论由团体、政府办学还是由个人办学，教育都具有公益性。今天我们看墨子教育的公益性，仍具有划时代的意义。

（1）教育公益性由文化知识公益性决定。

教育公益性所提供的产品或服务只能由人们共同地占有和享用。从利益上看，这种利益具有公共性、社会性、整体性；利益主体是公众、社会、国家、民族乃至整个人类。教育公益性所蕴含的公共教育利益，具有十分丰富的内容，包括社会层面的经济、政治、文化利益等，个人层面的物质、精神利益等。从本质上讲，公共教育利益是一种文化知识利益，即利益主体在教育过程中获得的文化知识以及由此带来的各种好处。教育过程是以传播和扩散文化知识为主，兼而创新和生产文化知识，以及应用和物化文化知识的过程。正是在这种意义上，教育利益可以视作一种文化知识利益。而公共教育利益的受益者也可以是公众、社会、国家、民族乃至全人类。教育公益性是与文化知识公益性联系在一起的。墨子教育的思想和实践，真切地体现了这一特点。

（2）教育公益性由“为义”活动来体现。

墨子认为，教育是一种“为义”的活动，是公益事业。它虽不直接产生物质效益，却往往比直接产生物质效益的行业作用更大。“有力者疾以助人，有财者勉以分人，有道者劝以教人。”（《尚贤下》）“有道者劝以教人”比前两种显得更重要。墨子在《鲁问》中通过耕织与教育的比较，推论个人力量极为有限，教育之功远胜于个人自耕自织，“有道教人”比“有力助人”“有财分人”的作用大得多。正是从这个角度，墨子充分肯定了施教者的价值，施教者就是“教人耕”的人。墨子招收受教者面向社会，既有王公大人，也有平民百姓。对受教者而言，教育也带有一定的强制性，用墨子的话说是“强学强教”。墨子的教育思想和实践比之孔子的“学而优则仕”，以及今之所谓“知识改变命运”更接近教育的本质。从这个意义上说，墨子是中国历史上“义教”第一人。

（3）墨子教育公益性敲开了平民百姓共享教育的大门。

在墨子义务教育的推动下，更多的平民百姓受到了教育。一是共享优质教育课程资源。墨子将各个层面的优质教育资源进行系统化整合重构，建立优质教育资源数据库。对弟子个人或者区域地方进行适合的调配。二是共享优质师资资源。墨子在教育实践中，有一种非常让人钦佩的做法，那就是让优秀的弟子教育指导刚刚入学的弟子，解决了师资资源缺少和不均衡的问题。弟子之间的这种互教互学活动，使大家各取所长，得到了互补。三是共享所有成果信息资源。墨子和弟子关系融洽，和谐相处，他们共享最新教育信息、最新学习收获、最新创造发明成果。由此我们可以想到，实际上未来学校不再是固定结构，而是让不同的学生在不固定的结构中找到合适的路径和成长方式。未来的教育是共同建立良好的教育资源，并在教育信息共享的基础上帮助学生选择合适的课程和学习方式来实现个性化成长与发展。

“新故相推，日生不滞。”（王夫之《尚书引义·太甲》）“新”，即新生事物；“日生”，指太阳升起；“滞”，即停滞不前。这句话的意思是：新旧事物交替变更，不会随着时间的变化而停滞不前。我们要遵循教育规律、人才成长规律，大力推进教育体制改革创新，建立充满活力、富有效率、更加开放、有利于高质量发展的教育体制机制。

第三章　独具特色的育人标准：德厚、善辩、博术

出于“济民救世”的教育目的，墨子高度关注现实社会和人生，因此面对社会上的种种不合理现象，墨子都竭力提出自己的解决方案。政治问题是直接关系人民生存状况的一大问题，针对当时政治上普遍存在的统治者贪婪、残暴、昏庸的状况，墨子提出了培养、选拔、使用优秀人才的理念，即“尚贤”。墨子认为，建立政治、国家制度，让平民百姓过上好日子，贤良之士对于济民救世来说非常重要。这些贤良之士从何而来，需要进行培养，这就牵涉育人标准的问题。墨子说：

> 况又有贤良之士，厚乎德行、辩乎言谈、博乎道术者乎，此固国家之珍，而社稷之佐也。（《尚贤上》）

这是墨子对贤良之士的培养提出的标准，墨子心目中的贤良之士是具有较高品德、能力学识并能为社会做贡献之人。需要注意的是，墨子所说的“道术”是一个广义的概念，指的是人们学到的众多知识。

墨子确立的“厚乎德行、辩乎言谈、博乎道术”的标准，比较客观全面，涉及德行、才能、学识三个方面。以现在的观点来看，只有达到这三项标准，才能培养出济民救世的为政之才，这些贤良之士才能“有力者疾以助人，有财者勉以分人，有道者劝以救人”（《尚贤下》），才能营造出“兼相爱，交相利”（《兼爱中》）的社会环境。这不仅是墨子自己所追求的社会理想，也是当时平民百姓所企盼的社会理想，更是墨子培养贤良之士的终极意义。

第一节 “厚乎德行”的道德修养

“厚乎德行”是贤良之士的首要标准，贤良之士必须是德行敦厚之士：

> 圣知也，仁义也，忠惠也，慈孝也。（《天志下》）
>
> 君子之道也：贫则见廉，富则见义，生则见爱，死则见哀；四行者不可虚假，反之身者也。（《修身》）
>
> 仁人之所以为事者，必兴天下之利、除去天下之害。（《兼爱中》）

第一则告诉人们，贤良之士应是“圣智、仁义、忠惠、慈孝”之人。第二则是说，贤良之士应具有的道德包括：贫穷时表现出廉洁，富足时表现出恩义，对生者表现出慈爱，对死者表现出哀痛。第三则是说，具有仁德的人处理政事一定是兴办对天下有利的事情，革除对天下有害的事情。这三则是说，贤良之士要有谦谦君子之风，须是能够为平民百姓排忧解难的仁人志士。墨子认为，品行是一个人最重要的东西，这一根基不牢，其他方面就会缺乏发展的基础。因此，无论对于当权者还是对于一般的士人、平民百姓而言，修身都是成就功业的前提条件。没有内在的良好的修养，就不可能有良好的行为；没有良好的行为，就必然得不到下属的拥戴。同时，墨子还认为道德修养有助于事业早日成功，即“君子力事日强，愿欲日逾，设壮日盛”（《修身》）。

“德”是“道德、品德、功德”的意思，在《墨子》一书中，共出现 33 次。“行”字读“xíng”，在《墨子》一书中共出现 271 次，其中用作名词的“德行”出现 64 次。“德”与“行”相结合，构成“德行”，指的是个人道德品质和道德行为。中国传统文化以“德行”作为衡量人的最高标准。德行是一个人思想行为的指南、处世立身的根本，如水之源、树之根，虽然看不见，但须臾不可离，故无德无以立，德之不修，行之不远。墨子对德行的修炼、对德行的要求，可谓苛刻。墨子认为：有德行的人藏于民间，则能改造风俗，教化民众，使风气为之一变；有德行的人居庙堂之上，则能当仁不让，作为社会中流砥柱，建功立业，平治天下。《墨子》书中谈及德行的有多处。

> 况又有贤良之士……此固国家之珍而社稷之佐也，亦必且富之、贵之、敬之、誉之，然后国之良士，亦将可得而众也。（《尚贤上》）
>
> 使不知辩，德行之厚，若禹汤文武，不加得也。（《尚贤下》）
>
> 德行、君上、老长、亲戚，此皆所厚也。（《大取》）
>
> 予怀明德。（《天志中》）
>
> 德威维威，德明维明。（《尚贤中》）
>
> 古者周公旦非关叔，辞三公，东处于商奄，人皆谓之狂，后世称其德，扬其名，至今不息。（《耕柱》）

第一则的具体指向是贤良之士的标准——德行醇厚，能言善辩，道术宏博。他们是国家的珍宝、社稷的良佐，必须使他们富裕、显贵，必须尊敬、赞誉他们，这样国家的贤良之士就可以增多。第二则的具体指向为：假使不知分辨的话，即使德行醇厚如禹、汤、文、武，也不会得到任用。第三则认为"君上、老长、亲戚"的德行是人们所应当厚爱的。第四则表达了墨子对光明之德的思念。第五则告诉人们出于崇高品德的威严才是真正的威严，出于崇高品德的明察才是真正的明察。第六则是墨子记载后世的人们对德行的典范周公旦（姓姬名旦）的赞扬：古时候周公旦驳斥关叔，辞去三公的职位，到东方的商奄生活，人都说他发狂，但是后世的人却称誉他的德行，颂扬他的美名，到今天还不停止。姬旦曾辅佐武王伐纣并制作礼乐，因其采邑（古代国君封赐给卿大夫作为世禄的田邑）在周，爵为上公，故称"周公"。《尚书·大传》概括了周公一生的功绩："一年救乱，二年克殷，三年践奄，四年建侯卫，五年营成周，六年制礼乐，七年致政成王。"他提出了根本性典章制度，完善了宗法制度、井田制。这些制度的形成对中国封建社会产生了极大的影响。

墨子对"行"极为重视，多次强调"行"的重要价值：

> 行，为也。（《经上》）
>
> 志行，为也。（《经说上》）

行，所为不善名，行也。若为善名，巧也，若为盗。（《经说上》）

这三则中的“为”是“不断做事”的意思，墨子告诉人们：意志能行即是作为。行，所为不图名，叫作行；所为图名，叫作巧，好比行盗不图名。所做之事不图名，就是好的德行，只要觉得合适就做下去；如果专为图名，那就是欺世盗名，这样和偷盗之人不图名没有什么区别。

原浊者，流不清；行不信者，名必耗。名不徒生，而誉不自长。功成名遂，名誉不可虚假，反之身者也。务言而缓行，虽辩必不听。（《修身》）

源头浑浊的流水不清，行为不可信的，名誉必受损害。名声不是无故而生的，名誉也不会自我长成。功成名就，名誉不可以虚假，这都要反之自身。专说而行动迟缓，口才虽好，也没人听。在墨子看来，君子只有为人垂范，带头修身，才能教育别人。君子只有实实在在地践行仁义，其他人才会闻风而动。

关于德行修炼，墨子有《修身》篇专门论述这个问题。《修身》主要讨论品行修养与君子人格问题，强调品行是为人治国的根本，君子必须以品德修养为重。作为育人的标准，可按此进行修炼。

1. 修身是道德修养的行事之本

怎样进行道德修养？墨子认为修身是立身行事之本，他说：

君子战虽有陈，而勇为本焉；丧虽有礼，而哀为本焉；士虽有学，而行为本焉。是故置本不安者，无务丰末。（《修身》）

君子作战虽用阵势，但必以勇敢为本；办丧事虽讲礼仪，但必以哀痛为本；做官虽讲才识，但必以德行为本。所以立本不牢的，就不必讲究枝节的繁盛。这里墨子指出：无论是做人还是做事，都应当分清本末，抓住根本，培根固本。“本不固者末必几”（《修身》），如果根本不牢固，枝节就一定会有危险。墨子告诫人们，一个人如果想使自身更完善，成为一个有利于社会的人，就应当志向高远、追求道义，而最根本的便是努力修养自身品性。当有人告诉墨子自己家族中没有学习的传统和风气所以自己才不努力学习时，墨子说：

> 不然，夫好美者，岂曰吾族人莫之好，故不好哉？夫欲富贵者，岂曰我族人莫之欲，故不欲哉？好美、欲富贵者，不视人犹强为之。夫义，天下之大器也，何以视人必强为之？（《公孟》）

人们看到外在的利益时，不管别人是什么态度，自己都会努力去追求。对于作为“天下之大器”的义，更应当主动地通过学习和修养去努力获得。因此，墨子对那些打算追求道义而又拒绝别人帮他修养品性的人提出批评，他说：

> 世之君子欲其义之成，而助之修其身则愠，是犹欲其墙之成，而人助之筑则愠也，岂不悖哉！（《贵义》）

当代的君子，想实现道义，而帮助他修养身心却怨恨不已。这就像要筑成墙而别人帮助他却怨恨一样，难道不荒谬吗？只有通过道德修养，养成良好的道德品质，才能够真正推行道义。如果打算实行道义而又不愿意进行修养，则无异于缘木求鱼。

2. 实践是道德修养的根本途径

墨子非常重视实践，把实践作为检验言论和思想的标准：

> 言足以迁行者，常之；不足以迁行者，勿常。不足以迁行而常之，是荡口也。（《贵义》）

言论足以付诸行动的，就推崇它；不足以付诸行动的，就不要推崇。不足以付诸行动，却要推崇它，就是空言妄语了。在道德修养中，墨子将实践作为最根本的途径。

> 名不可简而成也，誉不可巧而立也，君子以身戴行者也。（《修身》）

名望不会由苟简而成，声誉不会因诈伪而立，君子是言行合一的。实学力行，将自身置于社会实践之中，才能养成良好的品德，并得到社会和他人的认可。墨子把实践作为道德修养的根本途径，提出“非命”的思想，对传统观念中一直占据主导地位的“命定论”进行了反驳。墨子之所以反对“命定论”，一个重要的原因就是他认为如果大家都奉行“命定论”，一切行动听从外在必然性的安排，就会失去主动创造、强力而为的精神，从而不再积极地通过修养来提高自己的内在品质。事实上，墨子和他的弟子们也正是在艰苦的社会实践和生产劳动之中来磨炼意志、陶冶情操的。

3. 反省是道德修养的重要方法

反省在道德修养过程中具有重要意义。道德归根结底是人类精神的自律，通过反求诸己的方法反思省察、解剖自己，是深化道德认识、提高道德品质的重要方法。在墨子看来，本人的善行和他人的赞誉都不是凭空拥有的，必然以自身某种内在的品性为基础。无论任何人，想要行善或者获得名誉，都应当反省自己是不是具有相应的品质。

> 君子之道也：贫则见廉，富则见义，生则见爱，死则见哀，四行者不可虚假，反之身者也。（《修身》）
>
> 功成名遂，名誉不可虚假，反之身者也。（《修身》）
>
> 见不修行，见毁，而反之身者也，此以怨省而行修矣。（《修身》）

第一则是说，君子之道包括贫穷时表现出廉洁、富足时表现出恩义、对生者慈爱、对死者表示哀痛。这四种品行是必须自身具备的。第二则是说，功成必然名就，名誉不可虚假，必须反求诸己。如果不能够反求诸己，所有外在的东西就都是虚妄的。因此，一个人如果不能做出符合道义的行为或者受到他人的负面评价，就应当从自身找原因，并通过反省提高自己的品行。第三则是说，发现他人品行不修，或自己被人毁谤，就应当对自身加以检讨，这样就积怨少而品行修好了。如果自己因为品行没有修养好而被别人诋毁，就应当首先自我反省，通过反省改正缺点、提高品行，怨恨和诋毁自然就消失了。

4. 环境是道德修养的影响因素

墨子在《所染》篇中以染丝为例，集中阐述了环境和交往对品德修养和事业成败的重要意义。

> 子墨子言见染丝者而叹曰：“染于苍则苍，染于黄则黄。所入

者变，其色亦变；五入必而已则为五色矣。故染不可不慎也！”（《所染》）

素丝本来是白色的，由于将它们放入了装有不同染料的染缸中，颜色便发生了相应的变化。以此为喻，墨子认为，人其实也一样，处于什么环境之中，往往就有什么样的品性，周围的人和事对人的品行修养会有潜移默化的影响。因此，一个人为了养成良好的品德，必须谨慎地选择朋友和交往的对象。

其友皆好仁义，淳谨畏令，则家日益，身日安，名日荣，处官得其理矣，则段干木、禽子、傅说之徒是也。其友皆好矜奋，创作比周，则家日损，身日危，名日辱，处官失其理矣，则子西、易牙、竖刀之徒是也。《诗》曰“必择所堪，必谨所堪”者，此之谓也。（《所染》）

这段话的意思是：一个人所交的朋友都爱好仁义，都淳朴谨慎、慑于法纪，那么他的家道就日益兴盛，身体日益平安，名声日益光耀，居官治政也合于正道，段干木、禽滑厘、傅说等人即属此类（朋友）。若一个人所交的朋友都不安分守己，结党营私，那么他的家道就日益衰落，身体日益危险，名声日益降低，居官治政也不得其道，子西、易牙、竖刀等人即属此类（朋友）。《诗》说：“选好染料。”所谓“选好染料”，正是这个意思。那么，什么样的人才能与之交往呢？墨子说，当然是能够践行墨家道德的人。

据财不能以分人者，不足为友。（《修身》）

拥有财富而不肯与人分享的，不值得和他交朋友。墨子的弟子们往往结成团体一起生活，原因之一就是可以与志同道合的人一起切磋，使道德境界能够进一步提高。

5. 天志是道德修养的基本法则

墨子认为，做任何事情都应该遵循一定的法则，没有法则，什么事情都干不成。道德修养也是一样，只有确立了法则才能有基本的法度，不至于漫无目的。在墨子看来，这个法则便是天志：

> 我有天志，譬若轮人之有规，匠人之有矩，轮匠执其规矩，以度天下之方圜，曰："中者是也，不中者非也。"（《天志上》）

就像规和矩是工匠衡量方和圆的器具，天志就是判断是非善恶的标准，为人们的道德修养提供了最基本的法则。这个基本法则，体现为现实的道德准则，便是墨子思想的核心："兼相爱，交相利。""曰顺天之意何若？曰兼爱天下之人。"（《天志下》）也就是说，人们按照道义行事，遵循"兼爱"等道德原则，都是"天"的意志的体现。

> 今天下之士君子之欲为义者，则不可不顺天之意矣。（《天志下》）

按照"尚义""兼爱"等思想来修养自己的品德，也正是顺从天意的表现。同时，墨子认为，天还有赏善罚恶的作用。天和人的意志是相通的，如果人做天喜欢的事，天就会赋予人所追求的东西（如富贵利禄等）作为回应，反之，人如果悖逆天意，天也必然会给他以惩罚。这样，天又成为道德修养的外在约束力量。

第二节 "辩乎言谈"的语言能力

"辩乎言谈"，是"贤良之士"的基本能力标准，要求"贤良之士"必须具备良好的口头表达能力。"贤良之士"要被当权者起用，就需要宣扬自己的治世韬略，就需要高超的言谈技巧和灵活的交际能力。"辩"是"辩论、辩解、辨明"的意思，在《墨子》一书中共出现36次。举几例如下。

> 辩，争彼也。辩胜，当也。（《经上》）
> 谓辩无胜，必不当，说在辩。（《经下》）
> 辩也者，或谓之是，或谓之非，当者，胜也。（《经说下》）

第一则的意思是：辩，与对方相争；辩胜负，相当而不让。第二则的意思是：辩论必有胜负，说辩论无胜负，是辩论一定不得当，是辩论的原则。第三则的意思是：辩论，或者说是，或者说不是，符合事实者是胜利者。由此可以看出，“辩”，相当于现在的“论证”。辩而当者胜，这也还是“名实合”的精神，与以诡辩取胜是有根本区别的。辩，就是争辩、说理、分清是非异同。争彼就是讨论认识对象的是非问题，是是是，非是非，确定此是彼非或彼是此非。墨子反对以是为非、似是而非的争辩术。在他看来，只有关于矛盾命题的争论才是真正意义上的“辩”。如对面山上的那只动物，第一个人说是猫，第二个人说不是猫，这叫“争彼”，即同一对象的一对矛盾命题之争。如果那是只猫，则第一个人说的是真，第二个人为假；如果那不是只猫，是只狗或者其他动物，那么第二个人为真。二者不同真，也不同假，那么结论必然只有一个，即一真一假。这才是真正意义上的辩。辩，就要有理可循，有章可依，否则就是以辞夺理、无理取闹。

墨子提出的“兼爱”“非攻”“尚贤”“尚同”“天志”“明鬼”“非命”“非乐”“节葬”“节用”十大主张具有积极进步的意义。为了宣传他的主张，墨子四处游说，言传身教，广征博引，以理服人。墨子的辩论与众不同，技巧高超，既不像孟子那样气势奔放、咄咄逼人，也不像庄子那样纵横恣肆，随心所欲，而是朴实无华、推理严密。墨子的辩论讲科学、重事实，有理有据。

> 夫辩者，将以明是非之分，审治乱之纪，明同异之处，察名实之理，处利害，决嫌疑。（《小取》）

辩论的目的，是要分清是非，审察治乱的规律，明确同异的地方，考察名实的道理，断决利害，解决疑惑。墨子和他的弟子以辩来别同异、明是非，形成独特的“墨辩”风格。墨子的辩论用词准确、语言缜密、百无疏漏，这在先秦诸子中是首屈一指的。下面从三个方面来论述墨子辩论的语言能力。

1. “辩乎言谈”的语言表达

语言是辩论的物质手段。春秋战国时期，诸侯争霸称雄，涌现出大批能言善辩的社会活动家、论辩家，他们的论辩语言各具特色：有的言简意赅，循循善诱；有的恣意纵情，奇特浪漫；有的驳难离析，淋漓尽致；等等。墨子的辩论，语言简朴、平实，准确、生动。

今逑夫好攻伐之君，又饰其说，以非子墨子曰："以攻伐之为不义，非利物与？昔者禹征有苗，汤伐桀，武王伐纣，此皆立为圣王，是何故也？"子墨子曰："子未察吾言之类，未明其故者也。彼非所谓攻，谓诛也。"（《非攻下》）

这是说，现在，一般喜好攻伐的国君，又掩饰他们的说法，用以非难墨子，说："你认为攻战是不义的事情，难道不是有利的事情吗？从前大禹征讨有苗氏，汤讨伐桀，周武王讨伐纣，这些人都被立为圣王，是什么缘故呢？"墨子说："您没有搞清我说法的类别，不明白其中的缘故。他们的讨伐不叫作'攻'，而叫作'诛'。"这里针对许多好战的国君常借商汤、武王的征伐行为，为自己的掠夺行为辩护，墨子明确区分了"攻"与"诛"这两种不同性质的行为，准确击中对方要害，以简朴平实的语言，表明了自己对战争性质的认识，可谓一字千金。

墨子的语言不但准确，而且精练。"慧者心辩而不繁说。"（《修身》）聪明人心里明白而不多说，就是要求论辩语言要精练。

子禽问曰："多言有益乎？"墨子曰："虾蟆、蛙蝇，日夜而鸣，舌干擗，然而不听。今鹤鸡时夜而鸣，天下振动。多言何益？唯其言之时也。"（《太平御览》卷三九〇引《墨子》）

墨子反对说大话、空话，但不反对说有用的、进步的、合时宜的话。墨子的语言不但简练，而且生动感人。例如，有人反对墨子"兼爱"的思想，并再三向墨子发难，墨子与他们展开辩论：

然而天下之士，非兼者之言，犹未止也。曰："即善矣！虽然，岂可用哉？"子墨子曰："用而不可，虽我亦将非之；且焉有善而不可用者。"（《兼爱下》）

对方说墨子的"兼爱"主张虽然好听，但不实用，墨子立刻进行反驳。墨子认为如果"兼爱"只是好听而不实用，别说你们，就连我自己也要对它进行批判、指责，并进一步指出，哪有好东西只是中看不中用呢？刘勰在《文心雕龙》中评价墨子的语言"意显而语质"。

2."辩乎言谈"的语言逻辑

墨子具有敏锐的洞察力，他的辩论博大精深，涉及哲学、文化、逻辑、语言、思维、心理、角色等方方面面，尤其是强大的逻辑力量，具有强烈的感染力和说服力。就春秋战国时代而言，中国形成了有自己独特特点的关于思维本质与规律的理论，墨子的思维形式结构论为中国辩学奠定了坚实的基础。墨子在辩论中创造性地界定了概念、判断、推理三种思维形式，揭示了这三种思维形式的区别。墨子的辩术是我国古代辩论科学的精华。《小取》所谈“摹略万物之然”“论求群言之比”“以名取实”“以辞抒意”“以说出故”“假”“效”“譬”“侔”“援”“推”，以及《大取》讲的“故”“理”“类”等，都是墨子辩论的法宝，体现了他高超的辩论技巧。下面从墨子常用的“反证——‘假’、比喻——‘譬’、引证——‘援’、推论——‘推’”四种方法来进行探讨。

（1）反证的方法——“假”。

> 假者，今不然也。（《小取》）
> 假必悖。说在不然。（《经下》）
> 假必非也而后假，狗。假霍也。犹氏霍也。（《经说下》）

“假”就是假使、假若、假如、假设，指在论证一个命题的时候，先假定与这个论题相反的命题存在，然后根据这个命题的虚假来证明原来的论题正确。简单地说，“假”是为了证明某个命题，就先假说它为相反的论题并由此推出错误来的证明法，即我们今天说的反证法。它是通过确定与命题相矛盾的判断（即反论题）的虚假，然后根据排中律，由假推真，来证明命题的真实性的一种论证方法。在使用这个方法的时候，墨子强调，要注意假定的命题必须是错误的，只有这样才能证明自己的论题是正确的，即“假必非也而后假”，否则，非但不能证明自己的命题，反而证明了论敌的命题。例如，墨子说当时的贵族统治者主张“厚葬久丧”，“棺椁必重，葬埋必厚，衣衾必多，文绣必繁。丘陇必巨”。“厚葬久丧”可以使贫者富、寡者众，墨子对此用“假”驳斥了“厚葬久丧”者的谬论：“使王公大人行此，则必不能蚤朝晏退；使士大夫行此，则必不能治五官六府，辟草木、实仓廪；使农夫行此。则必不能蚤出夜入，耕稼树艺；使百工行此，则必不能修舟车，为器皿矣；使妇人行此，则必不能夙兴夜寐，纺绩织纴。”为了批驳“厚葬久丧”，先假定它是对的，让国人都去遵守、执行，然而依从了这种主张，给国家带来一系列恶果，执政者无法正常治理国家，士大夫、农夫、百工、妇人都不能各司其职，根本无法富贫众寡，由此证明了“厚葬久丧”的荒谬。

（2）比喻的方法——“譬”。

> 辟也者，举他物而以明之也。（《小取》）

“譬”就是譬喻，是说明道理的一种很重要的方法。它不同于一般的举例和形象比喻，它所举的事例必须是双方已知和公认的，而且必须以承认此物与他物属同类为前提，否则就不能达到“举他物而以明此物”的目的。《荀子·释难》云：“谈说之术，分别以喻之，譬称以明之。”譬喻就是因为直言不能将其事讲清楚而产生的，对于别人不信之“故”用譬喻来讲明。所以墨子将其借来作为“明故”的证明方法，这正如王充所说：“何以为辩，喻深以浅。”（《论衡·目纪》）墨子喜用譬，也善用譬，他根据不同的“譬”式要求，经常采取三种“譬”式证明法：

> 子墨子言见染丝者而叹曰：“染于苍则苍，染于黄则黄……非独国有染也，士亦有染。”（《所染》）
>
> 治徒娱、县子硕问于子墨子曰：“为义孰为大务？”子墨子曰：“譬若筑墙然。能筑者筑，能实壤者实壤，能欣者欣，然后墙成也。为义犹是也，能谈辩者谈辩，能说书者说书，能从事者从事，然后义事成也。”（《耕柱》）
>
> 子墨子见王，曰：“今有人于此，舍其文轩，邻有敝舆，而欲窃之；舍其锦绣，邻有短褐，而欲窃之；舍其粱肉，邻有糠糟，而欲窃之。此为何若人？”王曰：“必为窃疾矣。”子墨子曰：“……之攻宋也，为与此同类。”（《公输》）

第一则，取像于其物，以说明一般的规律。墨子认为，人的思想犹如白丝，时刻受周围环境熏陶，近朱者赤，近墨者黑，染于善人则善，染于恶人则为恶，说明习染可以改变人的品格。第二则，取譬于成事，以指导人们的行为。治徒娱、县子硕问墨子“为义”，哪种方式最重要，墨子以现实生活中人人皆知的“筑墙”一事为譬，巧妙地说明只有大家齐心协力才能把墙筑起；为义和筑墙的道理一样，喜于谈辩的就谈辩，长于说书的就说书，善于从事的就从事，只有谈辩、说书、从事三者同时并举，通力合作，才能达到为义的目的。墨子如此譬喻，形象生动，给人以推窗观日、开门赏月的明快之感，让人易于理解、乐于接受。第三则，以寓言作譬，以明辨义理。墨子铺张扬厉，步步进逼，穷理析义，不容不信，终于使喜好攻战的楚王不得不大呼“善哉！吾请无攻宋矣”。（《公输》）墨子运用“譬”式证明法，或说理以阐明自己的主张，或驳斥以击破敌人的谬论，或譬醒以激发他人的觉悟，取譬明理，把精当的论述与模拟形象的描绘融为一体，既给人以哲理上的启迪，又给人以艺术上的美感。

（3）引证的方法——“援”。

援也者，曰：“子然，我奚独不可以然也?”（《小取》）

孙诒让据《说文·手部》所云“援，引也”，解释为“谓引彼以例此”。“援”就是援引例子，即引彼证此。这种推论方法，就是逻辑学中的类比推理。墨子“援”式推论所用的前提必须是对方说过的话，如“圣王之道”“先王之书”“古书之言”或行过的事并已为对方所承认和肯定的。根据这个前提，墨子展开推论：

鲁阳文君语子墨子曰：“楚之南，有啖人之国者桥，其国之长子生，则鲜而食之，谓之宜弟。美则以遗其君，君喜则赏其父。岂不恶俗哉?”子墨子曰：“虽中国之俗，亦犹是也。杀其父而赏其子，何以异食其子而赏其父者哉？……”（《鲁问》）

鲁阳文君告诉墨子：“楚国的南面有一个吃人的国家，名叫‘桥’，在这个国家里，长子出生了，就被杀死吃掉，叫作‘宜弟’。味美就献给国君，国君喜欢了就奖赏他的父亲。这难道不是恶俗吗?”墨子说：“即使中国的风俗也是这样，父亲因攻战而死，就奖赏他的儿子，这与吃儿子奖赏他的父亲有何不同呢?”在此，墨子以鲁阳文君深恶痛绝的恶俗——“食其子而赏其父”为前提，巧妙地推论出“杀其父而赏其子”同样是恶俗，有力地鞭挞了鲁阳文君好攻伐，使人民战死又从而赏之的罪恶行径。这样的类比，入情入理，雄辩有力。由于墨子的“援”式推论只要求其“然”必须相同，而不要求其“所以然”也相同，如只要承认“楚人非人”与“白马非马”这两个命题属于同类性质的命题，就可以由“子之然”类比推出“我之然”。至于要承认“楚人非人”或“白马非马”的原因和根据等，不便追究。所以，在使用这种推论方法时可以暂时难倒对方，使自已获胜，却不一定得到真理。

（4）推论的方法——“推”。

> 推也者，以其所不取之同于其所取者，予之也。“是犹谓”也者，同也。“吾岂谓”也者，异也。（《小取》）

“推”就是类推，类推是就同一类型的事物中把还没有取得判断的这一部分和已经取得判断的那一部分相比较，从而给这一部分也定出判断来。“是犹谓”（这如同说）是表示相同意义的命题可以类推，“吾岂谓”（我难道说）是表示不同意义的命题不可以类推。“推”以对方所不赞同的和所赞同的属于同类这一点为根据，来反驳对方的观点。这是应用矛盾律的归谬式的反驳方式。

> 今有人于此，入人之场园，取人之桃李瓜姜者，上得且罚之，众闻则非之，是何也？曰：不与其劳，获其实，已非其有所取之故，而况有逾人之墙垣，格人之子女者乎！与角人之府库，窃人之金玉蚤累者乎！与逾人之栏牢，窃人之牛马者乎！而况有杀一不辜人乎！今王公大人之为政也，自杀一不辜人者，逾人之墙垣，抯格人之子女者，与角人之府库，窃人之金玉蚤累者，与逾人之栏牢，窃人之牛马者，与入人之场园，窃人之桃李瓜姜者，今王公大人之加罚此也；虽古之尧、舜、禹、汤、文、武之为政，亦无以异此矣。今天下之诸侯，将犹皆侵凌攻伐兼并，此为杀一不辜人者，数千万矣，此为逾人之墙垣，格人之子女者，与角人府库，窃人金玉蚤累者，数千万矣！逾人之栏牢，窃人之牛马者，与入人之场园，窃人之桃李瓜姜者，数千万矣！而自曰：“义也！”（《天志下》）

“入人之场园，取人之桃李瓜姜者”“角人之府库，窃人之金玉蚤累者”“逾人之栏牢，窃人之牛马者”“逾人之墙垣，格人之子女者”都是不义的。所以，凡行窃者即“不与其劳，获其实”，皆不义。据此类推，今王公大人的上述做法、今天下之诸侯的“侵凌攻伐兼并”都是不义的。再看：

> 公孟子曰：“无鬼神。”又曰：“君子必学祭祀。”子墨子曰：“执无鬼而学祭礼，是犹无客而学客礼也，是犹无鱼而为鱼罟也。”（《公孟》）

这段文字虽然短小，却很有意思。公孟子说没有鬼神，却又说君子一定要学习祭礼。墨子顺其语势，直截了当地指出：你主张没有鬼神，却劝人学习祭礼，这如同没有宾客去学习接待宾客的礼节，没有鱼去结渔网。这其实是归谬和类比的结合。“推”式推论通过归谬来类推，指出“其所取者”与“所不取者”之间错误的必然联系，有力地驳斥了对方的谬论，迫使对方放弃自己的谬论，从而推证出自己的观点。特别需要注意的是，运用“推”式推论，如果“其所取者”与“所不取者”都是正确的，那么辩论者就要同时承认它们的合理性，只取其一，势必会以失败告终。如果它们之间一个正确、一个错误，就一定要避免盲目地把它们等同起来，否则将会使自己陷入困境。这样的辩驳不露痕迹，自然而接，让公孟子无话可说。这种以子之矛攻子之盾的驳斥法，让人大开眼界，舒畅无比。

3. “辩乎言谈”的语言理趣

《墨子》包含多种文体类别，其中有丰富的思维语言，具体表现为：准确、鲜明的“意显语质”，生动、简练的能言善辩，严密、创新的善用修辞，理趣、功效的谈辩文学，具有独特的原创价值和创新意义。

（1）准确、鲜明的“意显语质”。

《墨子》的语言意义明显，语言质朴。

> 子墨子与程子辩，称于孔子。程子曰：“非儒，何故称于孔子也？”子墨子曰：“是亦当而不可易者也。今鸟闻热旱之忧则高，鱼闻热旱之忧则下，当此，虽禹、汤为之谋，必不能易矣。鸟鱼可谓愚矣，禹、汤犹云因焉。今翟曾无称于孔子乎？”（《公孟》）

在墨子与程子的辩论中，墨子引用孔子的话表示赞赏。程子感到意外，很吃惊。墨子形象地解释为什么称颂孔子的原因，认为孔子的话有“当而不可易者”，“当”即恰当、准确、真实。普遍真理，谁也不能改变，自然可以引用。墨子这样说，以真理为依据，不存学派偏见，是合乎理性的思维。这表明了墨子的谦虚好学和追求真理的认知态度，启发我们做学问只有善于吸收他人的真知灼见，一技之长，才能使学问大有长进。

（2）生动、简练的能言善辩。

人们认识墨子与墨家思想主张，一般是从《公输》一文开始的。《公输》中墨子“止楚攻宋”的说辞，兼具生动性和简练性。

> 子墨子见王，曰：“今有人于此，舍其文轩，邻有敝舆，而欲窃之；舍其锦绣，邻有短褐，而欲窃之；舍其粱肉，邻有糠糟，而欲窃之。此为何若人？”王曰：“必为窃疾矣。”子墨子曰：“荆之地，方五千里，宋之地，方五百里，此犹文轩之与敝舆也；荆有云梦，犀兕麋鹿满之，江汉之鱼鳖鼋鼍为天下富，宋所为无雉兔狐狸者也，此犹粱肉之与糠糟也；荆有长松、文梓、楩楠、豫章，宋无长木，此犹锦绣之与短褐也。臣以三事之攻宋也，为与此同类。臣见大王之必伤义而不得。”王曰：“善哉！虽然，公输盘为我为云梯，必取宋。”
>
> ……楚王问其故，子墨子曰：“公输子之意，不过欲杀臣，杀臣，宋莫能守，可攻也。然臣之弟子禽滑厘等三百人，已持臣守圉之器，在宋城上而待楚寇矣。虽杀臣，不能绝也。”楚王曰：“善哉！吾请无攻宋矣。”

后代学者对墨子“止楚攻宋”，赞其“辩士悬河之口”“意高词健”。墨子语言的生动性，首先体现为形象性。“兼爱”是墨家思想的核心，墨子假设“兼士”“别士”两个人物，让他们进行表演，把“兼爱”和“偏爱”“别爱”的抽象概念具体化，通过具体描写“兼士”“别士”的言行，用对比方法，刻画鲜明形象，语言生动，感染力强。《墨子》语言的生动性，表现为铿锵有力、讲究语言的音韵节奏：

> 子墨子曰：国有七患……以七患居国，必无社稷；以七患守

城，敌至国倾。七患之所当，国必有殃。（《七患》）

墨子说：国家有七种祸患……治国若存在这七种祸患，必定亡国；守城若存在这七种祸患，国都必定倾毁。七种祸患存在于哪个国家，哪个国家必遭祸殃。句式整齐，两句一韵如诗篇。此类例子不胜枚举。

（3）严密、创新的善用修辞。

墨子语言生动，重视修辞，善用修辞。墨子常用辞格，有比喻、排比、对偶、反复等，技巧娴熟有创新。《小取》说："譬也者，举他物以明之也。"这是对譬喻特点的说明。

墨子见染丝感叹道："染于苍则苍，染于黄则黄。"用染丝譬喻环境对人的影响："国亦有染。……所染当，故王天下，立为天子，功名蔽天地……所染不当，故国残身死，为天下戮。""士亦有染……必谨所堪……""近朱者赤，近墨者黑。"比喻贴切，广为人知。《墨子》的语言，体现了古汉语简练的特征。墨子认为，有用要多说强说，无用则少说不说。

公孟子谓子墨子曰："实为善，人孰不知？譬若良玉，处而不出有余糈。譬若美女，处而不出，人争求之，行而自炫，人莫之取也。今子遍从人而说之，何其劳也！"子墨子曰："今夫世乱，求美女者众，美女虽不出，人多求之；今求善者寡，不强说人，人莫之知也。且有二生于此，善筮，一行为人筮者，一处而不出者，行为人筮者，与处而不出者，其糈孰多？"公孟子曰："行为人筮者，其糈多。"子墨子曰："仁义钧。行说人者，其功善亦多，何故不行说人也！"（《公孟》）

墨子主张积极主动，见人就说，公孟子不以为然。墨子顺势进行驳斥：现在正逢乱世，美女不出，求的人很多。然而，求善的人太少，不强说人，就没有人知道。并问公孟子：两人都善卜，一个外出，一个处家不出，哪一个得到的粮食多呢？公孟子被驳得无话可说，只好承认：外出行卜者得到的粮食多。墨子欣然自得地对公孟子说：仁义与此相同，外出劝说行善的人，其功既善亦多，为什么不外出劝善呢？在这里我们看到了墨子的胸有成竹，看到了墨子的能言善辩，看到了墨子行义救世的急切。“言无务为多，而务为智。”用最经济的语言，表达最丰富的内容，可谓机智精当。

（4）理趣、功效的谈辩文学。

墨子的文章是谈辩文学。

> 凡出言谈、由文学之为道也，则不可而不先立义法。若言而无义，譬犹立朝夕于员钧之上也，则虽有巧工，必不能得正焉。然今天下之情伪，未可得而识也。故使言有三法。三法者何也？有本之者，有原之者，有用之者。于其本之也？考天鬼之志，圣王之事；于其原之也？徵以先王之书；用之奈何？发而为刑。此言之三法也。（《非命中》）

> 故言必有三表。何谓三表？子墨子言曰：“有本之者，有原之者，有用之者。于何本之？上本之于古者圣王之事。于何原之？下原察百姓耳目之实。于何用之？废以为刑政，观其中国家百姓人民之利。此所谓言有三表也。”（《非命上》）

这是墨子提出的认识客观事物的方法和检查认识可靠性的标准，即有名的“三法”或“三表”。“法”“表”指法则、标准、方法，“三法”“三表”即三种法则、标准和方法。墨子的第一法（表）认为，要判断事情的真假是非，不能只凭主观的印象，而要有历史的根据、前人的经验，即“上本之于古者圣王之事”。今天我们所读到的《墨子》，其中有许多地方引用了《尚书》《诗经》，也引用了《春秋》。墨子不是故意自炫博学，而是为了说明他的论证有根据，他要从前人的经验、历史的记载中寻找间接的经验。墨子和他的论敌展开辩论时，经常使用这一武器。墨子的第二法（表）认为判断事情的真假是非，要根据“百姓耳目之实”，也就是说要把广大人民亲身的经验作为标准，不能只凭主观想象。墨子的第三法（表）认为判断事情的真假是非，要根据“废以为刑政，观其中国家百姓人民之利”。这是墨子的认识论最主要也最根本的思想方法。墨子反对战争，反对世袭贵族奢侈浪费的生活，甚至最遭人非议的《天志》《明鬼》《尚同》，也都是从这一标准即合不合“国家百姓人民之利”为出发点的。墨子思想中许多丰富的、带有人民性的进步因素，都是在这一标准指导下发展出来的。在中国哲学和文学史上，墨子第一个明确系统地提出文学创作批评的标准：历史经验，人民现实经验，突出人民性、人文性和民主性。“三表法”体现了《墨子》语言理趣性和功利性的统一。文学作为语言艺术形式，塑造形象，表达思想，反映现实，影响大众。墨子所谓“人民之利”，指大多数平民百姓的利益。文学的功利价值，突出体现在褒贬兼备、美刺兼用上。

是若人气，鼸鼠藏，而羝羊视，贲彘起。君子笑之，怒曰：“散人焉知良儒！”夫夏乞麦禾，五谷既收，大丧是随，子姓皆从，得厌饮食。毕治数丧，足以至矣。因人之家翠以为，恃人之野以为尊（本句当作“因人之家以为尊，恃人之野以为翠”），富人有丧，乃大说，喜曰：“此衣食之端也！”（《非儒下》）

在这段话里，墨子十分形象地刻画出贱儒的迂腐形象。这一形象的塑造，包含辛辣讽刺，寥寥数笔，入木三分，与墨子师徒的高大形象形成鲜明对比。这段话，是墨子“非儒”说得最刻薄、最尖锐的话语。

议论文以理服人，文学作品以情感人。《墨子》是议论文体，逻辑论证兼带感情，既有深刻哲理、抽象理论，又有具体形象、浓郁情趣。

今王公大人、天下之诸侯则不然。将必皆差论其爪牙之士，皆列其舟车之卒伍，于此为坚甲利兵，以往攻伐无罪之国。入其国家边境，芟刈其禾稼，斩其树木，堕其城郭，以湮其沟池，攘杀其牲牷，燔溃其祖庙，劲杀其万民，覆其老弱，迁其重器，卒进而柱乎斗，曰：“死命为上，多杀次之，身伤者为下；又况失列北桡乎哉！罪死无赦。”以惮其众。（《非攻下》）

这段话是描写诸侯的侵略战争行为，通过对侵略者言行的描写，让我们感到了侵略者的残酷凶狠、惨无人道，看到了遭受入侵之苦的平民百姓处于水深火热中，表明了墨子爱憎鲜明的态度，真是句句见泪、字字带血，真实、深刻、感人。

第三节 “博乎道术”的知识结构

墨子心目中的“贤良之士”是要担当“兴天下之利，除去天下之害”（《兼爱中》）大任的，所以他提出“贤良之士”应该具备广博的知识和高超的技能，即应该“博乎道术”。“博乎道术”中的“博”字反映出墨子对“贤良之士”所应具备的“道术”要求的宽泛。“道”字读“dào”，在《墨子》一书中共出现154次，其中“道理”的意思95次，“道德”的意思6次，“述说”的意思12次，同“导”4次，“道路”的意思37次。“术”字读“shù”，在《墨子》一书中共出现33次，其中“方法、手段、途径、思想、学说、技艺”的意思12次，通“述”（陈述、述说）4次，通“杀”（差等、降等、减少）1次，“道路、街道”的意思6次，“战线、队伍展开”的意思7次，通“遂”（古代行政区划）1次，通“隧”（隧道、地道）1次；“术”读“zhú”时，指的是药用植物名，如“白术”“苍术”。“道术”二字合用，在《墨子》一书中共三例。

> 今贤良之人，尊贤而好功道术，故上得其王公大人之赏，下得其万民之誉，遂得光誉令问于天下。（《非命下》）
>
> 夫一道术学业仁义也，皆大以治人，小以任官……此君子之道也。（《非儒下》）
>
> 辩乎言谈，博乎道术。（《尚贤上》）

第一则，墨子说现在贤良的人喜好治国的道理和方法，所以上面得到王公大人的奖赏，下面得到万民的称誉。第二则，墨子说把道理和方法、各种学问之事都统一于仁义，从大的方面可以治理百姓，从小的方面可以任用官员，这是君子之道。第三则，墨子指出贤良人士善于言谈巧辩，通晓治国的道理和方法。

就“博乎道术”而言，知识结构方面，“道术”之学涉及自然科学的许多方面，包括天文学、生物学、数学、力学、光学等；技能技巧方面，“贤良之士”要有一技之长，有“从事”的能力。墨子认为一个人只有“赖其力”，且能强力从事，才能在维护自身的生存与发展的基础上参与社会实践、服务社会；国家治理方面，墨子认为“贤良之士”应该具备治理天下的方略，如政治上主张“尚贤使能”，经济上推行“强本节用”，军事上懂得“防御守备”，此外还要“兼爱”“非攻”以利百胜，使“上者天鬼富之，外者诸侯与之，内者万民亲之，贤人归之”（《尚贤中》）。墨子确定了一套独特的教育内容以培养“贤良之士”，“博乎道术”标准的内容是实际应用方面的知识与能力，其中最有价值的就是科学、军事和技术教育的内容，体现了墨子教育的特色。具体来说，有以下几个方面。

1. 生产技能

由于墨子身上具有明显的工匠传统，他本人直接参加手工匠的生产劳动，是卓越的技师，有很高超的工艺技术，此已为当世所瞩目。《墨子》中记载了许多传授劳动技术的内容。墨子特别注意让弟子参加生产劳动，从实践中总结经验，掌握技能。

> 圣人作，诲男耕稼树艺，以为民食。（《辞过》）
>
> 凡天下群百工，轮车鞼匏（guì páo，制皮革的工匠。孙诒让《墨子间诂》引王念孙曰：“鞼匏即鞸鲍，为攻皮之工也。”）、陶冶梓匠，使各从事其所能。（《节用中》）

第一则，墨子说：所以圣人起来教男子耕稼栽种，以供人粮食。第二则，墨子又说：凡天下百工，如造轮车的、制皮革的、烧陶器的、铸金属的、当木匠的，应从事自己所擅长的职业。墨子为人师表，直接从事生产，并且具有很高的技艺。他的弟子大多出身“农与工肆”，他们同墨子一起学习和劳动，在培育德行的基础上努力掌握劳动技能和学习生产经验，受到了很好的劳动职业训练，为将来实践墨家的理想打下了基础。

2. 自然科学

墨子对自然科学知识的教育在中国教育史上独树一帜，具有举足轻重的地位。墨子自然科学教育的主要内容涉及数学、光学、力学、机械制造等方面。墨子在自然科学领域有很高的造诣，涉及数学、光学、声学、力学等许多方面，均为当时世界先进水平。

3. 治国理政

墨子对治国理政的认知，遵循客观自然展开，对法及其运行形成系统的理论。政治思想主要反映在《尚贤》《尚同》《非攻》《节用》《节葬》《非乐》诸篇中。墨子主张任人唯贤的用人原则，反对任人唯亲，主张从上至天子下到各级官吏，都要选用天下的“贤良之士”。墨子反对统治者发动的侵略战争，声援被侵略的国家，并为此奔走呼号，勇敢地主持正义。墨子对统治者骄奢淫逸的糜烂生活极为反感，主张对统治者进行限制。对死人的葬礼，墨子主张节俭，反对铺张浪费。这客观上反映了广大劳动人民的愿望和要求。墨子的伦理思想主要反映在《兼爱》《亲士》《修身》等篇中。墨子主张“兼相爱，交相利”，人们不分贵贱，都要互爱互利，这样社会上就不会出现以强凌弱、以贵欺贱、以智诈愚的现象。国君要爱护有功的贤臣，慈父要爱护孝顺的儿子，人们贫困的时候不要怨恨，富有的时候要讲究仁义，对活着的人要仁爱，对死去的人要哀痛，这样社会就会走向大同。墨子的伦理思想虽然带有空想的色彩，却反映了广大平民百姓要求平等、反抗压迫、呼唤自由的心声。

4. 哲学思想

墨子的哲学思想，主要反映在《非命》《贵义》《尚同》《天志》《明鬼》《经上》《经下》诸篇中。墨子哲学思想的最大贡献是认识论，主张把知识分为“闻知”“说知”“亲知”三类。“闻知”是传授的知识，“说知”是推理的知识，“亲知”是实践经验的知识。这就否定了唯心主义的先验论。为此，墨子提出了著名的“三表法”：

> 有本之者，有原之者，有用之者。于何本之？上本之于古者圣王之事。于何原之？下原察百姓耳目之实。于何用之？废以为刑政，观其中国家百姓人民之利。此所谓言有三表也。（《非命上》）

墨子提倡“尚力”。在“名”“实”关系上，墨子认为“名”必须服从“实”，没有“实”作为基础，“名”就是虚假的。这些思想都具有唯物主义的性质。但是，墨子又相信“天志”，他认为天有意志，天能赏善罚恶，爱人憎人。这说明墨子的唯物论思想还有一定的缺陷，还不是彻底的唯物论。

5. 逻辑思想

墨子的逻辑思想，主要反映在《经上》《经下》《经说上》《经说下》《大取》《小取》六篇中。墨子提出了“辩”“类”“故”等一套完备的逻辑概念。《小取》篇论述了辩论的作用，即辩论是要分析是非的区别，审察治乱的规律，弄清同异所在，考察名实的道理，判别利害，解决疑似。还阐述了辩论的几种方式，对推理的研究也颇为精细。墨子严谨完整的逻辑理论，在中国逻辑思想发展史上有着开创性意义，具有较高的学术地位。直到今天，它仍是人们学习中国逻辑思想史的重要材料，给人以智慧的启迪。

6. 军事守备

墨子是一位著名的军事家，他精通各种军事技能，并把它们充分运用到其宣传“非攻”思想的行动中。《公输》一文记载了墨子通过向公输盘演示军事布阵“止宋攻楚”的全部过程。他不动一兵一卒就成功地阻止了楚国攻打宋国，而且宣传了自己的“非攻”思想。流传甚广的“墨守成规”之说，其实间接赞扬了墨子善于守城，说明墨子是当时顶尖的防务专家。《备城门》《备高临》《备梯》《备水》《备突》等篇比较集中地体现了墨子的守城理论，即军事谋划与工匠技术相结合。墨子的守城战术极其丰富，仅存的十一篇几乎涵盖了冷兵器时代所有的守城术。墨子兵法有三个特点：其一，专门研究防务问题；其二，在防务战略上强调“太上无败”的强国方略、居安思危的战备理论；其三，在防务战术上注重尖端科技与武器的发明与应用。

第四章　独立自主的办学形式：私学、学团、社会、终身教育

墨子在实施“义务教育”方面有着自己的深刻思考。墨子独立自主创立了具有墨家学派特色的办学形式和教育系统。经过研究我们认为，随着时代的发展，墨子的办学形式也发生了变化，出现了四步同行、齐头并进的局面：私学，是基础教育——开创了中国私学新局面；学团教育，是提高教育——造就国家民族精英；社会教育，是普及教育——唤醒民众觉醒意识；终身教育，是发展教育——为弟子提供持续发展的动力。

第一节　私学：基础——开创中国科技（职业）教育的先河

私学是指不由政府主持、不纳入国家学校教育制度之内，由个人或社会集团主持、经营、管理的教育活动。古代，私学随着时代的发展也在不断发展，甚至成为王朝的办学方向。

春秋战国时期，官学衰废，私学兴起。一批新型知识分子以新的办学形式，聚徒讲学，从而共同开启了中国的私学时代，成为传播学术文化的先驱。墨子的私学，在不同的层面、不同的范围、不同的领域树立了自己的旗帜，开创了当时科技（职业）教育的先河，为私学做出了巨大贡献，墨子的教育思想为后世教育的发展留下了宝贵的财产。当时各国新兴的统治者为了求得生存与发展，都十分注重礼贤下士。而士阶层

是一股充满活力与朝气的新兴社会力量，他们各恃己“道”以图行“道”，实质上是针对当时的政治经济形势，提出自己的主张去解决实际问题。在士看来，“道”的社会取向主要有两种，一种是主动参与政治活动——治理，另一种是积极从事教育活动——传道。“上说下教”：“上说”就是为了入仕从政，直接行“道”；“下教”就是收徒办学，培养新一代传人，更广泛深远地扩大“道”的影响，间接行“道”。墨子的教育思想，在春秋战国私学之林中独树一帜，具有鲜明的特色。在“私学”的创办上，墨子有着以下贡献。

1. 传授“济民救世”之道

墨子从黎民百姓的利益和愿望出发，构建了一套爱民、助民、利民的理论并身体力行。其思想学说和行为举动体现了强烈的“济民救世”精神，为古人所赞叹，也值得今人学习。

墨子的教育真正实现了人人平等。墨子“兼爱”“尚同”的社会政治思想反映在教育上表现为重视平等，这使墨子的教育带有浓厚的平民教育的色彩。有“道”者要传其“道”，无“道”者要学其“道”。这一传一学，正反映了墨子私学教育的迫切性与必要性。墨子要传授的道是“济民救世”之道，是让人们“有力相营，有道相教，有财相分”（《天志中》）。墨子之道的精要在“义”，在“为人”和“利民”，在人人平等的前提下讲“兼爱”，为“农与工肆之人”代言。墨子行“济民救世”之道，曲高和寡，时受讥刺，但他始终不改初衷。

> 子墨子自鲁即齐，过故人，谓子墨子曰：“今天下莫为义，子独自苦而为义，子不若已。”子墨子曰：“今有人于此，有子十人，一人耕而九人处，则耕者不可以不益急矣。何故？则食者众而耕者寡也。今天下莫为义，则子如劝我者也，何故止我？”（《贵义》）

从这段文字中我们可以看出墨子自苦行义、坚定不移的执着精神和他对人生价值的理解，只要能行义，再苦自己也不在乎。墨子自己主动付出，不图回报，有多少能力就做多少，这样才能得到灵魂的升华、心灵的净化。墨子“止楚攻宋”，不求回报，回来的路上遇到大雨，想到宋国城门下躲雨，守城门的小官吏不认识他，不让他进。墨子没有说我为你们宋国付出多少，而是默默地走开了，这才是真正的墨子之义。“义，志以天下为芬，而能能利之，不必用。”（《经说上》）行义讲究的是自愿，把天下的事当作自己的分内事，有能力善利天下，就不必一定要为己所用。所谓义之大者，志在天下，事成即身退，拂去功与名。这才是墨子行义的风范。

2. 传授木工、器械的制造技能

墨子创办的私学是以传授木工、器械制造技艺为主，注重实际操作。墨子也是发明家。据《韩非子》记载，墨子是第一个削木制成人工飞鸢这一自动飞行器械的人。因这类自动飞行器械对百姓并没有多大好处，所以公输盘制作了一只可以飞三天的人工飞鹊，墨子看后说道：

> 子之为鹊也，不如匠之为车辖，须臾刘三寸之木，而任五十石之重。故所为巧，利于人谓之巧，不利于人谓之拙。（《鲁问》）

墨子认为：人工飞鹊还比不上木匠的车轮，他削三寸的木头，就可以载重五十石。有利于人的就是巧，不利于人的就是拙，从而委婉地劝诫公输盘致力于对百姓有利的建筑机械的制作。墨家兵法中有很多防御设施，如“悬门”“连弩车”“藉车”“转射机”“城上以答罗矢（城上用杂草编制障碍物搜集敌方射来的箭矢）”等，多运用杠杆、滑轮等力学原理，比古希腊的阿基米德还要早200年。孙中原教授在《墨学七讲》中指出：墨子既是经验家又是技术家，既是工匠又是大匠师。一般工匠敏于动作，而作为大匠师的墨子善于总结理论，是理论家，所以他更有智慧。就工匠的“敏于动作”而言，墨子能制作木鸢、车辖和守城器械，其木工技艺之高超，当时无人能比。活动装置的“云梯”也是墨子第一个发明的。墨子在《经下》《经说下》《备梯》中都对此做了详细描述。

在教学的态度上，墨子是“强力说教”的积极主动的践行者，强调“注入”和“启发”的作用。墨子教育思想中所蕴含的创新精神，根据实际需要开展教学“述而且作”，拓展了教育的范围，教学内容超出孔子的“六艺”，生产技能和科技等也成为教学的重要内容，丰富了私学教学内容。墨子是代表农民和手工业者利益的思想家，是小生产者的代言人，这与他的生活经历是分不开的。他看到满山的野果壳在雨水浸泡之后流出色液，就发明了坑布之法引导山民坑染布料。墨子还把自己对坑布技术的感悟上升到哲学的思维高度，这就是后来他写的名篇《所染》。由此可见，墨子还是一位发明家。这为他后来的教育实践和社会活动奠定了良好的基础。墨子创办私学，教学注重实际操作。请看墨子的个别传授。

> 禽滑厘子事子墨子三年，手足胼胝，面目黧黑，役身给使，不敢问欲。子墨子其哀之，乃管酒块脯，寄于大山，昧葇坐之，以樵禽子。禽子再拜而叹。子墨子曰："亦何欲乎?"禽子再拜再拜曰："敢问守道?"子墨子曰："姑亡，姑亡。古有其术者，内不亲民，外不约治，以少间众，以弱轻强，身死国亡，为天下笑。子其慎之，恐为身姜。"（《备梯》）

这是《墨子》中非常难得地记载墨子与禽子两人的交往，足见两人感情之深。墨子向禽滑厘详细传授了如何对付敌人以云梯攻城的战术方法，才使禽滑厘能在墨子的众弟子中脱颖而出，成为代表性的墨家人物。

3. 传授自然科学技术知识

墨子除论及哲学方法外，还把自己总结的科技知识融入教学中，科技教育成为墨子教育重要的内容。墨子科技教育的内容，主要集中在《经上》《经下》《经说上》《经说下》《备城门》等篇，内容包括天文学、数学、物理学等诸多方面。天文学方面，墨子及其弟子对天体的运行、空间的远近和时间的长短等问题都进行了论述。数学方面，墨子及其弟子对算学和几何学都有论及，尤其对几何学中的点、线、面、体等概念都做出了较为科学的定义。物理学方面，墨子及其弟子论及了力学、光学、热学等诸多方面的问题。墨子对小孔成像等现象在《经下》和《经说下》也有详细的解释。墨子在教育实践中把科技教育作为教育的一项重要内容，使弟子素质能力大幅度提升。孙中原教授在《墨学七讲》中说：就"理论家"而言，墨论、墨守及墨子后学所演绎的《墨经》，充分展现了墨子在物理学、化学、逻辑学等各科知识上所达到的那个特定时代极高的认识水平。《墨经》以及该时期一同出现的《考工记》《月令》《山海经》《禹贡》等，奠定了中国古代科技体系的基础。

4. 传授论战的谈辩方法

墨子为了宣传自己的主张，四处游说，言传身教，广征博引，以理服人。墨子善辩，总结并提出有关辩说理论，创立了墨家辩学，使谈辩成为专门的学问。墨子及其弟子以辩著称于世，他们的谈辩学说因此被后人称为“墨辩”。墨子的辩论与众不同，技巧高超，注重对具体内容的辩论。墨子对谈辩的目的、内容、方法、原则都做出了规定。

夫辩者，将以明是非之分，审治乱之纪，明同异之处，察名实之理，处利害，决嫌疑。焉摹略万物之然，论求群言之比。以名举实，以辞抒意，以说出故。以类取，以类予。有诸己不非诸人，无诸己不求诸人。（《小取》）

通意后对，说在不知其谁谓也。（《经下》）

第一则告诉人们辩论的目的是要分清是非，审察治乱的规律，辨明同异，考察名实的道理，断决利害，解决疑惑。于是要探求万事万物本来的样子，分析、比较各种不同的言论。用名称反映事物，用言辞表达思想，用推论揭示原因。按类别归纳，按类别推论。自己赞同某些论点，不反对别人赞同，自己不赞同某些观点，也不要求别人赞同。第二则是说，弄清楚对方的意思，然后再回答，因为如果不这样，就不知对方究竟在说什么。

墨子在这里提出了谈辩要遵循共同的规则：一是“有诸己不非诸人，无诸己不求诸人”，就是说自己赞同某些论点，不反对别人赞同，自己不赞同某些观点，也不要求别人赞同；二是“通意后对”，即主张辩论双方互相沟通，先了解对方的主张再辩论，这就可以避免偷换概念。墨子在谈辩中也创造了很多方法。

一是言必有譬，无譬不言，先譬后言。这是墨子惯用的辩论手法。

子墨子言见染丝者而叹曰：“染于苍则苍，染于黄则黄。所入者变，其色亦变；五入必而已则为五色矣。故染不可不慎也！”非独染丝然也，国亦有染。（《所染》）

今有五锥，此其铦，铦者必先挫。有五刀，此其错，错者必先靡。是以甘井近竭，招木近伐，灵龟近灼，神蛇近暴。是故比干之殪，其抗也；孟贲之杀，其勇也；西施之沉，其美也；吴起之裂，其事也。故彼人者，寡不死其所长，故曰：太盛难守也。（《亲士》）

第一则墨子用染丝为喻，说明君王和诸侯要慎重选用人才，也说明教育感染的重要。第二则墨子用利锥先挫、快刀先靡、甘井近竭、招木近伐、灵龟近灼、神蛇近暴等以及比干等人之死的原因作比为喻，说明做人“太盛难守”的道理。喻理透彻，分析中肯，具有很强的说服力。而隐喻形式的譬喻则能够巧妙地将暗藏在譬喻中的道理表现出来。墨子劝说楚王不要发动侵略宋国的战争，公输盘辩不过墨子，很不服气，他扔掉手中的器械说：

吾知所以距子矣，吾不言。子墨子亦曰：吾知子之所以距我，吾不言。（《公输》）

公输盘与墨子的这段对话，话中有话，话外有音，这就是暗示。两人的对话，把一旁的楚王弄糊涂了。

楚王问其故，子墨子曰：“公输子之意，不过欲杀臣，杀臣，宋莫能守，可攻也。然臣之弟子禽滑厘等三百人，已持臣守圉之器，在宋城上而待楚寇矣。虽杀臣，不能绝也。”楚王曰：“善哉！吾请无攻宋矣。”（《公输》）

墨子用隐喻和暗示，在说理或驳斥中，充满机敏睿智。一句看似很平常的话语，却深喻要说的道理，轻言细语的谈话里，往往暗藏机锋。

二是矛盾律。这也是墨子论辩中经常用到的一种辩论方法，它要求在同一思维过程中不能对同一事物对象做出不同的断定。

有游于子墨子之门者，子墨子曰：“盍学乎？”对曰：“吾族人无学者。”子墨子曰：“不然。夫好美者，岂曰吾族人莫之好，故不好哉？夫欲富贵者，岂曰我族人莫之欲，故不欲哉？好美、欲富贵者，不视人犹强为之。夫义，天下之大器也，何以视人？必强为之。”（《公孟》）

有一个人到墨子门前游玩，墨子问：“为什么不学习呢？”那人回答说：

“我家族中没有学习的人。”墨子反问道：“不是这样。喜爱美的人，难道会说我家族中没有人喜爱美所以不喜爱美吗？想要富贵的人，难道会说我家族中没有人想要富贵的所以不想要吗？既然学习无用，那他的观点值不值得学习呢？”言下之意是，如果他的观点值得学习，说明学习是有用的；如果他的观点不值得学习，那不正说明他的观点是错误的嘛！墨子就是利用对方自相矛盾的地方，驳斥了“学习无用”的观点。墨子把矛盾律叫作“悖”，无论是墨子还是墨子的弟子都非常熟练地运用逻辑学中的矛盾律，避免谬论，驳斥对方相互矛盾的地方。

三是归谬推理。墨子运用得得心应手。墨子由鲁国北上齐国游说，半路上遇到一位算命先生。

> 日者曰：“帝以今日杀黑龙于北方，而先生之色黑，不可以北。”子墨子不听，遂北，至淄水，不遂而反焉。日者曰：“我谓先生不可以北。”子墨子曰：“南之人不得北，北之人不得南，其色有黑者，有白者，何故皆不遂也？且帝以甲乙杀青龙于东方，以丙丁杀赤龙于南方，以庚辛杀白龙于西方，以壬癸杀黑龙于北方，若用子之言，则是禁天下之行者也。是围心而虚天下也，子之言不可用也。”（《贵义》）

占卦先生说：“历史上的今天，黄帝在北方杀死了黑龙，先生您的面色黑，不能到北方去。”墨子没有理会算命先生的话，继续向北方走去。墨子来到淄水畔，河水暴涨，过不了河。他只好掉头原路返回。在路上，又遇到了那位算命先生。算命先生很得意：“我对您说过，您不能去北方。您不听我的话，白跑了一趟吧。”墨子反驳说：“淄水暴涨，南方的人不能过河到北方去。同样，北方的人也不能过河到南方来，他们中间有的脸是白色的，有的脸是黑色的，为什么都不能如愿呢？况且，黄帝甲乙日在东方杀青龙，丙丁日在南方杀赤龙，庚辛日在西方杀白龙，壬癸日在北方杀黑龙，照您的说法，天下的人都不能走路了，这岂不是欺骗大家吗？所以，您的话不能听。”墨子从对方的言论中引出谬误，从而驳倒对方。恰当的归谬法，可以不知不觉地使对方由主动变被动，然后推出意想不到的结论，使对方无法反驳。

四是迂回诱入。辩论双方有时候势均力敌，谁也说服不了对方。这时不妨换一种辩驳方法。迂回诱入，就是很好的辩论方法。墨子为了不让楚国攻打宋国，找到公输盘，想通过他说服楚王，停止将要发动的战争。要说服楚王，必先说服公输盘。墨子便采用了迂回诱敌的方法。公输盘见墨子风尘仆仆赶到楚国，明知故问："先生来楚，有何见教？"墨子答道："北方有人侮辱我，我想借助您的力量除掉他。事成之后，送您一千金。"公输盘断然拒绝："先生知道，我是讲仁义的，不能随便杀人。"墨子马上说："请允许我向您进言。我在北方听说您制造了云梯，准备攻打宋国。宋国有什么罪呢？楚国多的是土地，缺少的是人口。发动战争，损失自己本来就少的人口，而去争夺并不短缺的土地，应该不算作聪明吧。宋国没有罪，却要受到攻击，这不能算是仁爱；你懂得这个道理，不去向楚王据理力争，不能算作忠诚；争辩达不到目的，不能算是坚定；您知道杀一个人是不义，却还要发动战争去杀更多的人，这不能算是明晓事理吧。"一席话，让公输盘张口结舌，无言以答。墨子先诱使公输盘说出自己是仁义的，不能随便杀人，然后围绕对方的观点，从仁爱、忠诚等方面展开论证，经过一连串的发难，得出"杀一人不义而杀更多人"的结论，使公输盘的观点自相矛盾，无力反驳而认输。

五是同语反复。墨子经常嘲笑儒家用"同语反复"来论述问题。

> 子墨子曰问于儒者："何故为乐？"曰："乐以为乐也。"子墨子曰："子未我应也。今我问曰：'何故为室？'曰：'冬避寒焉，夏避暑焉，室以为男女之别也。'则子告我为室之故矣。今我问曰：'何故为乐？'曰：'乐以为乐也。'是犹曰：'何故为室？'曰：'室以为室也。'"（《公孟》）

如此，以同样的东西解释同样的东西，正是逻辑学下定义时所犯的典型错误。从教育的角度讲，墨子强调了施教者讲课不能着重讲受教者所知的、所懂的、浅显的知识，甚至避开受教者所难的、所不知的、深奥的问题。施教者应鼓励受教者多问几个为什么，要求施教者运用讲清事物所以然的教育方法，即讲清难点，讲明究竟。不能像儒者解释音乐那样，说了半天，别人还听不出所以然来。儒家弟子也常上门挑战墨子，而墨子回敬得也很精彩。

子夏之徒问于子墨子曰："君子有斗乎？"子墨子曰："君子无斗。"子夏之徒曰："狗豨犹有斗，恶有士而无斗矣？"子墨子曰："伤矣哉！言则称于汤文，行则譬于狗豨，伤矣哉！"（《耕柱》）

5. 办学形式灵活有活力

私学的私人性决定了它在教育教学各方面比官学更有活力。某些新的教育措施、新的教育内容、新的教育观念常常首先是在私学中产生、发展。从历史上来看，越是在战乱或官学不修的情况下私学越是昌盛，而且恰恰是在这个时候，私学勇于承担教育的主要任务，维系着民族教育的前途和生命。私学的教育功能是重要的，它的教育贡献是杰出的。

墨子的私学办学形式灵活有活力。墨子以"兴天下之利，除万民之害"为己任，聚徒讲学并四处奔走，宣传行义。墨家的教育别有特色，带有很浓厚的平民教育的色彩。经过长期不懈的努力和实践，墨子培养了大批人才，史称"弟子弥丰，充满天下"（《吕氏春秋·当染》）。

总之，墨子丰富的教育思想对春秋战国时期私学的产生和发展做出了诸多贡献。

第二节 学团教育：提高——造就国家民族精英

墨子除了在社会上宣传自己的思想，从事社会教育活动外，还广招弟子宣扬、推行墨家的学说。在不断宣扬、推行墨家学说的过程中，形成了墨家学团。墨家学团是一个高度组织化的学术团体，这是一个组织、纪律严密，行动统一，经济一体化，具有半军事性质的学术团体。墨子非常重视学团教育，通过研读《墨子》，我们认为学团教育比学校教育更符合墨子的教育实践。学团教育较之墨子的私学和社会教育，是高层次的，属提高教育。墨子把学团教育作为培养人才的摇篮，培养了一批又一批墨家学者。他们为实现"济民救世"的目的，不辞辛苦，为传播墨子思想做出贡献。学团教育活动是墨子一生教育实践活动的另一重要组成部分。

1. 强调主动施教

墨子非常强调主动施教，作为施教者，要有主动施教的精神。公孟子对墨子说：

> “君子共己以待，问焉则言，不问焉则止。譬若钟然，扣则鸣，不扣则不鸣。”子墨子曰：“是言有三物焉，子乃今知其一（疑作‘二’）身（‘耳’字之误）也，又未知其所谓也。若大人行淫暴于国家……若大人为政，将因于国家之难……虽不扣必鸣者也。若大人举不义之异行……虽不扣，必鸣者也。”（《公孟》）

这是说：“君子自己恭敬地等待，问到他就说，不问他就不说，就好像钟一样，敲击它就响，不敲就不响。”墨子说：“这话有三种情形，你现在只知其中之二罢了，并且又不知这二者所说的是什么。如果王公大人荒淫暴虐，如果王公大人执政国家发生灾难，虽不敲也会发出声音来。如果王公大人从事邪行，做不义的事，虽然钟不敲，但一定会发出声音。”这是墨子主动施教的例子。通过和公孟子的对话，墨子对施教者提出了勤勉教人的要求，即施教者要强教。这是墨子教育思想的一个重要原则。君子若钟，不扣必鸣。这种教人的态度，是墨子“摩顶放踵利天下”（《孟子·尽心上》）“日夜不休，以自苦为极……虽枯槁不舍”（《庄子·天下》）的牺牲自我以救世精神在教育上的体现。

在“济民救世”的宣传上，墨子还特别重视“强说人”的积极教育态度。一方面，就“上说下教”而论，他的“遍从人而说之”（《公孟》）与儒家的“礼闻来学，不闻往教”（《礼记·曲礼上·别于禽兽》）恰成对比。另一方面，在教育教学问题上，他对儒家“君子若钟，击之则鸣，弗击不鸣”（《非儒》）与“叩之以小者则小鸣，叩之以大者则大鸣”（《礼记·学记》）的被动答问的教学态度坚决反对。墨子主张施教者要主动积极，不仅有问必答，而且“不叩必鸣”。《鲁问》中记载了墨子亲自到鲁国南郊吴虑家中劝学的事，最终说服他接受学习。

> 鲁之南鄙人有吴虑者，冬陶夏耕，自比于舜。子墨子闻而见之。吴虑谓子墨子：“义耳义耳，焉用言之哉？”子墨子曰：“子之所谓义者，亦有力以劳人，有财以分人乎？”吴虑曰：“有。”子墨

> 子曰："翟尝计之矣。翟虑耕而食天下之人矣。盛，然后当一农之耕，分诸天下，不能人得一升粟。籍而以为得一升粟，其不能饱天下之饥者，既可睹矣。翟虑织而衣天下之人矣，盛，然后当一妇人之织，分诸天下，不能人得尺布。籍而以为得尺布，其不能暖天下之寒者，既可睹矣。翟虑被坚执锐，救诸侯之患，盛，然后当一夫之战，一夫之战，其不御三军，既可睹矣。翟以为不若诵先王之道而求其说，通圣人之言而察其辞，上说王公大人，次匹夫徒步之士。王公大人用吾言，国必治；匹夫徒步之士用吾言，行必修。故翟以为虽不耕而食饥，不织而衣寒，功贤于耕而食之、织而衣之者也。故翟以为虽不耕织乎，而功贤于耕织也。"（《鲁问》）

这个叫吴虑的人，把自己比作舜。墨子去见他，经过交谈墨子和吴虑虽然观点不同，却成了要好的朋友，两人多次见面、倾心交谈。这次是比较主要的一次，谈论的范围之广、讨论的话题之深、说话的随意之便、语气的相交之度，都是从未有过的。吴虑大约生活在公元前 460 年～前 380 年，是陶艺技术较高的工匠。《太平御览》载：吴虑者，冬陶夏耕，自比于舜。这说明吴虑不仅陶艺技术高超，而且有较高的道德修养。墨子听说后就去见他。他们两人讨论的问题主要有三：一是义有大义、小义之分。墨子表扬吴虑讲义气，做好事。吴虑说：义罢了，义罢了，哪里用得着说它呢？墨子又转过来说：你所说的义，也就是有力气帮人操劳，有钱财分给别人吧？吴虑回答说有这种事。墨子听后，认为这是小义，应讲大义。那就是去诵习先王之道，探求其学说，通晓、考察圣人的言辞，上游说王公大人，下游说平民百姓。王公大人采纳我的意见，国家必定治理好；平民百姓采纳我的意见，行为必定讲究修养。二是一个有道之君，用仁义统一人们的思想，国家才能得到治理，人民就会安居乐业。吴虑听后，对墨子说：是的，应该这样。墨子接着说：所以我认为虽不耕种织布，功绩胜过耕种织布。三是墨子向吴虑讲述"义教天下"。墨子问吴虑：假使天下人不懂得教人耕种与不教人而独自耕种，谁的功绩大？吴虑回答：教人耕种的人功绩大。墨子说：天下平民百姓，义懂得很少，那么用义来教天下的人，功绩多，为什么不讲义呢？

如果能鼓动天下人达到义，那么我的义岂不就更加发扬光大了吗？墨子和吴虑的交谈，主要是讲清了如果通过宣传能用义来统一众人的思想，世界上的事情就好办多了。

2. 实行分科教学

墨子把他的弟子分为“从事”“说书”“谈辩”三类，学团内部高度组织化。墨子在学团内部按照从事工作的不同对弟子进行三个方面的教育。

（1）对“从事”类弟子，墨子教他们学“规矩方圆”“射”等技艺。

在教育中，墨子不断强调“天下从事者，不可无法仪”这一思想：

> ……无法仪而其事能成者，无有也。虽至士之为将相者，皆有法。虽至百工从事者，亦皆有法。百工为方以矩，为圆以规，直以绳，正以县。无巧工不巧工，皆以此五者为法。巧者能中之，不巧者虽不能中，放依以从事，犹逾已。故百工从事，皆有法所度。（《法仪》）

墨子指出：天底下办事的人，不能没有法则；没有法则而能把事情做好，是从来没有的事。即使士人作了将相，也必须有法度。即使是从事各种行业的工匠，也都有法度。工匠用矩画成方形，用圆规画圆形，用绳墨画成直线，用悬锤定好偏正（用水平器制好平面）。不论是巧匠还是一般工匠，都要以这五者为法则。巧匠能切合五者的标准，一般工匠虽达不到这样的水平，但仿效这五者去做，还是要胜过自身的能力。所以，工匠制造物件时都有法则可循。墨子的这些话，既是对弟子的告诫，也是对帝王将相的说教。

墨子教育“从事”类弟子还有一个重要的方面，那就是教他们量力而学。

> 二三子有复于子墨子学射者，子墨子曰：“不可，夫知者必量其力所能至而从事焉。国士战且扶人，犹不可及也。今子非国士也，岂能成学又成射哉？”（《公孟》）

有几个弟子告诉墨子，要从学，又习射。墨子说：不可以。智慧的人一定衡量自己的力量所能达到的程度，然后再进行实践。国士一边作战一边去扶人，尚且顾不到。现在你们并非国士，怎么能够既学好学业又学好射技呢？墨子告诫这几个弟子要量力而学。

（2）对“说书”类弟子，他们“坐而言义”，墨子教育他们要向文献典籍学习。

> 子墨子曰：“古之圣王，欲传其道于后世，是故书之竹帛，镂之金石，传遗后世子孙，欲后世子孙法之也。今闻先王之遗而不为，是废先王之传也？”（《贵义》）
>
> ……昔者周公旦朝读书百篇，夕见漆十士，故周公旦佐相天子，其修至于今。翟上无君上之事，下无耕农之难，吾安敢废此？……（《贵义》）

第一则是说，古时候的圣王，想把自己的学说传给后代，因此写在竹、帛上，刻在金、石上，要后代子孙效法。现在听到先王的学说却不去践行，这是废弃先王所传的学说。第二则是说，过去周公旦早晨读一百篇书，晚上见七十士。所以周公旦辅助天子，他的美善传到了今天。我上没有承担国君授予的职事，下没有耕种的艰难，我如何敢抛弃这些书！由上可见，墨子在学团教育的活动中重视文献典籍的学习，据学者统计，墨子引《书》达40处之多，引《诗》达15处之多。

（3）对于“谈辩”类弟子，墨子对他们进行言行一致的教育，并极力强调他们谈辩的能力。

《墨子》的《大取》《小取》《经上》《经下》《经说上》《经说下》等篇更是详细地论述了墨子关于辩的看法，有些虽为墨子后人添加整理，但总体上体现了墨子在学团教育过程中重视思辨的教育。

3. 实行巨子制

巨子制是墨子学团的组织形式。首要组织者，被称为“巨子”，下代巨子由上代巨子选拔贤者担任，代代相传。墨家子弟必须听命于巨子，为实施墨子的主张，舍身行道。被派往各国做官的弟子必须推行墨子的治国之道，行不通时宁可辞职。做官的弟子要向“学团”捐献俸禄，做到“有财相分”。方授楚《墨学源流》认为：墨子是墨家第一任巨子，禽滑厘是第二任巨子，孟胜是第三任巨子，田襄子是第四任巨子，腹䵍子是第五任巨子。《庄子·天下》言：

> 以巨子为圣人，皆愿为之尸。冀得为其后世，至今不决。

墨子以“义”为宗旨，制订了具体、富弹性又切合各种需要的计划。墨子依能力让弟子分组加以训练，“能谈辩者谈辩，能说书者说书，能从事者从事”（《耕柱》）。而至于训练的目标，墨子则要求其弟子必去掉心中六种怪癖的情绪：

> 嘿则思，言则诲，动则事，使三者代御，必为圣人。必去喜、去怒、去乐、去悲、去爱，而用仁义。手足口鼻耳，从事于义。（《贵义》）

墨子学团以强大的组织凝聚力著称于世。学团的高度团体化，是墨子教育的一个重要特征。一个人要想成为墨家的忠实信徒，必须有强烈的牺牲精神和献身精神；必须能忍受生活上的艰苦；必须怀有对众人的博爱之心，而不能讲私人感情。墨子希望每个人都能成为高尚的人、纯粹的人。

（1）思想上，严守墨子之法。

墨子弟子的第一任务就是推广墨子的思想和学说。《鲁问》里记载了墨子的弟子公尚过游说越王，越王大悦，使公尚过前往迎接墨子，许诺封他“故吴之地方五百里”，但是墨子说：

> 意越王将听吾言，用我道，则翟将往，量腹而食，度身而衣，自比于群臣，奚能以封为哉？抑越不听吾言，不用吾道，而吾往焉，则是我以义粜也。均之粜，亦于中国耳，何必于越哉！

《耕柱》记载，高石子因卫国国君不听他的话返回墨子的身边。更为突出的是，在墨子死后，门徒还在严格践行墨子的思想。《吕氏春秋·去私》记载：

> 墨者有巨子腹䵍，居秦，其子杀人，秦惠王曰：“先生之年长矣，非有他子也，寡人已令吏弗诛矣，先生之以此听寡人也。”腹䵍对曰：“墨者之法曰‘杀人者死，伤人者刑’，此所以禁杀伤人也。夫禁杀伤人者，天下之大义也。王虽为之赐，而令吏弗诛，腹䵍不可不行墨子之法。”不许惠王，而遂杀之。

杀子以遵墨子之法，足可见墨子之法对后世门徒的约束力。

(2) 精神上，敬畏鬼神。

这方面，《墨子》书中的《天志》《明鬼》是最好的体现。墨子认为：天意不可不顺。顺天意者，兼相爱、交相利，必得赏；反天意者，别相恶、交相贼，必得罚。但是，这里的天意并不是一种超自然的力量。墨子说：

> 是故子墨子之有天之，辟人无以异乎轮人之有规，匠人之有矩也。(《天志》)

又说：

> 天下从事者，不可以无法仪，无法仪而其事能成者，无有也。虽至士之为将相者，皆有法。虽至百工从事者，亦皆有法。(《法仪》)

实际上，天志就是墨子的意志，墨子借天的意志，让天下的王公大人、平民百姓来遵守法度。为让天下的王公大人、平民百姓有敬畏之心，墨子列举了多个古书里有关鬼神的记载：

> 尝若鬼神之能赏贤如罚暴也，盖本施之国家，施之万民，实所以治国家、利万民之道也。(《明鬼下》)

他希望借鬼神来惩恶扬善，激发人们的恐惧与敬畏之心，能够严格遵守社会秩序。由此，他在《非攻下》中说：古时享有天下的仁人，必然反对大国攻伐的说法，使天下的人和睦相处，总领四海，率领天下百姓务农，以臣礼事奉上鬼、山川、鬼神。利人之处多，功劳又大，所以上天赏赐他们，鬼神富裕他们，人们赞誉他们。墨子把对鬼神和天的敬畏与政治结合起来，以使政通人和。

(3) 管理上，军事化要求。

《耕柱》记载：

> 子墨子游荆耕柱子于楚。二三子过之，食之三升，客之不厚。二三子复于子墨子曰："耕柱子处楚无益矣！二三子过之，食之三升，客之不厚。"子墨子曰："未可智也。"毋几何，而遗十金于子

墨子，曰："后生不敢死，有十金于此，愿夫子之用也。"子墨子曰："果未可智也。"

这是说，无论墨子弟子身处何方，都是同门。可见学团的要求严明。《鲁问》载：

子墨子使胜绰事项子牛。项子牛三侵鲁地，而胜绰三从。子墨子闻之，使高孙子请而退之，曰："我使绰也，将以济骄而正嬖也。今绰也，禄厚而谲夫子。夫子三侵鲁，而绰三从，是鼓鞭于马靳也。翟闻之，言义而弗行，是犯明也。绰非弗之知也，禄胜义也。"

胜绰因为违反墨子的"非攻"思想，被墨子遣人召回。作为墨家弟子，无论身在何方，都必须听从墨子指挥。墨子劝楚放弃攻宋也体现了其军事化要求：

杀臣，宋莫能守，可攻也。然臣之弟子禽滑厘等三百人，已持臣守圉之器，在宋城上而待楚寇矣。虽杀臣，不能绝也。（《公输》）

（4）修身上，苦行僧式的生活。

《庄子·天下》说：

今墨子独生不歌，死不服，桐棺三寸而无椁，以为法式。以此教人，恐不爱人；以此自行，固不爱已。未败墨子道，虽然，歌而非歌，哭而非哭，乐而非乐，是果类乎？其生也勤，其死也薄，其道大觳；使人忧，使人悲，其行难为也。恐其不可以为圣人之道，反天下之心，天下不堪。墨子虽独能任，奈天下何！离于天下，其去王也远矣！

在百家争鸣的春秋战国时代，庄子对墨子身先试行，以身作则，清苦生活表率的做法大为赞叹。在墨子的影响下，墨家弟子以墨子为榜样，人人如此。

4. 注重激发鼓励

墨子"学团教育"的管理融法、理、情于一体，动之以情，晓之以理，严之以法，多种激励方法综合使用，效果显著。

(1) 赏罚激励。

墨子认为，用奖赏和惩罚融为一体的强化方法取得的效果比较明显。墨子从管理者的角度分析说：

> 凡我国能射御之士，我将赏贵之；不能射御之士，我将罪贱之……凡我国之忠信之士，我将赏贵之；不忠信之士，我将罪贱之。(《尚贤下》)

凡是我国能射箭和驾车的人，我都将奖赏和尊贵他；不能射箭和驾车的人，我都将治罪和贱视他……凡是我国忠信之人，我都将奖赏和尊贵他；不忠不信的人，我都将治罪和贱视他。

(2) 榜样激励。

榜样的力量是无穷的，我国古代十分推崇上司的榜样作用。墨子认为，榜样激励是用管理者自身的良好行为激励下属。他从正反两方面阐述了榜样的作用：

> 凡五谷者，民之所仰也，君之所以为养也。……故食不可不务也，地不可不力也，用不可不节也。五谷尽收，则五味尽御于主；不尽收，则不尽御。一谷不收谓之馑，二谷不收谓之旱，三谷不收谓之凶，四谷不收谓之馈，五谷不收谓之饥。岁馑，则仕者大夫以下皆损禄五分之一；旱，则损五分之二；凶，则损五分之三；馈，则损五分之四；饥，则尽无禄，禀食而已矣。(《七患》)

这是说，五谷是人民赖以生活的东西，也是国君用以养活自己和民众的……所以粮食不能不加紧生产，田地不能不尽力耕作，财用不可不节约使用。五谷全部丰收，国君就可兼进五味。若不全都丰收，国君就不能尽其享受。一谷无收叫作馑，二谷无收叫作旱，三谷不收叫作凶，四谷不收叫作匮，五谷不收叫作饥。遇到馑年，做官的自大夫以下都减去俸禄的五分之一；旱年，减去俸禄的五分之二；凶年，减去俸禄的五分之三；匮年，减去俸禄的五分之四；饥年，免去全部俸禄，只供给饭吃。灾荒年为了节约开支，共渡难关，管理者自减俸禄，灾情越重，俸禄越少。

(3) 荣誉激励。

即用荣誉调动弟子的积极性。墨子通过各种激励方式，使墨家学派具有非常强的凝聚力和战斗力，不仅注重完成任务，实现目标，而且上下同心，同生共死。《吕氏春秋·上德》记载：

> 墨者巨子孟胜，善荆之阳城君。阳城君令守于国，毁璜以为符，约曰："符合听之"。荆王薨，群臣攻吴起，兵于丧所，阳城君与焉，荆罪之。阳城君走，荆收其国。孟胜曰："受人之国，与之有符。今不见符，而力不能禁，不能死，不可。"其弟子徐弱谏孟胜曰："死而有益阳城君，死之可矣。无益也，而绝墨者于世，不可。"孟胜曰："不然。吾于阳城君也，非师则友也，非友则臣也。不死，自今以来，求严师必不于墨者矣，求贤友必不于墨者矣，求良臣必不于墨者矣。死之所以行墨者之义而继其业者也。我将属巨子于宋之田襄子。田襄子贤者也，何患墨者之绝世也?"徐弱曰："若夫子之言，弱请先死以除路。"还殁头前于。孟胜因使二人传巨子于田襄子。孟胜死，弟子死之者百八十。三人以致令于田襄子，欲反死孟胜于荆，田襄子止之曰："孟子已传巨子于我矣，当听。"遂反死之。

墨家巨子孟胜与楚国的阳城君交好，阳城君让他守卫自己的食邑，剖开璜玉作为符信，与他约定："合符以后才能听从命令。"楚王死了，大臣们攻击吴起，在停丧的地方动起了兵器，阳城君参与了这件事。楚国治罪这些大臣，阳城君逃走了。楚国要收回他的食邑。孟胜说："我接受了人家的食邑，与人家有符信为凭证。现在没有见到符信，而自己的力量又不能禁止楚国收回食邑，不能为此而死，是不行的。"他的学生徐弱劝阻他说："如果死了对阳城君有好处，那么为此而死是可以的；如果死了对阳城君没有好处，而使墨家在社会上断绝了。这不可以。"孟胜说："不对。对于阳城君来说，我不是老师就是朋友，不是朋友就是臣子。如果不为此而死，从今以后，寻求严师一定不会从墨家中寻求了，寻求贤友一定不会从墨家中寻求了，寻求良臣一定不会从墨家中寻求了。为此而死，正是为了实行墨家的道义从而使墨家的事业得以延续啊！我将把巨子的职务托付给宋国的田襄子。田襄子是贤德的人，哪里用得着担心墨家在社会上断绝呢?”徐弱说：“像先生您说得这样，那我请求先死以便扫清道路。”转过身去在孟胜之前刎颈而死。孟胜于是派两个人把巨子的职务传给田襄子。孟胜死后，为他殉死的弟子有一百八十人。那两个人把孟胜的命令传达给田襄子，想返回楚国为孟胜殉死，田襄子制止他们说：“孟胜已把巨子之职传给我，你们应当听我的。”两个人于是返回去为孟胜殉死。

第三节 社会教育：普及——唤醒民众觉醒意识

由于墨子出身手工业劳动者家庭，他的学术主张都是站在普通劳动者的立场提出的，因此被誉为“平民圣人”。他的弟子也主要由“耕稼树艺”“纺绩织纴”的下层劳动者组成。在当时的诸子中，墨子是唯一把自己的各种理论付诸实践的哲学家、教育家，因而深得后人景仰。实际上，墨子的社会教育是平民教育，是普及教育，目的是唤起民众的觉醒意识。墨子为了实现心目中的理想社会，从社会教育的角度，在教育理想的实现上，在教育内容的选择上，在教育活动安排上，都采取了相应的必要措施。

1. 构想心中的理想社会

墨子心目中理想社会的构想，主要集中体现在《天志》篇中。为了使自己的理想社会理念深入民心，墨子在描述自己心目中的美好社会时，借用了在帝王和民众心中无比神圣的天的权威进行阐述。墨子认为，一个理想的社会应该是这样的：

> 欲福禄而恶祸祟……欲其生而恶其死，欲其富而恶其贫，欲其治而恶其乱……欲义而恶不义也。(《天志上》)。

这是说，我想要福禄而厌恶祸患……喜欢人类孳生而讨厌他们死亡，喜欢人类富有而讨厌他们贫穷，喜欢人类治理而讨厌他们混乱……爱好义而憎恶不义。从这里可以看出，墨子的理想社会是福禄丰厚、生机勃勃、物质丰足、人民富有、生活安定幸福、道义盛行，而不是祸患横行、死气沉沉、物质匮乏、百姓贫穷、终日混战、道义沦丧。

> 内有以食饥息劳，持养其万民……刑政治，万民和，国家富，财用足，百姓皆得暖衣饱食，便宁无忧。（《天志中》）

这是说国家有能力让饥者得食、劳者得息，保养万民……那么刑政就会治理，万民就会和协，国家富有，财用就会充足。百姓暖衣饱食，安宁无忧，安居乐业，精神上要互助、互爱、尊重、包容。

> 处大国不攻小国，处大家不篡小家，强者不劫弱，贵者不傲贱，多诈者不欺愚。（《天志上》）
>
> 大不攻小也，强不侮弱也，众不贼寡也，诈不欺愚也，贵不傲贱也，富不骄贫也，壮不夺老也……（《天志下》）
>
> 人之有力相营，有道相教，有财相分也。又欲上之强听治也，下之强从事也。（《天志中》）

墨子认为：人与人之间、国与国之间要“兼相爱，交相利”，互爱互助，互惠互利，在处理国与国之间关系时，大国不攻小国，强者不欺凌弱者，势众的不残害力单的，乖巧的不欺负愚憨的，尊贵的不傲视低贱的，富足的不鄙视贫穷的，少壮的不侵凌衰老的。这样，国家之间的仇怨不再出现，不用刀兵相见，边境战争就不会发生了。在国家内部，人们如果有力气就互相帮助，有道义就互相教导，有财物就互相分享，统治者努力听政治事，底层人民努力从事劳作，各居其职，各尽所能，君臣上下互相仁惠效忠，父子兄弟之间慈爱孝顺。政治上要公平正义，选贤任能：

> 虽在农与工肆之人，有能则举之……官无常贵而民无终贱。有能则举之，无能则下之。（《尚贤上》）
>
> 尊尚贤而任使能，不党父兄，不偏贵富，不嬖颜色。贤者举而上之，富而贵之，以为官长……（《尚贤中》）

墨子认为：即使是从事农业或手工业、经商的人，有能力的就推举选拔，做官的不会永远富贵，而民众不会永远贫贱。有能力的就举用他，没有能力的就罢黜他。尊崇贤人而任用能人，不袒护父兄，不偏护富贵之人，不宠爱美色。凡是贤人便选拔上来使其处于高位，给他富贵，让他做官长。墨子主张打破门第观念、亲疏关系，待人平等，任人唯贤，人不分贵贱都有公平竞争、参与政治的权利，只要有能力，无论是做工还是务农都可以被推举，体现了社会的公平正义。

2. 宣传兼爱互利、反对暴力掠夺

一个安定祥和、富裕安康的社会，首先应该是一个持久、和平、稳定的社会。诸侯国之间无休止的战争只会使百姓流离失所、民不聊生。墨子看到了战争给人民带来的危害：

> 春则废民耕稼树艺，秋则废民获敛。今唯毋废一时，则百姓饥寒冻馁而死者，不可胜数……与其涂道之修远，粮食辍绝而不继，百姓死者，不可胜数也；与其居处之不安，食饭之不时，饥饱之不节，百姓之道疾病而死者，不可胜数。丧师多不可胜数，丧师尽不可胜计。(《非攻中》)
>
> 当若繁为攻伐，此实天下之巨害也。(《非攻下》)

墨子指出：战争会误农时，使农民没有充足的劳动时间进行耕作，那么平民百姓因饥寒而冻饿死的就数不胜数。墨子主张“非攻”，坚决反对和制止战争，谴责为谋私利而采用暴力攻占他国土地，掠夺他国财物，侵犯他国百姓的非正义战争。墨子在分析了战争产生的根源后提出他的核心思想——“兼爱”，从而从根源上杜绝战争。在墨子看来，要使天下归于和平，“兼爱”是唯一的办法。

> 视人国若其国，谁攻？故大夫之相乱家、诸侯之相攻国者亡有。若使天下兼相爱，国与国不相攻，家与家不相乱，盗贼无有，君臣父子皆能孝慈，若此则天下治。(《兼爱上》)

尊重他国利益，国与国之间没有纷争才能和平共处，才会有一个和谐稳定的国际大环境。墨子认为，社会上人与人之间的怨恨也是不相爱造成的，因此在处理人际关系的时候也应该坚持“兼相爱”的原则。具体来说，人际交往要遵守以下道德准则：

> 视人之国若视其国，视人之家若视其家，视人之身若视其身。是故诸侯相爱，则不野战。家主相爱，则不相篡。人与人相爱，

则不相贼。群臣相爱，则惠忠。父子相爱，则慈孝。兄弟相爱，则和调。天下之人皆相爱，强不执弱，众不劫寡，富不侮贫，贵不傲贱，诈不欺愚。(《兼爱中》)

这就要求人们在思考问题和解决问题时将心比心，站在他人的立场来审视自我的行为，设身处地地想他人之所想，急他人之所急，从而营造相互理解、相互关爱、温暖和谐的社会氛围。再就是讲究诚信友爱。人际交往必须诚实守信，做到"言必信，行必果"(《兼爱下》)，只有言行一致，才能平等友爱、融洽相处。

墨子把战争分为两大类：一类是不正义的"攻"，如大国攻打小国，强国欺凌弱国；一类是为民兴利除害的"诛"，如武王伐纣。对于不正义的"攻"，墨子认为可以以"诛"伐"攻"，采用这种方式制止非正义战争时，国君必须励精图治，以科学技术武装自己，以强大的国力为后盾，做好充分的防御准备，防止他国挑衅和侵略。因此，《墨子》一书中专门用十一篇来专论防守技术。墨子认识到，采用以暴制暴的方式并不能从根本上解决非正义战争，他在分析了战争产生的根源后提出"兼爱"，从而从根源上杜绝战争。

3. 实施公平正义、选贤任能

社会是一个由个体组成的整体，每个人都不能游离于社会之外，个人与集体应彼此相"兼"，这就是墨子的集体主义。一个集体必须有统一的政治组织或体制及建设目标，即为"尚同"。墨子主张的"尚同"，强调在下位者的思想认识、言论、行为，要向上统一于在上位者。在下者无条件地服从在上者，是以在上者了解下情、顺从民意为前提条件。

上之为政，得下之情则治，不得下之情则乱。(《尚同下》)

居上位的人施政，能得到下面的实情则治，不能得到下面的实情则乱。如果在上位者不施行仁政，不顺遂民意，就不能效法。墨子的"尚同"不是提倡君主专制，而是主张为政不仅要"上下同义"，还要"上下通情"。只有在顺应民意的基础上实现上下一致，社会才不会混乱，从而实现天下的治理。这种"尚同"的思想，反映了墨家学派重视集中统一和严格的纪律，以及逸想通过"尚同"实现太平的理想。

墨子推崇贤人政治，因为要实现政令、意见自上而下的统一，必须保证在位者品行端正、德才兼备，而要选出这样的人才，就需要任人唯贤：

国有贤良之士众，则国家之治厚；贤良之士寡，则国家之治薄。（《尚贤上》）

缓贤忘士，而能以其国存者，未曾有也。（《亲士》）

善为君者，劳于论人，而佚于治官。（《所染》）

第一则是说，在国家中，如果贤良之士多，那么国家的治绩就大；如果贤良之士少，那么国家的治绩就小。第二则是说，怠慢遗弃贤士而能使国家长治久安的，还不曾有过。第三则是说，善于做国君的，用心致力于选拔人才。国家是否繁荣昌盛，与贤士的多少密切相关。怠慢贤士、忽视人才，不可能使国家长治久安，人才多少关乎国家的兴亡和社会的治乱。而善于做国君的人，对于评价选择人才很费心思，而管理、使用人才就很轻松。因此，“归国宝，不若献贤而进士”（《亲士》）。

墨子打破宗法制度，提出“唯才是举”“任人唯贤”的用人原则。墨子把举贤的范围扩大到整个社会，主张对所有人一视同仁。这样公平、公正、公开的用人政策，为包括平民在内的社会各阶层提供了平等入仕参政的机会，实现了社会公平正义。

4. 为国民制定消费标准

墨子宣传节用惜财、戒奢崇俭，从宫室、衣服、饮食、舟车等方面对此进行了批判，指出统治者的厚敛暴征、巧取豪夺势必会引起人民的反抗，造成社会的动荡。为了改变“富贵者奢侈，孤寡者冻馁”（《辞过》）的不公平现状，墨子发出“俭节则昌，淫佚则亡”（《辞过》）的呼吁，倡导“节用”“节葬”，制定了崇尚简朴、反对奢靡的消费标准：

足以充虚继气，强股肱，耳目聪明，则止。不极五味之调，芬香之和，不致远国珍怪异物。（《节用中》）

冬服绀緅之衣，轻且暖，夏服絺绤之衣，轻且清，则止。（《节用中》）

其旁可以圉风寒，上可以圉雪霜雨露，其中蠲洁可以祭祀，宫墙足以为男女之别，则止。（《节用中》）

车为服重致远，乘之则安，引之则利，安以不伤人，利以速至，此车之利也……大川广谷之不可济，于是利为舟楫，足以将之，则止。（《节用中》）

棺三寸，足以朽体；衣衾三领，足以覆恶。以及其葬也，下毋及泉，上毋通臭，垄若参耕之亩，则止矣。死则既以葬矣，生者必无久哭。（《节葬下》）

凡天下群百工，轮车鞼匏，陶冶梓匠，使各从事其所能，曰：凡足以奉给民用，则止。（《节用中》）

第一则是饮食上的标准，只要能够充饥补气，强壮手脚，耳聪目明能有力劳作就行了。不穷极五味的调和与气味芳香，不招纳远国珍贵奇怪的食物。第二则是衣服上的标准，冬天穿稍微带红的黑色衣服，轻便而又暖和，夏天穿细葛或粗葛布衣服，轻便而又凉爽，这就可以了。第三则是居室上的标准：房屋四面可御风寒，屋顶可御雪霜雨露，屋里清洁，可供祭祀，壁墙足以使男女分别生活。墨子讲节用并不是说好东西都不能使用，而是认为一切生活器用以切合实际为原则，住房能够遮风避雨、适度宽敞舒适即可。第四则是舟车的标准，用车子载得重、行得远，乘坐它很安全，拉动它也便利，安稳而不会伤人，便利而能迅速到达，这是车子的好处……大河宽谷不能渡过，于是制造舟船，足以行驶，就可以了。第五则是节葬，棺木三寸厚，足以让尸体在里面腐烂就行；衣衾三件，足以掩盖尸体就可以了。及至下葬，下面不掘到泉水深处，上面不使腐臭散发，坟地宽广三尺，就足够了。死者既已埋葬，生人不能久哭，而应赶快从事生产，人人各尽所能，用以交相得利。第六则是对天下群工的标准，凡是天下各种工匠，如造轮车的、制皮革的、烧陶器的、铸金属的、当木匠、做建筑的，各从事自己所擅长的领域，只要足以供给百姓使用就行。这体现了墨子重视物质生产，同时强调人开发自然要有所节制，不可造成自然资源的过度浪费。如果生产过剩，过多地消耗自然资源，就会造成不必要的浪费。这是墨子首次提倡保护自然资源，以低度消耗资源和适度消耗的方式，实现可持续发展。

第四节　终身教育：发展——提供持续发展动力

终身教育是指能满足个人在一生中多个阶段生存发展的多方面需求的教育。终身教育的目标在于完善自我，构建学习型社会。“终身教育”的概念由法国成人教育家保罗·朗格朗提出。自“终身教育”的概念提出以来，联合国教科文组织大力倡导和不遗余力地予以推广，终身教育现在已成为国际教育领域影响最大、传播最广的一种教育理念，成为全球教育改革与发展的核心主题，并以其强劲的发展态势作用于知识经济的可持续发展。

1.“终身教育”的提出

墨子主张将学团教育延伸至学生终身，是中国乃至世界提出“终身教育”理念的第一人。人的一生要接受不同类型的教育，包括教育体系的各个阶段和各种方式，既有学团（校）教育又有社会教育，既有正规教育也有非正规教育。

> 子墨子出曹公子而于宋，三年而反，睹子墨子曰：“始吾游于子之门，短褐之衣，藜藿之羹，朝得之，则夕弗得祭祀鬼神。今而以夫子之教，家厚于始也。有家厚，谨祭祀鬼神。然而人徒多死，六畜不蕃，身湛于病，吾未知夫子之道之可用也。”子墨子曰：“不然。夫鬼神之所欲于人者多：欲人之处高爵禄，则以让贤也；多财，则以分贫也。夫鬼神，岂唯擢季拑肺之为欲哉？今子处高爵禄而不以让贤，一不祥也；多财而不以分贫，二不祥也。今子事鬼神，唯祭而已矣，而曰‘病何自至哉’，是犹百门而闭一门焉，曰‘盗何从入’。若是而求福于有怪之鬼，岂可哉？”（《鲁问》）

墨子对曹公子的问话进行了巧妙的回答，通过运用比喻等方法教育曹公子要居官让贤，财物分人，祭祀鬼神真诚。墨子的回答，深刻展示了他对曹公子的真切教诲，我们可以得到这样的启示：墨子的教育针对性强，有理有据。墨子对有成就的弟子仍不忘教诲，实行继续教育，以后还会进行教育。墨子的“终身教育”从提出到实施距今已有 2400 多年，可见墨子教育思想的深邃、教育眼光的长远。

2. “终身教育”的实施

终身教育是墨子继学团教育、社会教育之后面向所有弟子和社会上所有人的教育活动。由于当时社会对终身教育提出了更高的要求，虽然当时的人们并没有意识到，但墨子的“终身教育”实践的领域不断拓展，研究范畴也在不断地扩大和深入。终身教育是对墨家弟子和社会上所有人进行知识更新、补充、拓展和能力提高的一种高层次的追加教育。墨子“终身教育”的实施有以下方式。

一是对社会人士的“终身教育”。《公孟》记载，公孟是孔子的再传弟子（曾子的弟子），认为人的贫富寿夭由天注定，主张君子一定要学习。墨子针对公孟的这个观点指出：教人学习却宣扬“有命”的观念，就好像让人包裹头发，现在却拿去了他的帽子一样。学习是人的第一需要，终身学习不需要什么附加条件。如果让人学习附加有条件，那么劝人学习的目的就不单纯了。

二是对“故人”也不忘“终身教育”。《贵义》记载，墨子到齐国看望老朋友，从中我们可以看出墨子自苦行义、耐心施教的执着精神。

三是对在学弟子进行“终身教育”。《公孟》记载，墨子始终没有忘记对学生继续进行终身教育，这种精神实在让人敬佩。

四是墨子自己的“终身教育”。“子墨子南游使卫，关中载书甚多。”（《贵义》）作为一个利国利民的主动行义之人，一位博学多才的主动行教大师，墨子仍不忘时时注意学习，在这里墨子终身好学、尊重知识的精神体现得非常充分。

第五章 独辟蹊径的课程设置：谈辩、说书、从事

课程是施教者有计划地安排受教者学习机会的过程，是受教者所应学习的学科总和及其进程与安排。《墨子》一书内容无所不包，涵盖社会方方面面。我们说墨子的课程设置独辟蹊径，下面的一段话，为我们揭开了墨子教育课程的神秘面纱。

> 为义犹是也，能谈辩者谈辩，能说书者说书，能从事者从事，然后义事成也。（《耕柱》）

这段话基本概括了墨子的教育课程——“谈辩”、“说书”和“从事”。“谈辩”，言谈辩论；“说书”，宣传墨家学说；“从事”，掌握专门知识技能作为职业。对墨子的教育课程，结合当代教育，本着“古为今用”的原则，将其对于今天具有启发意义的内容，择其要者进行讨论。

第一节 “谈辩”类课程

“谈辩”是指谈话、论辩的方法与技巧。“谈”，读“tán”，用作动词时是“说、对话、谈论”的意思，用作名词时是“言论”的意思。“谈”在《墨子》一书中共出现 13 次，都是“谈论、言谈”的意思；“辩”在《墨子》一书中，共出现 36 次。“谈”“辩”二字合用，在《耕柱》篇中出现 2 次，是“谈话和辩论”的意思。公尚过是墨子“谈辩”类弟子的代表。

子墨子游公尚过于越。公尚过说越王，越王大说，谓公尚过曰："先生苟能使子墨子于越而教寡人，请裂故吴之地，方五百里，以封子墨子。"公尚过许诺，遂为公尚过束车五十乘，以迎子墨子于鲁……（《鲁问》）

从这段文字中，我们可以看出公尚过被派到越国宣传墨家的主张，结果越王对墨家之学叹服不已。越王表示要用五百里地礼遇墨子，这足以说明公尚过对墨子思想理解深入，表达清楚，阐发得当，是深得墨子思想精髓之人。《贵义》记载：墨子南游到卫国，车上装满了书。弟子弦唐子觉得很奇怪，问墨子：我记得老师您曾教导公尚过，说读书只是为了衡量事物的是非曲直。现在您出门带这么多书，又做什么用呢？按您的意思，许多事情的理解是不用从书上得来的，可你自己出行却是带足了书的呀！墨子说：殊途同归的道理，流传的时候确实也会出现差错。正是由于人们听到的不能一致，书就多了起来。但像公尚过那样的人，对于事理已能洞察精微，对于殊途同归的道理已能把握要领，因此就不必事事用书教导了。这有什么奇怪的呢？墨子能如此评价公尚过，足以说明他对公尚过理解之深。

"谈辩"类课程主要有《兼爱上》《兼爱中》《兼爱下》《非攻上》《非攻中》《非攻下》《尚贤上》《尚贤中》《尚贤下》《尚同上》《尚同中》《尚同下》《节用上》《节用中》《节葬下》《天志上》《天志中》《天志下》《明鬼下》《非乐》《非命上》《非命中》《非命下》《非儒下》《三辩》《公输》《辞过》，共 27 篇。这 27 篇每篇都有明确的论述中心，每篇都行文顺畅、条理清楚、重点突出、逻辑严谨、语言平实；篇篇都以德树人、以情教人、以智启人、以行导人。墨子作为施教者，充分以自己至诚、至真、至尊、至爱的情感魅力带领弟子走向道德光辉的顶点，实现了真正意义上的"教书育人"。

1.《兼爱》：*爱人若爱己身*

《兼爱》分为上、中、下三篇，共 25 章，其中《兼爱上》5 章，《兼爱中》8 章，《兼爱下》12 章。所谓"兼爱"，其本质是要求人们爱人如己，彼此之间不要存在血缘与等级差别的观念。墨子认为，不相爱是当时社会混乱的最大原因，只有通过"兼相爱，交相利"才能实现社会安定。这种理论具有反抗贵族等级观念的进步意义，但同时也带有强烈的理想色彩。“兼爱”贯穿《墨子》一书始终。《兼爱》课程要点如下。

（1）指出天下混乱的原因。

> 当察乱何自起？起不相爱。臣子之不孝君父，所谓乱也。子自爱，不爱父，故亏父而自利；弟自爱，不爱兄，故亏兄而自利；臣自爱，不爱君，故亏君而自利，此所谓乱也。（《兼爱上》）
>
> 今诸侯独知爱其国，不爱人之国，是以不惮举其国，以攻人之国……是故诸侯不相爱，则必野战。（《兼爱中》）

（2）阐述“兼爱”的含义。

> 爱人若爱其身……视人身若其身……视人家若其家，……视人国若其国。（《兼爱上》）
>
> 天下兼相爱则治，交相恶则乱。（《兼爱上》）

“兼爱”是把“爱”的观念社会化。“兼”有“兼顾”“无差等”的意思，也有“相对”“相互”的意思，“兼爱”便是相互无差等的一种普遍的爱，“兼”和“爱”融为一体。从《兼爱》上、中、下三篇中，我们可以领悟到墨子的“兼爱”概念有“爱人”“相爱”“爱利”“周爱”“体爱”“竭爱”六个方面的含义。其中，“爱人”是“兼爱”最基本的含义；“相爱”强调“爱”是相互的，指出“兼爱”具有主体性；“爱利”是爱人利人的简称，强调爱人和利人相统一是“兼爱”的基本原则，只爱人而不利人等于不爱人；“周爱”明确了“兼爱”的对象，是指除了恶人和暴王以外的天下所有人；“体爱”强调“兼爱”的主体要设身处地地去爱人，明确“兼爱”是一种体贴他人、爱人如己、我为人用的目的之“爱”、无私之“爱”；“竭爱”强调“兼爱”的主体要竭尽全力去爱人，彰显了“侠义”精神和爱利天下的使命。

（3）提出补救的办法。

墨子要平民百姓“兼相爱”，这样“君臣父子皆能孝慈”（《兼爱上》），天下能得到治理。因此，墨子主张治理天下的人一定要提倡“爱人”。在人际交往中，各方都要以对方有利为原则。墨子的“兼相爱”与“交相利”不可分割，“交相利”成为实践“兼相爱”的伦理原则。墨子的“利”是指“公利”“天下之利”，并把这种“利”当作最高的道德准则。

> 仁人之所以为事者，必兴天下之利，除去天下之害，以此为事者也。（《兼爱中》）

2.《非攻》：非难不义攻伐

《非攻》为上、中、下三篇，共13章，其中《非攻上》2章、《非攻中》5章、《非攻下》6章。墨子“非攻”的“非”不是“是非”的“非”，而是否定的意思，引申为“批评、谴责、指责”。墨子认为，战争是天下的“巨害”，无论对战胜国还是对战败国都将造成巨大损害，因此既不合于“圣王之道”，也不合于“国家百姓之利”。在《非攻》上、中、下三篇中，墨子对各种为攻战进行辩护的言论予以批驳，并进一步将大国对小国的“攻”与有道对无道的“诛”区别开来。《非攻》是针对当时诸侯间的兼并战争提出的反战理论。《非攻》的课程要点如下。

（1）从“义”的角度去分析战争的非正义。墨子从小处的不义行为说起。

> 今有一人，入人园圃，窃其桃李……至攘人犬豕鸡豚者，其不义又甚入人园圃窃桃李……谓之不义。今至大为攻国，则弗知非，从而誉之，谓之义。此可谓知义与不义之别乎？（《非攻上》）

墨子将其推而广之，认为攻人之国、杀人放火、掠人财物、占人土地等强盗行径，是天下最大的不义：不论其行为大小规模，都有一个共同的特征，那就是亏人、损人，不利人。此与“兴天下之利，除天下之害”以“兼爱天下”之义背道而驰，不能因为亏人之大小不同而混淆义与不义的界限，小而为非为不义，大而攻国也为不义，且为大不义。对不知义之所是所非者，墨子进行了深刻的揭露。

> 今有人于此，少见黑曰黑，多见黑曰白，则以此人不知白黑之辩矣。少尝苦曰苦，多尝苦曰甘，则必以此人为不知甘苦之辩

矣。今小为非，则知而非之。大为非攻国，则不知非，从而誉之，谓之义。此可谓知义与不义之辩乎？是以知天下之君子也，辩义与不义之乱也。（《非攻上》）

墨子认为，不理解义和不义、攻伐之是非的善恶之别，是天下攻伐相战的根源，因为将不义视为义，将会造成国与国之间攻伐不断，以致大之欺小、强之凌弱被视为正当，若此则无社稷之安定，“此实天下之巨害也”。所以，墨子以为“非攻”之义当“兴天下之利，除天下之害”，为此应该“兼相爱”。

（2）从“利”的视角探讨战争对国家、百姓的利益的影响。

从攻伐的结果来看，“不义”的攻伐有百害而无一利，频繁的攻伐造成大量的人力、物力和财力的损耗，并造成大量青壮年劳力的伤亡，严重地影响了社会生产和生活，很多人因为战争而失去家园、流离失所。墨子以为，无辜之攻伐上不利天、中不利鬼、下不利人，“三不利”而为天下之恶行，而不利于人者，此为攻伐之不义之最，墨子对此不义予以强烈谴责。不义之攻伐既为害他人，又不利于自己，是损人不利己的行为。不义之攻伐不仅给他国人民带来伤害，对本国的社会发展和人民安居乐业也极其不利。战祸不仅影响百姓生活与春耕秋获，更易导致国家与百姓财物大量损耗。墨子为什么这么说呢？因为这与他所说的“兼爱”以利天下的道德之义相去甚远，以致“国家失卒，而百姓易务也”（《非攻下》）。这样就破坏了社会各司其职、各安其分的生产、生活秩序，给社会、国家乃至百姓带来无尽的灾难。

（3）指出“攻”“诛”之别。

墨子认为，不符合义的侵略战争，是不义之攻，是有违天命的不利行为，是伤天害理的不义。所以，对那些喜好攻伐又循理辩饰其说的国君，要“非之”。墨子利用“禹征有苗，汤伐桀，武王伐纣”的历史事实进行了辩驳，指出这样的战争是出于道义的需要，是为了顺应天理和民意，阻止暴行，讨伐暴君，救民于水火之中。这样的战争属于于民有利、利于民生的义的行为，是善而非恶，不能与“不义之攻”相提并论，墨子将此类战争称为“诛”。“诛”与“攻”二者性质截然不同，“诛”为善而“攻”为恶，“诛”乃秉承天命而行义，是合乎道义的利天下而为；“攻”则是“差论其爪牙之士……以攻无罪之国”（《非攻下》），是侵略无辜之国、加害无辜之民的不义行为，是有违天理民意的“亏人自利”。因此，“攻”为“无道”，不仅要“非”之，还要“诛”之。

3.《尚贤》：崇尚重用贤才

《尚贤》分为上、中、下三篇，共21章，其中《尚贤上》7章、《尚贤中》8章、《尚贤下》6章。墨子提出“尚贤”是“为政之本”，主张当权者打破血统界限，从各阶层中选拔真才实学之人，给他们地位和权力，同时将那些尸位素餐的贵族统统撤免。这对当时广大平民百姓争取政治权力的斗争无疑有着现实意义。《尚贤》三篇内容一致而文字繁简不同，可能是墨家后学中流传的三种不同的版本。《尚贤》课程要点如下。

（1）认识“贤”的重要。

> 是故国有贤良之士众，则国家之治厚；贤良之士寡，则国家之治薄。（《尚贤上》）

（2）提出“贤”的标准。

> 厚乎德行，辩乎言谈，博乎道术。（《尚贤上》）

（3）给出“尚贤”的建议。

墨子认为，“尚贤”关系到国家的治理。因此，墨子对当权统治者提出了以下建议：

> ……举义不避贫贱……举义不避疏……举义不避远。（《尚贤上》）
>
> 官无常贵，民无终贱，有能则举之，无能则下之。（《尚贤上》）
>
> 高予之爵，重予之禄，任之以事，断予之令。曰：“爵位不高，则民弗敬；蓄禄不厚，则民不信；政令不断，则民不畏。”举三者授之贤者，非为贤赐也，欲其事之成。（《尚贤上》）

4.《尚同》：崇尚天下共识

《尚同》为上、中、下三篇，共33章，其中《尚同上》8章，《尚同中》14 章，《尚同下》11 章。“尚同”亦即人们的意见应当统一于上级，并最终统一于“天”。这是墨子针对当时国家混乱提出的政治纲领。墨子认为，天下混乱是由于没有符合天意的统治者，因此主张选择“仁人”“贤者”担任各级统治者。这种思想与“尚贤”本质上基本一致，都是对当权者的批判。在《尚同》中，墨子构想了大同社会的美好愿景。《尚同》课程要点如下。

（1）找出“乱”因。

> 古者民始生，未有刑政之时，盖其语，人异义。是以一人则一义，二人则二义，十人则十义……天下之乱，若禽兽然。（《尚同上》）

墨子认为，每个人将自己的利益置于其他人的利益之上，“一人一义”会导致社会经济效率低下和文化教育事业衰落。

（2）自上而下产生“天子”。

> 明乎民之无正长以一同天下之义，而天下乱也，是故选择天下贤良、圣知、辩慧之人，立以为天子，使从事乎一同天下之义。天子既以立矣，以为唯其耳目之请，不能独一同天下之义，是故选择天下赞阅贤良、圣知、辩慧之人，置以为三公，与从事乎一同天下之义。（《尚同中》）
>
> 是故庶人不得次已而为正，有士正之；士不得次已而为正，有大夫正之；大夫不得次已而为正，有诸侯正之；诸侯不得次已而为正，有三公正之；三公不得次已而为正，有天子正之；天子不得次已而为正，有天正之。（《天志下》）

先是各级正长的产生是自上而下的，依次为天子、三公、诸侯国君、乡长、里长。天子是最大的正长，所以人们就选择贤良、聪明而口才好的人，推举他为天子，使他致力于统一天下的意见。庶民有士来匡正，士有大夫来匡正，大夫有诸侯匡正，诸侯有三公匡正，三公有天子匡正，天子有上天匡正。

（3）自下而上进行教化。

各级统治者被选立出来后又该如何通过“尚同”来实现“一同天下

之义”呢？先是天子自上而下地对各级正长及其管辖的平民百姓发布政令，施行教化。上级根据这些方面来赏罚，就必然十分审慎、可靠。之后再从最低层的里长及其管辖的百姓开始，里长顺从天子的政令，使他这一里内意见一致。里内意见一致了，又率领里内的人民向上与乡长意见一致，乡长治理他的乡，而乡内已经治理好了，又率领他乡内的人民以上同于诸侯，诸侯治理他本国，而国内已治理好了，又率领他国内的人民向上同于天子。这样自下而上，最后上同于天子。如此，统治者的政治权威就实现了，即“上之所是，必皆是之；所非，必皆非之”（《尚同上》）。墨子主张的“尚同”有一个前提条件，那就是担任各级正长的都应该是贤良之士，一个国家只有贤良之士才能勤于朝政，才有能力“一同天下之义”，使国家由乱而治。

（4）上下团结匡正过失。

墨子提出，天子发政于天下之百姓，如果上面认为是错的，大家都必须认为是错的。上面有过失，就应该规谏；下面有好人好事，就应当广泛地推荐给国君。是非与上面一致，而不与下面勾结，这是上面所赞赏、下面所称誉的。假如听到善与不善，却不向上面报告；上面认为对的，也不认为对，上面认为错的，也不认为错；上面有过失不能规谏，下面有好人好事不能广泛地向上面推荐；与下面勾结而不与上面一致，这是上面所要惩罚的，也是百姓所要非议的。

5.《节用》：节约无用之费

《节用》分为上、中、下三篇，共9章，其中《节用上》3章，《节用中》6章，《节用下》缺。墨子认为，古代圣人治政，宫室、衣服、饮食、舟车只要适用就够了。而统治者却在这些方面穷奢极欲，大量耗费民力财力，使人民生活陷于困境。因此，他主张凡不利于实用、不能给百姓带来利益的，应一概取消。《节用》课程要点如下。

（1）阐述“倍”来自“节”的道理。

圣人施政，一国的财利可以成倍增长。大到施政于天下，天下的财利可以成倍增长。这种财利的倍增，并不是向外掠夺土地，而是根据国家情况而省去无用之费，因而足以加倍。圣王施政，发布命令、兴办事业、使用民力和财物，没有不是有益于实用才去做的。所以，使用财物不浪费，民众能不劳苦，他兴起的利益就多了。物质财富用在生活的方方面面，墨子的观点是用财不费，去其无用，则国家强大，人民富裕。

（2）提出“节用”的总原则。

> 古者圣王制为节用之法，曰：“凡天下群百工，轮车鞼匏，陶冶梓匠，使各从事其所能，曰：凡足以奉给民用，则止。”诸加费不加于民利者，圣王弗为。（《节用中》）

墨子主张一切用度能够满足民众基本生活需要即可，如果超过这个限度而不利于百姓，那就绝不能做。

（3）细化“节用”的适度原则。

一是衣服以“冬以圉寒、夏以圉暑”为原则。

> 冬以圉寒，夏以圉暑。（《节用上》）
>
> 冬服绀緅之衣，轻且暖；夏服絺绤之衣，轻且凊，则止。（《节用中》）

二是饮食以“充虚继气，强股肱，耳目聪明”为原则。

> 足以充虚继气，强股肱，耳目聪明，则止。不极五味之调、芬香之和，不致远国珍怪异物。（《节用中》）

三是住房以“冬以圉风寒，夏以圉暑雨”为原则。

> 冬以圉风寒，夏以圉暑雨。有盗贼加固者，芊䱉（疑为“诸”）；不加者，去之。（《节用上》）
>
> 其旁可以圉风寒，上可以圉雪霜雨露，其中蠲洁可以祭祀，宫墙足以为男女之别，则止。（《节用中》）

四是出行以“车以行陵陆，舟以行川谷”为原则。

> 车以行陵陆，舟以行川谷，以通四方之利。（《节用上》）

五是武器以“以圉寇乱盗贼”为原则。

> 其为甲盾五兵何以为？以圉寇乱盗贼……凡为甲盾五兵，加轻以利、坚而难折者，芊䱉不加者，去之。（《节用上》）

六是葬礼以“节葬短丧”为原则。

> 古者圣王制为节葬之法，曰：“衣三领，足以朽肉；棺三寸，足以朽骸；窟穴，深不通于泉，流不发泄，则止。”死者既葬，生者毋久丧用哀。（《节用中》）

七是消费以“用财不费，民德不劳”为原则。

> 圣王为政，其发令、兴事、使民、用财也，无不加用而为者。是故用财不费，民德不劳，其兴利多矣。（《节用上》）

从上述七个方面可以看出墨子的思想主张：一切从有利于实用出发，一切以有利于民生为准则。“节用”的风俗，应当伴随社会发展世代留传。

6.《节葬》：节约丧葬用度

《节葬》分为上、中、下三篇，共13章，其中《节葬上》缺，《节葬中》缺，《节葬下》13章。“节葬”主要包括薄葬和短丧两个方面，并结合其特点提出了具体的推行方法，力图改变贵族阶层奢侈浪费的现象。“节葬”在墨子的思想体系中占有重要的地位，与“兼爱”“节用”“天志”“明鬼”等思想有着密切的联系。墨子“节葬”强调人在丧葬礼仪上的平等，并认为丧葬礼要“以哀为本”，而不能有任何伪饰行为，其中也体现了墨子对死亡和孝道的独特看法。所以，“节葬”在当时以及后世产生了很大的影响，历史上形成了一股主张薄葬的潮流，绵延不断，矫正着主流社会的陋习，即使在今天仍具有重要的借鉴意义。《节葬》课程要点如下。

(1) 主张丧葬人人平等。

墨子要求当权统治者和平民百姓一视同仁地以按照“葬埋之法”行事。

> 棺三寸，足以朽体；衣衾三领，足以覆恶。以及其葬也，下毋及泉，上毋通臭，垄若参耕之亩，则止矣。死则既以葬矣，生者必无久哭。（《节葬下》）

（2）坚决反对“厚葬久丧”。

墨子先述“厚葬”浪费财物的情况，再说“久丧”的坏处。墨子对“厚葬久丧”的严重危害从四个方面进行了剖析，一是“厚葬久丧”把很多财富埋在坟墓里，必然会造成人力物力的极大浪费，从而加重人们的负担，最终导致国家和人民的贫困。二是“厚葬久丧”不能增加人口。特别是对人殉，墨子深恶痛绝，认为农业社会人是第一资源，如果以这种做法增加人口，就好像使人伏身剑刃而寻求长寿，人口的增多根本不可能实现。三是“厚葬久丧”会引起刑法政治混乱，进而导致天下大乱。四是“厚葬久丧”不能禁止大国攻打小国。既然厚葬久丧并非古圣王之道，又不利于国家或天下万民，那么为什么会如此盛行呢？墨子认为，这是风俗习惯所致。有此风俗习惯，在当事人看来，似乎是天经地义，但他人见后便会觉得骇人听闻。他列举三例——越东之国的“宜弟”“鬼妻”，楚国南部炎人国父母死后先去除尸体上的腐肉后再葬埋尸骨，秦西面仪渠国“登遐”的恶俗，指出这是属于未开化的风俗习惯，野蛮而不合理，其流行只是由于“便其习而义其俗”。

（3）倾力主张“节葬短丧”。

“节葬”是“节用”思想的延续，具体表现在丧葬规模、陪葬品、丧期三个方面。前述墨子的“葬埋之法”，对棺的厚度、陪葬衣物的多少和掘地的深浅都提出了明确的标准。由此可以看出，墨子一方面极力为别人打算，尽力节约丧葬费用，以增加衣食之财，达到“富贫”的作用；另一方面又替平民百姓着想，希望“节葬”能够为政于国家或服务于天下。

7.《天志》：实为墨子之志

《天志》分为上、中、下三篇，共 24 章，其中《天志上》7 章，《天志中》9 章，《天志下》8 章。天志即天的意志。墨子认为，天是有意志的。天喜欢义，憎恶不义；希望人们相互帮助、相互教导，反对人们相互攻击、相互敌视。可见，天志实际上就是墨子之志。它是墨子用以和当时统治者进行斗争的一种武器。《天志》课程要点如下。

（1）指出当时的人“知小不知大”。

首先指出天下人只知不要得罪于家长、国君，却不知不能得罪于天，可谓“知小不知大”。因为得罪家长及国君时，仍有邻家及邻国可以逃避，唯独当得罪天时，是无所逃避的，因此无论如何是不能得罪天的。

(2) 由“义”与“天”的观念出发讨论一些问题。

一是指出上天喜好义憎恶不义。那么怎么知道上天喜爱义而憎恶不义呢？墨子指出：天下之事，有义的就生存，无义的就死亡；有义的就富有，无义的就贫穷；有义的就治理，无义的就混乱。二是义是用来匡正人的。在上者匡正在下者。上至，天子，下至三公、诸侯、将军大夫、士、庶人，一级级匡正下去，最后“天子未得次已而为政，有天政之。”三是要顺“天意”。“顺天意者，兼相爱、交相利，必得赏；反天意者，别相恶、交相贼，必得罚。”（《天志上》）为了将这个问题说得更清楚，墨子列举了历史上“三代圣王和三代暴王”的史实。

(3)“天志”的“志”，是标准的意思。

墨子在论述天志的过程中，多次提到天意，是说明天的意志、思想，既有意，又何必再反复说明天志的志，这个志有什么特殊的意义？我们认为墨子把天志作为衡量善行的客观标准，上至王公大臣，下至平民百姓，在这一标准面前都可以找到善行的尺度。显然，墨子认为天下之人的言行、刑政皆以天志为标准，都应该按照天志来行事，即天志是人世间唯一的标准。实际上，墨子把自己的主张诉诸天，提出天意、天志，借助平民百姓的信仰来为人的行为制定外在的标准，促进社会发展。

(4) 对各家言论不能把握住仁义之理，提出批评。

对“未知天之贵且知于天子”“天下之君子，与谓之不祥者”“轮人操其规，将以量度天下之圆与不圆”提出批评。墨子一方面批评各家言论不能把握住仁义的真正道理，另一方面认为自己已掌握规正天下的明法，这个明法，就是天志。而且，他把这个天志模拟为工匠的规矩，符合者是对的，不符合者是错的。可见墨子把天志作为仁义及国君为政的最后标准。

8.《明鬼》：助天赏善罚恶

《明鬼》分为上、中、下三篇，共20章，其中《明鬼上》缺，《明鬼中》缺，《明鬼下》20章。墨子认为鬼神不仅存在，而且能对人间的善恶予以赏罚。他列举古代的传闻、古代圣王对祭祀的重视以及古籍中的有关记述，以证明鬼神的存在和灵验。在今天来看，这种迷信的做法显然是落后且不足取的。但我们应当看到，墨子“明鬼”的目的，主要是想借助超人间的权威以限制统治集团的残暴统治。《明鬼》课程要点如下。

（1）鬼神是真实存在的，助“天”赏善罚恶。

墨子认为，天下大乱就是因为人们不相信鬼神。

> 逮至昔三代圣王既没，天下失义，诸侯力正……由此始，是以天下乱。（《明鬼下》）

墨子对鬼神的存在毫不怀疑。这其中的缘由是什么呢？

> 皆以疑惑鬼神之有与无之别，不明乎鬼神之能赏贤而罚暴也。今若使天下之人，偕若信鬼神之能赏贤而罚暴也，则夫天下岂乱哉！（《明鬼下》）

（2）证明鬼神存在。

首先，“以众之耳目之实”证之。所列举的例子有“杜伯冤魂射杀周宣王”“秦穆公增寿”“庄子仪杖杀燕简公”“祝史杖杀观辜”“中里徼被死羊跳起触他，祧神把他杀死”等，以人们的实际见闻作为标准，来证明鬼神的存在。其次，“以昔者三代圣王为法”，以三代圣王的事迹作为证明。最后，以“先王之书为证”，他列举《诗经》《尚书》《周书》中的一些记载来证明鬼神的存在。墨子竭力证明鬼神的存在，无非让人们坚信鬼神，进一步为其推行政治主张开辟道路。

（3）鬼神监督着世人，替天赏善罚恶。

鬼神在一定程度上具有天的职能，它无所不在，即使有人躲在荒无人烟的深山老林中为非作歹，鬼神也能明察秋毫。就连贵为天子、富有天下的夏桀，由于侮辱上天和鬼神，残杀百姓，都受到上天派来的商汤的惩罚。因此，墨子认为尊鬼、事鬼是圣王之道。在墨子的思想中，鬼神是保持社会稳定、扬善惩恶，以外在的力量来约束人们行为的一种强大力量。

（4）墨子“明鬼”的目的。

“明鬼”思想的产生有其特定的历史条件以及明确的目标。当时统治者和平民百姓普遍相信鬼神存在，认为鬼神是神圣明察的，墨子适时提出这一思想很能被大众接受。目的有二：一是威慑统治者。在春秋战国时期，天下失义，诸侯相伐，民不聊生，统治者对平民百姓剥削无度，百姓生活在水深火热中，墨子在这个时候提出“明鬼”来告诫统治者，以此来达到“济民救世”的目的；二是给百姓增加勇气，让他们敢于直面压迫，敢于反抗，敢于变革。

墨子的“明鬼”，是自己良心的反省，代表平民百姓的利益，以自己的良心、百姓的利益为“鬼神”，不断鞭策自己，让自己不断反思，以达到修身的目的，这不也是一种“明鬼”吗？

9.《非乐》：责难害民音乐

《非乐》分为上、中、下三篇，共8章，其中《非乐上》8章，《非乐中》（缺），《非乐下》（缺）。《非乐》的主题是反对、责难从事害民的音乐活动。墨子认为凡事应该利国利民，而百姓、国家都在为生存奔波，制造乐器需要聚敛百姓的钱财，使百姓荒废生产，而且音乐使人耽于享乐，因此必须禁止音乐。《非乐》的课程要点如下。

（1）责难不利人的音乐是错误的。

《非乐》开篇就说：

> 子墨子言曰：仁之事者，必务求兴天下之利，除天下之害，将以为法乎天下。利人乎，即为；不利人乎，即止。

墨子以“利人”为准则，凡是“利人”的事情才能去做，凡是不能“利人”的活动都将应予制止。墨子之所以责难音乐，并不是认为“钟瑟不乐、雕饰不美、牛猪不香、居住高台厚榭不安适”。虽然身体知道安适，口里知道香甜，眼睛知道美丽，耳朵知道快乐，但是向上考察，不符合圣王的事迹；向下考虑，不符合万民的利益。所以，墨子认为凡是祸国殃民的一切上层社会的奢靡享受都在“非乐”之列。同时，他还将音乐的娱乐功能和功利加以区别，并且将功利放在了娱乐之前。

（2）从四个角度分析享用音乐要浪费大量的人、财、物。

一是从制造乐器来看，现在的王公大人为了国事制造乐器，向百姓征取很多钱财。二是民有三患：饥饿的人得不到食物，寒冷的人得不到衣服，劳累的人得不到休息。三是从奉养乐工来看，必将使用壮年人，用其耳聪目明、四肢强壮、声音调和、眼神敏捷。如果使男人撞钟，就要浪费男人耕田、种菜、植树的时间。四是从乐的欣赏来看，大钟、响鼓、琴、瑟、竽、笙等已备齐，王公大人独自安静地听人奏乐，将会得到什么乐趣呢？不是与君子一同来听，就是与平民百姓一同来听。与君子同听，就会荒废君子听狱和治理国事；与平民百姓同听，就会荒废平民百姓所做的事情。

（3）列举事例，指出从事音乐是错误的。

第一个例子是“齐康公，兴乐万”。跳《万》舞的人不能穿粗布短衣，不能吃糟糠。吃得不好，面目色泽就不好看，衣服不美，身形动作就不好看，所以必须吃好饭和肉，必须穿绣有花纹的衣裳。第二个例子是述说音乐的害处。现在的王公大人喜欢音乐，则必不能早上朝、晚退朝，听狱治国，那样国家就会混乱，社稷就会危亡。现在的士人君子喜欢音乐，则必不能竭尽全身的力气，用尽智力思考，于内治理官府，于外向关市、山林、河桥征税，充实仓廪府库，那么仓廪府库就不会充实。现在的农夫喜欢音乐，则必不能早出晚归，耕田、植树、种菜，多多收获豆子和粮食，那么豆子和粮食就会不够。现在的妇女喜欢音乐而去听它，则必不能早起晚睡，纺纱、绩麻、织布，多多料理麻、丝、葛，织成布匹，那么布匹就不多。第三个例子是引述典籍来说明。汤所作的《官刑》中有记载，《武观》中说：夏启纵乐放荡，在野外大肆吃喝，《万》舞的场面十分浩大，声音传到天上，上天不把它当作法式。所以在上的，天帝、鬼神不以为法式；在下的，万民没有利益。因此，墨子说：现在天下的士人君子，诚心要为天下人谋利，为天下人除害，对于音乐这样的东西，是不应该不禁止的。墨子所期盼的是国泰民安、政治昌明通达，而当时的社会政治现实却与其政治理想背道而驰。这不得不引起他对社会变革的反思，愤世嫉俗地发出“非乐”的呐喊。

10.《非命》：反对命定思想

《非命》分为上、中、下三篇，共15章，其中《非命上》7章，《非命中》4章，《非命下》4章。墨子提出“非命”的主张，主要用意在于教人不要坐等命运的支配。墨子认为命定论使人不能努力治理国家，从事生产，反而容易放纵自己。命定论是那些暴君、坏人为自己辩护的根据。关于检验言论，墨子提出了“三表法”，即通过考察历史、社会实情并在实践中检验言论，坚决反对误国误民的命定论。《非命》课程要点如下。

(1) 指出相信有命的说法是错误的。

墨子认为一个人富贵贫贱不是天生的，而是努力或不努力的结果；国家的治乱，不是命定的，而是君主作为或不作为的结果。

(2) 提出检验认识真伪的“三表法”。

墨子认为，判断事物的有无，不能凭个人的臆想，而要以大家所看到的和所听到的为依据，提出了检验认识真伪的标准：

> 何谓三表？子墨子言曰：“有本之者，有原之者，有用之者。于何本之？上本之于古者圣王之事。于何原之？下原察百姓耳目之实。于何用之？废以为刑政，观其中国家百姓人民之利。此所谓言有三表也。”（《非命上》）

(3) 对“认为有命”的观点进行反驳。

一是从历史上圣王的事迹看。古时候，夏桀乱国，商汤接过国家并治理它；商纣乱国，周武王接过国家并治理它。社会没有改变，人民没有变化，桀、纣时则天下混乱，汤、武时则天下得到治理，能说是有命吗？二是从先代君王的书看，用来治理国家、颁给百姓的是宪法，所以墨子说：我还无暇来统计天下的好书，不可能统计完，大概说来，有这三种。现在虽然要从中寻找主张“有命”的人的话，必然得不到，不是可以放弃吗？三是利用“汤封于亳”和“文王封于岐周”两个事例进行说明。现在要听用主张“有命”的人的话，这是颠覆天下的道义。颠覆天下道义的人，就是那些确立“有命”的人，是百姓所伤心的。把百姓所伤心的事看作乐事，是毁灭天下的人。墨子说：讲道义的人在上位，天下必定能得到治理。古时候汤被封于亳地，文王被封于岐周，爱戴百姓，得利就分享，所以近处的人安心受他管理，远处的人向往他的德行。正如一般人所说：讲道义的人在上位，天下必定能得到治理。上帝、山川、鬼神就有了主事的人，万民都能得到他的好处。四是对主张“有命”的人的言论进行批驳。墨子认为“有命说”根本就是“暴人之道”。按照“有命说”，执政者不会好好处理国家事务，劳动者不会尽力从事生产，那么刑政一乱，兼之财用不足，社会就会混乱。墨子认为，国家的兴亡取决于统治者施政的好坏；人们的贵贱贫富决定于各自的努力程度，所以要“非命”。五是指出“认为有命”的危害。现在要听用主张“有命”的人的话，则在上位的人不听狱治国，下面的人不劳作。在上位的人不听狱治国国家就要混乱，下面的人不劳作财物就会日用不足。对上没有粢、酒来供奉上帝鬼神，对下没有东西可以安抚贤人士子；对外没有东西可以接待诸侯的宾客；对内则不能给饥者以食、寒者以衣，抚养老弱。所以“命”，上对天帝不利，中对鬼神不利，下对人不利。而顽固坚持它，则简直是坏事的根源、凶暴人的祸端。

（4）旗帜鲜明地反对“有命”。

> 今天下之士君子，忠实欲天下之富而恶其贫，欲天下之治而恶其乱，执有命者之言，不可不非。此天下之大害也。（《非命上》）

“非命”的观点是否认天命对人事的支配和影响。墨子提出“非命”的目的是倡导一种积极有为的人生哲学，希望人们从“天命”的压迫下解放出来，“赖其力者生，不赖其力者不生”（《非乐上》），发现并运用自身的力量，自主自立，掌握自己的命运。墨子的“非命”思想，表达了当时小生产者的要求和愿望，代表了小生产者的利益。小生产者在当时社会具有一定的力量，不安于在旧秩序中的地位，迫切要求改变现状，希望通过自己的努力来改变自身的社会地位。墨子讲“非命”，主张尚力，正是强调人要发挥主观能动性，倡导自强精神，通过不懈努力来改变自己的命运。

11.《非儒》：非难儒家礼义

《非儒》分为上、中、下、三篇，共 12 章，其中《非儒上》（缺），

《非儒中》（缺），《非儒下》12章。墨子反对儒家婚丧之礼，实际上是反对“亲有差”；指责儒家的礼乐与政事、生产皆无益；通过晏婴等人之口，讽刺孔子于君于民都是口头上讲仁义，实际上鼓励叛乱，惑乱人民。《非儒》课程要点如下。

（1）首先批判儒家的丧葬礼节。

墨子认为儒家礼节繁杂，实质上是想用繁杂的礼乐来迷乱人，以长期服丧来假装哀伤。

> 其《礼》曰：丧，父母，三年；妻、后子，三年；伯父、叔父、弟兄、庶子，其；戚族人，五月。（《非儒下》）

在守丧问题上，墨子认为严重犯了辈分不分的错误。如果以亲疏来定服丧的年月，则亲的多而疏的少。那么，妻子、长子与父亲可以是相同的。如果以尊卑来定服丧的年月，那么此时再把妻子、儿子看作与父母一样尊贵，而把伯父、宗兄和庶子看成是一样的，简直就是大逆不道。此外，墨子认为守丧招魂是十分愚昧的做法。

> 其亲死，列尸弗敛，登堂窥井，挑鼠穴，探涤器，而求其人焉，以为实在，则赣愚甚矣。（《非儒下》）

自己的父母死了，不仅陈列尸体不装殓，还要上屋、窥井、掏鼠穴、探看涤器，为死人招魂，认为人死了魂还在，这是非常愚蠢和虚假的。

（2）指出儒家在婚俗上自相矛盾。

墨子叙述了儒家讲求的婚俗：娶妻时，男子要穿着黑色下摆的衣裳亲自迎接新妇并为其驾车，男子手里拿着缰绳并把引绳递给新妇，就像承奉父亲一样。婚礼中的仪式，就像恭敬地祭祀一样。对此，墨子评价道，这种礼节不仅使辈分上下颠倒，而且悖逆了父母，将父母与妻子同位，抬高了妻子的地位，如此侍奉父母当然不能称作孝。如果说是因为妻子要供奉祭祀儿子要守宗庙，所以才有此礼节，那么这种解释是借口，更体现了儒家婚丧礼俗的互相矛盾，这不是守奉祭祀，而是想厚待所偏爱的人而轻视重要的人。

（3）对儒者的说法进行批驳。

一是对“强执有命”的批驳。顽固地坚持“有命”的危害是：官吏相信了这些话，则对分内之事懈怠；普通人相信了这些话，则对劳作懈怠。官吏不治理就要混乱，农事一慢就要贫困。既贫困又混乱，是违背政事的目的的。二是对“贪于饮食，懒于劳作”的儒者进行讥讽。用繁杂的礼乐去迷乱人，长期服丧假装哀伤以欺骗死去的双亲。造出“命”的说法，安于贫困以傲世。背本弃事而安于懈怠傲慢。贪于饮食，懒于劳作，陷于饥寒，有冻馁的危险，无法逃避。就像乞丐，像田鼠偷藏食物，像公羊一样贪婪地看着，像阉猪一样跃起。即使这样还说：“这是衣食的来源啊!”从中可以看出，儒者依靠替人主持丧事换取麦子和稻子维持生计，富人家有丧事，就非常欢喜。墨子的讥讽相当辛辣。三是对“必服古言，然后仁”进行批驳。墨子指出：所谓古话、古衣，在当时都是新的。而古人说它穿它，就不是君子吗？那么则必须穿不是君子的衣服，说不是君子的话，而后才为仁吗？四是对“君子循而不作”等言论进行批驳。针对儒者的说法，墨子指出：古时后羿制造了弓，季伃制造了甲，奚仲制作了车，巧倕制作了船。既然如此，那么今天的鞋工、甲工、车工、木工都是君子，而后羿、季伃、奚仲、巧垂都是小人吗？如果两方暴人相争，战胜的一方不追赶逃敌，拉弓不射，敌人车陷了还帮助推车，于是暴乱之人得到活命，天下的害不除，这是作为君主、父母的还在深重地残害社会。不义没有比这更大的了！五是对“君子若钟，击之则鸣，弗击不鸣”进行批驳。墨子指出：仁人事上尽忠，事亲尽孝，有善就称美，有过就谏阻，这才是做人臣的道理。务兴天下之利，各种举动，没有利的就停止，这是君子之道。

(4) 通过齐景公问晏子，了解孔子的为人。

按照晏子的说法：孔子精心计划和叛贼同谋，竭尽心智以行不正当之事，鼓励下面的人反抗上面，教导臣子杀国君；儒家傲慢而自作主张，不可以教导下民；喜欢音乐而惑乱人，不可以让他们亲自治民；主张命而懒于做事，不可以让他们任官；崇办丧事哀伤不止，不可以使他们热爱百姓；异服而表现出庄敬的表情，不可以使他们引导众人；孔子盛容修饰以惑乱世人，弦歌鼓舞以招集弟子，纷增登降的礼节以显示礼仪，努力从事趋走、盘旋的礼节让众人观看；孔子派子贡到齐国，通过南郭惠子见到田常，劝他伐吴；以教高、国、鲍、晏四姓，不要妨碍田常叛乱，又劝越国伐吴国，三年之内，齐国和吴国都遭到灭国的灾难。由此我们可以看出墨子对孔子的态度。

（5）列出孔子的言行来责难儒家。

一是孔子做了鲁国的司寇，放弃公家利益而去侍奉季孙氏。季孙氏为鲁君之相而逃亡，季孙氏和邑人争门关，孔子把国门托起，放季孙氏逃走。二是孔子被困在陈、蔡之间，用藜叶做的羹中不见米粒。第十天，子路蒸了一只小猪，孔子不问肉的来源就吃，又剥下别人的衣服去沽酒，孔子也不问酒的来源就喝。后来鲁哀公迎接孔子，席摆得不正他不坐，肉割得不正他不吃。孔子在饥饿困逼时就不惜妄取以求生，饱食有余时就用虚伪的行为来粉饰自己。污邪诈伪之行，还有比这大的吗？三是孔子和他的弟子闲坐，说舜见了瞽叟，蹙促不安。这时天下真危险呀！周公旦不是仁义之人吧，否则为何舍弃他的家室而寄居在外呢？四是孔子的所行，都出于他的心术。他的朋辈和弟子都效法他。子贡、季路辅佐孔悝在卫国作乱，阳货在齐作乱，佛肸以中牟反叛，漆雕开刑杀。残暴没有比这更大的了。

12.《三辩》：第三次为乐辩

《三辩》共3章。《三辩》通过墨子与程繁对音乐的讨论，强调圣人治理天下重在事功，反对追求音乐享受。这对批判当时统治者的享乐生活有现实意义。“三辩”指的是墨子与程繁的第三次辩论，前两次辩论见于《公孟》。《三辩》课程要点如下。

（1）程繁向墨子提出“圣王不为乐”的质问。

墨子所说的“乐”指的是“礼乐”，而不是单纯的音乐。墨子不是反对音乐，而是反对礼乐，即政治化的礼制、音乐。

（2）墨子回答程繁，提出了“乐非所以治天下也”的看法。

墨子引用尧舜的事例，说得非常清楚明白：“且以为礼，且以为乐。”这充分说明墨子的“非乐”，不是反对单纯的音乐，而是反对烦琐的礼乐。墨子赞赏尧舜礼乐的简约，并且指出礼乐越是繁杂，执政者的治理成绩就越少。所以，礼乐并不是治理天下的法宝。

（3）程繁再次向墨子提出“圣王无乐”的质问。

墨子用“圣王之命也，多寡之”，来说明他反对的是过度的礼乐。

接着又以进食为喻，认为“知饥而食”，乃是百姓日用而不知的智慧，是一种无知而智的大智慧。而圣王“有乐而少”，则是圣王之所以为圣的道理。最后墨子完成辩论，得出结论：“圣有乐而少，此亦无也。”

13.《公输》：苦心止楚攻宋

《公输》共4章，记述了公输盘制造云梯准备帮助楚国进攻宋国，墨子从齐国起身，到楚国制止公输盘、楚王进攻宋国的故事。全文生动地表现了墨子“兼爱”“非攻”的主张。从中我们也可以看到墨子不辞辛苦维护正义的机智、果敢。《公输》所记故事的时间、地点、人物、情节，以及原因、过程、结果非常全面。实际上，人们认识墨子、了解墨子的思想，多是从《公输》开始的。《公输》的课程要点如下。

（1）墨子听说公输盘给楚国制造了云梯将要攻打宋国后，“起于齐，行十日十夜而至于郢，见公输盘”。

（2）劝说公输盘、楚王同意停止攻打宋国。

首先，墨子与公输盘进行了不要攻打宋国的辩说。墨子说：北方有一个欺侮我的人，愿借助你杀了他。公输盘不高兴。墨子说：我愿意献给你十镒黄金。公输盘说：我奉行义，决不杀人。墨子说：请向你说说这义。我在北方听说你造云梯，将用它攻打宋国。宋国有什么罪呢？楚国有多余的土地，人口却不足。现在牺牲不足的人口，掠夺有余的土地，不能认为是智慧。宋国没有罪却攻打它，不能说是仁。知道这些，不去争辩，不能称作忠。争辩却没有结果，不能算是强。你奉行义，不去杀那一个人，却去杀害众多的百姓，不可说是明智之辈。墨子极其巧妙地使用了设诱、激将、追击的方法，可以说是步步紧逼，以“义”相责，让公输盘无话可说，公输盘被墨子说服了，同意停止攻打宋国。其次，墨子劝说楚王。墨子与楚王的辩论，先假设一个情形——有个富裕的人总是想偷穷人的东西，让楚王自然而然地说出这个人有偷窃的毛病，紧接着墨子又对楚宋实力对比予以分析，在夸赞楚国地大物博的同时，又恰到好处地告诫楚国不应攻打宋国，以智相责，这让楚王既欣然接受又能考虑到自己的一些过失。在这部分，最为明显的特点就是墨子逻辑清晰、善用排比，增强了自己的气势。经过墨子的劝说，楚王想放弃攻打宋国的想法，却口称：“善哉！虽然，公输盘为我为云梯，必取宋。”最后墨子和公输盘模拟实战的攻防战术：“公输盘九设攻城之机变，子墨子九距之。公输盘之攻械尽，子墨子之守圉有余。”战胜了公输盘，在强大的防守力量面前，公输盘和楚王折服，楚王收回成命，放弃攻打宋国。公输盘气急败坏地说：“吾知所以距子矣，吾不言。”墨子回击道：“吾知子之所以距我，吾不言。”墨子又胜出了。这充分说明墨子无所畏惧、镇定自若、有勇有谋。读到这里，我们不难发现，墨子之所以能成功止楚攻宋，不仅在于他出众的才华、懂得辩论的技巧，更因为他有充分的准备，危急时刻依然能镇定自若，文武双全，有过人的实力。

（3）墨子得胜归来。

墨子完成止楚攻宋的壮举后返回，途经宋国时天下大雨，城门紧闭。墨子想到闾中避雨，守城者竟不让墨子进去。墨子不愿誉于世人，遂扬长而去。用墨子的话说：“治于神者，众人不知其功；争于明者，众人知之。”即运用神机的人，众人不知道他的功劳；而于明处争辩不休的人，众人却知道他。从中我们可以看到墨子不计名利、毫无怨言、牺牲自我的高尚品格和自苦行义、默默无闻的奉献精神。

14.《辞过》：告谏君王改过

《辞过》共8章。“辞”本义是诉讼，打官司，在这里引申为说讲、批评、告谏。“过”本义为走过、经过，引申为失度、过错。墨子从宫室、衣服、饮食、舟车、蓄私五个方面的古今对照，批评执政者的过错。《辞过》的主旨与《节用》篇基本相同，课程要点如下。

（1）对比论述古今的“宫室之法”。

墨子著文不为当时行文模式所累，开篇将古“圣王”和“当今之主”在“宫室之法”上进行对比。第一章直接论述“古之民”“圣王”的“宫室之法”，只是为了“便于生”，“凡费财劳力，不加利者，不为也。”所以，古“圣王”自身节俭，以身作则地教导百姓，因而天下的民众得以治理，财用得以充足。第二章直接点明“当今之主”“其为宫室……必厚作敛于百姓，暴夺民衣食之财……”

（2）对比论述古今的“衣服之法”。

第三章说古“圣王”的“为衣服之法”：“冬则练帛之中，足以为轻且暖；夏则绨绤之中，足以为轻且清。”第四章讲“当今之主”，为衣“必厚作敛于百姓，暴夺民衣食之财，以为锦绣文采靡曼之衣，铸金以为钩，珠玉以为珮”。

（3）对比论述古今的饮食。

第五章先说古“圣王”料理饮食，“足以增气充虚，强体养腹而已矣”，后说“当今之主”，“厚作敛于百姓，以为美食刍豢，蒸炙鱼鳖”。

（4）对比论述古今的舟车制造。

第六章先言古“圣王”制造舟车“全固轻利，可以任重致远”，再言“当今之主”“必厚作敛于百姓”，“饰车以文采，饰舟以刻镂。”

（5）对比论述古今的蓄私。

第七章先说天地有上下，四季有阴阳，人有男女，禽兽有雌雄。这是天地实情，即使是先王也不能改变。再说“上世至圣，必蓄私不以伤行，故民无怨……内无拘女，外无寡夫，故天下之民众”。最后说当今之君“其蓄私也，大国拘女累千，小国累百，是以天下之男多寡无妻，女多拘无夫，男女失时，故民少”。

（6）最后总结，以“俭节则昌，淫佚则亡”告诫“当今之主”。

在行文上，墨子直接从“宫室、衣服、饮食、舟车、蓄私”五个方面入手，分别详细论述后提出“当为宫室，不可不节”；“当为衣服不可不节”：“当为食饮不可不节”；“当为舟车不可不节”；“当蓄私不可不节”。《辞过》是讲要继承古“圣王”的勤俭节约之道，发扬中华民族的传统美德。墨子“俭节则昌，淫佚则亡”的警告，对当代社会的科学发展极具现实的警戒意义。

第二节　“说书”类课程

墨子“好学而博”，进而创立学说成为墨家学派的领袖，且在青壮年时期就博得“北方贤圣人”的美称，其事业成功的重要因素即是苦读深思，好学博通。墨子的弟子随巢子、胡非子、田鸠、我子、缠子等纷纷“从事说书”，宣传墨学。由于历史上没有墨家弟子著书的详细记载，我们对其著书内容了解不多。墨子和弟子的研究重点在逻辑学，其《经上》《经下》《经说上》《经说下》《大取》《小取》等篇在中国逻辑学史乃至世界逻辑学史上都有极高的地位，并深刻影响了后人的学术思想。从这一点来看，墨学对后世精英文化的形成具有不可小视的作用。

“说书”中的“说”，读“shuō”，在《墨子》一书中共出现218次，其中“推论”（中国古代逻辑学范畴）意思的154次；“传说”意思的1次；“说服”意思的14次；“喜悦、高兴”的意思，后作“悦”，今通“悦”，不作“说”的42次。“说书”中的“书”，读“shū”，在《墨子》一书中共出现98次，其中“书籍”的意思76次，“书名”的意思2次，“文书”的意思1次，“书信”的意思5次。“说书”二字合用，在《墨子》一书中出现12次之多，在《天志中》《鲁问》《耕柱》《节用上》《非攻》《大取》等篇中出现。

“说书”的代表人物是玄唐子，从《贵义》等篇中可以看出墨子重视《诗》《书》，在论证自己的观点时，他经常引用古代的文化典籍来替自己辩护，“三表法”中有一表说“上本之于古者圣王之事”，而“古者圣王之事”主要就是通过书籍留传给我们的。因此，“说书”对于墨子的教育来说是必不可少的内容。有的学者将其理解为研究过去的文化典籍，或者用其来武装自己，支持自己的观点、学说；有的学者则将其理解为“陈述墨学”，让墨家的弟子四处传播墨学。兹以为：“说书”是指阐明书本中的理论与原理，目的是培养政治、经济、伦理、法制、科学、军事等方面的人才。

墨子乐读好学，《吕氏春秋》赞道：“盖闻孔丘、墨翟，昼日讽诵习业，夜亲见文王、周公旦而问焉。用志如此其精也，何事而不达？何事而不成？”梁启超曾说：“墨子南游，载书甚多。”（《中国藏书家通典》）理论与实践结合、身体力行是墨子读书学习的突出特色。墨子重视读书，所以他在论述自己的学说思想时，常常引用《诗》《书》来作为立论的依据，以增强说服力。据统计，《墨子》书中计引《诗》11条，说《诗》4条，引《书》40节。可见《诗》《书》是墨子法先王的基本文献。

《墨子》一书中“说书”主要体现在《经上》《经下》《经说上》《经

说下》《大取》《小取》《亲士》《修身》《所染》《法仪》《七患》《耕柱》《贵义》《公孟》《鲁问》等篇。上述这些篇目的主要内容涵盖五个方面：政治思想方面，主张任人唯贤，反对任人唯亲，用贤亲士可以王天下、保国家，强调品行是为人治国的根本，君子必须以品德修养为重；伦理思想方面，主张人们不分贵贱都要互爱互利、明察是非、讲究信用、注重实际等；哲学思想方面，主张把知识分为“闻知”“说知”“亲知”三类；逻辑思想方面，提出了“辩”“类”“故”等一套完备的逻辑概念，论述了辩论的作用，阐述了辩论的几种方式；自然科学方面，包含天文学、数学、几何学、光学、力学等内容。下面逐篇加以说明。

1.《经上》：给出系列概念

《经上》共100章（条）。《经上》是概念篇，主要是给出了一系列概念、定义。《经上》课程要点如下。

（1）表述方法。

《经上》100个条目，只有524字，平均5个字一章（条）。条目最短的，只有3个字。如第8章（条）说：“义，利也。”意即道义，就是给人以实际利益。条目最长的，只有11个字。如第93章（条）说：“执所言而意得见，心之辩也。”即根据听到的言论，把握对方说话的意思，这是理智的辨别分析。

（2）表达内容。

根据中国人民大学孙中原教授的研究，《经上》100章（条）中，78章（条）用定义方法，11章（条）用分类方法或是分类与定义相结合的方法，规定古代逻辑与科学范畴。另有11章（条）运用这些范畴，表达古代逻辑与科学命题。把《经上》100章（条）的内容，纳入现代科学知识的分类系统，可以领略墨子逻辑和科学的深刻义理，认知《墨子》的学术价值。这100章（条）中，属于自然科学知识的有20章（条），属于哲学社会科学知识的有80章（条）。再往下细分，自然科学知识中，属于数学的有15章（条），属于力学的有1章（条），属于心理学的有4章（条）。在哲学社会科学知识中，属于世界观的有14章（条），属于认识论的有7章（条），属于逻辑学的有30章（条），属于方法论的有8章（条），属于政治学的有6章（条），属于伦理学的有15章（条）。

（3）科学概念。

主要是数学，有几何学、数学名词的定义，讨论方、圆、直线的性质，点、线、面、体的关系，相交、相切、相离问题；有工匠技巧的升华提高和理性概括；对物理学有着独到的见解。

第 62 章（条）：端，体之无序而最前者也。

这是对“端”的定义。点、线、面、体，是几何图形的元素。点是几何学概念。“端”的含义有两种：第一，相当于欧几里得几何学中的点。在欧氏几何中，点被定义为“不可分”。第二，没有厚度，也没有长度和宽度，是物体的最前部分。

第 2 章（条）：体，分于兼也。

这是对“体”的定义。“体”是部分、元素，“兼”是整体、集合。“体”和“兼”的关系，是部分和整体的关系。

第 42 章（条）：穷，或有前不容尺也。

穷、无穷是近代数学中的重要概念。“或”意为“有时”。“尺”意为线。“前：一个区域的最前面。一个空间是有穷的，在度量的时候，前面不能容纳一线，这就是“前不容尺。”一个空间是无穷的，在度量的时候，前面永远可以容纳一线。

第 60 章（条）：方，柱、隅四欢也。

这是方的定义。“方”是用矩尺做出的四边相等、四角为直角的平面图形。“柱”意为边。“隅”意为角。“方”的定义是四边、四角相等。

第 59 章（条）：圜，一中同长也。

第 55 章（条）：中，同长也。

圆有一个中心，从中心到周边长度相等。用圆规一脚抵住中心，用另外一脚画出圆周的轨迹。“同长”指两个物体同样长度，如门楗和门框有同样长度。“中”是圆心，从圆心到圆周距离相等。现代科学虽然发达，但画圆仍是如此。

《经下》说：“巧传则求其故。”“巧”指工艺技巧，“传”指世代相传，“求”就是探索寻找，“故”就是原因、道理。即在世代相传的手工技巧中发现规律并将其总结成科学真理，从而达到“以往知来，以知见隐”（《非攻》）。这表明墨子的科学是代代相传的手工业工匠技巧的升华提高和理性概括。

墨子的科学，同现代和西方的科学可以互相解释。

第 21 章（条）：力，刑之所以奋也

这是力学定义，与近代物理学关于力的定义几乎一致。与牛顿的力学理论第二定律中，作为物理量，力表示一物体对另一物体的作用，并使该运动物体状态发生变化的表述几近相同。墨子认为，力是物体运动状态变化的原因，人体具有运动能量转移和变化的内在潜质。

第 58 章（条）：直，参也。

直线和圆。“直以绳”（《法仪》）是墨子在木工的生产实践中总结出画直线的方法。中国木工用墨斗画直线的实践，从理论上接近于欧几里得几何学的思想。其一，从每一点到另一点可引一直线；其二，通过不同两点的直线必定存在；其三，通过不同两点的直线至多有一条；其四，推论：任意两个不同的点，确定唯一通过它们的直线。“直”即直线。“参”即第三个东西加入两个东西中间。《广雅・释言》云：“参，三也。”直线是有一点，恰好介于另外两点之间。一直线上的三点，有一点恰好介于其余两点之间。德国数学家大卫・希尔伯特(David Hilbert，1862～1943）于 1899 年首先提出几何系统公理，包括三个基本元素（点、直线、平面）、三个基本关系（点在直线上，点在平面上，一点在另两点之间）和五组（共 20 条）公理。希尔伯特公理和墨子直线概念的内容相通。墨子在分别定义圆和直线后，确认了圆和直线关系的定理——“圆无直”，即圆周上无直线；一圆周上任何三点，都不在一直线上；没有一圆，能通过同一直线上的三点。墨子认为，这一定理可以通过科学方法证明。

墨子对物理学知识也有着独到的见解。对时间和空间、运动和静止等概念，从生活经验出发，运用推理能力和高度想象，进行了深刻论证。

（4）逻辑学。

在《经上》的章（条）归类中，纯逻辑学的章（条）占全部章（条）的30%，并且逻辑学之外的其他章（条），也全部是墨子逻辑学理论的自觉运用。

一是“故”。

> 第1章（条）：故，所得而后成也。

“故”是墨子逻辑常用术语，是形成或产生某一事物或结果的原因、条件、依据。在逻辑学上，可引申为推论的理由和根据，即论据。在第1章（条）定义“故”的范畴后，第96章（条）运用这一范畴，列举简单命题：“巧传则求其故。”即对代代相传的手工业技巧，要求取其原因，道出墨子科学知识的形成机制。

二是“名，达、类、私。”

> 第79章（条）：名，达、类、私。

“名”是墨子逻辑常用术语，指名称、称谓，与“实”相对。“名”的实质，是用语词表达概念。“达”是通达、周遍。“类”也是墨子逻辑常用术语，指相类、相似、类别。“私”指专有、私属。自从孔子在春秋末期提出“正名”的思辨课题之后，诸子百家都讲“正名”。《荀子·正名》和《墨子》细致研究了关于“名”的理论，形成了中国古代名学，即逻辑学的系统知识。物之名大分为三：达名、类名、私名。所以说：“名，达、类、私。”“达名”即外延最大的名，外延最广的普遍概念、最高类概念，就是各门科学的范畴。

（5）范畴论。

范畴，希腊文为kategoria，即种类、类型、范围。“范”是法式、模式、模范、范型、范围、类型。“畴”是类，类型。范畴是反映事物普遍本质的基本概念、大概念、类概念，是人类认识成果的结晶，是进一步认识的方法与工具。《经上》100章（条）包含的上百个逻辑和科学范畴，是中华民族认识和改造世界的里程碑。墨子是“运用概念来思维”的典范，拥有丰富深刻的概念理论和范畴体系。《墨子》的概念论，涉及名（语词、概念）的性质、作用和种类等问题，列举并解释众多逻辑和科学范畴，是中国古代概念论的宝库。

一是关于政治学的范畴。

第 29 章（条）：誉，明美也。

第 30 章（条）：诽，明恶也。

第 35 章（条）：功，利民也。

第 36 章（条）：赏，上报下之功也。

第 37 章（条）：罪，犯禁也。

第 38 章（条）：罚，上报下之罪也。

二是关于伦理学的范畴。

第 7 章（条）：仁，体爱也。

第 8 章（条）：义，利也。

第 9 章（条）：礼，敬也。

第 12 章（条）：忠，以为利而强低也。

第 13 章（条）：孝，利亲也。

第 19 章（条）：任，士损己而益所为也。

第 20 章（条）：勇，志之所以敢也。

第 26 章（条）：利，所得而喜也。

第 27 章（条）：害，所得而恶也。

三是关于物理学的范畴。

第 21 章（条）：力，刑之所以奋也。

第 50 章（条）：动，或从也。

第 51 章（条）：止，以久也。

四是关于数学的范畴。

第 53 章（条）：平，同高也。

第 55 章（条）：中，同长也。

第 56 章（条）：厚，有所大也。

第 58 章（条）：直，参也。

第 59 章（条）：圜，一中同长也。

第 60 章（条）：方，柱隅四欢也。

第 61 章（条）：倍，为二也。

（6）方法论

第 89 章（条）：同异交得放有无。

“同异交得”是指“同”中有“异”、“异”中有“同”，则“同”和“异”可于同一事物中交并俱得。“交”指交相、互相。“得”指所得、得到。换句话说，同中或有其异，异中或有其同。有时，“同”“异”可于同一事物中交并而俱得，即同一性和差异性是互相渗透的，可以同时把握，如“有”和“无”集于同一人。

2.《经下》：重在列出命题

《经下》共 83 章（条）。《经下》是判断篇，重在列出命题，论及命题和定理及一些思维规律。《经下》课程要点如下。

（1）逻辑论证式。

《经下》精神和框架最重要的特色是逻辑论证式。这不仅在于其纯逻辑的章（条），占两篇文本的接近一半，还在于其全部文字都是“以说出故”论证式的典范运用。《经下》的章（条）结构，是先列出一个比较复杂、需要特别论证的论题，然后用“说在”的字样，加上极少量关键字，给出论证的理由。“说在”是《经下》论证形式的格式化语言，意即“论证的理由在于”。《经下》每章（条）“说在”字样下所加少量关键字，如果是用一般概念表示的论证理由，则论证展开后的形式是演绎推理。

如第 1 章（条）曰：

《经上》《经下》总第 101 章（条）：止，类以行人，说在同。

“止，类以行人”，即“止”这种反驳方式，应该按照事物的类别来进行。这是一个比较复杂、需要特别论证的命题。“说在同”，即“止”这种反驳方式，之所以应该按照事物的类别来进行，是因为我所要反驳的，与对方所要证明的，应该是同一个论题。本条在“说在”字样下所加关键字，只有一个“同”字，是用一般概念表示的论证理由，所以论证展开后的形式是演绎推理。用现代语言归纳本条意涵，其演绎推理形式是：所有论证需要遵守同一律。

再如，第66章（条）说：

> 《经上》《经下》总第166章（条）：一法者之相与也尽，若方之相合也，说在方。

即与一个共同标准相合的东西，都属于一类，这就像与标准的方形相合的东西都属于方形一样，论证理由在于分析方形的事例。这是列出论证论题，用事实例证作为论证理由的典型分析式归纳论证。

（2）科学成就。

根据中国人民大学孙中原教授的研究，《经下》83章（条）的内容，其中属于自然科学知识的16章（条），在自然科学知识中，属于光学的8章（条），属于力学、物理学和简单机械学的7章（条），属于数学的1章（条）。属于哲学社会科学知识的67章（条），在哲学社会科学知识中，属于逻辑学的41章（条）（占全部章（条）的49%），属于方法论的10章（条），属于世界观的6章（条），属于认识论的5章（条），属于历史观的2章（条），属于经济学的2章（条），政治学1章（条）。科学在总结生产技术和经验的基础上发展，是人在改造自然的实践活动中取得的对世界系统性、理论性的认识。墨子的科学活动，以亲身参加生产实践为基础，具有浓厚的实用性。墨子科学活动的出发点是生产和生活，他在生产和生活中观察自然现象，进行科学实验，论证科学命题，体现为生产服务的实用科学观。《经下》记载了墨子的科学思想，如数学、物理学和光学，内容丰富。墨子的科学知识以生产和科学实验为根据，其中有自然科学知识的定义、划分和命题论证。

一是在光学方面，兹举几例如下。

> 第18章（条）（《经上》、《经下》总第118）：景不徙，说在改为。
>
> 第19章（条）（《经上》、《经下》总第119）：住景二，说在重。
>
> 第20章（条）（《经上》、《经下》总第120）：景到，在午有端与景长，说在端。
>
> 第21章（条）（《经上》、《经下》总第121）：景迎日，说在抟。

> 第 22 章（条）（《经上》、《经下》总第 122)：景之大小，说在地正、远近。

第 18 章（条）（《经上》、《经下》总第 118）是说单影的生成。第 19 章（条）（《经上》、《经下》总第 119）是说光循直线传播、双影的生成。第 20 章（条）（《经上》、《经下》总第 120）是说小孔成像。“到”，古文通“倒”，即倒立的意思。“午”指两束光线正中交叉。“端”在古汉语中有“终极”“微点”的意思。“在午有端”指光线的交叉点，即针孔。物体的投影之所以会出现倒像，是因为光沿直线传播，在针孔的地方，不同方向射来的光束互相交叉而形成倒影。“与”指针孔的位置与投影大小的关系。墨子和他的弟子，完成了世界上第一个小孔成倒像的实验。第 21 章（条）（《经上》、《经下》总第 121）是说光的反射现象。第 22 章（条）（《经上》、《经下》总第 122）是说在光沿直线传播条件下，物影大小与距离光源的远近有关。这几章记载小孔成像实验，论述光的直线传播原理、光的反射现象、光源和物影的关系。这些光学知识，在现代投影技术方面仍被广泛应用，电影机、摄像机、投影仪都是据此设计、制造的。

二是分析物体运动与时间、空间的关系。

> 第 64 章（条）（《经上》、《经下》总第 164)：宇进无近，说在敷。
>
> 第 65 章（条）（《经上》、《经下》总第 165)：行循以久，说在先后。

第 64 章（条）（《经上》、《经下》总第 164）论述空间位置关系。“宇”是上下四方的统称，至大至广。“进”指向前、行进。“敷”指铺列、展布。就相对意义而言，如选一点为计算行程的基准，人在某一区域行进，步履少的距基准点近，步履多的距基准点远。第 65 章（条）（《经上》、《经下》总第 165）承接上章（条），论述空间与时间的关系。据张惠言《墨子经说解》，“循”当作“修”，是“长”的意思。在选定基准点的某一区域行进（既在空间中，又在时间中），距离近历时短，结束行进在先；距离长历时长，结束行进在后。墨子认为时间和空间是物体存在的形式，物体离开运动不可想象。物体在空间（宇）的运动

（徙），必然关联到时间（久）的连续。运动（徙）过程中的时间（久）先后，必然关联到空间（宇）的延长。墨子从鲁国出发，先经过较近的宋国，后来到较远的楚国。墨子以人走路为例，论证运动、时间和空间之间是统一而不可分割的关系。没有物体的运动变化，就没有时间和空间。

三是从当时的生产、生活实践中总结杠杆、滑轮、斜面的力学知识。

> 第26章（条）（《经上》、《经下》总第126）：贞而不挠，说在胜。
>
> 第27章（条）（《经上》、《经下》总第127）：契与枝板，说在薄。
>
> 第28章（条）（《经上》、《经下》总第128）：倚者不可正，说在剃。

第26章（条）（《经上》、《经下》总第126）是说杠杆负重后保持平衡而不偏斜，在于支点选择得当，重臂和力臂各当其重，力矩相等。第27章（条）（《经上》、《经下》总第127）是说用滑轮升降重物的道理。用滑轮升降重物，将绳绕过滑轮，一端人用力，一端系重物，人用力收绳重物则上提。第28章（条）（《经上》、《经下》总第128）是说提升重物省力，可以用斜面。云梯是按照此原理建造的。墨子的一大贡献是将技术和科学有机统一，科学是技术的升华，为技术服务。关于杠杆原理在军事上的应用，《备城门》载："以木为桔槔。""城上之备：桔槔。"《备穴》载："以桔槔冲之。""为桔槔，必以坚材为夫，以利斧施之，命有力者三人用桔槔冲之。""桔槔为两夫而旁埋其植。"桔槔俗称"吊杆"，是一种原始的汲水工具，是在一根竖立的架子上加上一根细长的杠杆，中间是支点，末端悬挂重物，前段悬挂水桶，一起一落，汲水可以省力。当人把水桶打满水以后，由于杠杆末端的重力作用，便能轻易把水提拉至所需处。桔槔由墨子发明创造，当时其使用就已相当普遍，而且延续了几千年，是中国农村通用的旧式提水器具。这种汲水工具虽简单，但它使劳动人民的劳动强度得以减轻。

（3）科学精神。

墨子科学精神的要点，是求故明法重理性，求真务实重实证。

第 9 章（条）（《经上》、《经下》总第 109）：假必悖，说在不然。

第 10 章（条）（《经上》、《经下》总第 110）：物之所以然，与所以知之，与所以使人知之，不必同，说在病。

第 51 章（条）（《经上》、《经下》总第 151）：擢虑不疑，说在有无。

第 58 章（条）（《经上》、《经下》总第 158）：以楹为抟，于以为无知也，说在意。

第 9 章（条）（《经上》、《经下》总第 109）是说，凡是虚假不实的东西，一点与正理相违背，原因在于事物的真相原本不是这样的。第 10 章（条）（《经上》、《经下》总第 110）是说，事物之所以如此的原因，与人们之所以知道这原因的途径，与之所以使人知道的方式不一定相同，原因在于不全面。万物之"然"和"所以然"，即结果和原因，是认知对象。"知之"是认识的途径、方式、方法。"所以使人知之"是思想交流、语言交际的媒介、手段。墨子要求全面认识事物的"然"和"所以然"。知事物之"然"，即确认事实，知事物之"所以然"，即确认原因、本质和规律。把"然"和"所以然"即前件和后件用语言表达出来，就构成标志事物因果规律的命题。第 51 章（条）（《经上》、《经下》总第 151）是说，经过周密严谨的分析，从典型事物中抽取共有的东西（通则），这个共有的东西（通则）可以类推到与典型事物同类的其他事物，这是不可怀疑的。道理在于"有、无"。第 58 章（条）（《经上》、《经下》总第 158）是说，墨子注重实验，反对臆度。厅堂前的楹柱，或四方，或周圆，不可以臆想。如果主观臆想，与实际情况相比，就是没有智慧的举动。

墨子的科学精神，贯穿于其自然知识中的观点和方法，是其自然知识的核心。墨子的科学知识，已被现代科学知识在新的基准上囊括、覆盖和大大超越，其所包含的科学精神与方法，今天仍然值得我们学习。

3.《经说上》：对《经上》的解释

《经说上》共 100 章（条）。《经说上》是对《经上》逐章（条）进行解释说明，但又不同于一般的注释，是对《经上》的阐明与补充，侧重阐述概念的定义、概念的分类和概念间的关系。《经说上》课程要点的架构、程式是随《经上》进行安排的。现从说明、注释、补充《经上》角度来举例说明。

第 1 章（条）：故，所得而后成也。（《经上》）

第 1 章（条）：小故：有之不必然，无之必不然。体也。若有端。大故：有之必无然。若见之成见也。（《经说上》）

后者对前者进行补充说明，“故”指原因，“后成”指结果。“故”分“小故”和“大故”，“小故”相当于必要条件，特征是“有之不必然，无之必不然”，即有点不一定有线，而无点一定无线，点为线的必要非充分条件。反过来，可以说线为点的充分条件，即有线一定有点，而无线不一定没有点，线是点的充分非必要条件。

第 2 章（条）：体，分于兼也。（《经上》）

第 2 章（条）：若二之一，尺之端也。（《经说上》）

后者对前者进行补充说明，对“体”所下的关系进行定义。“体”是部分、元素，“兼”是整体、集合。“尺”相当于几何学中的“线”，“端”相当于“点”。“线”是无数“点”的集合、整体，“点”是“线”的部分、元素。这与欧几里得几何中的“全体大于部分”相一致。墨子证明点是线的必要条件、线是点的充分条件。

第 43 章（条）：尽，莫不然也。（《经上》）

第 43 章（条）：尽，但止动。（《经说上》）

第 50 章（条）：动，或从也。（《经上》）

第 50 章（条）：偏祭从者，户枢免瑟。（《经说上》）

这是说明物体运动的实例是从实际生活中观察到的。“但止”意为全部静止。“但动”意为全部运动。门的运动，是绕轴作扇形旋转。

第 31 章（条）：举，拟实也。（《经上》）

第 31 章（条）：举，告以文名举彼实也。（《经说上》）

前者是说，称举某一事物之名，应模拟事物之实；后者补充说，以名表述事物，必须反映其真实形貌。

第68章（条）：撄，相得也。（《经上》）

第68章（条）：尺与尺俱不尽。端与端俱尽。尺与或尽或不尽。（《经说上》）

后者举例解释说："撄"的含义是"相交""相遇""接触"。从三方面考察，一是"尺与尺俱不尽"。线和线相交，双方都不完全重合，因为线是无数点的集合，线和线相交，只交于一点。二是"端与端俱尽"。点和点相交，完全重合，完全占有对方，没有空隙，因为点没有长、宽、高。三是"尺与端或尽或不尽"。点和线相交，从点的方面说，是完全重合（尽），从线的方面说，是不完全重合（不尽）。

4.《经说下》：对《经下》的解释

《经说下》共83章（条）。《经说下》是对《经下》逐章（条）进行解释说明，但又不同于一般的注释，是对《经下》的阐明与补充。侧重阐述概念的定义、概念的分类和概念间的关系。《经说下》课程要点的架构、程式是随《经下》进行安排的。现从说明、注释、补充《经上》角度来举例说明。

第9章（条）（《经上》、《经下》总第109）：假必悖，说在不然。（《经下》）

第9章（条）（《经说上》、《经说下》第109）假必非也，而后假。（《经说下》）

这是对"假"这一概念的定义。"假"必然有悖于事实，违反事实。"说在不然"，即因为事实不是如此。"假"也就是"非"。真假、是非须分清。"非"就是不正确、不恰当。这都是墨子的定义。它定义"假"是悖，是非。

第58章（条）（《经上》、《经下》第158）：以楹为抟，于"以为"无知也。说在意。（《经下》）

第58章（条）（《经说上》、《经说下》总第158）：楹之抟也，见之，其于意也，不易先智。意，相也。若楹轻于秋，其于意也洋然。（《经说下》）

“意”是多义字，和知识、智慧相比，“意”是指臆测、猜测、假说和想象，是或然、可能。“假说”也是认识的形态，但真正的知识即智慧是真切确实的认识，与“假说”这种臆测、猜测和想象不是一回事。假如我猜想这房子的柱子是圆柱形的，这只是我的猜想，并没有亲眼看见，这就是“意”，不算是知识。但若是我看见了圆柱形的柱子而反映在脑里，是不会改变的，所以叫作“智”（知识、智慧）。

第27章（条）（《经上》、《经下》总第127）：契与枝板，说在薄。（《经下》）

第27章（条）（《经说上》、《经说下》总第127）：挈有力也，引无力也，不心所挈之止于施也。绳制挈之也，若以锥刺之。挈，长重者下，短轻者上，上者愈得，下下者愈亡。绳直权重相若，则心矣。上者愈丧，下者愈得，上者权重尽，则遂挈。（《经说下》）

这是墨子论述滑轮的工作原理。滑轮被广泛应用于工程建设，可大大节省劳动力。“挈”是提升，“收”是收取，二者用力方向相反。“权”起平衡作用。提升重物时，长重的权向下拉引，短轻的重物会向上提举。重物越来越达到顶端，权会越来越达到地面。收是从地面收取上面的重物，权越来越达到顶端，下降的重物越来越达到地面。

第7章（条）（《经上》、《经下》总第107）：异类不吡，说在量。（《经下》）

第7章（条）（《经说上》、《经说下》总第107）：木与夜孰长，智与粟孰多，爵、亲、行、贾，四者孰贵？麋与霍孰高？麋与霍孰霍？蚓与瑟孰瑟？（《经说下》）

墨子这是论述科学比较法。后者举例解释说，不同类事物不能比较。“异类不比”的原则，对现代物理学同样适用。

第53章（条）（《经上》、《经下》总第107）：“均之绝不，说在所均。”（《经下》）

第53章（条）（《经说上》、《经说下》总第153）：“均，发均县，轻重而发绝，不均也。均，其绝也莫绝。”（《经说下》）

这是墨子论述假说和想象。假说是对自然现象尝试性的说明。科学由假说演变而来。墨子提出大胆假说："均之绝否，说在所均。"《经说下》进行了解释："均"（均匀）是物质的理想均匀状态，"绝"（断绝）是均匀的状态被破坏，发生突变。如果真正"均"，状态不发生突变，就不会"绝"。"发"纤细脆弱，用来悬轻物，也会断裂。墨子说，如果头发结构均匀，可悬挂或轻或重的物体，不会断裂。头发断裂，是由于结构不均匀。墨子的设想，在今天得到证明。金属线弹性形变的实验研究证明，金属线所受张力大到一定程度，不会断裂。但较纤细的部分，有伤损、裂痕的部分，含杂质的部分会断裂。

5.《大取》：言兼爱中取大

《大取》共26章。关于《大取》的命名，古今说法很多，我们研读诸家的各种说法后认为："兼爱"思想是墨子思想的主流，墨子教育弟子、世人无论做什么事都从"兼爱"出发，以最为有利于百姓为要务（大），《大取》说"兼爱"正是体现了墨子的思想，所以本文就以《大取》为名。《大取》对逻辑推理和论证做了理论上的探讨与总结，着重谈了逻辑推理和判断的基本组织形式。《大取》各段都是简论。"取"即"取譬"，本篇不少段落以比喻的方法论说了墨家的基本主张，涉及"义""兼爱""节用""节葬"等很多方面。《大取》可以看成是墨子思想的浓缩，课程要点如下。

（1）解析"兼爱"。

因为这部分有明确的线索，对"兼爱"有深刻细致的解析。读懂这部分对墨子"兼爱"就不会再有一些不了解的疑问。诸如"给父母一碗粥，是不是也要给天下人的父母一碗粥""兼爱要不要爱盗"。需要注意的是，墨子所说的"义"和"利"是几乎重合的体同关系。《经上》曰："义，利也。"再看到《墨子》中的"义""利"两字时，绝不能代入儒家的"义利分离"观点，更不能代入儒家的"逐利有害仁义"的观点。注意墨子的"义利体同"使墨子的观点逻辑通畅。例如，

> 天之爱人也，薄于圣人之爱人也；其利人也，厚于圣人之利人也。大人之爱小人也，薄于小人之爱大人也；其利小人也，厚于小人之利大人也。

这是开头的一段话。意思是：上天爱人，比圣人爱人要厚重；上天施利给人，比圣人施利给人要厚重。君子爱小人，胜过小人爱君子；君子施利给小人，胜过小人施利给君子。这奠定了《大取》全文的主基调：爱利分析。在爱利分析的基础上，“兼爱”对君王、贤者、普通人有不同的要求。

（2）回应诘难。

墨子对墨家学说的诘难做出回应，进一步维护墨家的主张。在这部分，我们仍然可以看到墨家不断采用分析方法，通过区分不同的类来解决可能的矛盾。其中第9～11章，对手可能是儒家，因为内容中不断提及“圣人”，所批驳的内容也是儒家主张。第12～13章，对手是名家，主要是在做逻辑辩论。第14～15章，对手是道家，主要是谈做不做得到，做事情有没有意义。第16章，对手不太确定，有可能是法家，因为讲到“专断”是否欲杀人。答儒、名、庄、法，这个次序也与四家主要人物出现的次序相同。例如，

> 臧之爱己，非为爱已之人也。厚不外己，爱无厚薄。举己，非贤也。义，利；不义，害。志功为辩。

家臣爱自己，不是为了那些爱他的人，而是因为人们本来就会爱自己。厚待不排除自己在外，爱没有厚薄的区分。但是过分推举自己，不是贤者的表现。义，利人利己；不义，害人害己。要依照是否利人利己的志向和功效来判断。再次重申厚爱与厚利是两个概念。此外，还包括墨家的“志功为辩”原则。

（3）察类明故。

讲察类明故问题，行文也有明显规律，都是先举错例批驳，接着进行理论分析，然后提出墨子辩学方面的主张。分为两个互相联系的小节，前一部分是察意，后一部分是明故，其中最后一章是明故之中的明类。而明类部分由于是以“兼爱”为例，其中又包含了墨子“兼爱”的丰富信息，可以与前面部分对照阅读。后面的内容包含完整丰富的墨子辩学关于“明故”方面的学说，是关心墨子辩学的研究者必须认真对待的内容。例如，

> 意楹，非意木也，意是楹之木也。意指之人也，非意人也。

意获也，乃意禽也。志功不可以相从也。

说“想到楹”，并不是说想到木头，而是说想到楹这种木头。说“想到指着的那个人”，并不是说想到人，而是说想到所指的那个具体的人。说“想到猎物”，被理解为“想到家禽”。这个例子中，所指对象的性质改变了。因为所要表达的内容——志与被理解的内容——功不同，所以称为“志功不能相从”；动机和效果，不可以等同。

6.《小取》：言辩损害取小

《小取》共8章。《小取》主要探讨辩论与认识事物方面的问题，应以小见大，在辩论“害”方面的问题，要以最小的损害来换取最大的好处。《小取》是墨子逻辑学的总纲，总结了墨子逻辑，说明了逻辑的作用、逻辑的形式和逻辑方法的意义；比较全面地阐述了逻辑思维的主要任务及其基本形式，提出了思维活动的原则。《小取》主要探讨辩论与认识事物方面的问题，有几段以取喻的方法解说认识事物时的“是而然”“是而不然”“不是而然”等几种情况。《小取》课程要点如下。

(1) 总括辩论的意义、主要思路、基础概念、方法、态度、原则。

辩论的目的是要分清是非，审察治乱的规律，搞清同异的地方，考察名实的道理，断决利害，解决疑惑，于是要探求万事万物本来的样子，分析、比较各种不同的言论。用名称反映事物，用言辞表达思想，用推论揭示原因。按类别归纳，按类别推论。自己赞同某些论点，不反对别人赞同，自己不赞同某些观点，也不要求别人赞同。

(2) 提出了“或、假、是、非”四种对“明是非”结果的评语（简称“墨辩四明”）和“辟、侔、援、推”四种推论方法（简称“墨辩四法”）。

一是“墨辩四明”。

或也者，不尽也。假者，今不然也。效者，为之法也，所效者，所以为之法也。故中效，则是也；不中效，则非也。此效也。

“或”是指并不都如此。“假”是指现在不如此。“效”是指为事物立标准，用它来评判是非。符合标准，就是对的；不符合标准，就是错的。这就是“效”。这段话提出了四类评语：“是”——可以遵从（正确）；“非”——不可以遵从（不正确）；“或”——不一定正确；

"假"——现在不是这样。注意本段最后的"此效也"。前文"效者，为之法也"已经定义了"效"。此处"此效也"不能被认为是对"效"的重复定义。定义"效"，是为了进一步定义"是"和"非"。

二是"墨辩四法"。

> 辟也者，举也物而以明之也。侔也者，比辞而俱行也。援也者，曰："子然，我奚独不可以然也？"推也者，以其所不取之同于其所取者，予之也。"是犹谓"也者，同也。"吾岂谓"也者，异也。

"辟"是举别的事物来说明这一事物。"侔"是两个词义相同的命题可以由此推彼。"援"是说"你正确，我为什么偏不可以正确呢？""推"是用对方所不赞同的命题，相同于对方所赞同的命题，以此来反驳对方的论点。"是犹谓"是指含义相同。"吾岂谓"是指含义不相同。从这四个概念看，"辟、侔、援、推"阐述的内在逻辑顺序是递进关系。这里先点明考察"墨辩四法"被正确和错误运用的要点——同和异，然后就"辟侔援推"分别进行"同异"讲解，讲述了"辟、侔、援、推"四辩分别可能出现的错误："行而异，转而危，远而失，流而离本。"可能在推导过程中走上歧路，在推导过程中发生所指范畴的转移而成诡辩；引用会离题太远而失原义，会脱离论题进而离开本义。

（3）提出四种典型的论述过程。

> 夫物或乃是而然，或是而不然，或一周而不一周，或一是而一不是也。不可常用也，故言多方殊类异故，则不可偏观也，非也。

论述有的从正确的前提得出正确的结果，有的从正确的前提没有得出正确的结果，有的类和反类所含范围被混淆，有的两个事情的前提被混淆。不能认为必然成立。所以，过程有推理方向的偏差，有类和反类的偏差，有不同前提的偏差。那么，在推论过程中就不能不进行全面考察，不全面考察是不正确的。这四种典型的论述过程是："乃是而然、乃是而不然、一周而一不周、一是而一不是。"其中后三种是错误的，并指出这三种错误形成的原因分别是"言多方、殊类、异故"。随后举例说明"乃是而然"，遵从了正确的"故"，也做出了正确的推理；"是"

针对“故”而言，是对“故”的遵从；“然”针对人们所做的观察、推理、阐述而言，是做了正确的推理、阐述等。紧接着说明“乃是而不然”错误的两类例子：一是推理过程中概念的范围发生改变，导致推理错误。“乃是而不然”，对应“言多方”。二是推理过程中概念被强调的重点发生改变，导致推理错误。“乃是而不然”，对应“言多方”。再接着举例说明“一周而一不周”，指的是类如其反类两个集合不同，不能相互推导，“一周而一不周”对应“殊类”。最后举例说明“一是而一不是”，指的是前提不同，不能互相推导，“一是而一不是”对应“异故”。

7.《亲士》：亲近重用贤士

《亲士》共7章。《亲士》是《墨子》一书的首篇文章。墨子以齐桓公、晋文公、越王勾践等贤君与桀、纣等昏君对待贤人的截然不同的态度为例，说明亲士用贤关系着国家的兴衰成败，并进一步指出，国君要做到亲士用贤，除了要有自任其难的爱士之心外，还须宽容、体谅下臣，广泛网罗人才，让他们各抒己见，面折廷争。这才是王天下、保国家的兼王之道。《亲士》课程要点如下。

(1) 开篇立题。

亲士是当政者的职责所在，当政者必须容纳贤士，急求贤士。只有这样才能谋国之大计，使国家长治久安。而“缓贤忘士”，乃是亡国之举。墨子“上说下教”，本篇显然属于“上说”的口气。为了说明这个观点，墨子以晋文公、齐桓公、越王勾践为例，这三个人都生于忧患之中，有共同的成功经验——善于用人。妙用“亲士”之道，大可立于不败之地，小可转败为胜。

(2) 贤士应有的品质。

墨子紧接着指出君王可能面对“逼臣”和“谄下”。这两种人将使君王听不到好的意见，受到百姓抱怨。所以，君王需要贤士辅助。谄谀阿奉之人围在身边，好的建议被他们阻障难进，那国家就危险了。桀、纣正是因为不重视天下之士，结果被杀而失掉天下。墨子认为贤士应有的品质是“进不败其志，内究其情；虽杂庸民，终无怨心”。

(3) 告诫当政者必须信任贤者，心胸开阔，海纳百川。

墨子先用“利锥先挫，快刀先靡，甘井近竭，招木近伐，灵龟近灼，神蛇近暴”等以及比干等人之死的原因作比，告诫人们做事、从政要刚柔相济、缓急有度，特别是统治者，除要有自任其难的爱士之心外，还应掌握适度原则，不可“太盛”，否则事物就会转向对立面。应做到容人之短、用其所长，这样才能事业有成。墨子认为：

> 良弓难张，然可以及高入深；良马难乘，然可以任重致远；良才难令，然可以致君见尊。是故江河不恶小谷之满已也，故能大。圣人者，事无辞也，物无违也，故能为天下器。是故江河之水，非一源之流也；千镒之裘，非一狐之白也。夫恶有同方取不取同而已者乎？盖非兼王之道也。

这段文字是《亲士》全文最大的亮点。“事无辞也，物无违也，故能为天下器。”君王必须信任贤者，不多加干涉。而且，“物”无违也，中华传统将人视为“物”中的一个类，那么此句又包含权力不能干涉百姓之含义。明确提出君王是“天下器”，是人们的工具、器物。君王虽然也是人，但他更重要的身份是“器”。作为“人”，君王有私，但作为“器”则必须无私。君王是“器”不是人，不能干涉百姓。

8.《修身》：修养品德心身

《修身》共4章，主要讨论品行修养与君子人格问题，强调品行是为人治国的根本，君子必须以品德修养为重。《修身》课程要点如下。

(1) 修身是立身行事之本。

开头论点是用列举的方式提出来的。

> 君子战虽有陈，而勇为本焉；丧虽有礼，而哀为本焉；士虽有学，而行为本焉。

紧接着墨子用常见的事例加以阐明，即立本不牢的，就不必讲究枝节的繁盛；身边的人不能亲近，就不必讲究招徕远方之民；亲戚不能使之归附，就不必讲究接纳外人；做一件事情有始无终，就不必谈从事多种事业；举一件事物尚且弄不明白，就不必追求广见博闻。墨子紧接着谈到“修身”的原理。总的来说就是“反之身者也”。要认识到自身不修，在与外界互动的时候就会伤及自身。“修身”要从身边之人开始，观察人们对某件事情、某种行为的反应，从中发现人们所不能接受的，约束自己的行为，从而达到修身的效果。

(2) 修身的方法。

一是指出修身需要排除环境的不利影响，做到远离恶友，君子日强。

> 谮慝之言，无入之耳；批扞之声，无出之口；杀伤人之孩，无存之心，虽有诋讦之民，无所依矣。故君子力事日强，愿欲日逾，设壮日盛。

二是要出自真心，杜绝虚假。

> 贫则见廉，富则见义，生则见爱，死则见哀；四行者不可虚假反之身者也。

“廉、义、爱、哀”是君子应有的美德，也是修身的基本要求。

三是身体力行，将内心的爱体现在一举一动之中。

> 藏于心者，无以竭爱，动于身者，无以竭恭，出于口者，无以竭驯。畅之四支，接之肌肤，华发隳颠，而犹弗舍者，其唯圣人乎！

凡是存在于内心的，是无穷的慈爱；举止于身体的，是无比的谦恭；谈说于嘴上的，是无比的雅驯。使上述品行畅达于四肢和肌肤，直到白发秃顶之时仍不肯舍弃，大概只有圣人吧！“畅之四肢”体现在一举一动之中，“接之肌肤”是施之于人。

(3) 揭示修身的目的与标准。

> 志不强者智不达；言不信者行不果。据财不能以分人者，不足与友；守道不笃，遍物不博，辩是非不察者，不足与游。

君子志强言信、慷慨大方、守道不笃、博学多才、明辨是非，这才是墨子要求君子修身的目的。在道德修养中，墨子将实践作为根本的途径。“名不可简而成也，誉不可巧而立也，君子以身戴行者也。”实学力行，将自身置于社会实践之中，才能养成良好的品德，并得到社会和他人的认可。在全篇的结尾，墨子点明修身的重要性，即“为士于天下”，就不能不注意自己的名声。而名声的树立，需要有所建树，而有所建树，需要“以身戴行”。

9.《所染》：重视环境熏陶

《所染》共7章。《所染》以染丝为喻，说明天子、诸侯、大夫、士必须正确选择自己的亲信和朋友，以受到良好的熏陶和积极的影响。影响的好坏关系事业的成败、国家的兴亡，国君对此必须谨慎。《所染》课程要点如下。

（1）以染丝为喻，形象直观地阐述了“染”即学习、环境以及交际会对人产生重要影响的简单道理。

> 子墨子言见染丝者而叹曰：“染于苍则苍，染于黄则黄，所入者变，其色亦变。五入必而已则为五色矣。故染不可不慎也！”（《所染》）

（2）善恶对举，按从古到今顺序列举历史案例，论证所染得当与否。

墨子说：“非独染丝然也，国亦有染。”一是先列出正、反两方面四位帝王的例子。四位君王因为所染得当，所以能称王于天下，立为天子，功盖四方，名扬天下；四位君王因为所染不当，结果身死国亡，遗羞于天下。二是列出正、反两方面五位国君的例子。五位君主因为所染得当，所以能称霸诸侯，功名传于后世；六位君主因为所染不当，所以国破家亡，身受刑戮，宗庙毁灭，子孙灭绝，君臣离散，百姓逃亡。通过正、反两方面的例子说明：所染行为得当，有好的结果；所染不当则行为不当，没有好的结果。

（3）指出作为普通人也有受熏染影响的事，我们在择友时一定要明确自己的标准。

> 其友皆好仁义，淳谨畏令，则家日益，身日安，名日荣，处官得其理矣，则段干木、禽子、傅说之徒是也。

墨子指出：不仅帝王、国君受熏染影响，作为普通人亦是如此。我们在择友时，一定要明确自己的标准：一个人所交的朋友都爱好仁义，都淳朴谨慎、慑于法纪，那么他的家道就日益兴盛，身体日益平安，名声日益光耀，居官治政也合于正道，如段干木、禽子、傅说等人即属此类。

反之，如果一个人所交的朋友若都不安分守己，结党营私，那么他的家道就日益衰落，身体日益危险，名声日益降低，居官治政也不得其道，子西、易牙、竖刀等人即属此类朋友。

最后，墨子引用《诗经》“比择所堪，必谨所堪”的话作为结尾。从《所染》看，“染”之于人生成败得失至关重要，告诉了人们一个简单的道理：不论为君、为臣还是为士，就是一般平民也都要注重品性修为，在培养能力的同时还要慎交、慎为。

10.《法仪》：遵从法规准则

《法仪》共5章。“法仪”即法度、准则。墨子认为，天子、诸侯治理天下必须以天为法，以天意为归。而所谓“天意”，实即墨子所主张的“兼爱”。《法仪》中以古代圣王和暴君为正、反两方面的例子，指出“爱人利人”即可得福，“恶人贼人”必然招祸。《法仪》课程要点如下。

（1）提出“天下从事者，不可以无法仪”的论点。

“法”即社会运转的规范。墨子认为治理天下应该有法可循。无论做工、务农还是治理天下，都必须有法可循，否则将一事无成。

（2）论证论点。

紧接着就提出什么是治理国家的法度呢？父母可以是法度吗？墨子认为不行。老师可以是法度吗？墨子认为也不行。国君总可以了吧？墨子认为，倘若以国君为法则，这实为效法不仁。效法不仁，自然是不可以的。那么，用什么作为治理国家的法则才行呢？墨子指出，“莫若法天”，即以天为法。既然以天为法，行动做事就必须依天而行。主要体现在“兼爱”之法上。天最强烈的意志是“兼爱”，人们只有和睦相处、互敬互爱，才是遵从了天的意志。怎样实现所立之法为“兼爱”之法呢？一是所立之法为仁之法，二是所立之法为平等之法。

（3）得出结论：天是正义的化身，具有赏罚的功能。对于顺从天意的，天必赏之；而违背天意者，一定会受到上天的惩罚。

法作为行事的规则和处事的标准，对于将相百工同样有约束力，同样是行为的准绳。从这一点说，墨子的法治观已经包含法律面前人人平等的意思。墨子认为，不仅普通百姓要循天志而行，强力从事，争当贤人，君主也应服从天志，实行义政。读到本文最后一句，我们就可以推断出墨子所谓的天其实就是平民百姓。

11.《七患》：规避七种祸患

《七患》共5章。《七患》首先分析了使国家陷入危亡的七种祸患，然后指出国家防治祸患的根本在于增加生产和节省财用，并对统治者竭尽民力和府库之财追求享乐生活的做法提出了严正警告。本文表达了墨子居安思危的忧患意识，体现了墨子“有备无患”的思想意识。《七患》课程要点如下。

（1）首先指出国有七患，呼吁慎重对待。

在文章开头，墨子说：

> 国有七患。七患者何？城郭沟池不可守而治宫室，一患也；边国至境四邻莫救，二患也；先尽民力无用之功，赏赐无能之人，民力尽于无用，财宝虚于待客，三患也；仕者持禄，游者爱佼，君修法讨臣，臣慑而不敢拂，四患也；君自以为圣智而不问事，自以为安强而无守备，四邻谋之不知戒，五患也；所信者不忠，所忠者不信，六患也；畜种菽粟不足以食之，大臣不足以事之，赏赐不能喜，诛罚不能威，七患也。以七患居国，必无社稷；以七患守城，敌至国倾。七患之所当，国必有殃。

这七患范围广泛，涉及防务、外交、财政、内政、领导、团队、政权，发人深省。

（2）深刻分析如何应对七患。

墨子并没有逐条分析七患如何应对，而是重点关注粮食安全，并提出了面对灾荒的应急措施：一是认为粮食安全是民生大计，也关系到政权的安危。民众供养政府不是无条件的，前提是民生要有基本保障。民富，政府税收就有着落；民穷，政府税收就没有着落；对衣食不保的民众征收课以重税，这是要逼民众造反。所以要加紧粮食生产、地尽其用、节制用度。二是指出面对灾荒具体怎么办。墨子将灾荒按程度分为“馑”“旱”“凶”“匮”“饥”，非常具体地提出了官员减薪的制度设计；公共消费也要有节制，不论是衣食住行还是招待外宾，凡是涉及公款，都不能挥霍无度。三是批评空谈主义。第一，空谈仁义害人。孩子坠落井中，母亲肯定设法去救，不救肯定不算是仁；现在年岁凶，人民饥困，路上都有饿死的人，不设法援救而空谈自己很仁义，又怎么能说是仁？第二，民众没有固定的善恶性情。所谓“时年岁善，则民仁且良；时年岁凶，则民吝且恶”。墨子洞察人性，不凭空要求民众知礼节、知荣辱、知仁义。第三，遇到灾荒，不要拿天灾作为借口，要反思人祸。四是提出了防范灾荒的根本策略：反思经济匮乏的原因，要“以时生财”，“固本而用财”；树立廉政之风，做到“力时急，自养俭”；注意理财，做到“生财密”；注意开源，做到“用之节”，强调防患未然的重要性。墨子拓展性地指出：粮仓中没有预备粮，就不能防备凶年饥荒；兵库中没有武器，即使自己义也不能去讨伐无义；内外城池若不完备，就不可以自行防守；心中没有戒备之心，就不能应付突发的变故。这就好像庆忌没有逐走要离之意，就不可轻出致死；桀没有做好防御汤的准备，因此被汤放逐；纣没有做好防御周武王的准备，因此被杀。桀和纣虽贵为天子，富有天下，但都被方圆百里的小国之君所灭，这是为什么呢？是因为他们虽然富贵却不做好防备。所以，做好准备是国家最重要的事情。在墨子看来，所有的失败都可以归结为没有做好准备，而所有的成功也都可以归结为有充分的准备。

（3）墨子将思考再进一步深入，提出“国备”的概念。

何谓“国备”？就是国家的储备：仓要有备粟、库要有备兵、城要有备守、心要有备虑。墨子明确指出：

> 备者，国之重也，食者国之宝也，兵者国之爪也，城者所以自守也，此三者国之具也。

12.《耕柱》：同耕柱等论义

《耕柱》共21章。《耕柱》是语录体，各段多由对话组成，记述墨子与弟子等人的谈话。全篇以谈论义的言论最多。墨子认为义是天下的良宝，行义可以安国、利民，所以他孜孜不倦地坚持行义。他反对背义向禄的人，主张大家一起行义，这样才可以实现义。《耕柱》的课程要点如下。

（1）和耕柱的谈话（2 章）。

第一章，激励耕柱。墨子对耕柱发怒，用马和牛作比，告诫耕柱，正因为马有能力上大山，所以要策马，耕柱应该不断进步，才能真正承担得起责任。第二章，赞扬耕柱。墨子不相信弟子说耕柱请他们吃饭“食之三升，客之不厚”，并以耕柱“遗十金”的事实证明耕柱值得信赖。

（2）同巫马子的谈话（5 章）。

第一章，墨子回答巫马子“鬼神与圣人谁更明智”的问题。墨子告诉巫马子：鬼神比圣人明智，就好像耳聪目明的人比聋盲明智一样。第二章，巫马子问墨子：我不爱天下，也没有什么害。你为什么认为我不正确呢？墨子以有人放火、有人捧水灭火为例，巫马子认为灭火的人心意正确。墨子说：兼爱天下的用意是正确的，你不爱天下的用意是错误的。第三章，巫马子对墨子说：你行义，这是有疯病。墨子以见到主人做事、不见到主人也做事的人有疯病作比，巫马子看重有疯病的人，比喻行义是好事。第四章，巫马子对墨子说：称誉古代的圣王，是称誉枯骨。墨子说：天下生存是先王主张教导的结果。现在称誉先王，是称誉使天下生存的先王的主张。第五章，巫马子对墨子说：我与你不同，我不能“兼爱”。墨子问道：你的这种义，是隐藏起来还是告诉别人。巫马子答道：为什么要隐藏，我将告诉别人。墨子说：既然这样，喜欢你主张的人要杀你，不喜欢你主张的人也要杀你，这就是人们所说的摇动口舌、杀身之祸常至的道理。墨子指出：你的话，恰恰是厌恶利。假如没有利益却还要说，就是空言妄语了。

（3）和治徒娱、县子硕的谈话（1 章）。

墨子第一次提出“义务教育”，把墨家教育分为“谈辩”、“说书”、“从事”三个科目，采用分科施教的方式培养当时社会需要的各种应用技术人才。

（4）回答子夏弟子的问题（1 章）。

子夏的弟子问墨子：君子有斗乎？墨子回答说：君子之间没有争斗。子夏的弟子说：狗猪尚且有争斗，哪有士人没有争斗的呢？墨子指出：痛心啊！你们言谈则称举商汤、文王，行为却与狗、猪相类。

（5）教导鲁阳文君（2 章）。

第一章，鲁阳文君想攻打小国，墨子对鲁阳文君说：大国攻打小国，就像小孩以两手着地学马行。小孩学马行，足以自致劳累。第二章，鲁阳文君想要夺取宋国和郑国的空城，墨子对鲁阳文君进行劝说，最后鲁阳文君承认：我就像那个人一样，确实患有偷窃病。

（6）墨子赞扬高石子背禄向义（1 章）。

高石子在卫君那里做卿相，俸禄优厚，但是卫君对高石子的陈说都不采用，高石子弃官而去。墨子听了很高兴，就把禽滑厘叫来，告诉他：背弃正义而追求爵禄的，我是常听见的；背弃爵禄而去追求正义的，我还只见过高石子。

（7）同公孟子的对话（2 章）。

第一章，墨子不同意公孟子“先人有，则三（‘之’字之误）而已矣”的观点。墨子指出：谁说先人有的，只要效法就行了。你不知道人出生在前的，比更在其前出生的则是后了。第二章，墨子不赞成公孟子“君子不作，术而已”的观点。墨子指出：对古代善的则阐述，对现在善的则创作，希望善的东西更多。

（8）劝学骆滑氂（1 章）。

墨子听说骆滑氂喜欢勇武，且有不轨行为，便前往开导，指出他不是喜欢勇武，而是憎恶勇武。

（9）和不同世人的对话（6 章）。

第一章是说“义，天下之良宝也”。第二章通过“叶公子高问政孔子”的故事，责难孔子“未得其所以对也”。第三章墨子指出：言论可付之实行的，应推崇；不可以实行的，不应推崇。第四章谈对“世俗君子”的看法。墨子说：世俗的君子，如果他贫穷，别人说他富有，那么他就愤怒；如果他无义，别人说他有义，那么他就高兴，这是很荒谬的。第五章是讲有人先与墨子做朋友而后背叛了他，而且说：我难道有罪吗？我背叛是在他人之后。墨子说：这就像军队打了败仗，落后的人还要求奖赏一样。第六章讲述季孙绍与孟伯常两人同为鲁国大臣，互相不信任，还掩耳盗铃，希望两人和好的故事。季孙绍与孟伯常就到丛林中的庙宇里祷告：希望使我们和好。这如同遮盖了自己的眼睛说：希望我们都能看到。岂不荒谬吗？

13.《贵义》：义比万事贵重

《贵义》共19章。《贵义》各段以语录体形式记述了墨子的一些言论，主要说的还是义。墨子提出，万事没有比义更珍贵的了，人们的一切言论行动都要符合义。墨子自苦行义，他批评世俗君子，嘴上讲仁义，实际上却不能行义。《贵义》课程要点如下。

（1）提出本篇对话的主题："万事莫贵于义"（1章）。

墨子开宗明义地提出了"万事莫贵于义"，把义比作手脚，比作身家性命。

（2）记载墨子在齐国的施教活动（2章）。

第一章"墨子自鲁即齐"，是记述墨子同老朋友关于行义的谈话。第二章"墨子齐遇日者"，记述的是墨子不相信鬼神、批评占卦先生的言论。

（3）记述墨子在楚国的施教活动（1章）。

墨子往南出游到了楚国，去见楚惠王，惠王借口自己年老推辞，遣穆贺会见墨子。墨子劝说穆贺采用先进正确的主张，不应有门第观念，只要学说主张能为民造福、行之有效就行。

（4）劝诫世人的内容（3章）。

第一章，墨子指出：一切言论一切行动，有利于天、鬼神、百姓的，就去做，反之就舍弃。第二章，墨子说：言论足以付之行动的，就推崇它；不足以付之行动的，就不要推崇。不足以付之行动，却要推崇它，就是空言妄语了。第三章，墨子指出：要想成为圣人，一定要去掉六种邪僻——喜、怒、哀、乐、爱、恶，以仁义作为一切言行的准则。

（5）教导弟子的内容（1章）。

记述墨子对诸弟子"为义而不能，必无排其道"的教诲，从而阐发"贵义"的思想。

（6）对世之君子、士不良言行的批评（6章）。

第一章，批评世之君子"使为一国之相，不能而为之"。第二章，批评世之君子不知仁与不仁和瞽者不知黑白一样。第三章，批评"士之用身，不若商人"。第四章，批评欲成其义而又拒绝别人助其修身的不良做法。第五章，批评“世俗之君子，视义士不若负粟者”，阐发其“贵义”的思想。第六章，批评“今士坐而言义”“而不为”，“计利”竟“不若商人之察”。

(7) 墨子论述主张“法圣王”的缘由（1章）。

墨子指出：现在听到先王的学说却不去实行，这是废弃先王所传的学说。

(8) 记述墨子在卫国的施教活动（3章）。

第一章，“墨子南游使卫”，车上装了很多书，弦唐子向老师提出疑问，墨子讲述了他带这么多书的原因。第二章，墨子劝公良桓子养士。第三章，“墨子仕人于卫”，批评派去卫国做官因俸禄少而私自回来的学生是见利忘义。

(9) 墨子对自己的言论、主张抱有坚不可摧的信念（1章）。

墨子用以卵击石、卵毁石在为喻，说明自己的学说正确，体现了墨子的自信。

14.《公孟》：与公孟等对话

《公孟》共23章。《公孟》记述了墨子与弟子和与他人的对话。墨子谈话的内容，主要申明他“非命”“明鬼”“节葬”“非儒”的主张。墨子虽然认为儒家的学说足以丧乱天下的有四种，但他认为孔子也有不可改易的主张。可见，墨子认为儒家也有比较客观的方面。从一些片段可以看出，当时有一些人怀疑墨子的主张，而墨子总是力辩自己学说的正确。《公孟》课程特点如下。

(1) 与公孟对话（12章）。

第一章，批驳公孟所谓的“君子共己以待，问焉则言，不问焉则止，譬若钟然，扣则鸣，不扣则不鸣”的观点。第二章，批驳公孟“今子遍从人而说之，何其劳也”的论调，指出行说仁义者，“其功善亦多”。第三章，回答公孟关于“服”与“行”孰先孰后的问题，指出“行不在服”。第四章，批驳“君子必古言服，然后仁”的观点。第五章，批驳“孔子可以为天子”的说法，指出：这是数别人契据上的刻数却自以为富裕。第六章，批驳公孟“教人学而执有命，是犹命人葆而去其冠”的观点。第七章，驳斥公孟“无祥、不祥”的说法。第八章，批评儒家的厚葬久丧，实为“身为刑戮，国为戾虚”之道。第九章，批驳公孟“执无鬼而学祭礼”的荒谬。第十章，批驳公孟以儒家的“三年之丧”诋毁墨子的“三日之丧”，“犹裸谓撅者不恭”一样可笑。第十一章，就公孟的提问，回答“愚之知有以贤于人，而愚岂可谓知”的问题。第十二章，批驳公孟“三年之丧”，指出“儒者之知”和婴儿一样低下。

（2）同儒者的对话（1章）。

墨子批评儒者回答的“何故为乐”提问，给予的答复是“乐以为乐”，实际上是没有回答的荒唐做法。

（3）与程子的辩论（2章）。

第一章，驳斥程子“若先生之言，则是不誉禹，不毁桀、纣”的质疑，阐发“非儒”“节葬”“非乐”“非命”的思想。第二章，墨子就程子“非儒，何故称于孔子”，表明了自己“当而不可易”的观点。

（4）对弟子的劝谕教导（7章）。

第一章，批评弟子急于学成、求仕，勉励其为义而学。第二章，劝说游于己门者，学习没有借口，必强为之。第三章，批评弟子对“先生之言有不善乎，鬼神不明乎”的质疑，借此申明“明鬼”的主张。第四章，回答跌鼻的问题，指出生病的原因很多，不能因为一生病就对鬼神产生怀疑，进一步阐明“明鬼”的主张。第五章，劝谕弟子学习必须“量其力”，不能“学”“射”并求，要量力而为。第六章，劝诫弟子，告子“称我言以毁我行，愈于亡”，表现出墨子对“兼爱”“天志”“明鬼”等思想的充分自信。第七章，墨子告诫弟子，告子为仁难免会有做作之嫌。

（5）同告子对话（1章）。墨子借答告子“我治国为政”之问，明确指出告子“口言之，而身不行”，不能治国为政。

15.《鲁问》：鲁国诸人之问

《鲁问》共23章。《鲁问》各段记载了墨子与诸侯、弟子等人的一些谈话，其中比较重要的内容，有墨子提出的游说诸侯“必择务而从事”的原则；文中多处申明“兼爱”“非攻”的主张，也有几处专门申说义的重要性。所有这些内容，体现了墨子向往国家富强、天下安宁、人民安居乐业的理想。《鲁问》课程要点如下。

(1) 答鲁国国君之问（3 章）。

第一章，回答鲁国国君提出的“吾恐齐之攻我也，可救乎”问题。墨子希望鲁国国君“上者，尊天事鬼，下者爱利百姓，厚为皮币，卑辞令，亟遍礼四邻诸侯，驱国而以事齐”。第二章，批评鲁国国君“因说而用”阿谀之人撰写的诔文，如同“来［即氂（máo），同‘毛’，牦牛］首从服”，十分不宜。第三章，回答鲁国国君“我有二子，一人者好学，一人者好分人财，孰以为太子而可”，墨子给鲁国国君的建议是“合其志功而观”，把动机和效果结合起来进行考察。

(2) 止齐攻鲁，劝说齐国不要攻打鲁国（2 章）。

第一章，劝说项子牛不要攻打鲁国，指出：大国攻打小国，是互相残害，灾祸必定反及于本国。第二章，劝说齐国不要兼并别国领土。

(3) 同鲁阳文君对话（5 章）。

第一章，告诫鲁阳文君“攻郑，顺于天之志”是托词，是荒谬之事。第二章，劝诫鲁阳文君“攻其邻国，杀其民人，取其牛马、粟米、货财”，和杀人越货没有什么两样。鲁阳文君听后放弃了攻打邻国的打算。第三章，墨子在鲁阳文君面前批评世俗君子只知道小道理却不知道大道理。第四章，针对鲁阳文君所说的楚南“食其子而赏其父”的恶俗，指出“杀其父而赏其子”的风俗，都是“不用仁义”。第五章，批评鲁阳文君所谓的忠臣，表明自己赞赏的忠臣乃“尚贤”“尚同”的“贤良之士”。

(4) 同弟子的父亲对话（1 章）。

鲁国有一人让墨子教育儿子，他儿子后来战死了，这个人就责备墨子。墨子说：你儿子现在学成了，因战而死，你却怨恨我。这就像卖出买进粮食，粮食卖出去了却怨恨一样。

(5) 同吴虑的对话（2 章）。

第一章，墨子向吴虑表明了自己“诵先王之道，而求其说，通圣人之言，而察其辞，上说王公大人，次匹夫徒步之士”的宣传、行义的坚定态度和弘道立场。第二章，墨子向吴虑表明了自己“教天下以义者，功亦多，何故弗言也”的宣传义、行义的坚强决心。

（6）同弟子的谈话（5章）。

第一章，对弟子公尚过表明墨家学派的出仕原则：“听吾言，用吾道，则翟将往，量腹而食，度身而衣，自比于群臣，奚能以封为哉？”第二章，墨子回答弟子魏越“既得见四方之君，子则将先语？”的问题，申明“凡入国，必择务而从事焉。”第三章，墨子指出曹公子“人徒多死，六畜不蕃，身湛于病”，是因为“处高爵禄而不以让贤”“多财而不以分贫”“事鬼神唯祭而已矣”，因此要继续学习、强力行义。第四章，批评弟子彭轻生“来者不可知”的观点，告诫弟子不可人云亦云，应当学会独立思考，有自己的思想。第五章，批评弟子胜绰“项子牛三侵鲁地，而胜绰三从”的行为，是“言义而弗行，是犯明”，和“背禄向义”的高石子比起来，胜绰是“背义向禄”的人。

（7）批评鲁祝不以虔诚之心侍奉鬼神（1章）。

鲁祝“施人薄而望人厚”，没有虔诚之心来侍奉鬼神，鬼神是不会如其所愿给予庇佑的。

（8）同孟山的对话（1章）。

孟山赞扬王子闾，墨子不认可他的说法，认为王子闾的做法“难则难矣，然而未仁也”。

（9）和公输盘对话（3章）。

第一章，公输盘给楚国“为舟战之器，作为钩强之备”，用来攻打越国，墨子指出：“我义之钩强，贤于子舟战之钩强。”第二章，墨子评价公输盘竹木为鹊，不如“匠之为车辖。须臾刘三寸之木，而任五十石之重”，提出“利于人谓之巧，不利于人谓之拙”的评价标准。第三章，墨子勉励公输盘专心倾力行义。

第三节　“从事”类课程

“从事”是指学习科技、农业、工业、商业、兵器等方面的知识和军事守御技术，制作各种器械，以用于生产实践。墨子除了培养“谈辩”“说书”两方面人才之外，还培养实干能战的劳动、制造、建设、科技、军事方面的人才，也就是现在所说的职业教育，使弟子都具有“各从事其所能”（《节用中》）的实际本领。墨子“学团”经常会面临制械、守城等任务，所以需要具备相当的专门技术和知识。由于墨子重视实践教学，因此“从事”当然也就成为他教学的主要内容。

“从”在《墨子》一书中共出现187次，其中“跟从”意思的82次；“从事、做事”意思的83次；作介词用，“由、自”意思的21次；通“纵”“放纵”的1次。“事”在《墨子》一书中共出现280次，都是“事情、做事”的意思。“从事”是“行事，办事，干某项事业”的意思。“从事”在墨子一书中出现近百次，仅《耕柱》一文里就出现6次。“从事”类的篇目有《备城门》《备高临》《备梯》《备水》《备突》《备穴》《备蛾傅》《迎敌祠》《旗帜》《号令》《杂守》。上述篇目以“军事守御”为主，这是由墨子所处时代决定的，由军事守御技术衍生出的内容还有建筑工程、兵器制造、民用设施建设、技术工艺等。

“从事”类的代表人物是禽滑厘，这从《公输》里可以看出。“臣之弟子禽滑厘等三百人，已持臣守圉之器，在宋城而待楚寇矣。”春秋战国时期，诸侯割据分裂，互相兼并，战争频繁，给人口带来极大的杀伤。因此，研究战略战术是当时社会的迫切需要，特别是当时的中小国家面临大国的进攻和威胁，首先考虑的是如何利用高城深池，在劣势的情况下抵御敌人的进攻，保护自己的城邑和国家。即使是大国，有时也会面临同样的问题。这些篇目是墨子针对当时实际需要而作，主要是墨子研究城池防守战术。由于主张“兼爱”“非攻”，反对侵略战争，所以墨子的军事理论主要是积极的防御战术。这虽然不及兵家的军事思想全面深刻，却也反映了广大劳动人民厌恶战争、渴望和平的心理愿望。

1.《备城门》：备好城门攻守

《备城门》共78章。《备城门》主要记载了十二种攻城和守城的方法以及守城器械的详细制定。今本《墨子》一书仅保存了《备高临》《备梯》《备水》《备突》《备穴》《备蛾傅》六篇，即对付十二种攻坚战法中的六项。《备城门》课程要点如下。

（1）禽滑厘向墨子请教攻城和守城方法。

> 今之世常所以攻者，临、钩、冲、梯、堙、水、穴、突、空洞、蚁傅、轒辒、轩车，敢问守此十二者奈何？

墨子对十二种攻坚战法的防御做了详细回答。一是“临”。临即临车，由堙发展而来。这种临车很高，由车上可以观察城中敌情和发射箭石掩护攻城人员攀登城墙。二是“钩”。钩即钩援，是头上装有弯钩的长杆或长绳索。攻城时，用钩子钩住城墙，援引而上，以便于攀登。钩的作用与梯相同，故又称“钩梯”，但与梯大不一样。三是“冲”。冲即冲车，是一种用以撞击城门的战车，即以冲撞的力量破坏城墙或城门，是中国古代主要的攻城器械之一。四是“梯”。梯即云梯，由钩援发展而来。梯首有一对小轮，梯身有踏脚横木，梯底有一对大轮，可推梯前进。当接近城墙时，以梯首小轮贴附城墙外壁，用力推大轮向前，小轮即沿墙壁向上滑升，将云梯竖立起来，攻城者即攀登而上。后又发展为与轒辒相结合的两段式云梯。五是“堙”。堙即土山，就是在城外堆筑高于城墙的土台，在台上发射箭石，以杀伤城上守军。六是“水”。水即引水灌城，由于当时城池多是筑于河畔或两河交汇之处，所以攻城军队在久攻不下时，往往采用筑坝积水灌城的办法。七是“穴”。穴主要指以地道作业破坏城墙，为攻城部队开辟道路。通常是通过地道将城墙基部挖空，以梁柱支撑，再积薪放火，烧毁支柱横木，使城墙崩塌，而后指挥突击队抢占城墙缺口，并在此处投入主力，扩大战果。八是“突”。突即利用守城军队所挖突门向城内突袭的战法。突门，也叫“暗门”，是守军必要时出城突袭攻城军队、在城墙上所挖的出城通道。突门由城墙内侧向外挖掘，接近最外侧时留 5～6 寸城墙不挖通。这样，不仅可以使城外敌军不易察觉，而且在使用时可迅速捣开外壁，出城突袭。根据城防体系中的这一特殊装置及其弱点，攻城部队十分注意发现城墙的突门并组织突击队，由突门向城内进攻。九是“空洞”。空洞即地道。攻方挖掘若干通往城内的地道，令突袭部队潜入城内，而后攻方里应外合，协同攻击守城部队。十是“蚁附”。蚁附是一种由大量士兵以密集队形同时攀登的攻城之术。详见《备蚁附》。十一是轒辒。轒辒是用以填充外壕或掩护挖掘城墙、地道的攻城工具。杜牧描述道：“四轮车，排大木为上，上蒙以生牛皮，下可容十人，往来运土填堑，木石所不能。”十二是“轩车”。轩车，即巢车，其形制和性能基本与临车相同。

(2) 对怎样守城以及防守人员、守城器械、所需物资等做出详细的安排。

一是囤练兵力。

我城池修，守器具，推粟足，上下相亲，又得四邻诸侯之救，此所以持也。

二是加固城墙。

备城门为县门，沉机长二丈，广八尺，为之两相如；门扇数令相接三寸……堑中深丈五，广比扇，堑长以力为度，堑之末为之县，可容一人所。

三是备好工（战）具。

昔筑，七尺一居属，五步一垒。五筑有锑。长斧，柄长八尺。十步一长镰，柄长八尺。十步一斗，长椎，柄长六尺，头长尺，斧其两端。三步一大铤，前长尺，蚤长五寸。两铤交之，置如平，不如平不利，兑其两末。

四是制造屏障。

疏束树木，令足以为柴抟，毋前面树，长丈七尺一，以为外面，以柴抟从横施之，外面以强涂，毋令土漏。令其广厚，能任三丈五尺之城以上，以柴木土稍杜之，以急为故。

五是制造转射机。

转射机，机长六尺，狸一尺。两材合而为之辒，辒长二尺，中凿夫之为道臂，臂长至桓。二十步一，令善射之者（“者”后应加“主之”二字），佐一人，皆勿离。

六是建造楼上楼。

城上百步一楼，楼四植，植皆为通舄，下高丈，上九尺，广、袠各丈六尺，皆为宁。三十步一突，九尺，广十尺，高八尺，凿广三尺，表二尺，为宁。城上为攢火，夫长以城高下为度，置火其末。城上九尺一弩、一戟、一椎、一斧、一艾，皆积参石，蒺藜。

七是备足干粮。

为卒干饭，人二斗，以备阴雨，面使积燥处。令使守为城内堞外行餐。

八是备足用水。

墙七步而一。救车火。

(3) 城外的防守安排。

去城门五步大堑之，高地三丈（“三”字疑衍，“丈”后应加“五尺”二字），下地至（“下地至”后应加“泉三尺”三字），施贼其中，上为发梁，而机巧之，比传（应作“傅”）薪土，使可道行，旁有沟垒，毋可逾越，而出佻且比（“比”应作“北”），适人遂入，引机发梁，适人可禽。适人恐惧而有疑心，因而离。

2.《备高临》：防备居高攻下

《备高临》共3章。《备高临》是对付敌人居高临下的攻城方法，即如何夺取制高点的守法。墨子对此进行了详细的描画。“高临”即对方在城外“积土为高”，“以为羊黔”，居高临下地进攻。《备高临》课程要点如下。

(1) 筑高墙，提高防御能力。

禽滑厘请教墨子：如果敌人堆积土木筑成高台，对我城形成居高临下之势，木头土石一齐上，构筑成名叫“羊黔”的土山，兵士以大盾牌做掩护从高台土山上一齐攻来，一下子就接近了我方的城头，刀箭齐用，该怎么对付呢？墨子回答说：为了提高防御能力，继续加高城墙，在城墙上搭建一种像戏台的建筑物，在城墙平面上用大木头编排起来，两旁各横出二十尺，高度为三十尺，这种临时在城墙上搭建的建筑物叫“行城”，在“行城”上命弓箭手严阵以待，凭借精良的技术对付敌人。

（2）造弩车，提高兵器的使用能力。

对于城墙之下的来犯之敌，墨子提出使用连弩车。对于制造连弩车的造型、用料、尺寸、结构、作用都做了缜密的设计和规划。这样的连弩车，十个人掌管或使用一辆。为了提高连弩车的作战性能，在连弩车上安装“筐有仪”即瞄准仪；“以辘轳卷收”，即事先在箭支尾部系上绳索，以便射出后及时回收。

（3）作掩体，回收箭支。

墨子说：“遂具冠，为高楼以射道（应作‘适’），城上以荅罗矣。”为了成功地抵御敌人，筑高楼射击敌人，还得在城上用草编成厚厚的遮掩物来遮挡和收取敌方射来的箭支。

3．《备梯》：戒备云梯攻城

《备梯》共8章讲的是对付敌人云梯进攻的攻城方法。云梯为专门攻城的战斗用具。墨子认为，敌之云梯架毕，“攻备已具，武士又多，争上吾城”时，可按既定方法操作。《备梯》课程要点如下。

（1）禽滑厘请教墨子，墨子置酒肉款待，并进行详细指导。

> 禽滑厘子事子墨子三年，手足胼胝，面目黧黑，役身给使，不敢问欲。子墨子其哀之，乃管酒块脯，寄于大山，昧菜坐之，以樵禽子。禽子再拜而叹。子墨子曰：“亦何欲乎？”禽子再拜再拜曰：“敢问守道？”子墨子曰：“姑亡，姑亡。古有其术者，内不亲民，外不约治，以少间众，以弱轻强，身死国亡，为天下笑。子其慎之，恐为身姜。”禽子再拜顿首，愿遂问守道。曰：“敢问客众而勇，烟资吾池，军卒并进，云梯既施，攻备已具，武士又多，争上吾城，为之奈何？”

墨子对禽滑厘提出的这个问题，进行了详细的回答。云梯是笨重的攻城器械，移动十分困难。守城一方可以在城墙上筑起“行城”和“杂楼”，将自己环绕起来。“行城”和“杂楼”之间要保持适当的距离，两者之间的部分要拉上防护用的遮幕，因此距离不宜过宽。筑“行城”的方法是：“行城”高出原城墙二十尺，上面加筑锯齿状的矫墙，这种矫墙称作“堞”，宽十尺，左右两边所编大木横出各二十尺，高度和宽度与“行城”相应。

(2) 对付云梯的方法。

一是增加城墙高度，以“行城”拒梯，使敌人无法达到目的。二是利用技机、弓箭、沙石、开水等武器大量攻杀入城之敌。三是火攻。即城上备有火具，城下埋伏敢死的兵士，云梯被火攻击的敌人退下后，埋伏的兵士立即发动袭击。

(3) 在城外设置篱笆等障碍物，以阻止敌人的云梯向城墙靠拢。

在城外十尺远的地方安置断树，即“置裾”。裾的厚度为十尺。采伐断树“裾”的方法是：无论大小，一律连根拔起，锯成十尺一段，间隔一段距离深埋于地中，一定要埋牢实，不能被拔出来。

4.《备水》：警备敌人水攻

《备水》共2章。“备水”即对付水攻的守法。对付水攻，主要有两种方法：一是疏导，二是破坏敌人的蓄水系统。《备水》课程要点如下。

(1) 挖壕堑，增强防御力。

城内壕堑外设周道，宽八步。防备敌人以水灌城，必须仔细审视四周的地势。城中地势低的地方，要下令开挖渠道；地势更低的地方，则命令深挖井，使其能互相贯通，以便引水泄漏。在井中置放“则瓦”，测量水位高低。如果发现城外水深在一丈以上，就凿开城内的水渠，以阻止敌人进攻。墨子的备水战术，就是为了增强壕堑的防御能力。

(2) 连战船，增强战斗力。

每两只船连在一起为“一临”，将船共组成“十临”，每一临乘坐三十人，人人都擅长射箭，每十人中四人还须带锄头。必须善于用这种船作冲毁敌方堤防的轒辒。每二十只船为一队，挑选勇武力大的兵士三十人共一条联合船，其中二十人每人各拿一把锄头，穿戴盔甲、皮靴，其余十人手持长矛，人人擅使。这说明墨子很擅长对舰队和士兵进行排列组合，建立联合小分队，增强战斗力。

(3) 养勇士，提高利用力。

作战前要事先供养勇武之士，配备好的房舍，安排供养勇武之士的父母、妻子、儿女。墨子的供养勇士的经验是可取的，养兵千日，用兵一时。其目的就是提高士兵的作战能力。

5.《备突》：防备暗道攻城

《备突》共1章。“备突”即如何从暗道破敌的守法。“备突”的关键是设突门。突门是从城墙内侧挖凿的一种暗门，留五六寸不挖透，从城外看不出来，可备随时突袭敌人之用。《备突》课程要点如下。

> 城百步一突门，突门各为窑灶，窦入门四五尺，为其门上瓦屋，毋令水潦能入门中。吏主塞突门，用车两轮，以木束之，涂其上，维置突门内，使度门广狭，令之入门中四五尺。置窑灶，门旁为橐，充灶伏柴艾，寇即入，下轮而塞之，鼓橐而熏之。

城墙内每百步设置一突门，各个突门内都砌有一个瓦窑形的灶，灶砌在门内四五尺处。突门上装盖瓦，不可让雨水流入门内，安排一军吏负责堵塞突门，方法是在其内准备烟火和大车轮并埋伏兵士，用木头捆住两个车轮，在上面涂上泥巴，用绳索将其悬挂在突门内，根据门的宽窄，将车轮挂在门内四五尺处。设置窑灶，门旁再安装皮风箱，灶中堆满柴禾、艾叶。敌人攻进来时，就放下车轮堵住窑灶，点燃灶里的柴火，鼓动风箱，烟熏火烤来犯之敌，然后伏兵攻之。

6.《备穴》：备好地道攻城

《备穴》共18章。“备穴”即击破敌人用地道摧毁城墙的守法。《备穴》的课程要点如下。

（1）禽滑厘与墨子问答。禽滑厘发问：请问古代有善于攻城的人，挖隧道到城墙下，绕隧道里的支柱放火，隧道塌顶，以这种方法塌毁城墙，守城之人该如何对付呢？墨子回答说：对付挖隧道的方法是在城内修建高楼，用来密切观察敌情。敌方有变，修筑掩体墙而积聚土石就不同于一般情形，如果四周有与平常不同的浑浊的泥水，便是敌人在挖隧道。应赶快在城内对着敌人隧道方向挖沟和隧道予以防范。

（2）墨子具体讲述防守方法。

一是挖探井，判断敌人。为了准确判断敌人在挖隧道，要在己方城墙内挖井，每隔五步一井，要靠近城墙墙基。地势高的地方掘深五尺，地势低的地方打到出水为止。二是放置陶缸，监听敌人。命令陶匠烧制肚大口小的坛子，用薄皮革蒙紧坛口放入井内，派听觉灵敏的人伏在坛口静听来自地下的声音，弄清楚敌方隧道的确切方位，然后挖隧道与之相抗。三是烟熏火燎，堵住敌人。命令陶器匠烧制瓦管，每根长二尺五寸，大六围，从中剖开为两块，合起来安装在隧道里，两块上下合成圆柱。在圆柱外面妥善地用泥涂住缝隙，那些已合成圆柱的暂不要点火。圆柱连成长管后还要在接口处四面涂泥，以免漏烟。在隧道的两边都安装这样的瓦管，随隧道延伸，瓦管还要紧贴地面。在瓦管中装上糠头和炭末，不能装满堵死，但要沿管道一路装去，同时要调放均匀。在隧道口砌灶，须使灶的形状与烧陶器的窑差不多，使它能装下七八捆艾草，两边的瓦管道口也是如此。灶装备四个皮风箱。敌我双方隧道将要相接时，就用叫“颉皋”的武器冲破土层，立即鼓动风箱，以烟熏敌……如若冲到敌方隧道，就用涂了泥的木柴堵住敌人，不让敌人烧我拼板。这样一来，敌人想要用挖隧道的方法来攻城就失败了。四是挖隧道对付敌人。凡是对付以隧道方式进攻的敌人，必须每隔二十步挖一条隧道，隧道高十尺，宽十尺。向前开挖时，每步向下低三尺，深入十步就向两边横向开挖支道，名叫“拥穴”，高和宽也分别为十尺。

（3）配备好兵器，防备敌人。

墨子提出在隧道里配备各种兵器，用金属制作斧子，木柄三尺长，每条隧道备上四把。制备盛土用的竹笼，每条隧道要备四十个，锄头之类四把。配备斧头、锯、凿、锄等工具，数量只求够用不需多。配备大剪刀，每个隧道四把。制作中等大小的盾牌，高十尺半，宽四尺。制备横放在隧道中阻敌的大拼板。再预备禾秆、麻梗，不必求多，够用即可，用来照明。还要配制一种名叫“醯”的液体，敌人攻来用烟熏时，这种液体可用来救护士兵的眼睛。

7.《备蛾傅》：戒备人海攻城

《备蛾傅》共11章。“备蛾傅”即对付敌人用人海战术攻城的守法。《备蛾傅》课程要点如下。

（1）禽滑厘提出“备蛾傅”的问题。

墨子回答说：敌人依仗人多势众，驱赶士兵如潮水般强行攻城，这不过是敌将恼怒发急之下不理智的举措罢了，守城一方只须加筑临时的城垛，居高临下向攻城的敌人射击，用“技机”攻敌，并拔掉敌方攻城的器具，用火把、滚烫的开水攻击城下的敌兵，将点燃的名叫“荅”的战具从城上下罩敌人，沙石雨点般向敌人头上打。这样一来，攀爬城墙的强行攻城就失效了。

（2）墨子仔细地向禽滑厘讲述了对付用人海战术攻城的多种守城之法。

一是城垛击敌。

> 守为行临射之，校机籍之，擢之，太汜迫之，烧荅覆之，沙石雨之，然则蛾传之攻败矣。

二是悬挂滑车（县脾）。

> 备蛾傅，为县脾，以木板厚二寸，前后三尺，旁广五尺，高五尺，百折为下磨（应作“磿”）车，转（应作“轮”）径尺六寸，令一人操二丈四方（应作“矛”），刃其两端，居县脾中，以铁鏁，敷县二脾上衡，为之机，令有力四人下上之，弗离。施县脾，大数二十步一，攻队所在六步一。

三是做累荅。

> 为累荅，广从丈各（应作“各丈”）二尺，以木为上衡，以麻索大遍（应作“编”）之，染其索涂中，为铁鏁，钩其两端之县。客则蛾传城，烧荅以覆之连筳、抄大皆救之。

四是打爵穴。

> 爵穴十尺一，下堞三尺，广其外。

五是设杀鬲。

> 二十步一杀有墤（应作“鬲”），墙厚十尺。杀有两门，门广五步（应作“尺”），薄门板梯狸之，勿筑，令易拔。

六是挂悬火。

> 县火。四尺一椅（应作“檝”，相当于“枚”），五步一灶，

灶门有炉炭。传令敌人尽入，车火烧门，县火次之，出载而立，其广终队，两载之间一火，皆立而待鼓音而然，即俱发之。

(3) 城下的防备——埋栽木桩。

城下足为下说镵杙，长五尺，大圉半以上，皆剡其末，为五行，行间广三尺，狸三尺，大耳树之。

8.《迎敌祠》：迎敌祭祀规则

《迎敌祠》共4章，主要讲述迎敌前的各种祭祀规则，对巫师、卜师的态度，誓师形式以及各级官吏、将士的职守和布防做出安排，做好迎接敌人的准备。《迎敌祠》课程要点如下。

(1) 战前誓师的安排。

一是主持好祭旗仪式。祭旗仪式有四种，分东、西、南、北，现以“西方祭旗”为例予以说明。

敌以西方来，迎之西坛，坛高九尺，堂密九；年九十者九人，主祭；白旗、素神长九尺者九，弩九，九发而止；将服必白，其牲以羊。

其他三种与此基本相同，只是在相关方面有数量上的不同。东方祭青旗，由八个八十岁的人主持，用鸡做祭品；南方祭赤旗，安排七个七十岁的人主持，用狗做祭品；北方祭黑旗，由六位六十岁的人主持，用猪做祭品。

二是召开战前誓师大会。

公素服誓于太庙，曰：“其人为不道，不修义详，唯乃（应作‘力’）是王（应作‘上’），曰：‘予必怀亡尔社稷，灭尔百姓。’二叁子尚夜自厦（应作‘厉’），以勤寡人，和心比力兼左右，各死而守。”

誓师结束，其他百官各奉其职，在庙门击鼓，门的右边插上旗，左边插上旌，门的左右角布置铭识，兵士发射三箭，祈祷胜利，各军兵都一应齐备。

（2）安排好巫师、医师和占卜等人。

这些人可预知成功与失败、吉利和凶险，要根据他们的特长，配备有关药物，供给住房，妥善安排住宿。巫师和卜师将实情报告给守将，只能让守城主将知道其占望的结果，不要让其他人知道；如果巫师、卜师出入制造、传播流言，弄得官民惊恐不安，就要受到严厉处罚。

（3）对各类人员做出合适安排。

城市最高长官负责视察堡垒，巡视河沟城防，阻塞敌人的道路，修缮城墙。所有大小官员要供应战争所需的粮饷钱款，一切有手艺的人都要各施所长。司马根据城防情况布派兵士守门，二人掌管城门右边门扇，二人掌管左边门扇，四人共同掌管开关城门的职责，百名兵士带甲坐守城门。

（4）守城军事力量的安排。

一是城墙上每一步派备一个带甲的兵士、一个握戟的兵士，另加三个帮手。每五步派备一个伍长，军士也都有各自的职守。二是在城外箭能射到的地方，要把墙统统推倒，以免被敌人利用来作为防御工事。三十里以内，所有柴草、树木一律运进城内。狗、猪、鸡的骨头要收集起来以便再利用，制成一种酱，用于治疗肠胃病。三是城内凡是城外箭能射到的地方，一切柴草堆和房屋都要抹上一层泥。黄昏之后，命令城内人拴住狗、套住马，务必拴套牢实。夜深人静之时一听到鼓声就一齐呐喊，用来压制敌人的气焰，同时也可以稳定己方民心，不致老百姓惊扰不安。在这里，墨子利用废弃的动物骨头制成治疗肠胃病的酱药。节约有限资源，坚持可持续发展，造福于平民百姓，可谓墨子的一大贡献。

9.《旗帜》：旗帜联络方法

《旗帜》共8章，主要说明守城时用旗帜联络的种种方法。《旗帜》课程要点如下。

（1）明确“旗帜”的联络方法。

守城需要木材时打青色旗，需要烟火时悬赤色旗，需要柴草时挂黄色旗，需要石头时打白色旗，需要水时悬黑色旗，需要食物时扬绘有食菌的旗，需要调集敢死队时打出画有苍鹰的旗帜，需要调集战斗力最强的战士时挂出虎旗，征调多余的兵士时挂双兔旗，征调不满十四岁的男丁时挂童旗，征调女子时挂姊妹旗，需要弓箭时挂龙旗，需要战马时挂鸟旗，凡是需要征调的物质而旗帜又没有现存符号的，就按所需物质的形状、名称、含义悬挂相应的旗帜。城上悬挂旗帜是军需官在联络征集调用财物，一旦满足军需，应立即把旗帜降下来。

（2）明确各军兵种都有各自的旗号，调兵遣将各有符节。

各个亭尉都有自己的旗帜，旗杆长二丈五尺，帛长一丈五尺，宽半幅，共六面旗帜。当敌人进攻到护城河外时，与敌人进攻方位相对的守军就击三下鼓并悬挂一面旗；当敌人进攻到护城河中洲处时就击五下鼓，挂上三面旗；当敌人进攻到城外第一道矫墙时，就击鼓六下，挂上四面旗；当敌人深入大城墙下时，就击八下鼓，挂上六面旗；当敌人爬到城墙正中时，就擂鼓不停。如果是在夜晚，就以举火把来代替挂旗，举火把的数目与白天挂旗的数目一样。假如敌人是由进攻而退却，悬挂旗的数目同敌人进攻时的数目不变，但不击鼓。除此之外，城中大将悬挂绛旗，高五十尺，东、西、南、北四门守将的旗帜各高四十尺，次一等的三十尺，再次一等的二十五尺，之后依次为二十尺、十五尺。

（3）做好守城人员的安排，对有功人员进行奖励。

城里的军官、士兵、百姓都通过衣服上的徽章区分。例如，城上小吏的徽章戴在衣背上，士兵的徽章戴在帽子或头巾上；城下小吏的徽章戴在衣肩上，士兵也是如此。左军的徽章戴在左肩，右军的徽章戴在右肩，中军的徽章戴在衣胸前。建立激励机制，对有功之人予以物质奖励和精神奖励。各个据点的官兵，只要有三次击败敌军的功勋，最高统帅就要对其论功行赏，奖励食物，授予旗帜，并且在旗帜上署名，并把旗帜竖立在官兵所在营地，并奖励一百户居民或财物。墨子的这种做法实质上就是对有功之人给予物质奖励和精神奖励，激励将士不断建功立业，保家卫国。

10.《号令》：号令行止法规

《号令》共 36 章。《号令》主要讲述种种军纪、法规、禁令、人员布防和处置的种种具体原则和方法。《号令》课程要点如下。

（1）指出两点。

一是官吏、士兵和百姓同心同德，责任在于将领和官长；二是守城的一方都应以迅速歼灭敌人为上策，拖延日久，等到敌人的援兵到来，这是不懂得守城的方法。

（2）部署守城的方法。

一是敌人在离城百里之外的时候，守城将领就要把所有官吏、下级军官以及富人、贵戚的亲眷全部集中起到官府加以保卫。二是等到敌人开始攀爬城墙强攻的时候，守城将领安排善于射箭的士卒守在那里，城上矮墙、冯垣安排士兵守护；五十步建置一个储藏兵器的“隔”，按照城中街巷分为八部，每部设置一个头目，每个头目带领四人，在城中要道和街巷巡逻；街巷中老人、少年等没有参与守城的人和管理财物出入的人，按街巷分为四部，每部设一首领，命他们盘查来往行人中那些不按规定时间来往或有异常举动的人，以便及时发现和捉拿奸细；带士兵四人以上的头目担负守城任务，守城主将一定要给予信符作为凭证，大将派人巡查守卫情况之时，持有守城主将给的信符，对信符与口号不合的人，伯和长以上官吏将其扣押并报告守城主将；在城上防守的男子，每十人中六人拿弓箭，其余四人拿其他兵器；参与防守的女子、老人和少年每人执一矛；突然间有紧急情事，中军赶快击鼓三次，城墙上、城内街巷都要禁止通行，所有军民都要坚守岗位；所有炉灶一定要砌上防火的屏围，烟囱要比屋顶高出四尺，小心慎重，以防失火。

（3）发布城邑被敌人围困的禁令。

一是要严厉禁止官吏和百姓大声喊叫，不准三人以上聚集或两人以上擅自察看敌人动静；二是翻越城墙投敌、因害怕敌人而临阵脱逃的人，一律严办。

（4）建立激励机制，奖励有功之臣。

为“劝吏民坚守胜围也”，墨子提出：在保卫城池的战役中，对于迅速战斗击溃敌人并使敌人败退后不能再次组织进攻的队伍，每队选出两名勇猛杀敌的士兵给予最高奖赏。而打败敌人、冲破敌人围城的队伍，使敌人离开城邑一里以上，封守城主将为关内侯，赏赐土地三十里；副将按规定赐给上卿的官职，丞、吏以及原来官职相当于丞的人赐给五大夫的官爵，参与谋划坚守城邑的其他官吏、豪杰、士人和城上那些原来官职相当于五官的，都赐给公乘官职。参与守城的男子赐给爵位，每人升二级；女子赏钱五千；其余参与防守的男女老少，不赐予官爵，每人赏钱一千，免除三年赋税。这种高投入、高收益的激励机制，能调动官兵守城的积极性。

（5）对守城将士的生活起居、执勤要求等做出相应的规定。

一是早晚两餐都在官署吃，不许在外面吃。官长每隔五天将那些嬉戏不庄重、喜欢侵犯欺侮别人的卫兵的情况分别上报。所有人、外来使者入城，一定要出示凭证。二是黄昏时刻以鼓为号令，击鼓十下，所有城门、路亭一律关闭，禁止通行。对要通行者先抓起来，问明通行的原因后再按罪论处。早晨，敲响大鼓放行，所有看管城门的官吏从官署拿出钥匙，开完门后再交还钥匙。持有特别符节、凭信的人不在此禁止之列。敌人前来进攻，城楼上击鼓五次，接着向四周击鼓，有小鼓应和，表示各营队已响应城鼓。小鼓响了五下之后才集合的，斩首。有令必行，号令一发出，立即派人省察号令可行与否。口号要注意，夜晚有联络的口号，口号不合的，处斩。制定戒严章程，在街道、大路台阶和城门上张贴公布，使往来行人都能看到从而照章行事。

（6）建立交换制度，等价交换军需物资。

墨子说："募民欲财物粟米以贸易凡器者，卒以贾予。"在征募百姓的财物和粮食时，老百姓想交换什么生活用品就交换什么生活用品，一律平价予以交换。在这里，墨子对经济学有两大贡献：一是提出了"贸易"一词，用于以物易物这一经济行为，二是政府与人民在战时一律按"卒以贾予"即"平价交换"原则进行商品交换。在春秋战国时期能够提出"平价交换""等价交换"概念十分宝贵，是对春秋战国时期经济学的一大贡献。

（7）建立惩治制度，严格执行军纪。

墨子说："诸盗守器械，财物及相盗者，直一线（钱）以上，皆断。"战争时期，所有偷盗守城器械、财物以及私人财物的，凡偷盗物资价值在一钱以上的就要治罪，若有盗窃物资者或知情不报者一同依法治罪，目的就是确保战备物资、国家和人民财产安全。

（8）战争结束后的安排。

一是全城举行赛神仪式，守城主将下令奖赏城中有功之人；二是实行联保联防；三是发布详尽的守城禁令。

(9) 建立簿籍制度。

墨子提出在战争中估计粮食不足时就要向百姓征集粮食，规定征集日期，“其在莼害（簿者），吏与杂訾”。对征集百姓的各种粮食要记账登簿，支付钱物。对于征收好的粟米、布帛、金钱、牲畜，都要“平直其贾（公正估价）、与主券人书之（开具征收证明）”。还要写清征收物品的数量和价值，等战事结束后，一律“以其贾倍偿之”，即按原来价值的双倍偿付。若想做官的还可以按照征集财物的价值授予相应的官职，若不想做官的还可以获赐爵位，同时还规定了“缴纳单”的格式。

(10) 守城主将的其他善后安排。

一是物色侦探，做好情报工作。二是派出警戒兵，“昼则举烽，夜则举火”，白天就烧烟，晚上就点火，弄清敌人来的方向和时间。三是外城坚壁清野。“去郭百步，墙垣、树木小大尽伐除之。外空井尽窒之，无令可得汲也。外空室尽发之，木尽伐之。”在离外城一百步之内，所有墙和树木，不分高低全部拆除或砍掉。城外的井也要全部填塞，使敌人无法打水。城外的空屋子全部拆毁，树木尽伐，不致落入敌军之手。四是各类人员要遵规守矩，违反者严厉处罚甚至处斩。五是环绕守城主将宫室的大道要修筑夹道，在两边分别筑墙，墙有一丈高，并设置观察台。

11.《杂守》：多种战术防守

《杂守》共22章。《杂守》主要说明除具体防守战术之外的其他方法和注意事项。《杂守》课程要点如下。

(1) 由禽滑厘询问对付“羊坽”进攻的防守办法引出话题。

禽滑厘问道：敌人人多势众，筑成“羊坽”攻击我们，这时该怎么对付呢？墨子给出了详细的回答：一是敌人用“羊坽”攻城只会导致进攻士兵疲劳，不足以对守城一方构成威胁。敌人用“羊坽”进攻，远攻就以远攻的办法对付它，近攻就以近攻的方法对付它，不会对守城一方造成危害。箭和礌石不停地从左右西边急速地发射。激励精兵，谨慎而又不产生顾虑，守城的士兵个个敬重打退敌人的人，攻击敌人的兵士鄙视离开战斗岗位的人，激发士兵高昂的士气，民心百倍加强，多捉拿敌人就多奖赏，这样士兵就不会懈怠。二是对付敌兵不断筑土堆造高台以便爬攻城墙的办法。假若敌兵不断筑土堆造高台以便爬攻城墙，未遭到有效的阻挡，一下子就接近了我方城头，这时我方就用防御云梯攻城的办法应对。对于敌人填塞护城河，冲车攻城、云梯爬城加筑不够高厚或时间来不及，就用木材加高加固，木桴尺寸为左边百步、右边百步。用弓箭、石头、土灰频繁地攻击敌兵，又用火把、热油助战。再挑选、激励士兵，增强锐气，冲车、高临、云梯都可以用冲机撞击。三是制作、安放渠和苔，在城外各种交通路口筑起要塞阻挡敌人。四是疏散民众，所有可以帮助守城的财物统统送入城里，百姓所缴一律公平核价，开具收据，写清数量与价值。

（2）应付敌人攻城前的安排。

一是建造供守望敌人用的邮亭。二是修壕沟要修成内外两圈，架上悬梁，再安置垄灶，每个亭子备一鼓，以烽火报告敌人的来向和人数。三是派出警戒哨，了解敌兵的情况。四是准备好粮食，将每天用餐数量按年、月、天计算，保证不让百姓挨饿。

（3）敌兵来临的安排。

一是敌兵逼近，就加紧收集偏远地区的金器、铜铁及其他可以用来帮助守城的物资。二是敌人一接近，就摧毁房舍，砍伐树木，全数运进城内，不使其落入敌手。三是守卫城池的官员，按职位坚守岗位，卫兵要每天按时巡检。四是在壕池边岸上的要害之处、城外的护城河中插上竹箭。五是遇有紧急情况，立即派就近的部队增援，再派出次近的部队去接替防务。六是守城主将发出符节凭证：凡是出入的使者、官吏一律登记在案，进行验证。

（4）要储存蔬菜、粮食。

使百姓储存的蔬菜、粮食供够三年，用来防备水旱、天灾和没有收成的年景。要向百姓说明战争的危险，战乱期间则要向百姓讲明从杀敌中求取和平安定。

（5）关于人员的使用。守城主将务必考察他们的品性或特长，名副其实地接纳使用。

（6）所有防守用的军事器材如礌石、利箭等都要小心部署，并且分别要有存放的固定数目。

（7）指出五种不便防守的情形。

> 城大人少，一不守也；城小人众，二不守也；人众食寡，三不守也；市去城远，四不守也；畜积在外，富人在虚，五不守也。

墨子的观点是“率万家而城方三里”，即城中居民一万家，城邑方圆三里，这种情形可以坚守。

第六章 独行特立的育人施教:躬行实践

在诸子百家中，墨子的教育显得独行特立，不仅体现在学术方面，而且在军事、政治等方面也有独到的见解。墨学与儒学虽并称“显学”，但风格却差异很大。儒家给人的感觉是博学儒士、温文尔雅的谦谦君子形象，而墨子和他的弟子给人的印象却是一群义勇兼备、独行特立的侠客英雄。这种勇敢、侠义的风格和气质使得墨家学派一枝独秀。墨子行事严谨，育人躬行实践，同时也这样教导弟子，使墨家学派成为组织纪律性极强的团体。墨子的教育思想，即使在今天看来，在许多方面仍然堪称典范。

第一节 墨子教育课程的关系

我们知道教育课程具有计划性，是安排受教者学习的机会，因为受教者只有有了学习机会才能掌握知识、发展智力、形成能力。教育课程是开放的，具有极强的包容性。只要人类发展，对社会进步、对受教者培养有利的知识就都应该进入教育课程。墨子就很好地做到了这一点，为了实现“济民救世”的教育目的，墨子的教育内容广博，课程设置独辟蹊径，是前所未有的。在教育课程的设置、开设、传授等方面，墨子注意到了以下关系。

1. “谈辩”、“说书”和“从事”的关系

“谈辩”、“说书”和“从事”这三类课程，不是自成一体，单独存

在的，而是相互交叉、相互联系，互为依存。“谈辩”、“说书”和“从事”三者结合，涉及语言、知识、技术及人文传统等许多方面，说明墨子的教学内容相当广泛。这十分有利于人才的全面培养。有了这三方面的人才，墨家才成为一支维护和平、实行“兼爱”的重要力量。广泛博大的教育内容和独辟蹊径的课程设置，培养了一批又一批有作为的正义人士，这也是墨学成为“显学”的主要原因。实际上，《墨子》就是一本百科全书。墨子根据当时的需要，将弟子分成“说书”“谈辩”“从事”三类，每一类都有其核心人物，而这些人就是这类弟子的领袖。墨子不仅担任总设计师和管理者，而且也是身先士卒的征战者。墨子除了正常的教学、研究、宣传之外，还有一个重要的角色，那就是协调这三类课程的教育教学，使弟子不失协调地全面发展。

2. 教育课程与受教者的关系

教育课程的设置要关注受教者的学习状态、教育理念的贯彻、教育目标的确立、教育方法的推行，面对的是活生生的人。因此，要关注受教者当前已经有哪些基础、还需要什么、欠缺什么。这是教育的出发点。教育方法的实施需要建立在对教育对象了解的基础上，比如受教者的年龄、知识结构、心理发展的阶段特点、个体差异等。墨子要求施教者在教学过程中必须从受教者的具体实际出发，根据学生的能力、资质、才智等进行教育。

3. 教育课程与施教者的关系

尽管墨子的教育课程非常丰富，但他是用事先已经知晓的知识去教育弟子，是在与弟子的对话中创新地揭示教育课程和教学内容。教育课程是施教者和受教者的教学工具，可以用来帮助受教者积累一定的知识，更重要的是培养受教者发现更新知识的能力。培养受教者良好的学习能力，陶冶受教者的性情，使其具备良好的感知和体悟能力：

> 子墨子曰：“……人之其不君子者，古之善者不诛，今也善者不作。其次不君子者，古之善者不遂，己有善则作之，欲善之自己出也。今诛而不作，是无所异于不好遂而作者矣。吾以为古之善者则诛之，今之善者则作之，欲善之益多也。”（《耕柱》）

墨子认为，对古代好的东西要阐述，对现在好的东西则要创造，希望好的东西更多。这里，墨子表明了自己的观点："古之善者则诛之，今之善者则作之，欲善之益多也。"从这里我们可以看出墨子对待教育课程的态度，这也体现了墨子强烈的学以致用观。

4. 施教者和受教者的关系

尊师重教一直是中国的文化传统，施教者的地位不可动摇。与之相匹配的也就是灌输式的教学方法。因为施教者有绝对的权威，在教学上也处于绝对的主导地位，受教者只能受制于施教者，被动地接受已被定格的知识。施教者和受教者应该自由地交流思想，这要求在教学过程中具备良好的施教者和受教者的关系和学习氛围。受教者需要有独立思考的空间，进行探究学习；在与别人的交流中迸发出思想火花，产生创新意识。在这方面，墨子为我们做出了榜样。

> 禽滑厘子事子墨子三年，手足胼胝，面目黧黑，役身给使，不敢问欲。子墨子其哀之，乃管酒块脯，寄于大山，昧（据毕沅注，音同"茅"）莱坐之，以樵禽子。禽子再拜而叹。子墨子曰："亦何欲乎？"禽子再拜再拜曰："敢问守道？"子墨子曰："姑亡，姑亡。古有其术者，内不亲民，外不约治，以少间众，以弱轻强，身死国亡，为天下笑。子其慎之，恐为身姜。"（《备梯》）

禽滑厘跟随墨子三年，随时听从召唤，但他却只是整天埋头做事却不敢向墨子提问。墨子深知他的心事，见他一直不问问题，墨子便想了这一招，请禽滑厘喝酒。墨子这一举动既是对禽滑厘三年忠心耿耿的表彰，也是想以一个宽松的环境好认真回答他想了解的问题。从这里我们可以看出墨子的弟子对墨子的崇敬，更可以看到墨子对学生的爱护。墨子对禽滑厘的做法，在等级森严、门第观念极强的春秋战国时期实属罕见，墨子不愧伟大的教育家。

5. 知识学习与实践应用的关系

知识学习与实践应用的关系是非常重要的。"士虽有学，而行为本。"（《修身》）这是对施教者、受教者都适用的原则。墨子反对施教者仅停留于言谈而不注重身教，施教者在教学过程中应该鼓励受教者努力把学到的知识运用到实践中去。尤其是在道德教育方面，我国的道德教育长期以来过于注重道德知识的传授，而忽视了道德意志和道德实践的培养。在其他学科的教育中，也没有给予受教者理解并运用所学知识和技能的空间。受教者没有切身的体验，对知识、技能的学习不深入。墨子在这方面有自己的独特做法。

> 子墨子游，魏越曰："既得见四方之君，子则将先语？"子墨子曰："凡入国，必择务而从事焉。国家昏乱，则语之尚贤、尚同；国家贫，则语之节用、节葬；国家憙音湛湎，则语之非乐、非命；国家淫僻无礼，则语之尊天事鬼；国家务夺侵凌，即语之兼爱、非攻。故曰：择务而从事焉。"（《鲁问》）

这里记述的是弟子向墨子请教见到各地的诸侯劝说什么，墨子详细地回答了这个问题。从"尚贤"到"非攻"，这反映了墨子的学说已经自成体系，形成了一整套社会政治主张。从这段对话中可以看出，墨子的政治主张完全是根据不同诸侯国的具体情况提出的。墨子把政治主张的精华（兼爱、非攻、尚贤、尚同、天志、明鬼、非命、非乐、节用、节葬）同教育紧密结合起来，明确地提出教育必须为实现自己的政治主张和解决各国的政治问题服务。

6. 环境与人的关系

优良的教育环境十分重要。墨子的"染丝说"是对教育环境重要性的形象表述。

> 子墨子言见染丝者而叹曰："染于苍则苍，染于黄则黄。所入者变，其色亦变；五入必而已则为五色矣。故染不可不慎也！"非独染丝然也，国亦有染。（《所染》）

墨子与几位弟子漫游染山，看到染丝的情景感慨万千，联想到人生何尝不是如此，而国家随人事而兴衰，社会随风俗而浮沉……陷入对社会人生的深深思考之中。墨子认为，不但丝会很容易地被染成各种颜色，一国之君也很容易受到各方面的影响，无论是"功名蔽天地"的"仁义显人"，还是"为天下谬"的"不义辱人"，无不受到外来的影响。环境是人们运动变化的外因，而真正的动力是人自身的主观努力。有环境论而不唯环境论，把争取一个良好的环境与立足于自身努力结合起来，这才是应有的正确态度。施教者在引导受教者营造良好教育环境的同时，也要用优秀的民族文化去抵制负面影响。

第二节 “谈辩”类课程的施教

1. “谈辩”的主题

墨子认为“谈辩”的主题是“行义谋利”。墨子义、利并提，并且对义和利都下了定义。

> 义，利也。（《经上》）
>
> 志以天下为芬，而能能利之，不必用。（《经说上》）

这是说：义是天下的利益。是立志把天下事作为本分，并且能够很好地有利于它，但不一定要得到任用。在墨子看来，义与利是不可分割的关系，有义才可能有利。丰富的人生经历和广博的文化修养，使墨子对当时的社会现实一清二楚。一方面，墨子在《非乐》里描述了老百姓的生活惨状：“饥者不得食，寒者不得衣，劳者不得息。”甚至“死者不得葬”。另一方面，统治阶级为了谋利，加紧发动战争，并且更加骄奢淫逸。面对这样的社会现实。墨子迫切想找到一个万全之策。墨子冷静地做出分析：当前行义，必须先处理好几重利益关系：一是当时诸侯国太多，国与国之间必须要停止争斗；二是大家都很困难，人与人之间需要和谐相处、相互帮助。这就需要协调好群体之利，也要分配好王公大人、平民百姓、君臣父子等个体之利。

于是，墨子首先找到了义。各国上下都行义的话，那么世界就太平了。可是，如何让大家行义呢？就是要说服大家行义是有利的。墨子为行义谋利确定了两个维度：一个是纵向的，即上下级之间、统治阶级和百姓之间；一个是横向的，即国与国之间、家与家之间、人和人之间。既要利于百姓，也要利于统治阶级，这样才能使全国和谐安宁。“国都不相伐，人家不相乱贼。”（《非命上》）墨子思想总的导向是行义可以谋利，以利来促义。墨子抛利是为了行义，可以毫不夸张地说，墨子在思想和行动上主张什么或者反对什么，都是从谋利的角度来加以考虑和权衡的，但义才是墨子精神实质和理论精髓。墨子说：

> 孝，利亲也。（《经上》）
>
> 兼而爱之，从而利之。（《尚贤中》）

第一则，在家庭生活中，子女孝顺父母，这是义，也是利，因此“孝，利亲也”。第二则，在社会生活中，施义于人，就是“爱利万民”，就是“兼而爱之，从而利之”。使用利来给义下定义：义就是利。那么，利是什么呢？

> 利，所得而喜也。（《经上》）
>
> 利，得是而喜，则是利也。其害也，非是也。（《经说上》）

这两则是说：利就是得到令人喜悦的事物。结合起来看，就是说行义可以使人得到快乐，墨子把义奉为人生追求的终极目标。

> 夫爱人者，人必从而爱之；利人者，人必从而利之。（《兼爱中》）

这是说，凡是爱别人的人，别人也必然爱他；有利于别人的人，别人也必然有利于他。《贵义》中说：“手足口（鼻）耳目，从事于义，必为圣人。”而且，墨子在行义的过程中总是身先士卒，不怕苦，不怕难，也不怕孤单。

> 子墨子自鲁即齐，过故人，谓子墨子曰：“今天下莫为义，子独自苦而为义，子不若已。”子墨子曰：“今有人于此，有子十人，一人耕而九人处，则耕者不可以不益急矣。何故？则食者众而耕者寡也。今天下莫为义，则子如劝我者也，何故止我？”（《贵义》）

这是墨子同老朋友的谈话，生动地体现了墨子为义而奔忙、为义而牺牲自己一切的精神。从中我们可以看出墨子自苦行“义”，坚定不移的执着和他对人生价值的理解，只要能行义，再苦自己也不在乎。墨子贵义，铿锵的话语言犹在耳。

天下有义则生，无义则死。有义则富，无义则贫。有义则治，无义则乱。（《天志上》）

墨子认为，人际关系的本质就是利益关系，人际道德最终也必然指向利。墨子的利不是只讲自己的利，也不是完全忽略自己的利，而是“交相利”。墨子讲人际道德，非常强调“相”，讲究的是互动性。“交相利”是墨子人际交往的基本原理。“交相利”必须有人先行一步，墨子是有先行者意识的思想家。墨子主动付出，不求回报，有多少能力就做多少，这样才能使灵魂得到升华、心灵得到净化。墨子反对“坐而行义”，他说：

商人之四方，市贾信徙，虽有关梁之难、盗贼之危，必为之。今士坐而言义，无关梁之难、盗贼之危，此为信徙，不可胜计，然而不为，则士之计利，不若商人之察也。（《贵义》）

这是说，商人到各地做生意，市场上的价格相差一倍或数倍，即使有通过关卡的艰难、遇见盗贼的危险，也一定去做买卖。现在有很多的士坐在那里论道说义，没有通过关卡的艰难，没有遇见盗贼的危险，即使论道说义的利益不是商人价格变化相差一倍或数倍所能比的，仍然没有去做。那么，士人计算利益不如商人算得清楚。通过把商人与士相比较，对士提出了批评。商人能不畏艰难险阻，为利而往，士人为什么不能在没有艰难险阻的情况下主动教人行义呢？“行义谋利”的原则不仅适用于处理人际关系，而且也适用于为政。

兼之为道也，义正，别之为道也，力正。（《天志下》）

“兼”的道理，就是义政；“别”的道理，就是力政。“行义谋利”与义政息息相通，因此墨子呼吁用义之手段来治理国家。

今用义为政于国家，人民必众，刑政必治，社稷必安。所为贵良宝者，可以利民也，而义可以利人。（《耕柱》）

这是说，现在用义在国家施政，人口必然增多，刑政必然得到治理，社稷必然安定。之所以贵重良宝，是因为它们能利人民，而义可以使人民得利。墨子把天下太平视为天下之利的根本，深切地渴望“天下治”：

仁者之为天下度也……亲贫则从事乎富之；人民寡则从事乎众之；众乱则从事乎治之。（《节葬下》）

仁者为天下谋划……双亲贫穷，就设法使他们富裕；人数少了，就设法使其增加；人多混乱，就设法治理。那么如何实现富民、众民和止乱呢？答案就是行义。总之，行义和谋利互为手段和目的，行义是为了谋利，为了利就必须先行义，而得利又可以促进行义。“行义谋利”是墨家立言的基础，也是墨子遵循的宗旨，是贯穿墨子教育实践的主线。

2. “谈辩”的方法

墨子的《小取》篇，大部分是论述“辩”的。文中说：

夫辩者，将以明是非之分，审治乱之纪，明同异之处，察名实之理，处利害，决嫌疑。焉摹略万物之然，论求群言之比。以名举实，以辞抒意，以说出故，以类取，以类予。

这段话前半段是说辩的目的和功用，后半段是说辩的方法。“谈辩”的方法有八。

（1）三表法。

墨子思考逻辑问题时，把形式逻辑作为一门学问，即将其作为专门的认知对象看待。在中国思想史上，第一个把形式逻辑的思维形式公理化的是墨子，而最初的逻辑论证公式就是墨子的三表法。墨子学派又对三表法及其相关问题做了进一步研究，由此形成了墨家学派的逻辑体系。三表法是墨子理性思维逻辑论证的基本方法，最初是由墨子提出来的。三表法见于《非命》上、中、下三篇，可见它由墨子提出之后，墨家后学三大学派都有所解说和传承。三篇原文不尽相同，略引如下。

何谓三表？子墨子言曰：“有本之者，有原之者，有用之者。于何本之？上本之于古者圣王之事。于何原之？下原察百姓耳目之实。于何用之？废以为刑政，观其中国家百姓人民之利。此所谓言有三表也。”（《非命上》）

三法者何也？有本之者，有原之者，有用之者。于其本之也，考之天鬼之志，圣王之事。于其原之也，征以先王之书。用之奈何？发而为刑。此言之三法也。（《非命中》）

> 何谓三法？曰："有考之者，有原之者，有用之者。恶乎考之？考先圣大王之事。恶乎原之？察众之耳目之请。恶乎用之？发而为政乎国察万民而观之。此谓三法也。"（《非命下》）

解说三表法，三篇有区别，或谓"三表"，或谓"三法"，名称即已有所不同。至于具体解释"三表"的各项，如上面三条引文之所具列，那就更不同了。可知三篇所同者，即墨子逻辑学之"三表"。逻辑本身是"本、原、用"，这一点在三篇中都一样。这三个标准是依据、推究、有效性，也就是"本、原、用"。"判断言说是否正确的标准有三个。三个标准是什么呢？墨子说：就是看其依据来自何处，看其推究根据什么，看其使用效果如何。那么依据来自哪里呢？应该是来自古代圣王的事迹。推究从哪里着手？应该根据百姓的反映。使用的效果如何判断呢？应当把这种言说应用于国家的政令政策和法度中，看是否能对国家、百姓有利。这就是所说的言论应该有三个标准。

第一个标准是言必有据。墨子认为，一种理论必须有依据，这个依据就是古代圣王的事迹。这种说法让人很不好理解，因为我们面对众多的理论，如何能依据古代圣王的事迹来进行判断？要理解这个标准，就要考虑墨子所处的时代，那么多动乱，那么多战争，各诸侯国所要考虑的就是如何治理国家，从而使国家富强、人民富裕，这就使得诸子百家的理论指向都围绕着政治来进行。墨子认为的理论实际上就是治国的理论，治理国家，应该以史为鉴，那么以古代圣王的事迹做参考是很自然的事情。一个理论必须有所依据才能有其合理性，才能有理论高度和说服力。

第二个标准是言必据实。墨子认为，一种理论不能脱离当时的实际，而这实际就是百姓的实际。理论要有经典支持，但是如果没有与当时的实际相联系，那么就是无意义的。需要采取怎样的政策才能使国家富强、人民富裕、社会安定？古代圣王所处的时代毕竟与当下的环境不同，圣王事迹可以作为参考却不能照搬，而社会现实最体现于百姓的日用实际，从百姓的实际去推究古代圣王如果遇到这样的情况会怎样做，会采取什么样的措施？由此思考才能得出结论。根据可以看到这个标准是对第一个标准的限制，也是要得到正确理论的一个前提。我们现在说理论联系实际，说的那些经典论述、圣王事迹、领袖言论可以认为是正确的，但这种正确却不能放之四海而皆准，必须符合当时的实际情况。

第三个标准是言要考察。这个标准说的是，当我们依据圣王实际并根据社会现实进行总结得出了理论，但还不能说这种理论就是正确的，还应该把这种理论应用国家的政令法度中，看实施之后的效果。如果取得了对国家、人民有利的效果，那么这种理论就是正确的，反之就是错误的。这个标准很像我们现在提倡的实践是检验真理的唯一标准。

墨子提出这第三个标准，有两个理由：一是治国理论必须能救民于水火，也就是说要对国家、人民有利，能使国家富强、人民富裕、社会安定，所以这个标准指向利；二是要反对儒家，儒家的治国之策也是针对乱世的，同时儒家对古代圣王事迹的坚持恐怕还比墨子更多，符合第一个标准，言必有据。另外，儒家也符合第二个标准。例如，重建礼乐制度、重建社会秩序也是儒家依据当时的社会现实提出来的。因而，这第三条标准也是墨家和儒家的分界，儒家的繁文缛节、厚葬重丧等观念要么对于国家、人民无利，要么浪费社会财富，从而墨子认为自己的理论才符合这三个标准，特别是“兼爱、非攻、尚贤、尚同、节用、节葬、非乐、天志、明鬼、非命”等思想都能直接使国家富强、人民富裕，因而这第三个标准是三表法中最后的、最重要的标准。要考察其是否正确，不是看理论是否华丽，而更应该看理论的应用取得的成效，这个成效就是国家富强、百姓富裕、社会安定。对于个人来说，取得成效也是个人订立计划、对人承诺、承担责任的判断标准。对人承诺的前提是必须知道自己的能力，能否做到，如果做不到或很难做到就不要去承诺，言必行、行必果，才能不失信于人。对自己的承诺也是如此，我们日常总能制订很多的计划和对自己有很多的期许，但必须以效果来看待自己的计划，否则再完善的计划都只是一纸空文，或者为了计划而计划。墨子的三表法作为一种判断标准显然有其合理性，在实际的生活工作中，我们当然不一定按照这三种标准行事，但它对我们还是有所启示的，至少我们可以将之纳入思考的范围。

（2）比喻法。

比喻法就是打比方。言必有譬，无譬不言，先譬后言，是墨子惯用的辩论手法。

> 子墨子言见染丝者而叹曰："染于苍则苍，染于黄则黄。所入者变，其色亦变；五入必而已则为五色矣。故染不可不慎也！"非独染丝然也，国亦有染。（《所染》）

这段文字以染丝为喻，说明君王和诸侯必须正确选择自己的亲信和朋友，以受到良好的熏陶和积极的影响。影响的好坏关系事业的成败、国家的兴亡，国君对此必须谨慎。

> 今有五锥，此其铦，铦者必先挫。有五刀，此其错，错者必先靡。是以甘井近竭，招木近伐，灵龟近灼，神蛇近暴。是故比干之殪，其抗也；孟贲之杀，其勇也；西施之沈，其美也；吴起之裂，其事也。故彼人者，寡不死其所长，故曰：太盛难守也。（《亲士》）

墨子用"利锥先挫、快刀先靡、甘井近竭、招木近伐、灵龟近灼、神蛇近暴"与"比干等人之死"的原因作比，说明做人"太盛难守"的道理，提出了处事的适度原则，告诫人们：做事、从政要刚柔相济、缓急有度，特别是当权者，除要有自任其难的爱士之心外，还应掌握适度原则，不可"太盛"，否则事物就会转向对立面。应做到容人之短、用其所长，这样才能事业有成。墨子的这段话，喻理透彻，分析中肯，具有很强的说服力。

隐喻是一种比喻，即用一种事物暗喻另一种事物。隐喻表现手法生动、简洁、能起到重要作用，比明喻更加灵活、形象。《公输》记载：墨子劝说楚王不要发动侵略宋国的战争，墨子和公输盘演练了九次攻守城池，墨子胜利后，公输盘又对墨子陡生歹意，被墨子识破。

> 公输盘诎，而曰："吾知所以距子矣，吾不言。"子墨子亦曰："吾知子之所以距我，吾不言。"楚王问其故，子墨子曰："公输子之意，不过欲杀臣，杀臣，宋莫能守，可攻也。然臣之弟子禽滑厘等三百人，已持臣守圉之器，在宋城上而待楚寇矣。虽杀臣，不能绝也。"楚王曰："善哉！吾请无攻宋矣。"（《公输》）

公输盘辩不过墨子，很不服气。公输盘与墨子的对话，话中有话，话外有音，这就是暗示。他俩的对话，把一旁的楚王弄糊涂了。他不解地问墨子：“你怎么知道公输盘对付你的办法?”墨子回答说：“公输盘的办法，不过是想杀了我。他以为杀了我，宋国就没有人守城了。但是，他不知道，我的弟子禽滑厘带领三百余人正拿着这些守城兵器，在宋国的城墙上等着楚国军队进攻呢！即使杀了我，也攻不下宋城。”融隐喻和暗示于说理或驳斥中，充满机敏睿智。一句看似很平常的话语，却深喻要说的道理，轻言细语中，往往暗藏机锋。墨子、公输盘较技，是墨子“止楚攻宋”的一个亮点。公输盘被说服，无话可说，只得“服”。一个“服”字，表明墨子的论说有理有力，令人无可辩驳。

（3）同一律。

就是在同一律思维过程中，也必须在同一意义上使用概念和判断，不能在不同意义上使用概念和判断。根据同一律的要求，违反同一律的逻辑错误有两种：一是混淆概念或偷换概念。在同一思维过程中，如果不是在原来的意义上使用某个概念，而是把不同的概念混为一个概念或者改换同一概念的含义，使概念内涵和外延不确定和不同一，就会犯“混淆概念”或“偷换概念”的逻辑错误。“混淆概念”是指在同一律思维过程中，由于认识不清楚或缺乏逻辑修养，无意之中违反了同一律的要求，把不同的概念当作同一概念使用，从而造成概念混乱。“偷换概念”是指在同一思维过程中，为达到某种目的，故意违反同一律的要求，把不同的概念当作同一个概念使用。二是转移论题或偷换论题。在同一思维过程中，如果不是在原来意义上使用某个判断，而用另外的判断代替它，或者在论证某个论题时中途改变讨论的对象或论述的中心，这就犯了转移论题或偷换论题的错误。转移论题，也称离题或跑题，是指在同一思维过程中，无意识地违反同一律，更换了原判断的内容，使议论离开了论题。偷换论题是指在同一思维过程中，为达到某种目的，故意将某个论题更换为另外的论题，并把这个论题当作原来的论题，这是诡辩者常用的伎俩。为了保证运用概念、判断时遵守同一律，避免犯“偷换概念”或“混淆概念”、“转移论题”或“混淆论题”的错误，墨子还规定了“通意后对”的辩论原则。

通意后对，说在不知其谁谓也。（《经下》）

通，问者曰："子知羁乎？"应之曰："羁何谓也？"彼曰：羁施。"则智之。若不问羁何谓，经应以弗智，则过。（《经说上》）

"通意"即明白对方话语的确切含义，"通意后对"意思是说在谈说论辩的过程中，首先要明白对方的意思，然后再作回答。我们知道，同一个概念或语句经常有多种含义。在沟通交际中，如果不先"通意"，就会出现答非所问的现象。例如，"羁"既可以指马笼头，又可以指旅客，要回答"羁何谓"，首先要明白对方所问的"羁"指什么，然后再做回答，否则就有可能答非所问，违反同一律而犯混淆论题的错误。

墨家对同一律的运用是十分自觉的，墨子经常运用这一原则与对手论战并取得胜利。一次墨子和程子辩论，墨子指责儒家的学说足以丧亡天下的有四种：天不明察、鬼神不明、厚葬久丧、声乐之事。程子听后很不高兴。

程子曰："甚矣！先生之毁儒也。"墨子曰："儒固无此若四政者，而我言之则是毁也。今儒固有此四政者；而我言之，则非毁也，告闻也。"（《公孟》）

程子指责墨子毁儒。墨子指出："毁"之名反映的是"无此事而言之"，"告闻之名"反映的是"有此事而言之"，我所为乃是"有此事而言之"，所以"非毁也，告闻也"。

（4）矛盾律。

矛盾律要求在同一思维过程中，对同一对象不能同时做出矛盾的判断，即不能既肯定它又否定它。墨子用其特有的语言表述了矛盾律：

辩，争彼也。辩胜，当也。（《经上》）

意思是，辩论就是对一对矛盾命题的争论。辩论得胜的一方，是因为理由正当。

辩，或谓之牛，谓之非牛，是争彼也，是不俱当。不俱当，必或不当，不若当犬。（《经说上》）

意思是，辩论就是对一头牛，有的说是牛，有的说不是牛，这是在争论一对矛盾命题，这一对矛盾命题不能都是真的。既然不能都是真的，就必然有假的。墨家在辩论中对矛盾律的应用非常普遍，矛盾律也是墨子论辩中经常用到的一种辩论方法。他从矛盾律出发，常常从对方的命题推出荒谬、矛盾的结果，进而驳倒对方，即归谬法。

> 巫马子谓子墨子曰："子之为义也，人不见而耶，鬼而不见而富，而子为之，有狂疾。"子墨子曰："今使子有二臣于此，其一人者见子从事，不见子则不从事；其一人者见子亦从事，不见子亦从事，子谁贵于此二人?"巫马子曰："我贵其见我亦从事，不见我亦从事者。"子墨子曰："然则是子亦贵有狂疾也。"（《耕柱》）

巫马子既贵"有狂疾者"（为义者）又贵"有狂疾者"（不弄虚作假之臣），陷入自相矛盾之中，无言以对。巫马子指责墨子行义，说他有疯病，墨子诙谐的举例使巫马子承认也看重有疯病的人。这使我们看到墨子行义的坚定和教育人的机智。从中可以看到墨子无时无刻不在主动行义，主动宣传行义可以"济民救世"的道理，也可以感受到墨子行义并不求利己的精神。

> 子墨子北之齐，遇日者。日者曰："帝以今日杀黑龙于北方，而先生之色黑，不可以北。"子墨子不听，遂北，至淄水，不遂而反焉。日者曰："我谓先生不可以北。"子墨子曰："南之人不得北，北之人不得南，其色有黑者，有白者，何故皆不遂也？且帝以甲乙杀青龙于东方，以丙丁杀赤龙于南方，以庚辛杀白龙于西方，以壬癸杀黑龙于北方，若用子之言，则是禁天下之行者也。是围心而虚天下也，子之言不可用也。"（《贵义》）

墨子从"日者"的言论中引出谬误，从而驳倒对方。恰当的归谬法，可以不知不觉地让对方由主动变被动，然后推出意想不到的结论，使对方无法反驳。通过墨子批评占卦先生的言论，我们可以看到墨子主动行义、孜孜以求的精神。

（5）排中律。

传统逻辑首先把排中律当作事物的规律，意为任一事物在同一时间里具有或不具有某属性，而没有其他可能。排中律同时也是思维的规律，即一个命题是真的或不是真的，此外没有其他可能。

墨子不仅认为相互矛盾的判断不可能都是真的——“是不俱当”，而且认为相互矛盾的判断不可能都是假的——“彼，不可两不可也”。可以看出，墨子对排中律的表述是非常准确的。墨子对排中律的揭示还体现为“谓辩无胜，必不当，说在辩”。《经说下》对此有具体的说明。

（谓）所谓非同也，则异也。同则或谓之狗，其或谓之犬也。异则或谓之牛，牛或谓之马也。俱无胜。是不辩也。辩也者，或谓之是，或谓之非，当者胜也。

这说的是两个人对物的称谓不相同，就是相异。相同就如针对一只狗，其中有一个人说这是狗，另一个人说这是犬。这两个人说的相同，都是正确的，所以是不辩也。相异就如针对一只狗，其中一个人说这是牛，另一个人说这是马。这两个人说的不同，也不正确，所以是不辩也。所谓辩，应该是针对同一个对象，一个人说是，另一个人说不是，从而形成两个矛盾的判断，这两个人谁说的符合实际，谁就是正确的。为驳斥王公大人和士君子的习为声乐，墨子就运用了排中律。他首先说明只有在与众同乐的条件下才能实现乐。

大人锈然奏而独听之，将何乐得焉哉？其说将必与贱人，不与君子。与君子听之，废君子听治；与贱人听之，废贱人之从事……是故子墨子曰：“为乐，非也！”（《非乐上》）

意思是：大人们肃然安静地听着奏乐，将会得到什么乐趣呢？不是与君子一同来听，就是与贱人一同来听。与君子同听，就会使君子疏于听狱和治理国事；与贱人同听，就会荒废贱人所做的事情。所以二者都不利，最后得出结论：为乐，是不利的。当然，为乐是否只能和贱人与君子两类人来进行，王公大人为乐又是否必须和贱人与君子在一起，这是有问题的。但墨子把这一问题简单化，认为王公大人为乐的对象，只限于贱人与君子，没有第三者，这样把这仅有的两种可能排斥后就可以把为乐主张否定了。

（6）充足理由律。

通常把充足理由律表述为任何判断必须有充足理由。充足理由律是墨子在世界上首次提出的，比17世纪末18世纪初的德国哲学家莱布尼茨早近2000年。莱布尼茨在《单子论》中说："我们的推理是建立在两个大原则上，即是：（1）矛盾原则……（2）充足理由原则，凭着这个原则，我们认为：任何一件事如果是真实的或实在的，任何一个陈述如果是真的，就必须有一个为什么这样而不那样的充足理由，虽然这些理由常常总是不能为我们所知道的。"[①] 墨子在对"故"的论述中阐明了充足理由律：

> 以故生……立辞而不明于其所生，忘也。（《大取》）

一个论题必须借助充足的理由才能成立，如果提供不了充足的理由，那么该论题就是虚妄不实的，就缺乏论证和说服力。

> 故，所得而后成也。（《经上》）
>
> 小故，有之不必然，无之必不然。体也，若有端。大故，有之必无然，若见之成见也。（《经说上》）

这里墨子把"故"分为两种——"小故"和"大故"。小故，有它不一定会产生某一种结果，没有它就一定不会产生某种结果。它是整体的一部分。大故，有它就必定会产生某种结果，没有它就必定不会产生某种结果。墨子认为，分析事物之间的条件关系和因果联系，说出一个命题成立的充足理由，就可以达到论证的目的，让人无可置疑。在辩论中，墨子经常会问"此何故也"，就是为了探究问题的根据。对于那些不能"明故"的错误，墨子也会予以痛击。

> 然而今天下之士君子曰："然！乃若兼则善矣；虽然，天下之难物于故也。"子墨子言曰："天下之士君子，特不识其利、辩其故也。"（《兼爱中》）

有人攻击墨子的兼爱："对！兼爱固然是好的。即使如此，它也是一件难办而迂阔的事。"墨子反击道："天下的士君子只是不能识别兼爱的益处、辨明兼爱的道理。"

① 北京大学哲学系外国哲学史教研室编译：《十六一十八世纪西欧各国哲学》，生活·读书·新知三联书店1958年版，第297页。

(7) 迂回诱入法。

迂回诱入法是指在谈辩过程中辩论双方势均力敌，谁也说服不了对方，一方在谈辩的表达方式上绕圈子，诱使对方进入自己的思路之中。兹举一例如下。

> 公输盘为楚造云梯之械，成，将以攻宋。子墨子闻之，起于齐，行十日十夜而至于郢，见公输盘。公输盘曰："夫子何命焉为?"子墨子曰："北方有侮臣，愿藉子杀之。"公输盘不说。子墨子曰："请献十金。"公输盘曰："吾义固不杀人。"子墨子起，再拜曰："请说之。吾从北方闻子为梯，将以攻宋。宋何罪之有？荆国有余于地，而不足于民，杀所不足，而争所有余，不可谓智。宋无罪而攻之，不可谓仁。知而不争，不可谓忠。争而不得，不可谓强。义不杀少而杀众，不可谓知类。"公输盘服。(《公输》)

墨子为了不让楚国攻打宋国，找到公输盘。墨子先诱使公输盘说出自己是仁义的，不能随便杀人，然后围绕对方的观点，从仁爱、忠诚等方面展开论证，经过一连串发难，得出"杀一人不义而杀更多人"的结论，使公输盘的观点自相矛盾，公输盘无力反驳而认输。这里墨子提出了"类"这个逻辑学的基本范畴（墨子共提出逻辑学的三个基本范畴，其他两个是"故""发"）。"类"即事物的类别。墨子说公输盘"义不杀少而杀众，不可谓知类"，意思是你说仁义不杀人，却认为攻打无辜的宋国去杀许多无辜的庶民百姓为仁义，这不能算是知道事物的类别。这是把本来同类的事物视为异类，杀少之不义与杀众之不义同为不义。墨子提出"类"的概念，表明他已把客观事物的"类"及其在人的思维、语言中的反映作为思维、认识的对象。

(8) 推类法。

推类是根据两个对象在本质上相同，从其中一个对象具有某种属性，推出另一个对象也具有这种属性。墨子对推类进行了自觉的研究，形成了理论。这种理论是非常独特的，它在很大程度上影响了整个中国古代逻辑的面貌，同时又对在具体分析对象基础上进行推理的中国古代思维方式的定型起到了关键作用。墨子的推类理论对研究墨子的逻辑乃至整个中国古代逻辑都有着非常重要的意义，同时也可以帮助我们认识中国古代思维方式的形成过程。墨子的推理主要以对事物的具体、客观分析为基础。为了“察类”而“明故”就很好地说明了墨子推理的特点。“商人与士”是墨子论辩中的一个实例。

> 商人之四方，市贾信（“倍”字之误）徙，虽有关梁之难、盗贼之危，必为之。今士坐而言义，无关梁之难、盗贼之危，此为信徙，不可胜计，然而不为，则士之计利，不若商人之察也。（《贵义》）

商人四方经商与士为义一样都有利，因而从商人为获利而“必为之”也应该推出士为获利而必为义。另外，商人四方经商与士为义有不同之处有二。第一，士为义获利更大；第二，士为义无商人四方经商那样的“关梁之难”“盗贼之危”。因此，从两者的相异点看，士人求利者更应为义。这里，墨子推理的根据，既涉及事物的相同点，又涉及事物的不同点，更是把推理建立在对事物的全面分析之上。

3.“谈辩”的程序

做任何事都要遵循程序，“谈辩”亦是如此。墨子和其弟子在“谈辩”中，通过思想交锋，批判性思维得到培养锻炼；在“谈辩”中，与对手交流，体会到和人交往的意义，开阔了眼界。更重要的是在“谈辩”中给自己找到了一个展示的舞台，这个舞台可以让人找到自信，可以给人“从事”的信心。

“谈辩”的程序一般分为开始、展开、终结三个阶段，缺少其中任何一个阶段都不是一场完整的“谈辩”。因此，一场完整的“谈辩”一般由论题、立论、驳论、结辩四个部分组成。在这个过程中，有三个要素是不能忽视的。一是“谈辩”中存在持不同意见的双方或多方。有不同意见的双方或多方存在才能实现思想交锋。一个人不可能自己同自己辩论。二是“谈辩”必须针对同类事物或同一问题，即存在同一论题。如果各方“谈辩”的论题不同，就不能实现有意义的“谈辩”。三是“谈辩”的诸方有或多或少的共同认识或共同承认的前提，如思维的同一律、矛盾律、排中律、充足理由律和正确推理的方法等。没有这些共同承认的东西，“谈辩”只会是一场混战，不可能得出结论。

墨子的“以名举实，以辞抒意，以说出故”（《小取》），是一个求得理论认知的过程。可以用“名、辞、说”三种思维形式来解释“谈辩”的思维程序。“以名举实”，就是用语言名词来表达实在的东西，也就是说，所谓的概念就是要揭示事物对象的本质特征。“实”是客观事物，“名”则是对客观事物的反映。《经上》指出：“名、达、类、私。”《经说上》解释说：“物，达也。有实必待之名命之。马，类也。若实也者，必以是名命之。臧，私也。是名也止于是实也。”“以辞抒意”就是用句子表达一个观点或意见。在墨子看来，“辞”是一种表征，是对事物实在状况的一种判定。从内容上看，“辞”是一个命题，它所表达的是“意”，是由概念组成的；从形式上看，“辞”是一个语句，它是由词构成的。“以说出故”，就是要通过说的方式来明确“立辞”的根据和理由。《大取》说：“夫此以故生，以理长，以类行也。立辞而不明其所生，妄也。今人非道无所行，虽有强股肱而不明于道，其困也，可立而待也。夫辞以类行者也，立辞而不明于其类，则必困矣。”也就是说，“故”作为事物、现象发生和存在的原因与条件，是立辞的理由和根据。

第三节 “说书”类课程的施教

1. “说书”的实践活动

“说书”主要是墨子安排弟子到各国实践治国理政。墨子认为，“夫尚贤者，政之本也”（《尚贤上》）。他主张尊重贤才，任用能人。墨子说：

> 古者圣王之为政，列德而尚贤，虽在农与工肆之人，有能则举之，高予之爵，重予之禄，任之以事，断予之令……故官无常贵，民无终贱，有能则举之，无能则下之。以尚贤使能为政……（《尚贤上》）

在“尚贤使能”思想指导下，墨子“内举不避亲，外举不避仇”（《吕氏春秋·去私》），选拔、安排众多的弟子到各国治国理政成为美谈。墨子先后推荐曹公子到宋国做官，派高石子到卫国做官，让禽滑厘率三百墨徒持守御之械助宋守城防楚……这都是出于统一的部署和通盘的安排。兹举几例。

（1）安排公尚过越国出仕。

> 子墨子游公尚过于越。公尚过说越王，越王大说，谓公尚过曰："先生苟能使子墨子于越而教寡人，请裂故吴之地，方五百里，以封子墨子。"公尚过许诺，遂为公尚过束车五十乘，以迎子墨子于鲁。（《鲁问》）

公尚过被派到越国宣传墨家主张，结果越王对墨家之学叹服不已。越王表示要用五百里封地的封赏礼遇墨子，这足以说明公尚过对墨子思想理解深入、阐发得当，是深得墨子思想精髓的人。

（2）安排禽滑厘防守宋城。

> 公输盘诎，而曰："吾知所以距子矣，吾不言。"子墨子亦曰："吾知子之所以距我，吾不言。"楚王问其故，子墨子曰："公输子之意，不过欲杀臣，杀臣，宋莫能守，可攻也。然臣之弟子禽滑厘等三百人，已持臣守圉之器，在宋城上而待楚寇矣。虽杀臣，不能绝也。"楚王曰："善哉！吾请无攻宋矣。"（《公输》）

这是说墨子和公输盘在演练完九次城池攻守，墨子胜利后，公输盘又对墨子陡生歹意，被墨子识破，楚王不得不放弃攻打宋国的打算。公输盘黔驴技穷，竟想把墨子这个劲敌杀掉，妄图扫清攻宋道路上的障碍。但是这一阴谋非但未能得逞，反被墨子一眼看穿，进而一针见血地当面揭露了公输盘的卑劣行径，并严正告诫他，迫使楚王最后不得不说出"善哉！吾请无攻宋矣"的话来。这是"不战而屈人之兵"的一个范例。

（3）推荐高石子到卫国做官。

> 子墨子使管黔滶游高石子于卫，卫君致禄甚厚，设之于卿。高石子三朝必尽言，而言无行者。去而之齐，见子墨子曰："卫君以夫子之故，致禄甚厚，设我于卿，石三朝必尽言，而言无行，是以去之也。卫君无乃以石为狂乎？"子墨子曰："去之苟道，受狂何伤！古者周公旦非关叔，辞三公，东处于商盖，人皆谓之狂，

> 后世称其德，扬其名，至今不息。且翟闻之：‘为义非避毁就誉。’去之苟道，受狂何伤！”高石子曰：“石去之，焉敢不道也！昔者夫子有言曰：‘天下无道，仁士不处厚焉。’今卫君无道，而贪其禄爵，则是我为苟陷人长也。”子墨子说，而召子禽子曰：“姑听此乎！夫倍义而乡禄者，我常闻之矣；倍禄而乡义者，于高石子焉见之也。”（《耕柱》）

高石子在墨子的教诲下时刻不忘行义、守义。当他行义的主张无法实行时，毅然弃高官厚禄而去，这在当时是难能可贵的。从中我们可以看到墨家学派行教救义力量的强大，也可以看到墨子教育的效果。墨子认为义是天下的良宝，他本人也在孜孜不倦地坚持行义，反对背义向禄的人，主张大家一起行义。墨子对高石子背禄向义的做法倍加欣赏，喜形于色，召来禽滑厘，对高石子大加赞赏，高兴的心情显而易见。

（4）对弟子言行不一的批评。

> 告子谓子墨子曰：“我治国为政。”子墨子曰：“政者，口言之，身必行之。今子口言之，而身不行，是子之身乱也。子不能治子之身，恶能治国政？子姑亡子之身乱之矣！”（《公孟》）

告子曾在孟子门下学习。赵岐在《孟子注》中说，告子“兼治儒墨之道”，后来跟从墨子学习。这里墨子指出了告子不能从政的原因：“今子口言之，而身不行。”从反面告诫当政者一定要言行一致，以身作则，这样才能有说服力。言行一致是中华民族的传统美德。中华民族绵延数千年，人无诚信不立，家无诚信不和，业无诚信不旺，国无诚信不稳的理念，渗透到社会生活的方方面面。社会能否和谐稳定，国家能否长治久安，在很大程度上取决于全体社会成员是否诚信。诚信作为为政之道，自古被视为治国安邦的法宝，为历代统治者所重视。言行一致的基本要求是：言必正，言可行；言必实，言力行；行必果，果应善。

2.“说书”的教化作用

“说书”是墨子和弟子一同对王公大人和平民百姓实施教化之道，在我国教化思想史上留下了浓墨重彩的一笔。

（1）教化的目的。

墨子和弟子一同实施教化的目的是“济民救世”。春秋战国时期，旧制度日趋解体，新制度尚未定型，统治阶级内部不同利益集团间的矛盾日益尖锐，社会混乱，墨子认为社会混乱的根源就是人们彼此间“不相爱”，只顾自己，一味追求自身利益，不顾他人和社会的公共利益。所以，墨子提出“兼爱”思想，试图建立充满“兼爱”的社会。“兼爱”是墨子教化思想的核心，墨子和弟子终其一生都在为实现这一理想而奋斗。墨子认为国家与国家之间、团体与团体之间、人与人之间的矛盾都是因为人与人不相爱，人如果仅仅自爱而忽视爱他人，就会造成社会的失序和紊乱。而要想做到“国与国不相攻，家与家不相乱，盗贼无有，君臣父子皆能孝慈”，只有“兼相爱，以相利之法易之”（《兼爱上》）。这里有两层含义。首先，“使天下人兼相爱，爱人犹爱其身”，是说如果大家都能像爱自己的国家、家庭、身体一样去爱别人的国家、家庭、身体，由己及人，就不会有战争，不会有盗贼，不会有父不慈子不孝的情况发生，但如果人人都只追求自己的利益，社会必将陷于混乱之中。人们只有互爱才能实现社会的安定。其次，墨子在“兼相爱”的同时并没有忘记“交相利”，这个“利”不是一己之私利，而是天下公利，以“交相利”续“兼相爱”，即“兼爱”必须与现实功利相联系。“仁人之事者，必务求兴天下之利，除天下之害。”（《兼爱下》）这是墨子一生的理想，他试图从这一理想出发，拯救乱世，建立一个兼爱交利的社会。下面的这段话，让人更能理解“兼爱”的美好。

> 今有平原广野于此，被甲婴胄，将往战，死生之权，未可识也；又有君大夫之远使于巴、越、齐、荆，往来及否，未可识也。然即敢问：不识将恶也家室，奉承亲戚、提挈妻子而寄托之，不识于兼之有是乎？于别之有是乎？我以为当其于此也，天下无愚夫愚妇，虽非兼之人，必寄托之于兼之有是也。（《兼爱下》）

古人云“疾风知劲草”，在困难之时主动帮助别人的人最为可信，持“兼相爱”主张的人就是这样的人。这个案例形象地说明了这个道理，宣传了要人们爱人如己、相亲相爱的思想。

（2）教化的依据。

墨子和弟子一同实施教化的依据是“义利观”。墨子“义利观”的基本思想是重利贵义、义利合一。“民生为甚欲”，人的本质决定了人受到本能和欲望的驱使，人会追求自我利益，以维持生命和存在。因此，墨子讲道：“利，所得而喜也。”“害，所得而恶也。”（《经上》）墨子所言之利有三层含义：一是“天下之利”，是公利；二是“交相利”，是爱人之利，是他利；三是自利。在这里，“天下之利”是墨子道德理念的最终目标。他利与自利之间，应从自利出发走向他利，最终达到兴天下之利。兴利与除害相对，把种种有害于民的弊病除掉，使百姓安居乐业、衣食无忧，这就是兴天下之利，除天下之害。要想实现这一目标，就必须确立一套切实可行的行为准则，所以墨子认为“万事莫贵于义”：

> 今有人于此，负粟息于路侧，欲起而不能，君子见之，无长少贵贱，必起之。何故也？曰：义也。（《贵义》）

从中可以看出明显的是劳动者的道德情感。今天我们经常看到这样的情况，“负粟息于路侧”，谁看见都会帮着扶上肩的，人力车上坡艰难，人们都会帮着推一把的，这种做对别人有益的事情就是君子的行为，就是“义”。世俗之人却不喜欢这样，并对这种做法加以非议、诋毁，墨子对世俗之人提出了尖锐的批评。

墨子的义利观建立在他对人性深刻反思的基础之上，他重利又不忘人之所以为人的尊严与价值，把“交利”作为“兼爱”思想的出发点和依据，建立了自己独具特色可供后世借鉴的思想体系。墨子和鲁国一位名叫吴虑的名士有一段“鼓而进于义”对话，很有意思。

> 吴虑谓子墨子曰：“义耳义耳，焉用言之哉？”子墨子曰：“籍设而天下不知耕，教人耕，与不教人耕而独耕者，其功孰多？”吴虑曰：“教人耕者，其功多。”子墨子曰：“籍设而攻不义之国，鼓而使众进战，与不鼓而使众进战而独进战者，其功孰多？”吴虑曰：“鼓而进众者，其功多。”子墨子曰：“天下匹夫徒步之士少知义，而教天下以义者，功亦多，何故弗言也？若得鼓而进于义，则吾义岂不益进哉！”（《鲁问》）

吴虑对义提出不同看法，墨子对他进行了指正教育，向吴虑阐明只有把义向天下人做广泛的宣传并为他们所接受，才有利于救世愿望的实现，使吴虑对义有了新的认识并心悦诚服。

（3）教化的方法。

墨子和弟子一同实施教化的方法是宣传“天志”“明鬼”。墨子认为，社会混乱在于传统宗教的丧失，人们对天神的敬畏逐步淡薄以致无所畏惧。所以他主张恢复天神的权威，倡导“天志”“明鬼”的观点，企图建立一种宗教伦理哲学，以恢复社会秩序，达到“兼爱”的目的。墨子学说中的天有意志，天主宰万物，洞察一切，能够惩恶扬善，兼爱天下百姓，人在世上做事为人都必须遵循一定的法则，如若获罪于天，便无处躲藏。人们只有和睦相处、互敬互爱，才是遵从了天的意志。墨子在肯定了天的意志的同时，也相信鬼神。“明鬼”就是要相信鬼神的存在，将鬼神作为“兼相爱，交相利”的制约力量。鬼神和天一样具有人格意志，鬼神作为天的意志的执行者，无所不知、无所不晓，奖赏善者，惩罚恶者。

> 别者，处大国则攻小国，处大家则乱小家，强劫弱，众暴寡，诈谋愚，贵傲贱；观其事，上不利乎天，中不利乎鬼，下不利乎人，三不利无所利，是谓天贼。聚敛天下之丑名而加之焉，曰：“此非仁也、非义也。憎人、贼人，反天之意，得天之罚者也。”不止此而已，又书其事于竹帛，镂之金石，琢之盘盂，传遗后世子孙。（《天志中》）

这里墨子例数“别者”的种种罪恶，墨子把他们说成“天贼”，可见墨子对“别者”深恶痛绝。“兼相爱”使社会良性互动，“别相恶”导致社会恶性循环。“别”，是有差别的。这些恨别人、害别人的人，是把别人看得和自己有差别。由此可见，认为人与人之间有差别，就会恨。恨别人，就会害别人，害别人，天下就会大乱，所以“别”是错的。天下这么乱，国与国相互征伐，家与家相互掠夺，人与人相贼、相互残害，多半因为利。事实上，爱可以是无差别的，也可以是有差别的。就绝大多数人而言，爱自己的父母、子女、兄弟姐妹，总归是比爱别人多一些。能够将心比心，推己及人，也爱别人的家人，就很不错了。这是人之常情，也是人之常理。墨子力倡“兼相爱，交相利”，使老有所养、幼有所育、人皆温饱。这种理想人格的积极内容，铸造了中华民族精神的凝聚力。

（4）教化的评价。

墨子和弟子一同实施教化。对教化效果的评价是“志功合一”的道德评价观。《耕柱》篇称“义可以利人”，义中有利，又以利人、利民、利国来定义，故义和利是合一的。墨子要求弟子遵德行义，必须从百姓的实际利益出发，比儒家“重义轻利”的原则更富人民性。“志功合一”是说道德修养必须将动机与效果统一起来。这就必须做到言行一致，即“言必信，行必果，使言行之合，犹合符节也”（《兼爱下》）。墨子注重实践，认为“士虽有学，而行为本焉”（《修身》），主张强力而行，反对怠惰，倡导“惜阴”，“人之生乎地上之无几何也，譬之犹驷驰而过隙也”（《兼爱下》），鼓励弟子抓住时机，积极有为，建功立业。墨子所说的“行”，不限于道德践履，还包括科学实验、生产劳动以及政治斗争等多方面的内容，比儒家“身体力行”的“行”要广阔得多。墨子重“行”，但不以“行”废志，相反，主张积极强化意志，告诫弟子“志不强者智不达”，鼓励他们为理想而献身，以至于墨门弟子多有“摩顶放踵，利天下为之”者。“义利合一”与“志功合一”，属于功利主义的伦理观，反映了小生产者的阶级利益，与董仲舒“正其谊（义）不谋其利，明其道不计其功”（《汉书·董仲舒传》）的原则相对立，在理论上更为科学。《墨子》中有这样一段故事，将这个问题说得很透彻。

> 鲁君谓子墨子曰：“我有二子，一人者好学，一人者好分人财，孰以为太子而可？”子墨子曰：“未可知也。或所为赏与为是也。魡者之恭，非为鱼赐也；饵鼠以虫，非爱之也。吾愿主君之合其志功而观焉。”（《鲁问》）

鲁国国君问墨子立太子的事，墨子没有立即表态，而是让鲁国国君把二子的动机和效果结合起来观察。这告诉我们看一个人怎样，不能只看他的表面，而应深入全面地观察了解。

（5）教化的保障。

墨子和弟子一同实施教化，教化实施的保障措施是墨家学派的“巨子制”。春秋战国时期，墨子内部实行巨子制度，将墨家组织成一个有领导、有组织、有纪律的教育集团。巨子是墨家的首领，门徒对巨子的安排必须无条件服从。这种制度的影响力颇大，直至墨子死后，仍然“从属弥众，弟子弥丰，充满天下”（《吕氏春秋·当染》）。墨家门徒不仅受巨子的领导，而且必须遵守墨家之法。墨子门徒见利忘义的行为会受到严厉批评，墨子要求其门徒遵道守义，以天下大事为己任。只有经过艰苦的修身磨炼，在日常生活中严于律己，才能获得救世所需的体魄和意志。只有勤奋刻苦，专于探求治国之道，才能成为一代巨子，才能完成兴利除害的伟大目标。墨家巨子虽然拥有巨大的权威，但是并非仅仅靠外在的纪律和惩罚，更重要的是依靠自身的品德和言行。高尚品格、道德力量对门徒具有无形的约束力。墨家成员接受巨子领导，严守墨家之法，墨家门徒思想行动高度一致，使墨家成为一个令行禁止的群众团体，为天下大义勇于献身。墨家众多的知名弟子，许多人成为严师、良友、贤臣。荀子叹曰：“礼乐灭息，圣人隐伏，墨术行。”（《荀子·成相》）这说明了墨子人格教育、纪律教育和意志教育的成功。

3. “说书”的科学探索

“说书”的科学探索是指墨子对科学技术的实验探索。2016 年 8 月 16 日 1 时 40 分，世界首颗量子科学实验卫星“墨子号”在酒泉卫星发射中心用长征二号丁运载火箭成功将发射升空。8 月 15 日，量子科学实验卫星首席科学家、中国科学院院士潘建伟在酒泉卫星发射中心接受媒体采访时表示，中国自主研制的世界首颗量子卫星之所以命名为“墨子号”，是因为墨子最早通过小孔成像实验发现光是沿直线传播的，第一次对光沿直线传播进行了科学解释。这在光学中是非常重要的一个原理，为量子通信的发展打下了一定的基础。墨子还提出了某种意义上的粒子论。光量子学实验卫星以中国科学家先贤墨子”来命名，体现了中国的文化自信。

墨子的科学技术课程没有停留在一般的知识和技能的简单传授层面，而是把丰富的实践经验上升为科学技术。墨子和其弟子比一般手工业者和农业劳动者更有文化修养，墨子学团是具有高度组织性和纪律性的学术性团体，他们就可能把普通匠人的技艺上升到科学技术的水平，墨子把这些总结出来的科学技术知识又融入教学中，科学技术课程也就成为墨子教育的主要内容。墨子对高度总结的科学技术的作用有着充分的认识：

> 子墨子曰：天下从事者，不可以无法仪。无法仪而其事能成者，无有也。虽至士之为将相者，皆有法。虽至百工从事者，亦皆有法。百工为方以矩，为圆以规，直以绳，正以县。无巧工不巧工，皆以此五者为法。巧者能中之，不巧者虽不能中，放依以从事，犹逾已。故百工从事，皆有法所度。（《法仪》）

墨子认识到科学技术的重要性，因此在教学的过程中对渗透科技性、理论性的知识的教授不遗余力。墨子的科学技术课程主要载于《墨子》一书《经上》《经下》《经说上》《经说下》《大取》《小取》篇目，这六篇在中国先秦各学派的典籍中保存了墨子对自然科学和应用技术的许多研究成果，反映了墨子和弟子们的科技活动和实践，是研究墨子科技思想的重要依据。

墨子的科学技术思想，以生产实践为基础，以概念和理论分析为手段，既有浓厚的实践性、实用性，又有一定的抽象性和理论性。墨子主张从有利于平民百姓生产、生活的功利主义价值观出发，研究利用自然法则，核心是“兴天下之利，除天下之害”（《非乐上》）。墨子高度重视实验科学和科技实践，在中国古代科技发展史上，不乏重大的科技发明。墨子既能从实践中获得丰富的科学技术知识，又能对科学技术知识进行系统理论研究。现将墨子科学技术课程的要点分述如下。

（1）几何学。

墨子对几何学的点、线、面、体，圆的相交、相切等概念做了概括。

一是“点”。

> 端，体之无序而最前者也。（《经上》）
>
> 端，是无同也。（《经说上》）

无厚无间（宽）无长度，处在物体的最前部分是谓“点”。这同现代几何学上所说的“点是没有长、宽、高而有位置的几何图形，积点成线、积线成面、积面成体，点为最初之起点、不可再分”等命题是一致的。

二是“线”。

平，同高也。（《经上》）

直，参也。（《经上》）

墨子用相同高度定义“平”，以三点共一线定义直线是科学的。

同长，以正相尽也。（《经上》）

正，相互比较。这是说两条线段相比，如两端端点相吻合，两线段则相等。

三是“体”。

体，分于兼也。（《经上》）

体，若二之一，尺之端也。（《经说上》）

这里讲的是整体和部分的关系。这里的“体”是物体的个体，“兼”是整体。一虽是二的部分，但二并不等于整体。空间、时间本来就是无穷无尽的，整体总是相对的，故墨子称兼不称全。如此看来，其几何学理论对空间的无限性和相对性已有了相当明确的认识。

四是“方”“圆”。

方，柱隅四欢也。（《经上》）

方，矩殹也。（《经说上》）

方形就是用尺矩作出四个边四个角相等的平面图形。“柱”，即边；“隅”，即角；“权”，即正。正方形四边相互垂直，四角必为正角即直角，用作方之器“矩”作等长四边，使之相互垂直、相直相交，即得正方形。

圜，一中同长也。（《经上》）

心中自是往相若也。（《经说上》）

这里讲的是圆心与半径的关系，即凡同圆，半径必等，这与现代几何学关于圆的命题一致。

比，有以相撄，有不相撄也。（《经上》）

两有端而后可。（《经说上》）

这是几何学中图形比较的方法。同类的图形，可相互比较，如两条线、两个角、两个圆、两个矩形等。可用叠置法比较。

次，无间而不相撄也。(《经上》)

无厚而后可。(《经说上》)

“次”即序次、排列、相切。“相切”即两个图形的共同点只有一个。“无间”是两个图形之间没有空隙。“不相撄”是不相交，相交是有两个共同点，相切是有一个共同点。

(2) 数学。

墨子的数学概念，和欧几里得《几何原本》符合。墨子的研究成果是中国数学史上的宝贵文献，其中记述的数学知识与中国工匠几千年实际运用的生产技术密切结合，成为人尽皆知、耳熟能详的基础性理论。

一是零的发现。零的发现，是数学史上的大事之一。某单位处的数字，如不存在，于此处空出一个位置来表示它，即零，自属当然之处置，这种办法在公元前 4 世纪时就已经出现。

库，易也。(《经上》)

库，区穴若斯貌常。(《经说上》)

后者是对前者的解释，是说这是零的文字证明。

二是“有穷”“无穷”的概念。

穷，或有前不容尺也。(《经上》)

或不容尺有穷，莫不容尺无穷也。(《经说上》)

“有穷”“无穷”是近代数学史上的重要概念，后者是对前者的解释。“或”即“有时”。“尺”即线。“前”即一个区域的最前面。一个空间是有穷的，在度量的时候，前面不能容纳一线，这就是“或不容尺有穷”。一个空间是无穷的，在度量的时候，前面永远可以容纳一线，这就是“莫不容尺无穷也”。

三是珠算定位之理、进位之法（十进位制）。

一少于二，而多于五。说在建。(《经下》)

一，五有一焉，一有五焉。十，二焉。(《经说下》)

这是讲数学及珠算定位之理、进位之法；一在个位上比二少，但在十位上却多于五。如今的算盘是上二下五；上一当五，下一当一；左一当十，右一当一。由此推断，我国的珠算（珠算之名始见于东汉徐岳的《数术记遗》一书）大致在《墨子》成书时就已经出现。墨子对中国古代数学最大的贡献是建立了十进位制。所谓“建位”，就是建立个、十、百、千……之位。同是一个数字，可以处在个位也可以处在十位，等等。处在不同的位，就代表不同的值。例如，一如果在个位，那是一个，比二少，如果在十位，那就是一十，比五多，所以说“一少于二而多于五，说在建（进）位”。在个位的一，含于五中，所以说“五，有一焉”；在十位的一，即是一十，含有五，所以说“一，有五焉”。一十是由两个五合并而成，所以说“十，二焉”。在这里，墨子用极其精练的语言把“建位”的道理讲得十分清楚明白。

（3）光学。

墨子论述了光学知识，从光的直线传播原理出发，阐述了光与影的关系、半影的形成、小孔成像、光的反射、光源和物的相对位置与影的关系、平面镜成像、凸面镜成像、凹面镜成像等知识，这些比古希腊欧几里得的光学记载早了百余年。他还对前述光学现象进行了实验、观察和分析。

一是“影”的定义与生成。

> 景不徙，说在改为。（《经下》）
>
> 景：光至，景亡；若在，尽古息。（《经说下》）

墨子光学中的“景”字有三义：一是光，二是物蔽光所成之阴影，三为光反射所成之像。本条中“景”字均训为第二义。“改为”是墨子特指的一种物理概念。墨子在观察表影的过程中认识到影是由物体阻隔光源射来的光线形成的，如有光线照于影处，则影消失，故而墨子说“光至，影亡”。若影存在，则必因光源与障碍物各自的位置始终没有变动，故曰“若在，尽古息”。如果光源不动，障碍物移动，影也随之移动，但实际上只是原影不断消失、新影不断生成的连续的物理过程。墨子称此为“改为”。它是不同于物体位置的移动、物体运动等概念的。这里论述的是影的定义与生成。光为物体遮蔽而生影。物体动，旧影灭而新影生，尽管新影与旧影不断更换，但影仍然存在。

二是本影与半影的生成。

> 住景二，说在重。（《经下》）
>
> 景：二光夹一光；一光者，景也。（《经说下》）

这里是讨论本影与半影的生成问题，当两个光源（它们不应与物体同在一直线上）同时照耀一个物体时，必生成两个影，这两个影重叠在一起，而且一浓一淡。现在分别称它们为本影与半影。在两个光源照射下，物体的影子重复出现或重叠出现。因此，“说在重”。下则中的“夹”字就是具体指出影子重叠出现的情况。“二”与“一”指的是全部与局部。全亮区是全部光线照到，本影区是全部光线全照不到，半影区是部分光线照到。三者相衬则区分清楚，“二光夹一光”意义才明晰。只有部分光线照到的区域才叫影，故曰：“一光者，景也。”

三是光的直线传播和小孔成像。

> 景到在午，有端与景长，说在端。（《经下》）
>
> 景：光之人煦若射。下者之人也高，高者之人也下。足敝下光，故成景于上。首敝上光，故成景于下。在远近有端，与于光，故景庫内也。（《经说下》）

上则是说：影子颠倒，在光线相交下，焦点与影子造成，是所谓焦点的原理。下则是说：影，光线照人，如果反射，其直若矢。射到下面就反射到高处，射到高处就反射到下面，因成倒影。足部遮住下面的光，反射出来成影在上；头部遮住上面的光，反射出来成影在下。在物的远处或近处有一小孔，物体为光的直线所射，反映于壁上，故影倒立于屏内。实际上，这里讲了两个道理，一是光沿直线传导，二是小孔成像的道理。也就是说，光穿小孔如射箭，是直线传导的。人的足部遮住下面来的光，成影在上边，人的头部遮住上面来的光，成影在下边，就形成了倒立的影子。这是世界上第一个小孔成像实验。它既证明了光沿直线传播的原理，又科学地解释了小孔成像这一自然现象。

四是光和光源与影的大小。

> 景之大小，说在地正、远近。（《经下》）

> 景：木柂，景短大；木正，景长小。大小于木，则景大于木。非独小也。远近。(《经说下》)

上则是说，影子的大小，取决于光线所照地方的远近。下则的“木拖”指置立于地上的取景之物，“大”指阔浓，“小”指狭淡。墨子认为，木表柂，则影短而粗；木表正，则影长而细。光体小于木表，则影大于木表；光体大于木表，则影小于木表。光体距木较远，则影小；光体距木较近，则影大。这里论述的是光和光源与影之大小的关系。光照物体，斜照则影大，正照则影小；光源距物远则影大，近则影小。

五是光的反射。

> 景迎日，说在抟。(《经下》)
>
> 景：日之光反烛人，则景在日与人之间。(《经说下》)

墨子认为，日光射至平面镜，又反转来照直人身，就会出现人影向日的现象，其原因在于光的反射。因为经过平面镜反射的光线再照至人身，人影必在日与人之间。另外，光线射至水面，同样可以出现反射现象，不过用水面来观察反射现象不如用镜面效果好。墨子已经观察到光的反射。墙外农夫插秧景象反射至高悬镜面上，又经高悬镜面反射而至墙内水盆之中，墙内立者窥水中之影，即知墙外农夫劳作之景。简易潜望镜与现代所用的复杂潜望镜原理完全一样。应该说，它是现代潜望镜及其他利用光的反射特性改变光路的光学仪器的原型。这是墨子光学的又一贡献。

六是平面镜中物与像的关系。

> 二临鉴而立，景到，多而若少，说在寡区。(《经下》)
>
> 临：正鉴，景寡，貌能、黑白、远近、柂正、异于光。鉴景，当俱就，去尔当俱，俱用北。鉴者之臭，于鉴无所不鉴，景之臭无数，而必过正，故其同处其体，俱然鉴分。(《经说下》)

“临鉴”的“鉴”是指以静水为镜，或将镜子平置地面，犹如照水镜，故“景倒”。“正鉴”指平面镜；“异于光”的“光”是指阴影，而不是平面镜的虚像。平面镜成像时，鉴者近镜，像亦近镜；鉴者远镜，像也远镜，故曰：“鉴景，就当俱，去亦当俱。”这是说，平面镜只有一个不变的像。这像的形状、颜色、远近、斜直程度都与阴影不一样。人走近镜子，像也走近；人离开镜子，像也离开：人与像的方向总是相反。可见，墨子最早提出镜面对称的理论。这里论述的是平面镜中物与像的关系。人临于镜前，镜中影像和人的正面正好相反。人若立于两镜之中间，镜中则会出现无数复影。镜中之影距人愈远，则人之所见影像越少。实际上并非如此，只是由于人的目力所限，人所见者愈小愈少而已。

七是凸面镜成像。

> 鉴团，景一……天而必正，说在得。（《经下》）
>
> 鉴：鉴者近，则所鉴大，景亦大；其远，所鉴小，景亦小。而必正。景过正故招。（《经说下》）

“鉴团”即凸面镜。凸面镜成像总是正立、缩小的虚像。故《经下》说：“鉴团，景一”。《经说下》对距离凸面镜远近不同的物体所成像情形做了更详细的讨论，指出物体距镜面近时所成像大，距镜面远时所成像小，且像都是正立的虚像。这是讲凸面镜成像之理。凸面镜成像者有大小之别，这是因为物体距镜远近之故，近者，所得影像就大，远者，所得影像就小。但是无论大小，影像必定是正影。

八是凹面镜成像。

> 鉴位，景一小而易，一大而正，说在中之外、内。（《经下》）
>
> 鉴：中之内：鉴者近中，则所鉴大，景亦大；远中，则所鉴小，景亦小。而必正，起于中缘正而长其直也。中之外：鉴者近中，则所鉴大，景亦大；远中，则所鉴小，景亦小。而必易，合于中而长其直也。（《经说下》）

“鉴位”即凹面镜，“位”者，凹也。中，即光学上的焦点。凹面镜成像者有大小、易正之别，有三种情形：物体在镜光焦点之外，则像比物体小而倒立，是实像；物体在镜光焦点与焦点之间时，则像比物体大而倒立，也是实像；物体在镜光焦点以内时，则像比物体大而正立，是虚像。

（4）力学。

墨子对力的定义、滑轮、杠杆的原理等方面进行了探讨。

一是力的定义。

力，刑之所以奋也。（《经上》）

力，重之谓下。与重，奋也。（《经说上》）

这两则论述的是物体受力而运动及重量与力的关系。“奋”，动也，也含加速度之义。这是说，物体能够从静止开始运动或者得到加速度，是因为受了外力的作用。墨子“力”的定义是牛顿第二定律的雏形，近代物理学上的“力”的概念也与之完全相同。力是引起物体运动状态变化的原因，此与伽利略和牛顿的观察结论相同，却早了1800多年。2018年5月28日，习近平总书记出席中国科学院第19次院士大会、中国工程院第14次院士大会并发表重要讲话。他在讲话中引用墨子“力”的定义，凸显了科技创新的重要性。

止，以久也。（《经上》）

止，无久之不止。（《经说上》）

“久”，拒也。运动着的物体，若无外力拒之，其运动则不可能停止。这是牛顿第一定律之义。

合与一，或复否，说在拒。（《经下》）

这是讲作用力和反作用力的关系。“合”，合数力。“一”，一力。“复”，反也，即反作用力。“拒”，抵挡也。不管数力与一力，能否有反作用力，关键在“拒”与“拒”之方向必须与之相反。这是牛顿第三定律之义。

二是滑轮。

契与枝板，说在薄。（《经下》）

这是讲机械中的滑轮之理。“挈”，悬持，即向上提持。自下托为收。“板”即反。“薄”即迫。用绳悬于可转动之支点以挈物迫上，则自下而迫收绳即可，而且很省力。

三是斜面。

倚者不可正，说在剃。（《经下》）

“梯”，楼梯，即斜面。物体沿斜面上行较垂直（正）上升更为省力。

推之必往，说在废材。(《经下》)

这是说，凡是物体，推之必前往，是所谓置力于其上。论述的是机械中的滚杠之理。移动较重物体，在其底部垫置圆木，推起来则十分省力。

(5) 物理学。

墨子对运动和静止等概念，从生活经验出发，运用推理能力和高度想象进行深刻论证。

但止、动。(《经说上》)

偏祭从者，户枢、免、瑟。(《经说上》)

无久之不止，当牛非马若矢过楹。有久之不止，当马非马若人过梁。(《经说上》)

免、蚓还园，去就也。(《经说上》)

这些物体运动的实例，是从实际生活中观察到的。“俱止”即全部静止。“俱动”即全部运动。门的运动，是绕轴作扇形旋转。蛇、蚕和蚯蚓的运动，是一部分动，一部分不动(偏际徙)。墨子分析瞬间运动和历时运动。“无久之不止”指瞬间运动，如飞行着的箭经过一根柱子。“有久之不止”指历时运动，如人经过一座桥梁。

(6) 天文学。

墨子及其弟子对天体的运行、空间的远近和时间的久暂等问题都进行了论述。

王充《论衡》中有一有趣的日月对于恒星位置的退行运动(葛洪《抱朴子》曾引述之)。墨子在更早时说道：

宇进无近，说在敷。(《经下》)

伛宇不可偏举字也。进行者，先敷近，后敷远。(《经说下》)

宇宙无穷尽，大无边，但步履可及，是所谓由近及远；“宇”，区域无限，是宇宙。在运动中，是先近而后远。这是说位置的移动。

(7)“量”的发现。

墨子在这方面提出了两个命题。

一是不同类不能相比较，不能相加减。

异类不吡，说在量。（《经下》）

二是五行——金、水、土、木、火，是否相克，主要在“量”。

五行毋常胜，说在宜。（《经下》）

五合：水、土、火，火离然。火铄金，火多也。金靡炭，金多也。合之府水，木离木。若识麋与鱼之数，惟所利，无所恶。（《经说下》）

五行之说并非常胜，是所谓生克之宜。金、水、土、火、木，燃火能销金，是火盛；金能灭炭，是金多；金之约水（但不生水），火烧木而火旺，这好比麋居于山、鱼居于水，不过是由于条件合适罢了。其主因都是量的多寡。

第四节　“从事”类课程的施教

1. 生产技能的为民服务

“从事”的民用，就是制造利民工具，实实在在地为平民百姓服务，为平民百姓造福。墨子特别重视生产技能教育，特别注意让弟子参加生产劳动，从实践中总结经验，掌握技能。《辞过》说：“圣人做诲，男耕稼树艺，以为民食。”墨子为人师表，直接从事生产，并且具有高超的技艺。墨子和弟子一起学习和劳动，使弟子在培养德行的基础上努力掌握劳动技能和生产经验，受到了很好的劳动职业训练。

（1）提出生产技能标准。

墨子经过学习与实践，对学习生产技能的弟子提出了正确的客观标准：

百工从事者，亦皆有法。百工为方以矩，为圆以规，直以绳，正以县。无巧工不巧工，皆以此五者为法。巧者能中之，不巧者虽不能中，放依以从事。（《法仪》）

从事各种行业的工匠，也都有法度。工匠们用矩划画方形，用圆规画圆形，用绳墨划成直线，用悬锤定偏正，（用水平器制好平面）。不论是巧匠还是一般工匠，都要以这五种标准为法则。

（2）桔槔和杠杆的应用。

墨子从当时的生产、生活实践中，总结出杠杆的力学知识。墨子细述了桔槔的应用和杠杆原理。以杠杆原理，分析桔槔技术。其构造，是用一直木立于地，另一根横木用绳交结于直木上。杠杆横木处于平衡状态，在一端加一个重量，这一端必然下垂。假如权和重物相等，杠杆的支点在横杆的中点，这时杠杆会处于平衡状态。中国古代对杠杆原理的应用，除桔槔外，还有称衡。桔槔是应用动力学原理的机械，称衡是应用静力学原理的机械。墨子的一大贡献，就是有机统一了技术和科学。科学是技术的升华，为技术服务。

（3）论述滑轮的工作原理。

> 契与枝板，说在薄。（《经下》）
>
> 挈，长重者下，短轻者上。上者愈得，下下者愈亡。绳直，权重相若，则正矣。收，上者愈丧，下者愈得。上者权重尽，则遂挈。（《经说下》）

滑轮被广泛应用于工程建设，可大大节省劳动力。“挈”是提升，“收”是收取，二者用力方向相反。“权”用于平衡。提升重物时，长重的“权”向下拉引，短轻的重物会向上提举。重物越来越达到顶端，“权”会越来越达到地面。“收”是从地面收取上面的重物，“权”越来越上到顶端，下降的重物越来越达到地面。桔槔和滑轮是形态上不同的两种工具，二者遵循的原理是相同的，即杠杆的力学原理。

在应用杠杆原理以外，车梯是前后各有两个轮子的梯子，可以斜放作为梯子搬运东西，也可以作为车子牵引前行。

> 推之必往，说在废材。（《经下》）

这里论述的是机械中的滚杠之理。移动较重的物体，在其底部垫置圆木，推起来则十分省力。

（4）斜面的力学知识。

> 倚者不可正，说在剃。（《经下》）

“剃”，楼梯，即斜面。物体沿斜面上行较垂直（正）上升更为省力。凡重物上面不拉，下面不引，旁边不推，就垂直下落。物体在斜面上运动，会受到斜面本身的限制。在斜面上运动的物体，不能垂直下落。放一块石头在平地上，它本身有重量，但由于受地面限制，不会垂直下落。它没有受到从旁边来的作用力。用人力牵引绳子，使车梯往前走，就像在水中拉船往前走一样省力。肩扛重物，支撑、牵引和投射都是斜面运动的例子。墨子从技术中概括科学原理，用以创造发明更多工具。墨子的创造发明，服务于劳动人民的生产和生活，有实际应用价值。

（5）建筑思想和理论

墨子在建筑方面有着自己独特的建筑思想和理论，是一个不折不扣的建筑家，特别是在民用建筑、城防建筑方面多有建树。墨子的建筑思想，是从“实用、节用”出发的。

> 为宫室之法，曰：室高足以辟润湿，边足以圉风寒，上足以待雪霜雨露，宫墙之高足以别男女之礼。（《辞过》）
>
> 为宫室之法，将奈何哉？子墨子言曰：“其旁可以圉风寒，上可以圉雪霜雨露，其中蠲洁，可以祭祀，宫墙足以为男女之别，则止。”诸加费不加民利者，圣王弗为。（《节用中》）

这两段文字告诉我们：墨子认为建筑的目的是“实用”，能满足人们最基本的居住需要即可；建筑房屋要“节用”，凡是增加费用而不更加有利于民用都不要。墨子认为，作为建筑师必须坚守“规矩”，“不以规矩，不能成方圆”（《孟子·离娄上》）。墨子是实践家，他谙熟各种机械和工程建筑等制造技术，并且多有创新。墨子在《备城门》《备水》《备穴》《备蛾傅》《迎敌祠》《杂守》等篇中，详细阐述了城门的悬门结构、城内外各种防御设施的构造，介绍了各种攻守器械的制造工艺以及水道和地道的构筑技术。

（6）发明墨斗。

木匠用的墨斗，是墨子发明的。墨斗盘着细线，将浸有墨水的细线拉出，一端用钉子在木头上固定住，再根据长度固定另一端，手指一弹，即留下一条黑色直线。这里的“直以绳”，就是墨子在木工生产实践中总结出的画直线的方法。木工用墨斗画直线，从理论上接近于欧几里得几何学的思想。

一是从每一点到另一点可引一直线。

二是通过不同两点的直线必定存在。

三是通过不同两点的直线至多有一条。

四是推论：任意两个不同的点，确定唯一的通过它们的直线。墨子说得很明确：

直，参也。(《经上》)

负无直。(《经说上》)

“直”即直线。“参”即第三个东西加入两个东西中间。《广雅·释言》曰：“参，三也。”直线是有一点，恰好介于另外两点之间。一直线上的三点，有一点恰好介于其余两点之间。

(7) 对化学的探索。

“化学”一词，单从字面解释就是“变化的科学”。化学是自然科学的一种，在分子、原子层次上研究物质的组成、性质、结构与变化规律，是创造新物质的科学。世界由物质组成，化学是人类用以认识和改造物质世界的主要方法和手段之一。在墨子所处的时代，还没有“化学”这一概念，墨子从“济民救世”的目的出发，遵循“利于人谓之巧，不利于人谓之拙”(《鲁问》)的原则，对化学也进行了大胆的探索。除“一步两井”故事、墨子为当地人治疗瘿病外，《墨子》中还有几例。

一是发明了坑染布料之法。墨子看到满山的野果壳在雨水浸泡之后流出色液，就发明了坑布之法引导山民坑染布料。墨子还把自己对坑布技术的感悟上升到哲学的高度，这就是后来他写就的名篇《所染》。

二是用醯保护眼睛来提高战斗力。《备穴》说：

盖(应作“益”)持醓(应作“醯”)，客即熏，以救目。救目分方鑿(应作“凿”)穴，以益(应作“盆”)盛醓(应作“醯”)置穴中，文(应作“大”)盆毋少四斗。即熏，以自(应作“目”)临醓上及以洒(应作“洒”)目。

意思是还要配备一种名叫醯的醋，敌人攻来用烟熏，这种醋可以用来救护我方兵士的眼睛。眼睛的薰伤一好，我方兵士就赶紧向各方开挖隧道。用盆装上醯放置在隧道里，大盆不要少于四斗的容量，假如被烟熏到，就低头看盆中的醯，以便保护好眼睛。

三是利用废弃资源造福百姓。《迎敌祠》记载：

狗、彘、豚、鸡食其宍，敛其骸以为醢，腹病者以起。

这里是说将狗、猪、鸡的骨头收集起来制成酱，可以用来治疗肠胃病。节约有限资源，既坚持可持续发展，又造福于平民百姓，可谓墨子的一大贡献。

2. 军事技能的保家卫国

“从事”的军用，是指战略战术的运用和制造利军工具，为了抵御侵略，保卫国家、平民百姓。

（1）墨子在攻城战法方面，从战术角度看，大致有六种。

一是居高临下，以密集的箭石，压制城上守军。

二是在箭石的掩护下强攻城门。

三是以密集队形强行攻城。

四是以地道作业及火攻破坏城墙，然后由崩塌处攻城。

五是以地道作业潜入城中或强攻突门通道。

六是积水灌城。

（2）墨子的筑城和守城战术，归纳起来有六个方面。

一是城墙工事设施。

二是障碍配备。

三是外围警戒及通信联络。

四是守城器械。

五是兵力部署。

六是守城战法（抗“高临”、抗“蚁傅”、抗“穴攻”、抗水淹）

（3）墨子十分注重武器装备。

《七患》说：“库无备兵，虽有义不能征无义。”又说：“兵者，国之爪也。”《城守》篇中提到了许多守御器械，短兵器有连梃、斧、刀、枪、剑、矛、钩拒，长兵器有木弩、礚石、烟矢、矢等，重兵器有藉车、连弩车、转射机、冲车、技机等，还有渠、答、橹、悬脾等。这些守御的器械名称不一，式样庞杂，下面择要述之。

一是藉车（抛石车）。《备城门》记载：

> 诸藉车皆铁什（以铁皮包裹藉车）。藉车之柱长丈七尺，其貍（同“埋”）者四尺；夫（抛石车的摔臂）长三丈以上至三丈五尺，马颊（马颊：用来装投石的套环）长二尺八寸，试藉车之力而为之困（困：装在藉车上的制动轮盘），失（应作“夫”）四分之三在上。藉车，夫长三尺（应作“丈”），四二（应作“之”）三在上，马颊在三分中。马颊长二尺八寸，夫长二十四尺，以下不用。治困以大车轮。藉车桓长丈二尺半。诸藉车皆铁什，复（当为“后”）车者在之。（《备城门》）

从对藉车的介绍，我们可以看出藉车的大致构造：以两根粗大的木立柱埋入地下，上面横架一根转轴，轴上夹一根抛杆，在抛杆一端系绳索，另一端挂抛物。当人用力往下拉动绳索时，抛物便甩出。从藉车的构造可以看出，它不仅运用了《墨子》中圆与矩等科学知识，更使用了杠杆原理。

二是“木甬”。《备城门》中说：

> 以木大围长二尺四分而早凿之，置炭火其中合慕之，而以藉车投之。

用围长二尺四寸的木头，凿空中间，把炭火放进去再封上，然后投向敌军。这种投掷物从石块发展到燃烧物，显示了墨子高超的科技水平，它已孕育着从冷兵器向热兵器转化的因素，因此在兵器史上也是一个巨大的进步。

三是“疾犁投”和“狗走”。《备城门》中记载：

> 为疾犁投，长二尺五寸，大二围以上。涿弋，弋长七寸，弋间六寸，剡其末。狗走，广七寸，长尺八寸，蚤（同“爪”）长四寸，犬耳（应作“牙”）施之。

“疾犁投”长二尺五寸，粗两围以上。门上钉小木桩，长七寸，木桩间距为六寸，末端削尖。“狗走”宽七寸，长一尺八寸，钩长四寸，犬牙交错地安设。“疾犁投”和“狗走”都是作为守城器械来使用。如果敌人通过填塞护城河来进攻，可事先摆放好，以待敌人前来。

四是连弩车。《备高临》对连弩车的构造、用途和操作要领做了详细的记叙：

> 备临以连弩之车，材大方一方一尺（“尺”字前疑重“方一”二字），长称城之薄厚。两轴三轮，轮居筐中，重下上筐。左右旁二植，左右有衡植，衡植左右皆圜内，内径四寸。左右缚弩皆于植，以弦钩弦，至于大弦。弩臂前后与筐齐，筐高八尺，弩轴去下筐三尺五寸。连弩机郭同（应作“用”）铜，一石三十斤。引弦鹿长奴（应作“卢收”）。筐大三围半，左右有钩距，方三寸，轮厚尺二寸，钩距臂博尺四寸，厚七寸，长六尺。横臂齐筐外，蚤尺五寸，有距，博六寸，厚三寸，长如筐有仪，有诎胜，可上下，为武重一石，以材大围五寸。矢长十尺，以绳□□矢端，如如戈（应作“弋”）射，以磨（应作“磿”）鹿卷收。矢高弩臂三尺，用弩无数，出人（应作“入”）六十枚，用小矢无留。十人主此车。遂具寇，为高楼以射道（应作“适”），城上以荅罗矢。

这种连弩车用辘轳滑车来牵引弓弦，装有瞄准仪，上下移动自如。一架连弩车由十个人操纵，并配备六十支可以反复使用的大箭，外加无数小箭。它放置于城墙上面对敌人正面进攻的方位，因此可以有效地迟滞和杀伤敌人。李约瑟在《中国科学技术史》中称墨家的连弩车是当时世界之最。

五是木弩。《备城门》记述：

> 二步一木弩，必射五十步以上。及多为矢，节（应作“即”）毋以竹箭（“竹箭”前“以”字应移至“楛”前），楛、赵（桃）、䅗、榆，可。盖求齐铁夫（应作“矢”），播以射衙及栊枞。

每两步设一弓弩，射程在五十步以上。多造弓箭。如果没有竹箭，楛木、桃木、柘木、榆木也可以做箭杆，再求齐铁为箭头。弩箭分布城上，用以射击敌人的冲梯和栊枞。

六是悬脾（悬滑车）。《备蛾傅》中记载：

> 县脾，以木板厚二寸，前后三尺，旁广五尺，高五尺，而折为下磨（应作“磿”）车，转（应作“轮”）径尺六寸，令一人操二丈四方（应作“矛”），刃其两端，居县脾中，以铁璅（同“琐”），敷县二脾上衡，为之机，令有力四人下上之，弗离。

悬滑车用两寸厚的木板做成，前后各三尺宽，两旁宽五尺，高五尺，还要制造能够上下滑动的悬滑车厢，所用辘轳的轮子直径为一尺六寸，派一个士兵拿一支长矛站在车厢中，矛长二丈四尺，两端都制成刃口。用铁链套住悬滑车上部的横梁，装上辘轳，派四个强壮有力的兵士转动辘轳使人同车箱急速地上升或下降，不要停留。从上可以看出，“县脾”是利用人力上下拉动的小型滑轮车，形似一个大木箱，一人站立其中，手持长矛，通过木箱上预留的孔穴刺杀攻城的敌人。“县脾”的部署情况是：“大数二十步一，攻队所在六步一。”即在敌人密集进攻的正面六步处放置一辆悬滑车，而在敌人非主攻方向二十步处放置一辆悬滑车。这种器械是应用力学原理制成的。

七是“罂听”。墨子研究声音传导规律发现，埋置在地下的罂有放大声音的作用，于是有了灵感，置罂侦听敌方“穴攻”（通过挖地道进攻）动态。

> 令陶者为罂，容四十斗以上，固顺之以薄鞜革，置井中，使聪耳者伏罂而听之，审知穴之所在，凿穴迎之。（《备穴》）

命令陶匠烧制肚大口小的坛子，能容纳四十斗以上，每隔三十尺与地面持平埋设，用薄皮革蒙紧坛口放入井内，派听觉灵敏的人伏在坛口监听传自地下的声音，确切地弄清楚敌方凿穴的位置，然后挖隧道及时采取相应的措施拒敌。

以上就七种守城器械做了探讨，实际上墨子发明和改造的武器远不止以上这些。正如岑仲勉先生所说：专用于军事的，更有创甲即御弹衣，辊沓即钢盔，藉幕即索网，爵穴炬即探照灯，木桶炭火投敌即手榴弹，辒车即坦克，烟矢即火箭，用艾烟熏敌人即催泪弹。[①]

3. 学成的弟子助人卫国

《公输》中有关于这方面的详尽记载。公输盘为楚国制造攻城的云梯，准备攻打宋国。墨子得到楚欲攻宋的消息，便急忙赶往楚国，脚磨破了，用布衫裹上继续前行，这样走了十天十夜，才到达楚国国都郢。墨子以助强楚而攻无罪的宋国为不义，先说服了公输盘。紧接着去见楚王，历数楚国攻打宋国的不义。楚王无言可对，但觉着有公输盘造的云梯而心不甘。墨子为了让楚王不再坚持攻打宋国，就在楚王面前和公输盘模拟演练城池的攻防。墨子解下身上的腰带作城池，用许多小木片当作守城的器械。公输盘九次布下攻城的巧阵，墨子九次予以抵御。公输盘攻城的器械已经用尽，而墨子的守御方案仍然有余。公输盘失败了，想杀掉墨子后攻打宋国，墨子当面向楚王揭穿了这一阴谋，墨子说：我的弟子禽滑厘及其部众三百人，带着我研制的防守器械，在宋国城上等待楚军到来。即使杀掉我，也不能杀尽宋国防御的官兵，楚王只好说：我愿意停止攻打宋国的军事行动。

这场斗争表明，面对大国的不义之战，要敢于斗争，一方面，要从道义上揭露其不义，使他们在舆论上处于下风；另一方面，要在实力上做好充分准备，使他们的侵略野心无法得逞。这个道理，不仅被无数的历史事实证明，而且在今天也不无借鉴意义。

---

① 参见岑仲勉：《墨子城守各篇简注》，中华书局1958年版。

第七章 独具匠心的教育原则：促人发展

教育原则是根据教育目的，反映教学规律而制定的指导教学工作的基本要求。它既指施教者的“教”，也指受教者的“学”，贯彻于教育过程的各个方面和始终。它反映了人们对教育活动本质性特点和内在规律性的认识，是开展教育工作有效进行的指导性原理和行为准则。教育原则在教育活动中的正确和灵活运用，对提高教育质量和教育效率发挥着重要的保障作用。墨子在整个教育活动中，一切从客观实际出发，坚持唯物主义的认识论和方法论，不断积累，认真总结，在对弟子施教时坚持良好的、行之有效的，至今仍有一定积极意义的教育原则。墨子除了提出与儒家相同的因材施教、循序渐进、学思结合、知行一致等教育原则外，还独具匠心提出了一些具有墨家特色、符合教育教学规律，促进受教者全面发展的具有积极价值作用的教育原则，这些原则都是墨子第一个提出的。归纳起来，有以下几项。

第一节 “志功合一”原则

“志功合一”原则是墨子实施教育一贯奉行的首要原则。墨子认为评判一个人的道德行为，不仅要看动机，更要看效果，强调二者必须辩证统一。

1. “志功合一”原则的提出

“志”即做事的动机，“功”即做事的效果。“志功合一”就是把人的“志”（动机）和“功”（效果）结合起来进行观察。墨子教育弟子不论做什么事，必须“合其志功而观”。墨子论述道：

鲁君谓子墨子曰：“我有二子，一人者好学，一人者好分人财，孰以为太子而可？”子墨子曰：“未可知也。或所为赏与为是也。魡者之恭，非为鱼赐也；饵鼠以虫，非爱之也。吾愿主君之合其志功而观焉。”（《鲁问》）

这告诉我们：看一个人处世做人，教育弟子，都要把他的动机和效果结合起来观察，不能光看他的表面，而要应深入全面地观察了解。在对待学习的问题上，要端正学的动机，这实际上是提出了学习的目的性问题，应把它放在首要地位。

2.“志功合一”原则的运用

“志”是出发点，“功”是归宿。“合其志功而观”，就是把动机和效果结合起来进行观察。墨子指出，评价受教者的行为不但要考虑其动机，而且要看其效果，“合其志功而观”。衡量“志”的准则是：

利人乎即为，不利人乎即止。（《非乐上》）

利人多，功故又大，是以天赏之。（《非攻下》）

只有“志功合一”才是正当行为，墨子经常按“志功合一”原则教育弟子。这些都有力地说明，墨子教育弟子都是从平民百姓的“功利”出发，一切都必须符合“农与工肆之人”的实际利益，不论是道德、科学教育还是生产劳动的实践教育，抑或是其他方面的教育，都要坚定不移地贯彻这一原则。墨子经常教育弟子说：

天下之君子，不知仁者，非以其名也，亦以其取也。（《贵义》）

仁义钧，行说人者，其功善亦多。（《公孟》）

功，利民也。（《经上》）

第一则是说，天下的君子不知道仁，不是因为他不能称说仁的名，而是因为他无法择取。第二则是说，主张仁义相同，出门向人们劝说的，他的功绩和益处多。为什么不出来劝说人们呢？第三则是说，行为的效果只要对于人们有利就行。《经说上》说：“功，不待时，若衣裘。”大凡要成就事业，一定要预先酝酿，而不要等到冬天穿上皮衣的时候。就此可知，墨子教人，看其是否有道德，绝不是只听其口头上能谈多少道德理论，而是要看其道德实践。

3. “志功合一”原则的意义

（1）成为评判人道德行为的尺度。墨子第一次提出“志功合一”，这在古代教育史、伦理史上有不可磨灭的地位，在古代教育史上是第一次，为后世教育思想的发展奠定了坚实的基础。“志功合一”的教育原则，应该说是我国古代教育特别是思想品德教育的优良传统，值得我们继承和借鉴。

（2）颠覆了人们重视动机不问结果的思维习惯。墨子认为，不论是其“志”还是其“功”，最根本的都在于利人。抛开教育不谈，在现实社会中，我们很多时候都没有做到“志功合一”。中国的传统思想，更重视的是一个人的动机，认为一个人的动机如果是好的，那么即使没有达到好的效果，人们也会认为他已经为社会做了贡献。而在墨子看来，如果没有取得好的效果，那么就不能算是做了好事，这与我们的传统观念是相悖的，却有着极大的现实意义。在传统的观念下，一个人有了好的动机，在做的过程中，如果他也怀着只要动机是好的结果无所谓的态度，那么他就不会全力以赴地去完成这件事，他会给自己留有余地，认为即使没有完成这件事，他人也无可厚非。这样会带来很多不好的效果，浪费了社会资源却没有达到相应的效果，给他人不仅没带来好处，甚至还造成损失，也就是俗话说的“好心办坏事”，这是所有人都不愿意看到的。而墨子提出的“志功合一”原则，无疑为改变这样的现实状况起到了指导性的作用。我们评价道德行为，在注重动机的同时也要注重效果。

第二节 “因人、因宜、因时施教”原则

“因人、因宜、因时施教”原则，是墨子在长期的教育实践中始终如一践行的重要教育原则。该原则要求施教者从受教者的实际情况、个

别差异出发，有的放矢地进行有差别的教学，使每个受教者都能扬长避短，获得最佳发展。

1. “因人、因宜、因时施教”原则的提出

墨子对弟子实施教育绝不是千篇一律、千人一义。墨子要求弟子：

> 能谈辩者谈辩，能说书者说书，能从事者从事。（《耕柱》）
>
> 凡入国必择务而从事焉。国家昏乱，则语之尚贤尚同；国家贫，则语之节用、节葬；国家憙音湛湎，则语之非乐、非命；国家淫僻无礼，则语之尊天事鬼；国家务夺侵凌，即语之兼爱、非攻。（《鲁问》）

第一则是说，弟子能谈论辩说的谈论辩说，能解说典籍中的文字的解说典籍，能从事于农、工、兵等实际技能的从事于农、工、兵等实际技能。第二则是说，到了一个国家，一定要选择最重要的政治事务进行劝导。假如这个国家的君臣昏乱，就告诉他们尚贤、尚同的道理；假如这个国家的君臣贫穷，就告诉他们节用、节葬的道理；假如这个国家的君臣喜好声乐、沉迷于酒，就告诉他们非乐、非命的好处；假如这个国家的君臣荒淫、怪僻、不讲究礼节，就告诉他们尊天、事鬼；假如这个国家的君臣专以掠夺、侵略、凌辱别国为事，就告诉他们兼爱、非攻的益处。从上面的论述中，我们可以看到墨子“因人、因宜、因时施教”的原则，是符合当时社会实际的，也是当时的最佳教育原则。

墨子根据教育对象素质的不同，挖掘弟子潜力，发挥弟子特长，分别给予教育。墨子不固守培育全才、通才的教育目的，而是贯彻执行因人、因宜、因时施教的教育原则，考察受教育者的具体情形，区别对待，使他们学有专长。墨子认为：不同的教育对象在程度、能力等方面是有高低、强弱之分的，作为施教者，应该因人而异，区别对待，做到“深其深，浅其浅，益其益，尊其尊”（《大取》）。也就是说，要考虑到受教者的知识能力，使教学进度快慢得当、深浅得当。

2. “因人、因宜、因时施教”原则的运用

墨子总是因人、因宜、因时施以不同的教育，采用不同的教材和方法。为了便于理解，分别予以论述。

（1）因人施教。

因人施教是注重在人的差异基础上，通过不同的教育方法，促进每个人的发展。人是指受教者的道德修养、意志性格、知识水平、接受能力、才能爱好等方面的差异；“教”是指德智体诸方面的教育。因人施教，就是要求施教者在教学中因人而异，区别对待，量体裁衣，对症下药，“一把钥匙开一把锁”。这是科学求实的，是墨子留给后世的弥足珍贵的教育思想。笔者创立的“适时施教”理论也提出：教育的根本目的是促进每一个学生的发展。这与墨子的因人施教思想不谋而合。也就是在共同的培养目标之下，针对受教者的基础、能力、志趣、性格等具体差异，突出不同要求，有的放矢地进行有差别的教学，使每个受教者都能扬长避短，获得最佳发展。

墨子认为，在教学中要针对受教者的特点，选择最急迫的知识传授给受教者，适时地进行教育。“能筑者筑，能实壤者实壤，能欣者欣”就表明墨子根据受教者的特点因人施教，充分发挥受教者的特长，重视受教者的个性发挥。上述“能谈辩”“能说书”“能从事”，说的就是以受教者的材质之所近而施教。

（2）因宜施教。

因宜施教是采取适宜受教者的内容，适时地通过适合的教育方法，促进受教者发展。总之，墨子因宜施教的方法表现在根据教育对象的特长、爱好、性格的差异，施予不同的教育内容；根据教育对象的天赋、资质或才能，予以不同的要求。墨子能够认识到弟子的资质不同并因材施教，这是他长期从事教育活动的结果。

（3）因时施教。

因时施教就是根据不同时期的具体情况采取适当的措施，对受教者进行适宜的教育。教学如不因时制宜，就难以为人所接受。所以，墨子认为：

> 虾蟆、蛙蝇，日夜而鸣，舌干擗，然而不听。今鹤鸡时夜而鸣，天下振动。多言何益？唯其言之时也。（《太平御览》卷三九〇引《墨子》）

这里的“惟其言之时也”，就是说施教应因时之所宜。可见，墨子反对说无益的废话，认为说话只有适合时宜方能奏效。他认为在教学上也必须像鹤、鸡那样及时而鸣，如果像虾蟆、蛙黾那样乱叫，就只能令人讨厌。

3. “因人、因宜、因时施教”原则的意义

墨子的这“因人、因宜、因时施教”原则，至今仍有借鉴意义。

（1）施教者方面。

施教者从受教者的实际出发，使教学的深度、广度、进度适合受教者的知识水平和接受能力，同时考虑受教者的个性特点和差异，使每个人获得最佳发展。“因人、因宜、因时施教”原则不但是我国古代教学经验的结晶，还是现代教学必须坚持的一个重要原则，具有非常丰富的现代价值。实行“因人、因宜、因时施教”原则，对于培养适应时代需要的创新型人才具有非常重要的现实意义。

（2）受教者方面。

“因人、因宜、因时施教”原则是受教者身心发展规律在教学中的应用。一定年龄阶段的受教者，他们的心理特点和智力水平既有一定的普遍性，又有一定的特殊性，教学中针对受教者的共同特点和个别差异，因人施教，有利于扬长避短，长善救失，有利于多出人才、早出人才、快出人才。

（3）教育教学实施方面。

传统的教育是一种单一、机械的模式化教育，面对兴趣爱好、知识基础、认知结构、能力水平千差万别的受教者，忽视了受教者的个性差异，对受教者制定统一的目标，用同样的方法，做同样的练习，要求同样的步伐，从而导致天才的受教者不能脱颖而出。受教者犹如容器，被施教者在填充知识，这显然不符合受教者的身心发展规律。这种教育扼杀了受教者的创新能力，导致受教者厌学，从而丧失了学习的主动性，丧失了原有的灵性。

第三节 “量力性（可接受性）”原则

墨子是中国教育史上第一个首先明确提出“量力性（可接受性）”原则的教育家，比西方近代“量力性”原则早2000多年，所以墨子也是世界上首创这一原则的教育家。

1．“量力性（可接受性）”原则的提出

“量力性（可接受性）”原则既是对受教者同时也是对施教者的要求。就受教者而言，一心不能二用，人生精力有限，不可贪多求全，凡事适可而止，量其力而行其事：

> 二三子有复于子墨子学射者。子墨子曰：“不可。夫知者必量其力所能至而从事焉。国士战且扶人，犹不可及也。今子非国士也，岂能成学又成射哉？”（《公孟》）
>
> 事无终始，无务多业；举物而暗，无务博闻。（《修身》）

第一则，墨子告诉弟子学习必须“量其力”，不能“学”“射”并求。他希望弟子们能够“量力从事”而专精一科。专精一科，说到底也不过是一体的两面而已。墨子指出学习要从实际出发，根据自己的能力、资质进行学习，同时还要求受教者客观、正确地估价施教者接受施教者所教内容的可能性及接受的程度。可以看出，墨子完全是根据受教者的能力所及来施教的；在受教者能力所不及之处，墨子不教。墨子在教学的过程中贯彻了“量力性（可接受性）”原则。第二则是说，做一件事情有始无终，就不必谈从事多种事业；举一件事物尚且弄不明白，就不必追求广见博闻。墨子告诉弟子，凡事都要打好基础，从身边的事情做起，从专精做起。

2．“量力性（可接受性）”原则的运用

墨子要求施教者在教学过程中把握分寸，充分考虑受教者的年龄、水平、能力、认知结构以及心理发展阶段上的差异，从施教者的具体实际出发，根据受教者的能力、资质、才智等方面的情况进行教育，同时还要客观地、正确地估价受教者接受施教者所教内容的可能性及接受的程度。只有这样去教学，才能收到良好的效果。如果施教者不从受教者的实际出发，好高骛远，揠苗助长，我行我素，那只能是无的放矢，非但不能收到良好的效果，反而有可能适得其反，挫伤受教者学习的积极性，使其产生厌学情绪。《大取》对“量力性（可接受性）原则”做了进一步的发挥：

深其深，浅其浅，益其益，尊其尊。（《大取》）

这是说要根据受教者的特点，视受教者知识的深浅程度、能力强弱，对深者教之以深，对浅者教之以浅；对强者要增加教学内容，加深难度；对弱者则要减少教学内容，降低难度。这样才能因人而异，不致使受教者被动，并且能让受教者的学习积极性得到不同程度的发挥。

3.“量力性（可接受性）”原则的要求

（1）“量力性（可接受性）”原则对施教者的要求。

要求施教者施教必须根据受教者不同的能力、基础等多方面的因素进行教育，而且要客观正确地估量受教者有可能或通过努力有力量能够接受施教者所教而获得收益，达到目标，这样再去进行教育，才能收到预期的效果。如果施教者不从受教者的实际出发，是不会收到好的效果的。

（2）“量力性（可接受性）”原则不能单一强调运用。

如果单一强调“量力性（可接受性）”原则才施之以教，那么将会使受教者经常处于被动状态，进而影响其主动性、积极性。这是“量力性（可接受性）”原则的缺陷。墨子为我们做出了榜样，但他并没有停留于此，而是在施教中强调对弟子要视其程度之深浅、能力之强弱来施教，这样才能不致使受教者被动，并且能充分调动受教者的积极性。

第四节 “主动强说人”原则

“主动强说人”原则，也叫“强力从事”原则。“主动强说人”原则要求施教者、受教者的“教”与“学”要有热情，施教者要积极传授，受教者要主动获取知识。墨子施教，一贯坚持积极主动。他要求施教者要努力、积极、主动地解决问题，要永远起主导作用，绝不可怠倦而被动。

1. “主动强说人”原则的提出

墨子认为在教育教学过程中，施教者、受教者要不等待、不观看、不依靠，不耻下问。做任何事情，积极主动是取得成功的必要条件，“教”与“学”也不例外。这就是墨子提倡积极的“主动强说人”原则。他认为“不强说人，人莫之知也”（《公孟》），主动施教，察漏补缺，在学问上不轻易放过一个问题、一个受教者。即使受教者不来请教，施教者也必须主动施之以教诲。

> 公孟子谓子墨子曰：“君子共己以待，问焉则言，不问焉则止。譬若钟然，扣则鸣，不扣则不鸣。”子墨子曰：“……若大人为政，将因于国家之难，譬若机之将发也然，君子之必以谏，然而大人之利，若此者，虽不扣必鸣者也。”（《公孟》）

这是墨子主动从事教育活动的一个生动例子。通过和公孟子的对话，墨子反对儒家教育“叩则鸣，不叩则不鸣”的消极等待态度，对“问焉则言，不问焉则止”提出了批评，对施教者提出了勤勉教人的要求，即施教者要强教。

2. “主动强说人”原则的运用

墨子不仅提倡“强说人”，而且也主张“强力而行”。

> 士虽有学，而行为本焉。（《修身》）
>
> 口言之，身必行之。（《公孟》）
>
> 志不强者，智不达……雄而不修者，其后必惰。（《修身》）

> 强必治，不强必乱，强必宁，不强必危……强必贵，不强必贱。强必荣，不强必辱……强必富，不强必贫，强必暖，不强必寒……（《非命下》）

第一则是说，士人虽然有学问，但亲身实践才是根本。第二则是说，口能称道，自身一定要实行它。第三则是说，意志不坚强的，智慧一定不高；仅勇敢而不注重品行修养的，以后一定会懈怠。墨子认为：注重磨炼受教者的意志，意志只有在长期的强化训练中才能有所加强。第四则是说：努力必能治理，不努力就要混乱；努力必能安宁，不努力就要危险；努力必能高贵，不努力就会低贱；努力必能荣耀，不努力就会屈辱；努力必能富裕，不努力就会贫穷；努力必能吃饱，不努力就要挨饿。墨子告诉弟子只有意志坚强才能大有作为。请看墨子是怎样劝人学习的。

> 鲁之南鄙人有吴虑者，冬陶夏耕，自比于舜。子墨子闻而见之。吴虑谓子墨子："义耳义耳，焉用言之哉?"子墨子曰："子之所谓义者，亦有力以劳人，有财以分人乎?"吴虑曰："有。"子墨子曰："翟尝计之矣。翟虑耕而食天下之人矣。盛，然后当一农之耕，分诸天下，不能人得一升粟。籍而以为得一升粟，其不能饱天下之饥者，既可睹矣。翟虑织而衣天下之人矣，盛，然后当一妇人之织，分诸天下，不能人得尺布。籍而以为得尺布，其不能暖天下之寒者，既可睹矣。翟虑被坚执锐，救诸侯之患，盛，然后当一夫之战，一夫之战，其不御三军，既可睹矣。翟以为不若诵先王之道，而求其说，通圣人之言，而察其辞，上说王公大人，次匹夫徒步之士。王公大人用吾言，国必治；匹夫徒步之士用吾言，行必修。故翟以为虽不耕而食饥，不织而衣寒，功贤于耕而食之、织而衣之者也。故翟以为虽不耕织乎，而功贤于耕织也。"（《鲁问》）

> 子墨子谓骆滑氂曰："吾闻子好勇。"骆滑氂曰："然。我闻其乡有勇士焉，吾必从而杀之。"子墨子曰："天下莫不欲与其所好，度其所恶。今子闻其乡有勇士焉，必从而杀之，是非好勇也，是恶勇也。"（《耕柱》）

第一则是说墨子亲自到鲁国南郊名士吴虑家劝学，经过交谈，墨子发出宏论，使吴虑接受了劝诫。吴虑大约生活在公元前460年～前380年，是陶艺技术较高的工匠。据《太平御览》载：吴虑者，冬陶夏耕，自比于舜。这说明吴虑不但陶艺技术高超，而且有较高的道德修养。墨子听说后主动去见他。他们两人讨论的问题有三：一是义有大“义”、小“义”之分。墨子表扬吴虑讲义气，做好事。墨子的大“义”是：诵习先王之道，探求其学说，通晓、考察圣人的言辞，首先游说王公大人，其次游说平民百姓。王公大人采纳我的意见，国家必定治理好，平民百姓采纳我的意见，行为必定讲究修养。二是一个有道之君，用仁义统一人们的思想，国家才能得到治理，人民才会安居乐业。吴虑听后点头称是。三是墨子向吴虑讲述“义教天下”。将义发扬光大，用义来统一众人的思想，世界上的事情就好办多了。第二则是说：当时的乡里人骆滑氂好勇，且有不轨行为。墨子听说骆滑氂喜欢勇武，便前往其住处开导教诲他，指出他的做法不是喜欢勇武而是憎恶勇武，劝说他改邪归正，后来成为墨子的弟子。从文中第一句“吾闻子好勇”看，墨子似乎是同骆滑氂第一次见面，而且是墨子到骆滑氂的住处，这体现了墨子主动行义往教的精神，确实值得我们学习。在推进素质教育的今天，墨子主动从教的精神，不正是教育工作者所要发扬光大的吗？

3.“主动强说人”原则的意义

(1)“主动强说人”原则能融洽施教者和受教者的关系，活跃教学气氛。

在“济民救世”的宣传上，墨子特别重视“强说人”的积极教育态度。一方面，就一般的“上说下教”而论，他的“遍从人而说之”与儒家的“礼闻来学，不闻往教”（《礼记·曲礼》）恰恰形成鲜明对比。另一方面，在教育教学问题上，他对儒家“君子若钟，击之则鸣，弗击不鸣”与“叩之以小者则小鸣，叩之以大者则大鸣”的被动答问的教学态度坚决反对。墨子主张施教者要采取主动积极的态度，不仅有问必答，而且“不叩必鸣”。在教育受教者时，不能只等受教者问才答，而要发挥主观能动性，积极主动地教育受教者。“虽不叩，必鸣者也。”墨子的“主动强说人”原则，比起“待问而后对”（《非儒下》）“弗问不言”

“不叩不鸣”的儒家被动教学，受教者更多，教学效果更好，施教者和受教者的关系更紧密，教学氛围更活泼。

（2）“主动强说人”原则强调施教者的主动作用。

墨子在施教中用了许多生动形象的例子来阐明施教者从事教育必须起主导作用和充分发挥主观能动作用的重要性。墨子说：

> 若将有大寇乱，盗贼将作，若机辟将发也，他人不知，己独知之，虽其君亲皆在，不问不言，是夫大乱之贼也。（《非儒下》）
>
> 若大人为政，将因于国家之难，譬若机之将发也然，君子之必以谏，然而大人之利。若此者，虽不扣必鸣者也。（《公孟》）

第一则是说，如果将发生大乱，盗贼将兴，就像一种安置好的机关将发动一样，别人不知道这事，自己独自知道，即使君亲都在，不问不说，这实际上是大乱之贼。第二则是说，如果王公大人执政，国家因而将发生灾难，好像弩机将要发射一样急迫，君子一定要劝谏，这是王公大人的利益。如此紧急，如钟一样，虽不敲也会发出声音来。这两则是说，国家有难，君子必须主动以谏，“虽不叩必鸣者也”。

（3）“主动强说人”原则是墨子牺牲精神的真实体现。

“君子若钟，不扣必鸣”的教人态度，是墨子“摩顶放踵利天下”“日夜不休，以自苦为极……虽枯槁不舍”（《庄子·天下》）的牺牲自我和济民救世精神的体现，是与他平常积极“上说下教”和从事各种社会活动的认真负责、勇于牺牲的精神分不开的。它来源于教育实践，又回到教育实践，并接受实践的检验。它不仅有利于施教者主导作用的充分发挥，而且也有利于教学质量的提高，有着极其重要的现实意义。

第五节　“有善且作”原则

“有善且作”原则，具有创造性精神。按照墨子的想法，“有善且作”就是对古代好的东西要阐述，对现在好的东西要创作，希望好的东西更多。墨子“学儒者之业，受孔子之术”（《淮南子·要略》），但他学于儒而不囿于儒，在学术上取得了反戈性的发展。

1. “有善且作” 原则的提出

墨子不同意孔子“信而好古，述而不作”（《论语·述而》）的保守传统做法。对于儒家，墨子采取“扬弃”做法，继承发展孔子的《诗》《书》《春秋》，舍弃其不符合自己价值观点的《礼》《乐》，毅然提出“有善且作”的观点：

> 公孟子曰：“君子不作，术而已。”子墨子曰：“不然。人之其不君子者，古之善者不诛，今也善者不作。其次不君子者，古之善者不遂，己有善则作之，欲善之自己出也。今诛而不作，是无所异于不好遂而作者矣。吾以为古之善者则诛之，今之善者则作之，欲善之益多也。”（《耕柱》）

墨子不同意公孟子“君子不作，术而已”的观点，他说：“吾以为古之善者则诛之，今之善者则作之，欲善之益多也。”从这里可以看出墨子对待古代文献的态度，体现了墨子强烈的致用观。墨子反对儒家的“述而不作”，认为利于“百姓者为之”，因此墨子在征引文献时对其加以改造，以适应需要。墨子反对“述而不作”，在《非儒下》中反对“君子循而不作”，通过与公孟子的对话，做了明确解释。可知墨子认为“今之善者”为了“善之益多”而“作”。其实《墨子》一书中有许多例子印证了他的这个观点，《墨子》引用古代文献不是机械地抄袭，而是含有自己对这些文章的理解，并根据时代的发展创造性地做出相应的改变。

2. “有善且作” 原则的运用

（1）墨子勇于述古作今，具有创新精神。

“有善且作”这种对文化遗产进行“拿来主义”的思想，无疑是一种创举。

> （儒者）又曰：“君子循而不作。”应之曰：古者羿作弓，伃作甲，奚仲作车，巧垂作舟；然则今之鲍、函、车、匠，皆君子也，而羿、伃、奚仲、巧垂，皆小人邪？且其所循，人必或作之；然则其所循，皆小人道也。（《非儒下》）

这是墨子对“君子循而不作”说法的驳斥。《非儒下》中的“儒者”不一定是指哪个人，但一定是儒家的人，也可能是墨子为了批驳儒家的方便，自己臆想出来的人物。儒家信奉“君子循而不作”，肯定是受孔子“述而不作，信而好古”（《论语·述而》）的影响。墨子就接着这个话题顺势说下去，“且其所循，人必或作之；然则其所循，皆小人道也”。凡是所遵循的，必定有创新的人，创新的人既然都是小人，那么所遵循的也都是小人之道了！这样墨子就把儒家“君子循而不作”的观点驳倒了。墨子“非儒”，绝不是为了反对而反对，不是为了将儒家思想打倒。墨子“非儒”，体现的是文化批判的精神，是勇于述古作今的创新精神，是百家争鸣的文化自由精神。我们今天学习墨子的“非儒”精神，要搞清楚学什么？怎样学？我们不能不加分析完全否定自己的传统文化，我们要创建新文化，有必要继承墨子辩证的创新精神，正确对待传统，积极学习西方，重建自己的精神家园。

（2）墨子注重躬行实践，感化弟子。

墨子提倡躬行实践、言行结合。他认为：

> 志不强者智不达，言不信者行不果。（《修身》）

他严格要求言行一致，不论在生产还是战斗中，都是坚决执行任务。墨子注重培养与锻炼弟子的意志，要求弟子有自我牺牲精神和强烈的社会责任感。并深刻地指出，理想道德品质的形成是一个艰苦漫长的过程，只有严格要求才能实现。故墨子在向学生讲述“节用”学说时，就让学生接受艰苦生活的锻炼，穿“短褐之衣”，吃“藜藿之羹”（《鲁问》），墨子自己也“席不暇暖”，一生都坚持用自己的实际行动和高尚的人格去感化学生。墨子为了保证教学正常进行，还制定了十分严格的规章制度和组织纪律，对违犯者严惩不贷。因此，墨子才能培养出刻苦勤劳、勤俭节约、自强不息的墨者，才使墨者成为“济民救世”的全能型人才，“赴火蹈刃，死不还踵”（《淮南子·泰族训》）。

（3）墨子反对空谈，注重实践。

墨子指出：

> 言必信，行必果，使言行之合犹合符节也，无言而不行也。（《兼爱下》）

意即出言必定守信用，行为必定果断，使言行一致就像与符节相合一样，没有出言而不实行的。可见，墨子严格要求弟子言行一致，将自己的言谈、思想贯彻到实践中去。

口言之，身必行之。今子口言之，而身不行，是子之身乱也。（《公孟》）

意思是说，口出言，自身必须践行。现在你口已出言，但自身不去践行，是你自身混乱。

（4）墨子重视理论联系实际，学以致用。

墨子认为知识是在人的感官的直接作用下并运用理性思维从客观现实中获取的，故教学的方法必须以知识的获取方法为依据，并将其拓展到科技、军事、工艺和逻辑教学中。一是重视指导学生运用科学实验的方法掌握知识，培养学生的抽象思维能力和实践能力。例如，在光学教学中，墨子带领弟子进行过多次实验，从而使弟子掌握了光的照射、物体的阴影、倒影以及球面镜的有关知识。影的大小问题，由墨子带领弟子通过“立竿测影法”的实验并经过反复观察得以解决；墨子对引力学说的教学，亦是通过实验来进行的，他于高处垒石，下设石柱，穿去石柱，石直向下坠落，同时用丝系石，石不下落，丝断石落，以此说明引力的原理。正是因为在教学过程中借助实验方法，所以墨子取得了杰出的科学成就。二是提倡“信身而从事”（《尚同下》），即强调要通过亲身参加生产实际操作获得科学知识与技能。在教学中，墨子十分重视实际操作的技能与技巧的训练和掌握。由于墨子对弟子进行科技理论教学的目的在于为指导生产实践服务，因此他在对学生进行科技理论教学的同时，也教给学生制造各种器械的技能与技巧。在军事教育中，与弟子共同研制军事器械并投入实际应用。墨子极其重视具体生动的教学方式，重视实践力行；《墨子》各篇大量运用的实例，就可以充分说明这一点。

3.“有善且作”原则的意义

（1）“有善且作”原则是对教育的要求和挑战。

墨子在教育实践中确定了“有善且作”原则的价值取向，面对社会的发展，面对社会的混乱，人才是取胜的关键，而培养创新型人才又是关键中的关键。创新是社会发展和进步的基础，一个民族如果没有创新，就不可能振兴，这也对教育提出了更高的要求和挑战。一是重视实践性教学。墨子在实践教学中把新技术、新工艺、新知识不断引入教学实践中，不仅让弟子们学习劳动技能，还加强对弟子能力的训练和技能的培训，更重要的是培养弟子的创新精神与能力，不断改进技术和工艺，把知识转化为生产力。二是促进个性全面发展。“必量其力所能至，而从事焉。”（《公孟》）墨子教育除了培养弟子的动作技能，还要开发弟子的心智技能，让弟子有更多的时间和空间发展自己的个性，开发自己的潜能，从而逐步提高创新能力。三是提高逻辑思维能力。墨子在教育教学中要重视弟子逻辑思维的培养，要求弟子不仅要“察类”，还要“明故”，要把形式逻辑、归纳和演绎相结合，把假言推理、选言推理和归纳并联使用，讲求以理服人，追求思辨技巧，言行有据。

（2）“有善且作”原则对后人有很大影响。

墨子的“有善且作”原则对后人的学风产生了很大的影响。墨子的教育思想植根于社会实际，他要培养的贤良之士必须博学多能，又能亲力亲为，确确实实地解除民众“饥不得食、寒不得衣、劳不得息”（《非乐上》）的疾苦。所以，他的教育内容中既有生产劳动知识，也有科学技术知识。他看到国与国争战，“夺民之用，废民之利”（《非攻中》），就教给弟子军事防御知识。战国之时，十人十义，“贤良之士”若不能以雄辩的逻辑力量去说服他人，就无法使自己的理想付诸社会实践，为了使弟子能“上说下教”、推行其政治主张，墨子又将论辩之学作为教授的内容。

（3）“有善且作”原则是综合教育加实践锻炼。

墨子及其弟子的所学是理论联系实际的，他们有的从政，有的讲学，有的游说，有的生产，有的造兵器，有的搞科研。墨子的理论在社会实践中应用广泛，墨家弟子可以说是能文能武、能生产能研究的全才。墨子的教育最突出的特点就是综合教育加实践锻炼，是避传统教育之短、开素质教育之源的伟大创举。此外，墨子从兴平民百姓之利出发，以实利实用之学为教学内容，又从弟子个别特征出发，设“谈辩”

“说书”“从事”三科，使各有所长，各行义事。这种教育内容的设置兼顾社会的需要和个人的发展，值得我们今天的教育工作者借鉴。

（4）“有善且作”原则是培养受教者实践能力和创新精神的最佳途径。

目前我们的学校教育重视书本知识的传授，忽视学生动手能力的培养。教学中不需要学生提出问题，更多的是训练记诵模仿能力，谈什么创新能力的培养。中国学生创造力弱、实践能力较差，同重书本知识学习、忽视实际能力的培养的教学方式是有很大关系的。在当前知识大爆炸的时代，学校教育应当着力于培养学生获取知识的能力，激发其探索科学的兴趣，培养其从事研究的态度，形成研究创新能力，真正使学生“一次受教，终身受用”，从容地面对学习化社会的到来。

第六节　“察类明故”原则

“察类明故”原则，是墨子的又一个重要教育原则，是指在教学中要注意引导学生对客观事物进行合理的分类，分析各类事物的同异、因果及其根据，通过类比探明原理。“察”是考察、分析，“类”（指一般的概念，从众多的个别事物中抽象出来共同的本质）是种类、物类，“察类”就是在论辩中遵守一般制约个别的逻辑法则，即对同类或异类事物进行比较；“明”是了解、明白，“故”是原因、缘由，“明故”就是考察因果关系，弄清原因，问个“所以然”。

1.“察类明故”原则的提出

墨子把“察类明故”原则运用于谈说论辩之中。在谈说论辩中，墨子常以“知类”“明故”并举的方法说服对方和指出对方的错误是“未察吾言之类，未明其故也”（《非攻下》），突出了“类”的逻辑含义，并把它变成“明是非之分，审治乱之纪，察名实之理，处利害，决嫌疑”（《小取》）的方法：

> ……吾从北方闻子为梯，将以攻宋。宋何罪之有？荆国有余于地，而不足于民，杀所不足，而争所有余，不可谓智。宋无罪

> 而攻之，不可谓仁。知而不争，不可谓忠。争而不得，不可谓强。义不杀少而杀众，不可谓知类。公输盘服。(《公输》)

在这段文字中，墨子提出了“类”这个逻辑学的基本范畴。“类”即事物的类别。墨子说公输盘“义不杀少而杀众，不可谓知类”，意思是你说仁义不杀人，却认为攻打无辜的宋国，去杀许多无辜的庶民百姓为仁义，这不能算是知道事物的类别。这是把本来同类的物视为异类，杀少之不义与杀众之不义同为不义。墨子提出“类”的概念，表明他已把客观事物的“类”及其在人的思维、语言中的反映作为思维、认识的对象。从杀人与不义的关联看，墨子认为，杀人就是不义的本质表现。“杀一人谓之不义……若以此说往，杀十人十重不义……杀百人，百重不义。”(《非攻上》)在此，墨子通过指出“杀多”与“杀少”在表面上不同，实质是一致的道理，将“类”概念引入了推理论说之中，并赋予其逻辑的含义。虽然这时的“类”概念尚未被墨子表述为抽象的规定和理论化，但他已经在论辩的思维实践中意识到、说出、运用，看到、发掘出事物借以相互联系和区别的共性。

> 今遝夫好攻伐之君，又饰其说以非与墨子曰：“以攻伐之为不义，非利物与？昔者禹征有苗，汤伐桀，武王伐纣，此皆立为圣王，是何故也？”子墨子曰：“子未察吾言之类，未明其故者也。彼非所谓攻，谓诛也。”(《非攻下》)

这里墨子运用用“攻”与“诛”两个概念，指出“禹征有苗、汤伐桀，武王伐纣”，绝不是攻伐无罪之国的“攻”，而是讨伐不义之君的“诛”。墨子提出“明故”，“故”即原因，“明故”就是追问一个为什么，以便探询所论问题的原因、根据和理由。“察类”是为了“明故”，“明故”是获得正确认识的必要前提。

2. “察类明故”原则的运用

“察类明故”就是说我们认识任何事情都应先考察分析事物的实际情况和类别，从而明确事物产生的原因。这个原则的意义是重视类比和推理，直接开了墨家重视逻辑思维的先河。

（1）从众多的个别事物中抽象出共同的本质。

墨子的“察类明故”原则，明确提出人是有预见性的，即人可以通过逻辑推理而“以往知来，以见知隐”（《非攻中》）。墨子在讲学中自觉运用“察类明故”原则，从众多的个别事物中抽象出来共同的本质。

> 今有一人，入人园圃，窃其桃李，众闻则非之，上为政者得则罚之。此何也？以亏人自利也。至攘人犬豕鸡豚者，其不义又甚入人园圃窃桃李。是何故也？以亏人愈多。其不仁兹甚，罪益厚。至入人栏厩，取人马牛者，其不仁义又甚攘人犬豕鸡豚。此何故也？以其亏人愈多。苟亏人愈多，其不仁兹甚，罪益厚。至杀不辜人也，扡（同“拖”）其衣裘、取戈剑者，其不义又甚入人栏厩、取人马牛。此何故也？以其亏人愈多。苟亏人愈多，其不仁兹甚矣，罪益厚。当此天下之君子皆知而非之，谓之不义。今至大为攻国，则弗知非，从而誉之，谓之义。此可谓知义与不义之别乎？（《非攻上》）
>
> 杀一人谓之不义，必有一死罪矣。若以此说往，杀十人十重不义，必有十死罪矣。杀百人百重不义，必有百死罪矣。当此天下之君子皆知而非之，谓之不义。今至大为不义攻国，则弗知而非，从而誉之，谓之义，情不知其不义也，故书其言以遗后世。若知其不义也，夫奚说书其不义以遗后世哉？（《非攻上》）
>
> 今有人于此，少见黑曰黑，多见黑曰白，则以此人不知白黑之辩矣。少尝苦曰苦，多尝苦曰甘，则必以此人为不知甘苦之辩矣。今小为非，则知而非之。大为非攻国，则不知非，从而誉之，谓之义。此可谓知义与不义之辩乎？是以知天下之君子也，辩义与不义之乱也。（《非攻上》）

《非攻》的主旨是论证诸侯发动战争是大不义的罪行，在论证时墨子首先从窃人桃李、攘人鸡豚、取人牛马等不义行为中抽取出共同的本质——亏人以自利，得出“亏人愈多，其不仁兹甚，罪益重”的认识，这叫“取类”。然后，指出诸侯发动战争、杀人攻国，属于“亏人以自利”一类，并且甚于窃人桃李、攘人鸡豚、取人牛马，是大不义的罪行，这叫“察类”。接着进一步推论，就杀人多少做比较，“杀一人，谓之不义，必有一死罪矣，若以此说，往杀十人，十重不义，必有十死罪矣；杀百人，百重不义，必有百死罪矣”。这又是“取类”。诸侯发动战争，杀人不止千百，其罪恶之深重，是不言自明的。

（2）遇到问题要追问所以然。

> 子墨子曰问于儒者：“何故为乐？”曰：“乐以为乐也。”子墨子曰：“子未我应也。今我问曰：‘何故为室？’曰：‘冬避寒焉，夏避暑焉，室以为男女之别也。’则子告我为室之故矣。今我问曰：‘何故为乐？’曰：‘乐以为乐也。’是犹曰：‘何故为室？’曰：‘室以为室也。’”（《公孟》）

这里墨子指责儒者只停留于表面现象领域，只讲所然，不讲所以然；墨子强调作为施教者讲课不能将受教者所知、所易大讲特讲，对受教者所难、所不知避而不讲，应鼓励受教者多问几个“为什么”。墨子深入现象背后，进一步追问出一个所以然来。这个所以然就是《耕柱》中的“所以为之若之何”：

> 叶公子高问政于仲尼曰：“善为政者若之何？”仲尼对曰：“善为政者，远者近之，而旧者新之。”子墨子闻之曰：“叶公子高未得其问也，仲尼亦未得其所以对也。叶公子高岂不知善为政者之远者近也，而旧者新是哉？问所以为之若之何也。不以人之所不智告人，以所智告之，故叶公子高未得其问也，仲尼亦未得其所以对也。”（《耕柱》）

这是墨子听说叶公子高向孔子请教施政的道理，对孔子给予叶公子高的回答不满意，对孔子进行指责的故事。叶公子高想问的是如何才能善于治政，孔子的回答是对处于远方的人要亲近，对故旧要不厌弃。依墨子的看法，“远者近之而旧者新之”是“善为政”的后果，并非方法或途径，所以墨子认为孔子这里实际上答非所问。墨子认为，对这个问题，关键是要给出一个“所以为之若之何”。也就是说，要给出一个切实有效的实施方法，即“用来为政之道怎么样做？”对于这样的问题，施教者千万不能“不以人之所不智告人，以所智告之”。提醒人们作为施教者为受教者讲清难点，讲明究竟是学习教育的基本要求，不能避开受教者的问题进行讲解，否则施教者讲了半天，受教者听不明白，是不会有教育效果的。

3. “察类明故” 原则的意义

“察类明故”原则显示出墨子思想在理性分析和逻辑推导上的鲜明特点。墨子的方法论具有高度的系统性、严密性、逻辑性，为科学认识的发生提供了前提条件。

（1）清楚“察类”“明故”的关系。

“类”和“故”是墨子逻辑学中的两个范畴。“察类明故”说明“类”“故”在逻辑推理上的联系。推理的一个基本要求就是要揭示前提和结论之间的联系。“明故”就是说明已经认识，找到并在推理过程中应用了这种联系。要“明故”就必须先“察类”，“察类”以“明故”。一个推理之所以合理、合乎逻辑，就是因为推理前件和后件存在一定的类属关系或者是类的隶属关系。推理的过程是“明故”的过程，不“察类”无以“明故”。

（2）“类”必须反映事物的本质。

墨子“察类明故”的思想表明墨子认识到事物表象的相同只反映了事物的外部联系，而不能深入事物内部，从本质上真正地认识事物。

> 巫马子谓子墨子曰：“子兼爱天下，未云利也；我不爱天下，未云贼也。功皆未至，子何独自是而非我哉?”子墨子曰：“今有燎者于此，一人奉水将灌之，一人掺火将益之，功皆未至，子何贵于二人?”巫马子曰：“我是彼奉水者之意，而非夫掺火者之意。”子墨子曰：“吾亦是吾意，而非子之意也。”（《耕柱》）

巫马子以“功皆未至”是“兼爱天下”和“不爱天下”两类事物的共同点为理由，否认它们之间存在是非对错。墨子以用水灭火和用火助火之间的本质差别作为类比的前提，这个类比的前提是巫马子同意的。论证“功皆未至”只是“兼爱天下”和“不爱天下”的相同表象，只反映它们之间的偶然联系。这种偶然的表象联系不能作为“类”概念形成的根据。“类”概念必须反映事物的本质。从事物存在的必然性来看，“兼爱天下”有利于天下，正如浇水灭火一样；“不爱天下”有害于天下，正如用干草助火灾一样。所以，两者是有本质的差异的，因而属于不同的“类”。

(3)“察类”在于“明故”。

墨子就许多认识的问题进行了深入的探讨，他重经验并不排斥理性；墨子的“察类明故”，弥补了他的经验主义的不足。他在中国哲学史上首次从逻辑学的角度使用“类”“故”范畴，对思维规律的研究和逻辑学的发展做出了重要贡献。“察类”在于“明故”。墨子认为，“类”是事物本质的一种表现。一类事物的本质，就是该类事物存在的内部根据，是事物所以然之“故”。“明故”就是认识一类事物的内在联系，掌握其普遍的必然性的规律。只有做到了这一步，才能说是确定了“类”的内涵。墨子在《非攻中》中对“攻”和“诛”的划分、界定就是一个明显的例子。墨子是用“兴天下之利，除天下之害”(《非乐》)来区别“诛”与“攻”的。

第七节　“环境育人”原则

“环境育人”原则是说人是环境的产物，作为影响受教者成才的重要外部条件的自然生态环境和人文环境发挥着重要的作用，对受教者综合素质的提高有着不可低估的作用，意味着在受教者的发展上环境有着决定性的影响力。

1.“环境育人”原则的提出

墨子认为受教者之所以具有各种思想品性，很大程度上源于环境潜移默化的影响。染丝说认为：先天的人性不过如待染的素丝，什么样的环境与教育，造就什么样的人。

> 子墨子言见染丝者而叹曰：“染于苍则苍，染于黄则黄。所入者变，其色亦变；五入必而已则为五色矣。故染不可不慎也！”非独染丝然也，国亦有染。(《所染》)

墨子认为，不但丝会很容易地被染成各种颜色，一国之君也会受到各方面的影响，无论是“功名蔽天地”的“仁义显人”，还是“为天下谬”的“不义辱人”，无不是外来的影响所致。士也不例外，如果所交的朋友都爱好仁义，都淳朴谨慎、慑于法纪，那么他的家道就日益兴盛，身体日益健康，名声日益光耀；如果所交朋友都不安分守己，结党营私，那么他的家道就日益衰落，身体日益危险，名声日益降低……交友不慎，是人生最大的不幸。因此，墨子发出了“故染不可不慎也”的感叹。这反映了墨子感伤世人随波逐流、随欲浮沉而不能自拔，犹如洁丝染色，失去本来面目，提醒人们不论职位高低都必须慎重选择与自己相处的人，并希望创建优美的文化环境，以促进社会进步。

2. “环境育人”原则的运用

“染于苍则苍，染于黄则黄”，是在说环境的影响。环境是人们运动变化的外因，而真正的动力是来自人自身的主观努力。有环境论而不唯环境论，把争取一个良好的环境与立足于自身努力结合起来，这才是应有的正确态度。

> 非独国有染也，士亦有染。其友皆好仁义，淳谨畏令，则家日益，身日安，名日荣，处官得其理矣，则段干木、禽子、傅说之徒是也。其友皆好矜奋，创作比周，则家日损，身日危，名日辱，处官失其理矣，则子西、易牙、竖刀之徒是也。《诗》曰：“必择所堪，必谨所堪”者，此之谓也。（《所染》）

这告诉人们：不仅国家有染，士也有染。就是一般人，在与人的交往中也必须正确选择自己的亲信和朋友，以受到良好的熏陶和积极的影响。墨子在故事中举出正反两方面的例子，提醒人们交友影响一个人的发展，关系事业成败。交友一直是当代人们生活必不可少的一部分。《劝学》中的“蓬生麻中，不扶自直；白沙在涅，与之俱黑”，就充分说明了交友的重要性。对于当代人来说，交友要慎重，因为这是一种巨大的环境作用。交友更重要，因为现代人身上有责任、有担当，更要慎友慎行。交友要有原则，宁缺毋滥。要结交志同道合的朋友，要结交操守自律的朋友。

非独染丝然也，国亦有染。舜染于许由、伯阳，禹染于皋陶、伯益，汤染于伊尹、仲虺，武王染于太公、周公。此四王者所染当，故王天下，立为天子，功名蔽天地。举天下之仁义显人，必称此四王者。夏桀染于干辛、推哆，殷纣染于崇侯、恶来，厉王染于厉公长父、荣夷终，幽王染于傅公夷、蔡公穀。此四王者所染不当，故国残身死，为天下僇。举天下不义辱人，必称此四王者。(《所染》)

这段文字从正反两方面列举历史事实说明这个问题：舜等四王由于“所染当”，所以“王天下”，功名蔽天地；夏桀等四王则由于“所染不当”，结果“国残身死，为天下僇”。从而告诉人们国君是如此，士也是这样。提醒人们“必择所堪”，即染料必选正，浸染要谨慎。在墨子看来，首先，人性不是先天所成，不过如同待染的素丝。其次，下什么色的染缸，就成什么颜色的丝，亦即什么样的环境与教育造就什么样的人。因此，必须慎其所染，选择所染。

3. “环境育人”原则的意义

墨子阐述了环境和教育对人性形成的影响，看人染丝，感叹染料颜色变化，丝的颜色也随之改变。反反复复可以改变多次，不仅染丝如此，做人治国也是同样的道理。这和“与善人交，如入芝兰之室，久而不闻其香；与恶人交，如入鲍鱼之肆，久而不闻其臭”（刘向《说苑·杂言》）有异曲同工之妙。也就是说，人的后天发展与他所处的环境和所受的教育有很大的关系。当代的教育环境，已经不同于墨子时代，要想给予受教者好的熏陶，必须注重对家庭、学校、社会环境的改造和净化。

（1）家庭育人起重要作用。

家庭是受教者的第一所学校，父母是受教者的第一位老师，家庭的氛围、父母的行为都潜移默化地影响受教者。家庭在育人过程中要注意：一是营造宽容和谐的家庭氛围。只有在宽容和谐的氛围里子女才能健康乐观地生长。二是构建学习型家庭。现在是信息化时代，只有树立“终身学习”的观念，才能适应飞速发展的时代。学习型家庭的家长要以自己的行动来证明读书、学习是有用的，是终生的，是快乐的，是自觉的。如果每个家庭都能乐学上进，那么子女的素质就会有更大的提高，我们的社会就会更和谐、更文明。三是杜绝攀比、奢侈。对子女进行节俭教育，刻不容缓。崇尚节约、不讲排场，家长是子女的榜样，应教育子女从小养成节俭的习惯。四是从小培养子女爱家庭、爱学校、爱家乡、爱国家的情操，让孩子女从小就有一种责任感和使命感。五是培养子女的受挫能力，迎接新时代的挑战。子女健康的人格、心灵的塑造是家长的首要任务。要有意识地培养子女吃苦耐劳的品质和承受挫折的能力，如让子女参加力所能及的家务劳动、公益性劳动。只有这样子女的心理承受能力才会日趋增强，才能应对生活中的各种挑战。

（2）学校育人起关键作用。

学校对受教者良好素质的形成起着决定性的作用。南宋著名教育家朱熹提出了学校必须把坚持德育放在首位，他说："致知之要，当知善之所在，如父止于慈，子止于孝之类。若不务此，而徒欲泛然以观物之理，则吾恐其如大军之游骑，出太远而无所归也。"（《大学或问》卷二）也就是说，学校必须将德育放在优先地位，学生有了较高的道德修养，学得的知识才能发挥正当的作用。要把学校办成学习型学校。学习型学校建设就是以促进教师和学生的学习为目的，注重学生的可持续学习、可持续发展。创设人人在学习、处处有学习、事事讲学习的氛围，变教育化学校为学习型学校，变教室为学室，变教案为学案，对学校的制度、环境、资源配置、管理、评价机制进行全面整合并融入学习型社会，随学习型社会的发展而发展。学校教育必须改革，形成适合受教者发展和社会需要的教育模式。

（3）社会育人起引导作用。

社会环境可以通过人类的活动加以改造，因而比及自然环境，它更灵活多变。随着社会的发展，社会环境也越来越复杂，由此对人类活动的影响也越来越大。优化社会育人环境，是全社会义不容辞的责任和义务。要为儿童、少年、青年学生的身心健康成长创造良好的社会环境。

第八节 “实践第一”原则

“实践第一”原则是指实践是认识的基础和唯一源泉。墨子提出“实践第一”原则，是因为他对教育标准、动力、目的的认识都来源于实践。

1. “实践第一”原则的提出

墨子教育弟子，特别强调坚持“实践第一”原则。他说：

> 士虽有学，而行为本焉。（《修身》）
>
> 名不可简而成也，誉不可巧而立也，君子以身戴行者也。（《修身》）
>
> 口言之，身必行之。（《公孟》）

第一则是讲士人虽然有学问，但亲身实践才是根本。第二则是说名望不会由苟简而成，声誉不会因诈伪而立，君子是言行合一的。第三则是说口能称道，自身一定要实行它。诸子中，墨子是最注重实际行动的。他和他的弟子不仅宣扬墨家的思想，更在社会上实践墨家的主张，这与墨家小生产者的出身有很大的关系。这种学以致用、以行为本的主张具有积极的意义。只读书而不去实践，就会成为纸上谈兵的书呆子，对社会是没有多大用处的。因此，墨子重视实践力行，主张君子必须“以身戴行”，严格要求弟子言行一致，“强力而行”，反对只说空话，不务实际。

2. “实践第一”原则的运用

墨子重视“实践第一”原则，并将其拓展到教学的各个方面。

（1）躬行实践感化学生。

墨子提倡躬行实践，言行结合，言行一致。墨子能直接从事生产劳动，有高超的技艺，他在生产实践中总结出许多很有价值的生产知识，如杠杆、滑轮、斜面原理和建筑之术等。墨子是一位科学家，他将在长期的生产实践中获得的许多感性知识加以概括、总结，上升为理论；经过长期的积累和积极的研究，提炼出许多有科学价值的知识并用来教育弟子。墨子一生坚持用自己的实际行为和高尚的人格去感化学生。墨子和他的弟子常常“以自苦为极”：

> 禽滑厘子事子墨子三年，手足胼胝，面目黧黑，役身给使，不敢问欲。（《备梯》）

（2）强调通过实践锻炼学生。

墨子强调，一切说教、一切理论，都必须付诸实践。他在教导弟子从政时再三强调：

> 唯信身而从事，故利若此。古者有语焉，曰：“一目之视也，不若二目之视也；一耳之听也，不若二耳之听也；一手之操也，不若二手之强也。”夫唯能信身而从事，故利若此。（《尚同下》）
>
> 务言而缓行，虽辩必不听。多力而伐功，虽劳必不图。慧者心辩而不繁说，多力而不伐功，此以名誉扬天下。言无务多而务为智，无务为文而务为察。（《修身》）

第一则是说，唯其以诚信从事，所以有这样多的利益。古时有这样的话：一只眼睛所看到的，不如两只眼睛所看到的；一只耳朵听到的，不如两只耳朵听到的；一只手操拿，不如两只手强。唯其以诚信从事，所以如此有利。第二则是说，专说而行动迟缓，虽然会说，但没人听信。出力多而自夸功劳，虽劳苦而不可取。聪明人心里明白而不多说，努力做事而不夸说自己的功劳，因此名扬于天下。说话不图繁多而讲究富有智慧，不图文采而讲究明白。墨子反对只说空话而不务实际、言行不一。那些只说空话而不务实际的人，哪怕他说得天花乱坠，别人也不会被他说服。即使他用最大的力气夸耀自己的功绩，别人也绝不会相信，最后还是一事无成。墨子教育的实践，除了道德、政治等，还包括生产、军事和科技等，远远超出当时其他诸子各家教育实践的范围。墨子坚持“行为本”的原则，强调教学实践，重视指导受教者进行实际操作和科学实验，从实践中获取真知，有利于培养锻炼受教者的实际工作能力和创造发明能力。

（3）推崇以实践要求学生。

墨子反对空谈而不从事实践，为此他指出：

言必信，行必果，使言行之合犹合符节也，无言而不行也。（《兼爱下》）

今子口言之，而身不行，是子之身乱也。（《公孟》）

言足以复行者常之，不足以举行者勿常。不足以举行而常之，是荡口也。（《耕柱》）

志不强者智不达，言不信者行不果。（《修身》）

第一则是说，出言必定守信用，行为必定要果断，使言行一致就像与符节相合一样，没有出言而不实行的。可见，墨子严格要求弟子言行一致，将自己的言谈、思想贯彻到实践中去。第二则是说现在你口已出言，但自身不去实行，是你自身混乱。第三则是说，言论可付之实行的，应推崇；不可以实行的，不应推崇。不可以实行而推崇它，就是空言妄语了。第四则是说意志不坚强的人智力就不会发达，出言不守信的人行为就没有成果。可见，在墨子看来，意志是智力发达的先决条件，也是言行一致的前提条件。

（4）师生合作启发学生。

墨子重视理论联系实际，和弟子一起动手实验，这与他的唯物主义的认识论是密切相关的。墨子在教授数理理论、极限概念，论证“穷”“有穷”“无穷”时，以名家的命题“一尺之锤，日取其半，万世不竭”（《庄子·天下》）为实例，来培养弟子的数学分析能力，进而提出“前后取则端中也”而达到“无穷”的极限概念（《经说上》）。在逻辑学教学中，墨子及其弟子更是倡导将辩学作为学以致用的方法。他在教授辩学时对辩学思想的阐发，始终与社会政治问题的解决结合在一起，其对辩说论式法则的阐述始终与思维内容结合在一起，也因为此，墨子的辩说务实求用，意在解决社会现实问题、关涉国计民生的问题。墨子还重视具体生动的教学方式，多采用自然、人类生活中的各种事例进行比喻及论证。

3.“实践第一”原则的意义

习近平总书记在主持十八届中共中央政治局第二十次集体学习时指出：“要学习掌握认识和实践辩证关系的原理，坚持实践第一的观点，不断推进实践基础上的理论创新。”“实践第一”的观点是马克思主义认识论的基本观点，也是马克思主义生命力的重要保证。强调坚持“实践第一”的观点，有助于我们切实认清坚持从实践中获得真知的必要性，增强坚持正确理论指导的理论自信。

（1）“实践第一”原则避传统教育之短，开素质教育之源。

“实践第一”的基本含义是：实践是认识的基础和唯一源泉。人的一切认识都来源于实践。人要形成正确的认识，就必须积极投身现实的社会实践。毛泽东早就说过：“人的正确思想只能从社会实践中来，只能从社会的生产斗争、阶级斗争和科学实验这三项实践中来。”① 墨子的理论在社会实践中应用广泛，墨家弟子可以说是能文能武、能生产能研究的全才。墨子在教育方法上注重实践，他培养的弟子能够学以致用，学成后直接从事拯救社会和普济民生的大业，成为时代的栋梁之材。墨子注重实践，实是避传统教育之短、开素质教育之源的伟大创举。当前正在进行的课程改革，就是着眼于社会发展对劳动力素质和能力的需求，体现着鲜明的时代特色。“以人为本，以学生的发展为本”是课程思想的核心和本质。课程标准倡导的是学生学习方式上的自主性、探究性、实践性、合作性。一切以学生的发展为根本，着力培养学生的实践能力、创新能力和科学人文素质是课程改革的目标与任务。新时代，我们要在课程改革视角下研究施教者如何进一步转变教学模式，以更好地培养学生的就业与创业能力。

（2）“实践第一”原则轻空讲理论知识，重动手实践操作。

墨子反对空谈而不从事实践，强调重视生产、军事、科技、自然科学等方面，这一点是春秋战国诸子百家远不能及的。墨子的科学生产知识内容十分丰富，涵盖了数学、力学、光学、声学、机械设计与制造等诸多学科，墨子在进行科学研究时注重实验，通过实践操作更好地让弟子理解所学知识。胡适曾说：“墨家论知识，注重经验，注重推论。看《墨辩》中论光学和力学的诸条，可见墨家学者真能作许多实地实验。这是真正的科学精神，是墨学的第三种贡献。”②

① 《马克思主义哲学著作选读》，解放军出版社 1990 年版，第 446 页。
② 胡适：《中国哲学史大纲》，天津人民出版社 2016 年版，第 182 页。

第八章　独出机杼的教学方法：适合受教者

教学方法是指在一定的教育目的、思想指导下形成的实现其教育目的、思想的策略性途径。教学方法是教育的客观规律和原则的反映和具体体现，正确地运用教学方法，对提高育人质量，实现教育目的，完成教育任务具有重要的意义。对于教学方法，墨子多有独到的见解，他运用的适合受教者的教学方法，可谓独出机杼，无人能比。墨子具有开创之功的适合受教者的教育方法有以下几种。

第一节　“主动讲授”教学法

“主动讲授”教学法是墨子在教育实践中通过语言主动、系统地向弟子宣讲、传授知识的一种教学方法。在中国乃至世界教育史上，墨子是第一个论证和实践“主动讲授”教学法的教育家。

1. “主动讲授”教学法的提出

墨子以他对教学规律的正确认识为基础，他认为教学是“教”与“学”的对立统一，是施教者与受教者的双边活动。墨子对“主动讲授”教学法进行了论证。

唱和同患，说在功。（《经下》）

唱而不和，是不学也；智少而不学，必寡。和而不唱，是不教也；智而不教，功适息。（《经说下》）

前者的意思是：唱（教）而不和（学），和而不唱，其患（过错）同，是所谓功与劳不符。后者是对前者的解释：唱而不和，是不学。智少而不学，教育的功效必然寡少。和而不唱，是不教的结果。虽智不教，教育的功效等于零。意思是说，教与学是统一的，以功相等故。有学无教或有教无学，功效便没有。根据教与学关系的变化，墨子把教学分为六种情况。一是有教无学，二是有学无教，在这两种情况下，教学实际上就不存在了。三是教无害于学，四是受教者不得已而听从施教者的讲授，这两种情况是正常的教学。五是受教者智少而不学，六是施教者智多而不教，这两种情况是不正常的教学。墨子已经认识到“教”与“学”缺一不可。施教者“主动讲授”，受教者听从施教者的讲授才是正常的教学。教师智而不主动施教，是不正常的。墨子认为：运用“主动讲授”教学法，一是有利于发挥施教者的主导作用。施教者主动讲授，受教者领会和记住施教者讲授的知识。二是有利于施教者系统地传授知识。施教者可以依据知识本身的体系，由浅入深、由此及彼地进行系统讲授。

墨子运用“主动讲授”教学法，使其弟子受其道、传其术，取得了令人瞩目的成就。公孟子与墨子曾就“主动讲授”教学法进行过一番讨论。

> 公孟子谓子墨子曰：“君子共已以待，问焉则言，不问焉则止。譬若钟然，扣则鸣，不扣则不鸣。”子墨子曰：“是言有三物焉，子乃今知其一身也，又未知其所谓也。若大人行淫暴于国家……若大人为政，将因于国家之难……虽不扣必鸣者也。若大人举不义之异行……虽不扣，必鸣者也。且子曰：‘君子共己待，问焉则言，不问焉则止，譬若钟然，扣则鸣，不扣则不鸣。’今未有扣，子而言，是子之谓不扣而鸣邪？是子之所谓非君子邪？”（《公孟》）

墨子和公孟子的对话，对施教者提出了勤勉教人的要求，即施教者要强教——“主动讲授”，这是墨子教育思想中的一个重要方法。君子若钟，不扣必鸣。这种教人的态度，是墨子“摩顶放踵利天下为之”（《孟子·尽心上》），“日夜不休，以自苦为极……虽枯槁不舍”（《庄子·天下》）的牺牲自我以救世的精神在教育上的体现。墨子主张施教者要采取主动积极的态度，不仅有问必答，并须“不叩必鸣”。“不叩必鸣”是墨子对“主动讲授”教学法的高度概括。

（1）“强说人”表现出“主动讲授”的特征。

研究墨子的最可靠的资料是《墨子》，《墨子》是墨子及其弟子所记墨子的主要言行，是墨子进行教育教学活动的真实记录。《墨子》现存51篇，自《亲士》至《小取》共39篇，除在《三辨》篇插入一段程繁问礼的话，其余都是墨子先后向弟子、时人“主动讲授”的。再则，即便是墨子回答弟子及时人提出的问题，也往往是长篇大论，带有系统讲授的特征。如禽子问守道，墨子遂系统地教以守城诸事。

（2）墨子主张的“行说人”更进一步表现出“主动讲授”教学法的特征。

墨子认为：“行说人者，其功善宜多。”公孟子不理解，便有了以下对话。

> 公孟子谓子墨子曰：“实为善，人孰不知？譬若良玉，处而不出有余糈。譬若美女，处而不出，人争求之；行而自炫，人莫之取也。今子遍从人而说之，何其劳也！”子墨子曰：“今夫世乱，求美女者众，美女虽不出，人多求之；今求善者寡，不强说人，人莫之知也。且有二生于此，善筮，一行为人筮者，一处而不出者，行为人筮者，与处而不出者，其糈孰多？”公孟子曰：“行为人筮者，其糈多。”子墨子曰：“仁义钧，行说人者，其功善亦多。何故不行说人也。”（《公孟》）

公孟子认为：行义如同良玉、美女，可隐藏不出，如自行炫耀，人们就不喜欢了。像墨子这样到处劝说行义，实在是太辛苦了，而且有自我炫耀之嫌。墨子将追求美女的人多、追求善的人少和出行到外边占卜、坐在家里占卜所受赠粮的多寡做对比，指出了主动劝人求善的功绩和益处，回答了公孟子的问难，使公孟子欣然佩服。墨子就是一个典型的“行说人者”。从这段对话中我们可以得到这样的启示：作为施教者，一定要勉力教人，也就是“主动讲授”。

2. “主动讲授”教学法的运用

墨子运用“主动讲授”教学法，注意调动弟子的积极性与自觉性，能引起弟子的独立思考，并且照顾到弟子的年龄特征，讲究启发式的“主动讲授”。

(1) 墨子注意调动弟子学习的积极性与自觉性：

> 虑，求也。(《经上》)
>
> 虑，虑也者，以其知有求也，而不必得之，若睨。(《经说上》)

前者是说：虑，谋求。后者是对前者的解释：虑，谋求，凭自己的知材而有所探求，而所求不一定能得到。好比斜视，有所见但并不真的看见。墨子第一次把动机引进教学过程，把动机这种意向活动同认识活动联系在一起，要求教学能激发弟子学习的动机，以调动弟子学习的积极性与自觉性，为启发式教学找到了理论依据，并用以指导自己的教育实践。

> 有游于子墨子之门者，身体强良，思虑徇通，欲使随而学。子墨子曰：“姑学乎，吾将仕子。”劝于善言而学。其年，而责仕于子墨子。子墨子曰：“不仕子，子亦闻夫鲁语乎？鲁有昆弟五人者，其父死，其长子嗜酒而不葬，其四弟曰：‘子与我葬，当为子沽酒。’劝于善言而葬。已葬而责酒于其四弟。四弟曰：‘吾末予子酒矣。子葬子父，我葬吾父，岂独吾父哉？子不葬，则人将笑子，故劝子葬也。’今子为义，我亦为义，岂独我义也哉？子不学则人将笑子，故劝子于学。”(《公孟》)

有一人游历到墨子门下，身体强壮，思虑通达，墨子想使他随学，对他说道：好好学习，我会保举你出仕。那个人被这话打动了，因而就学，过了一年，他向墨子要求出仕。墨子用“鲁语”给他讲了一个“鲁人葬父”的故事，正像父亲逝世儿子要葬父一样，这是做儿子的责任，应无条件从事，不然就会受到社会舆论的谴责，以此来说明学习也是这个道理。

(2) 墨子运用“主动讲授”教学法，注意到讲授的时机。

> 子禽问曰：“多言有益乎？”墨子曰：“虾蟆、蛙蝇，日夜而鸣，擗舌干，然而不听。今鹤鸡时夜而鸣，天下振动。多言何益？

唯其言之时也。”（《太平御览》卷三九〇引《墨子》）

这里所说的“时”，即“及时”。抓住适当时机，及时教学，便会获得最佳效果。如错过时机，再勤奋费力，也难以取得成效。

（3）墨子采用“主动讲授”教学法，是由其对教育内容和教育作用、规律的认识决定的。

墨子除重视《诗》《书》外，更强调自然科学与军事科学知识教育。涉及几何、物理、数学、光学、化学等，仅光学就有8条之多。如果只指望弟子来问才向弟子传授，就不可能把这些高深、繁多的自然科学知识系统地传授给弟子。如果弟子不问，也就无从传授了。可见，要把自然科学知识有效地传授给学生，运用“主动讲授”教学法是必要的。墨子重视军事科学的教学。他本人就有很高的军事科学修养，故教授弟子不少军事科学知识，由是墨子之门多勇士。春秋战国时期，强国兼并弱国，大国兼并小国，战争不断爆发，如果战争在即，“譬若机之将发也然”（《公孟》），就不能只是被动地等弟子来问，才零零碎碎地把军事知识传授给他们，而应主动、系统、有计划地讲授。要使教育充分发挥改造社会的作用，必须运用“主动讲授”教学法。

（4）墨子采用“主动讲授”教学法，也是由他本人的个性特点决定的。

墨子出生于一个比较贫苦的家庭，他喜欢苦行者的生活，经常同弟子一起，“日夜不休，以自苦为极”（《庄子·天下》）。他积极进取，情感激烈，意志坚强，为了爱别人和为别人服务，甘愿牺牲自己。他有灵巧的双手、科学的大脑和能言善辩的口才。这些特点决定了他不会消极、温静地待问而言，势必会进行主动、系统的讲授。

3.“主动讲授”教学法的案例

（1）墨子给禽滑厘系统讲授城池的攻守战法。

禽滑厘问于子墨子曰：“由圣人之言，凤鸟之不出，诸侯畔殷周之国，甲兵方起于天下，大攻小，强执弱，吾欲守小国，为之奈何?”子墨子曰：“何攻之守?”禽滑厘对曰：“今之世常所以攻者，临、钩、冲、梯、堙、水、穴、突、空洞、蚁傅、轒辒、轩车，敢问守此十二者奈何?”子墨子曰：“我城池修，守器具，推粟足，上下相亲，又得四邻诸侯之救，此所以持也。且守者虽善，则犹若不可以守也。若君用之守者，又必能乎守者，不能而君用之，则犹若不可以守也。然则守者必善而君尊用之，然后可以守也。”凡守围城之法，厚以高；壕池深以广；楼撕揗，守备缮利；薪食足以支三月以上；人众以选；吏民和；大臣有功劳于上者，多主信以义，万民乐之无穷；不然，父母坟墓在焉；不然，山林草泽之饶足利；不然，地形之难攻而易守也；不然，则有深怨于适而有大功于上；不然，则赏明可信而罚严足畏也。此十四者具，则民亦不宜上矣，然后城可守。十四者无一，则虽善者不能守矣。（《备城门》）

禽滑厘问墨子：“现在诸侯背叛周王室，天下兵争方起，大国攻打小国，强国攻打弱国。我想为小国防守，应该怎么做呢?”墨子做了详尽的回答。

（2）墨子看到染丝的情景发出感慨，系统讲授环境对人的影响。

子墨子言见染丝者而叹曰：“染于苍则苍，染于黄则黄，所入者变，其色亦变。五入必而已则为五色矣。故染不可不慎也!”

非独染丝然也，国亦有染……

非独国有染也，士亦有染……（《所染》）

墨子以染丝为喻，说明天子、诸侯、大夫、士必须正确选择自己的亲信和朋友，以受到良好的熏陶和积极的影响。影响的好坏关系事业的成败、国家的兴亡，国君对此必须谨慎。

第二节　“以身示教”教学法

“以身示教”教学法就是墨子以自己的亲身实践，以自身的说教榜样，来引导、感化、教育弟子的教学方法。墨子是一个热心负重的教育家，他以身作则，以言教人，身教重于言教，反对死板的教条式的教学方法，主张积极主动地实践“以身示教”教学法。

1. “以身示教”教学法的提出

墨子特别重视自身的示范作用。墨子以自苦为极乐，亲身实践，为弟子做出了很好的榜样。范晔《后汉书·第五伦传》云：“以身教者从，以言教者讼。”大意是：若只流于言论，说一套做一套，百姓就不会接受你的教化，反而会生出是非；以自己的模范行动教导百姓，百姓就会接受你的教化。身教重于言教。墨子强调教育要从自身做起。我们看看墨子是如何以身示教，身教重于言教的。

> 子墨子曰：“籍设而天下不知耕，教人耕，与不教人耕而独耕者，其功孰多？”吴虑曰：“教人耕者，其功多。”子墨子曰：“籍设而攻不义之国，鼓而使众进战，与不鼓而使众进战而独进战者，其功孰多？”吴虑曰：“鼓而进众者，其功多。”子墨子曰：“天下匹夫徒步之士少知义，而教天下以义者，功亦多，何故弗言也？若得鼓而进于义，则吾义岂不益进哉！”（《鲁问》）
>
> 子墨子曰：“今有人于此，有子十人，一人耕而九人处，则耕者不可以不益急矣。何故？则食者众而耕者寡也。今天下莫为义，则子如劝我者也，何故止我？”（《贵义》）

第一则墨子向吴虑阐明，自己只有把“义”向天下人做广泛的宣传，并为他们所接受，才有利于救世愿望的实现。墨子所说的“若得鼓而进于义，则吾义岂不益进哉!”，意思是：“假若我能鼓动大家达到仁义的要求，那么我的仁义岂不是更加发扬光大了吗!”这是墨子主动“以身示教”的一个突出例子。第二则是对墨子同老朋友谈话的记述。墨子从鲁国到齐国，探望了老朋友。他的老朋友对墨子说：“现在天下没有人行义，你何必独自苦行义，不如就此停止吧。”墨子说：“现在这里有一个人，他有十个儿子，但只有一个儿子耕种，其他九个都闲着，耕种的这一个不能不更加紧张啊。什么原因呢？因为吃饭的人多而耕种的人少。现在天下没有人行义，你应该勉励我行义，有什么理由阻止我呢？”“今天下莫为义，则子如劝我者也何故止我？”从中我们可以看出墨子“以身示教”的执着。

2. “以身示教”教学法的运用

（1）墨子“以身示教”，对弟子进行实际生产技能的培养。

墨子在自己的生产技术生涯里认识到了实践活动与生产技能的培养对于受教者的重要意义，墨子认为“教人耕者，其功多”（《鲁问》），真正与平民百姓有着切身利益的不是“四书五经”，而是要向平民百姓传授生产知识和工艺技能，提高平民百姓的动手能力，因为平民百姓是“赖其力而生，不赖其力则不生”（《非乐上》），只有让他们成为有职业技能之人，才能提高他们的生活质量。为了培养多才多艺的职业技术人才，墨子私学的教学内容极为丰富，门类众多，有自然科学技术知识、军事知识、数学、几何、力学、光学等。墨子重视生产劳动的实践教育，重视“耳目之实”的感性经验教育，他认为亲知是直接经验，比间接经验可信度更大。所以，墨子重视直接经验教育，一直主张让弟子在工作实践中成长。

（2）墨子“以身示教”，多才多艺地培养弟子。

培养人数众多的“厚乎德行，辩乎言谈，博乎道术”（《尚贤上》）的“贤良之士”是墨子办学的目标，用现代的意义去解释，就是要培养德、智、体、美、劳全面发展的建设者。“厚乎德行”就是要有“兼相爱，交相利”的品质；“辩乎言谈”是要适应社会需求，向社会输送具有人际交往能力的人；“博乎道术”就是要有多样的技能。所以，墨子把人才培养的目标放在了“博”上。他要求弟子既能动手制作各种器械，也要能言善辩，还要具有逻辑思维。具有了上述能力和品质之后，就成为墨子所说的德、智、体、美、劳全面发展的“贤良之士”。

（3）墨子“以身示教”，重视科学理论研究。

墨子不仅让弟子学会动手制造器械的技能，更要求弟子们明白器械中所包含的科学道理，做到技能与理论相结合、抽象知识与实际操作相结合，使弟子知其然更知其所以然。因此，墨子将各种科学理论的教授作为其教育的基本内容，以增加弟子的科学理论水平。如在几何学方面，墨子向弟子教授点、线、面、圆、立体等概念及其运算方法；在力学方面，墨子向弟子教授杠杆、天平、滑车、斜面等原理；在光学方面，墨子向弟子传授阴影、倒影、平面镜、凹面镜、凸面镜等方面的知识。

3. “以身示教”教学法的案例

墨子在施教过程中以身作则。《淮南子·泰族训》曰：“墨子服役者百八十人，皆可使赴火蹈刃，死不还踵。化之所致也。”这里的“化”字充分说明了墨子对其弟子的影响是何等深远。我们来看看墨子是如何“以身示教”的。

（1）墨子做“车辖”，让车载重五十石走远路。

> 公输子削竹木以为鹊，成而飞之，三日不下。公输子自以为至巧。子墨子谓公输子曰：“子之为鹊也，不如匠之为车辖，须臾刘三寸之木，而任五十石之重。故所为巧，利于人谓之巧，不利于人谓之拙。”（《鲁问》）

公输盘削竹木做鹊鸟，做成了就能飞起来，三天不从天上落下来。公输盘自认为很精巧。墨子对公输盘说：你做的鹊鸟，不如木匠做的车轴上的挡木，一会儿削成一块三寸的木头，可以担负五十石重的东西。所以平常所做的事情，有利于百姓的，可称作灵巧；不利于百姓的，就叫作笨拙。公输削木为鹊，墨子削木成辖，可谓二者皆巧。真正的“巧”标准是什么呢？墨子说：“利于人谓之巧，不利于人谓之拙。”以真切的感受告诫弟子，做事要从实际、实用出发，必须着眼于现实，着眼于百姓的实际需要，而不是追求奇技淫巧，以此来警示统治者要重视实用，不应追求那些奇巧浮华的东西。这种“以身示教”的方法能不让人感动吗？

（2）墨子止楚攻宋，终结了一场不义之战。

> 公输盘为楚造云梯之械，成，将以攻宋。子墨子闻之，起于齐，行十日十夜而至于郢，见公输盘。
>
> 公输盘曰：“夫子何命焉为？”子墨子曰：“北方有侮臣，愿藉子杀之。”公输盘不说。子墨子曰：“请献十金。”公输盘曰：“吾义固不杀人。”子墨子起，再拜，曰：“请说之。吾从北方闻子为梯，将以攻宋，宋何罪之有？荆国有余于地，而不足于民，杀所不足，而争所有余，不可谓智。宋无罪而攻之，不可谓仁。知而不争，不可谓忠。争而不得，不可谓强。义不杀少而杀众，不可

谓知类。”公输盘服……

子墨子见王，曰：“今有人于此，舍其文轩，邻有敝舆，而欲窃之；舍其锦绣，邻有短褐，而欲窃之；舍其粱肉，邻有糠糟，而欲窃之。此为何若人？”王曰：“必为窃疾矣。”子墨子曰：“荆之地，方五千里，宋之地，方五百里……此犹锦绣之与短褐也。臣以三事之攻宋也，为与此同类。臣见大王之必伤义而不得。”王曰：“善哉！虽然，公输盘为我为云梯，必取宋。”

于是见公输盘。子墨子解带为城，以牒为械，公输盘九设攻城之机变，子墨子九距之。公输盘之攻械尽，子墨子之守圉有余，公输盘诎，而曰：“吾知所以距子矣，吾不言。”子墨子亦曰：“吾知子之所以距我，吾不言。”楚王问其故，子墨子曰：“公输子之意，不过欲杀臣，杀臣，宋莫能守，可攻也。然臣之弟子禽滑厘等三百人，已持臣守圉之器，在宋城上而待楚寇矣。虽杀臣，不能绝也。”楚王曰：“善哉！吾请无攻宋矣。”（《公输》）

这里我们看到了墨子的大智大勇，他不顾危险，据理力争，强行辩说，制止了一场即将爆发的大战，同时也说明要制止侵略，单靠说理是不够的，还必须有足够的实力做后盾。这里，我们能看出墨子的精神和性格特征，墨子一连用五个“不可谓”，重重否定，极有气势，使公输盘无从辩驳；而墨子在和楚王的对话中，一连用三个对比，并采用夸饰的手法极言楚国幅员辽阔、物产丰富，宋国面积狭小、物产贫乏，感染力很强，既满足了楚王的虚荣心，又使他醒悟到攻打宋国是无意义乃至愚蠢的举动。而揭露公输盘的杀机并最后打消楚国攻宋企图的这段话，长短句交错，语气时缓时急，既从容又有威慑力，充分显示了墨子无所畏惧、镇定自若、善于辩论。

（3）墨子重视亲知，和弟子一起进行科学实验。

墨子重视科技、生产知识的传授，可以说是开了我国古代科技教育的先河。最为著名的是墨子重视亲知——直接经验的知识。墨子和弟子作了“小孔成像”的实验，解释了“小孔成像”的原理。这个实验说明了光穿过小孔如射箭一样是直线进行的。人的头部遮住了上面的光，成影在下边，人的足部遮住下面的光，成影在上边，故形成了倒像。影为什么会倒？就在于光线相交于小孔。这个实验在今天看来是极为平常的，但在世界科技教育史上却独树一帜，它是世界上对光是直线传播的第一次科学的解释。

（4）墨子发明“罂听”，和弟子一道侦探敌情。

墨子利用声音共鸣原理来侦听敌情，防备敌人挖地道攻城。

> 令陶者为罂，容四十斗以上，固顺之以薄鞈革，置井中，使聪耳者伏罂而听之，审知穴之所在……
>
> 俚两罂，深平城，置板其上，𦗫板以井听。（《备穴》）

墨子采用的办法是在城边每隔几尺挖一深坑，坑里放一个陶瓮，瓮口蒙上羊皮，选用听觉锐敏的人伏在瓮口监听。如有敌人挖地道，便能听到响声，还可以根据每个坑里陶瓮的响度来确定敌人来自何方。这种陶瓮后来成为我国传统的军事侦察工具。

第三节　“激发勉励”教学法

“激发勉励”教学法就是墨子在教育实践中，激发弟子的学习动机，诱发弟子的学习行为，使弟子们对学习产生一种内在的动力，朝着所期望的目标努力，也就是通常我们所说的调动和发挥学生的学习积极性。

1．“激发勉励”教学法的提出

“水不激不扬，人不激不奋。”（明冯梦龙《喻世明言·穷马周遭际卖䭔媪》）墨子一生都在营造激励弟子学习与成长的教育环境，不断地强化弟子的学习动机，确定学习目标，尝试学习成功，调动弟子奋发向上的自觉性、积极性、主动性。墨子对“激发勉励”是这样论述的：

> 慧者心辩而不繁说，多力而不伐功，此以名誉扬天下。（《修身》）
>
> 志不强者智不达。（《修身》）
>
> 诸守牲（应作“柞”）格者三出却适，守以令召赐食前，予大旗。署百户邑，若他人财物，建旗其署，令皆明白知之，曰某之旗。（《旗帜》）

第一则是说，聪明人心如明镜却不过多言语，能干实事却不邀功争赏，这就是他们名扬天下的原因。这句名言习近平在1988～1990年担任中共福建宁德地委书记时激励地方干部的重要讲话《摆脱贫困》中引用过。第二则是说，志向不坚定的人，智慧就得不到充分的发挥。这是墨子激励贤良之士注重修身的至理名言。许多有大成就的人，都是意志、天赋与勤奋兼有。坚定的意志在其中犹如统帅，只有意志强大才能充分地发挥智慧。如果没有坚强不屈的意志和坚韧不拔的毅力，即使有超人的智慧，也难以有所作为。第三则是说，各个据守柞格的兵将，三次出战击退敌兵的，守城主帅便传令他们到官署领赏食物，授予他们旗帜，并赐给百户的城邑或财物，把赏赐的旗帜竖在他们的营署中，使人们都知道他们立有战功，此种大旗称为“某人旗”。这是墨家的荣誉激励。荣誉可满足人的自尊需要，从而激发人们的斗志和工作积极性。

《周易·乾卦·象传》云：“天行健，君子以自强不息。”人们为了实现人生的志向和理想而自强不息、奋斗不已，这种精神就是顽强的拼搏精神和坚强的意志。意志就是在坚持和实现既定志向和理想目标中表现出来的坚定的意念和顽强的毅力。墨子不仅强调人要有坚强的意志，而且强调要在艰苦的生活环境中磨炼意志。墨子的“志不强者智不达”，就是告诫一切成就大事业的人都免不了经历这样的磨炼，也就是需要经历一个“砺志”的过程。

2. “激发勉励”教学法的运用

“墨子怒耕柱”的故事，是墨子运用“激发勉励”教学法的典型例子。弟子耕柱的学业胜过了其他众人，墨子却又提出了更高要求，还因而怒责耕柱：

> 子墨子怒耕柱子。耕柱子曰：“我毋俞于人乎？”子墨子曰：“我将上大行，驾骥与羊，子将谁驱？”耕柱子曰：“将驱骥也。”子墨子曰：“何故驱骥也？”耕柱子曰：“骥足以责。”子墨子曰：“我亦以子为足以责。”（《耕柱》）

耕柱是墨子的优秀学生，墨子以良马喻耕柱，向耕柱提出更高一步的要求，希望他担负重任，努力进步，这既是劝勉也是激励。墨子的这种教人态度，体现了作为施教者要强教即勉力从教。“墨子怒耕柱”体现了墨子的直截了当，这也反映了墨子是一个光明磊落、坦诚直率的人。墨子对耕柱的批评，使耕柱恍然大悟。在当代教育过程中，教师肩负着教书育人的责任，只有让自己的批评润物无声，才能促进师生心灵沟通。可以说“墨子怒耕柱”，是当今教育工作者应当学习的典型案例。

3.“激发勉励”教学法的案例

墨子在教育培养弟子的过程中，充分发挥了“激发勉励”教学法的作用，留下了不少经典的案例。

（1）体贴激励。

所谓体贴激励，就是从满足人的心理需要出发，利用关心体贴激发人的向上动机，体贴激励是“激发勉励”不可或缺的手段。《备梯》记载，禽滑厘是墨子最优秀的学生之一，在军事方面尤为突出。墨子与禽滑厘感情很深，墨子对禽滑厘可谓恩师如父般关心。禽滑厘能在墨子的众弟子中脱颖而出，与墨子的体贴激励是分不开的。

（2）诱使激励。

人的动机多源于人的需求欲望，没有得到满足的需求是激发动机的起点，也是引起行为的关键。《公孟》记述了墨子以出仕做官调动青年求学的积极性。这是诱使激励，即通过行动帮助弟子走出困境，或带领弟子向某个目标行动。墨子作为引导者总是走在弟子前方，引导弟子进步。

（3）再教育激励。

再教育激励就是根据受教者的情况，施教者激励受教者继续学习、继续提高。

> 子墨子出曹公子而于宋。三年而反，睹子墨子曰：“始吾游于子之门，短褐之衣，藜藿之羹，朝得之，则夕弗得祭祀鬼神。今而以夫子之教，家厚于始也。有家厚，谨祭祀鬼神。然而人徒多死，六畜不蕃，身湛于病，吾未知夫子之道之可用也。”子墨子曰：“不然。夫鬼神之所欲于人者多：欲人之处高爵禄，则以让贤也；多财，则以分贫也。夫鬼神，岂唯擢季拑肺之为欲哉？今子处高爵禄而不以让贤，一不祥也；多财而不以分贫，二不祥也。今子事鬼神，唯

祭而已矣，而曰‘病何自至哉’，是犹百门而闭一门焉，曰‘盗何从入’。若是而求福于有怪之鬼，岂可哉？”（《鲁问》）

曹公子经过墨子的推荐到宋国做了三年官，回来见墨子。当初曹公子来到墨子门下学习时，穿粗布衣，吃野菜，上顿不接下顿，连祭祀鬼神的食物都没有。由于受到墨子的教育，家境富有了，反而家里灾祸不断，连自身都染上疾病。曹公子怀疑墨子的学说是否还管用，墨子责备他“处高爵禄而不以让贤”，“多财而不以分贫”，“事鬼神唯祭而已”，激励教育曹公子要居官让贤，财物分人，祭祀鬼神真诚。只有这样才能更好地行义为民。

第四节　“追根究底”教学法

“追根究底”一般指追问一件事的缘由。“追根究底”教学法，就是要讲清事物的所以然，追究底细，弄清楚为什么。

1. “追根究底”教学法的提出

墨子在教育弟子的过程中，总是要求弟子对任何事物都要问一个为什么，在墨子的文章中，“何自”“何故为”“何以为”“何以知之”“所以为之若之何”比比皆是。请看下面“所以为之若之何”的例子。

叶公子高问政于仲尼曰：“善为政者若之何？”仲尼对曰：“善为政者，远者近之，而旧者新之。”子墨子闻之曰：“叶公子高未得其问也，仲尼亦未得其所以对也。叶公子高岂不知善为政者之远者近也，而旧者新是哉？问所以为之若之何也。不以人之所不智告人，以所智告之，故叶公子高未得其问也，仲尼亦未得其所以对也。”（《耕柱》）

这里说的是墨子听说叶公子高向孔子请教施政的道理，对孔子给予叶公子高的回答不满意。墨子所说的“所以为之若之何”，就是“用来为政之道怎么样做”，就是要“追根究底”，而孔子没有这样做，是将人家已经知道熟悉的东西告诉了人家。“所以为之若之何”是“追根究底”教学法的最初说法，墨子在后来培育弟子的教学实践中，也切切实实做到了知识的全部传授。

“追根究底”教学法就是告诉施教者千万不能“不以人之所不智告人，以所智告之”（《耕柱》），提醒施教者给受教者讲清难点，讲明究竟是教学的基本要求，不能避开受教者的问题进行讲解。

2. “追根究底”教学法的运用

> 子墨子曰问于儒者：“何故为乐?”曰：“乐以为乐也。”子墨子曰：‘子未我应也。今我问曰：“何故为室?”曰：“冬避寒焉，夏避暑焉，室以为男女之别也。”则子告我为室之故矣。今我问曰：“何故为乐?”曰：“乐以为乐也。”是犹曰：“何故为室?”曰：“室以为室也。”（《公孟》）

这里墨子强调了施教者讲课不能讲受教者所知、所懂、浅显的知识，甚至避开受教者所难、所不知、深奥的问题。施教者应鼓励受教者多问几个为什么，要求施教者运用讲清事物所以然的教育方法，即讲清难点，讲明究竟，不能像儒者解释音乐一样，说了半天，别人还听不出所以然来。

“追根究底”教学法是哲学方法上“明故”要求在教育思想、教学方法方面的表现。“明故”，用今天的话来说，就是问个为什么。“师者，所以传道授业解惑也。”这对今天学校教育的主要形式——知识传授、点拨仍是一个基本的要求。同样，这也是不容易做到的。到现在还有不少教师的讲授，是详学生所知、所易，略学生所难、所不知。特别是在文言文教学上，对常见的注释、对学生所熟知的往往不厌其详，而对学生所不知的难点却避而不谈。

3. “追根究底”教学法的案例

在墨子的教学实践中，“追根究底”教学法对致力研究学问、精心治国理政起到了很好的诠释、说明作用。

（1）墨子给君子讲“仁”。

> 子墨子曰：“今瞽曰：‘巨者白也，黔者黑也。’虽明目者无以易之。兼白黑，使瞽取焉，不能知也。故我曰瞽不知白黑者，非

以其名也，以其取也。今天下之君子之名仁也，虽禹、汤无以易之。兼仁与不仁，而使天下之君子取焉，不能知也。故我曰天下之君子不知仁者，非以其名也，亦以其取也。”（《贵义》）

在这个案例中，墨子通过盲人不能分辨黑白的譬喻，批评世俗君子嘴上说仁义实际上不实行仁义的毛病。墨子将“仁”这个主要的问题的深刻含义，说得浅显易懂，交代得非常清楚，让人听后、看后就能明白。

（2）墨子为鲁国国君讲救国之策。

鲁君谓子墨子曰：“吾恐齐之攻我也，可救乎？”子墨子曰：“可。昔者，三代之圣王禹、汤、文、武，百里之诸侯也，说忠行义，取天下；三代之暴王桀、纣、幽、厉，仇怨行暴，失天下。吾愿主君之上者，尊天事鬼，下者爱利百姓，厚为皮币，卑辞令，亟遍礼四邻诸侯，驱国而以事齐，患可救也。非此，顾无可为者。”（《鲁问》）

鲁国国君为了避免大国齐国的攻击，向墨子求救，请教拯救鲁国的策略。墨子进行了详细的回答，向鲁国国君阐明了自己的观点并给出了具体的措施：对上尊天、对下利民、对外礼交四邻、对内动员全国百姓抵御侵略。

（3）墨子讲“义”的珍贵。

子墨子曰：“万事莫贵于义。今谓人曰：‘予子冠履，而断子之手足，子为之乎？’必不为。何故？则冠履不若手足之贵也。又曰：‘予子天下，而杀子之身，子为之乎？’必不为。何故？则天下不若身之贵也。争一言以相杀，是贵义于其身也。故曰：万事莫贵于义也。”（《贵义》）

墨子说：“一切事物没有比正义更珍贵的了。假如现在对别人说：‘给你帽子和鞋，但是要砍断你的手、脚，你干吗？’那人一定不干。为什么呢？就是因为帽、鞋不如手、脚珍贵。又说：‘给你天下，但要杀死你，你干吗？’那人一定不干。为什么呢？因为天下不如自身珍贵。”因争辩一句话而互相残杀，是因为把义看得比自身珍贵。所以说，万事没有比义更珍贵的了。墨子开宗明义地提出了“万事莫贵于义”，把义比作手脚，比作身家性命；将义的重要、义的含义、行义的意义，全部“所以为之若之何”说得清清楚楚、明明白白。墨子是告诉天下的平民百姓，行动上有利于上天、鬼神和黎民、百姓的就去做，有害的就拒绝。墨子自己能够自苦行义，以自己的实践来证明“万事莫贵于义”。墨子的“追根究底”教学法对后世产生了深远的影响，值得我们在构建和谐社会的育人实践中深入发掘并加以借鉴。

（4）墨子研制桔槔。

墨子利用力学原理，研制出抽水的工具——桔槔，这个工具既省力又能多抽水。墨子大力提倡使用这种工具，他还对这种机械加以改进，作为起重机、挖掘机、冲撞机等。

> 负而不挠，说在胜。（《经下》）
>
> 负：衡木，加重焉而不挠，极胜重也。（《经说下》）

“挠”就是翘的意思，一旁加重也不会翘起来，是什么原因呢？关键在“本短标长”，也就是杠杆支点两端臂长不相等，从而使长臂一端能够更省力，达到“负而不挠”，并且可以“引之则俯，舍之则仰”。这是墨子物理原理在生活中加以运用的最好体现。追寻事物所以然的原因，从而概括出一般理论法则和技术规则以构成科学技术知识，这是一般科学技术形成的最为关键的环节，不但说明了如何运用杠杆，而且阐释了其基本的物理学原理，这在“知其然，而不如其所以然”的古代中国是十分难得的。

第五节　“博约并重”教学法

“博约并重”教学法，“博”，即广博，博览，“约”就是简约，精要。教学上做到内容广博，言简意明。墨子教育培养人的标准之一是“博乎道术”（《尚贤上》）。如何做到“博”呢？墨子主张由“好学而博”，在“博”中“数逆于精微”（《贵义》），“各其要”，“由博而约”，墨子和弟子善于与各家辩论，兼收并善，博采诸家之长，从而汲取精神营养，使自己成为由博而约的理论家。

1. “博约并重”教学法的提出

对于“博”与“约”的关系，墨子有着自己独到的见解。

> 初之列士桀大夫，慎言知行，此上有以规谏其君长，下有以教顺其百姓。（《非命中》）
>
> ……翟闻之：“同归之物，信有误者。”然而民听不钧，是以书多也。今若过之心者，数逆于精微，同归之物，既已知其要矣，是以不教以书也。而子何怪焉？（《贵义》）

第一则是说，古时候有功之士和杰出的大夫知识渊博，但说话谨慎，行动敏捷，对上能规劝进谏君长，对下能教导百姓。这说明“列士”和“桀大夫”清楚“博”与“约”关系，知道说什么，该说什么、不该说什么。第二则是说，墨子南游出使到卫国，车上装了很多书，弦唐子见状感到很奇怪，向老师提出疑问，墨子讲述了他带这么多书的原因：天下万事万物殊途同归，流传的时候确实会出现差错，但是由于人们听到的不一致，书就多了起来。现在像公尚过那样的人，对于事理已洞察精微，对于殊途同归的天下事物已知道切要合理之处，因此就不用受教育了。这个事例给我们如下启示：一个利国利民的主动行义之人，必须时时注意学习，做到博学多才，这样既有助于修养自己的品德，还可以行义利民。在这里，墨子刻苦好学、尊重知识的精神体现得非常充分。墨子的这段话，是“博”“约”并重。对公尚过重“约”，认为既已“数逆于精微”，“各其要”，能“揣曲直”，即达到了一定程度的“约”，就“不教以书”即不必继续求“博”。对于他自己，则仍然很重“博”。墨子自己，当然已经达到了公尚过的“约”的水平，但还是出行“载书甚多”。为什么一重“约”、一重“博”，在原文虽不可考，但主张“博约并重”，又并未割裂“博”与“约”的关系，认为“约”并不一定要通过“博”才能达到。

“博约并重”就是要根据广博和精研的辩证关系，把广博和精研结合起来，众所周知，“博”与“约”的关系是在“博”的基础上去“约”，在“约”的指导下去“博”，“博约并重”，相互促进。通过广博的学习，详尽的研究，然后总结规律，概括精要的道理。教师在教学中可通过运用

"博约并重"教学法提高教学质量，一方面要注重"博"，通过推演使之多而广，另一方面要强调"约"，通过归纳使之少而精，尽量做到"博"而不乱、"约"而不漏。做学问"博"而能通，才能避免食而不化；通而能达，才能知常达变，不墨守成规。在教学中，除了要求受教者掌握基础知识，也应有知识面的延伸和扩展，以便达到"博而通，通而达"的教学目的。施教者可依据基本理论对相关内容进行推演或讨论，获得细节或新的知识，举一反三，触类旁通，这不仅有助于受教者对基本原理的运用，而且有利于提高其分析和解决问题的能力。"博约并重"的教学方法符合受教者的认知规律，使受教者对知识的掌握有规律可循，并在潜移默化中培养受教者分析和解决问题的能力。

2. "博约并重"教学法的运用

墨子早就认识到，知识的积累、智力的增长是一个循序渐进的过程，强调在教学中应该注意阶段性和节奏感，要顺其自然、博约并重，这才是符合客观规律的。这不仅是一种重要的思维方法和学习方法，而且也是一种教学方法。它着重解决学习的广博与专一的矛盾。墨子的思想博大精深，怎样更有效地使墨子思想为受教者所接受，这就涉及"博"与"约"的关系。

> 子墨子游，魏越曰："既得见四方之君，子则将先语？"子墨子曰："凡入国，必择务而从事焉。国家昏乱，则语之尚贤、尚同；国家贫，则语之节用、节葬；国家憙音湛湎，则语之非乐、非命；国家淫僻无礼，则语之尊天事鬼；国家务夺侵凌，即语之兼爱、非攻。故曰：择务而从事焉。"（《鲁问》）

墨子外出游说，魏越问他：如果能见到各地的诸侯，将怎么说呢？墨子说：到了一个国家，一定选择最重要的政治事务进行劝导。墨子让弟子选择最重要的事务进行劝导，这充分体现了墨子在教学中科学地处理了"博"与"约"的关系。

3. "博约并重"教学法的案例

(1) 墨子科学研究上的"博"与"约"。

墨子在理论研究上重"博"，将研究成果应用到生产生活中重

“约”。例如，墨子关于物理学的研究涉及力学、光学、声学等，给出了不少物理学概念的定义，并有不少重大发现，总结出了一些重要的物理学定理。墨子给出了力的定义：“力，刑之所以奋也。”（《经上》）也就是说，力是使物体运动的原因，使物体运动的作用叫作力。对此，他举例予以说明，说好比把重物由下向上举，就是由于有力的作用方能做到。同时，墨子指出物体在受力之时也产生了反作用力。例如，两质量相当的物体碰撞后，就会朝相反的方向运动。如果两物体的质量相差甚大，碰撞后质量大的物体虽不会动，但反作用力还是存在。关于杠杆定理，墨子也做了精辟的表述：

> 天而必正，说在得。（《经下》）
>
> 衡，加重于其一旁，必捶。权重相若也相衡，则本短标长，两加焉，重相若，则标必下，标得权也。（《经说下》）

墨子指出，称重物时秤杆之所以会平衡，是因为“本”短“标”长。用现代的科学语言来说，“本”即为重臂，“标”即为力臂，写成力学公式就是力×力臂（“标”）＝重×重臂（“本”）。现在人们一般习惯于把杠杆定理称为阿基米德定理，其实墨子发现杠杆定理比阿基米德早了200年。

（2）禽滑厘研读墨学的“博”与“约”。

禽滑厘是“博约并重”教学法培育出的英才。禽滑厘自加入墨子“学团”后，便一直潜心学习墨学，全面、深刻地掌握了墨子思想的精要，特别是在军事防御方面，更是得到了墨子的真传。

> ……然臣之弟子禽滑厘等三百人，已持臣守圉之器，在宋城上而待楚寇矣。（《公输》）
>
> ……禽滑厘问于子墨子曰：“……诸侯畔殷周之国，甲兵方起于天下，大攻小，强执弱，吾欲守小国，为之奈何？”子墨子曰：“何攻之守？”禽滑厘对曰：“今之世常所以攻者，临、钩、冲、梯、堙、水、穴、突、空洞、蚁傅、轒辒、轩车，敢问守此十二者奈何？”（《备城门》）

孙诒让说墨子对禽滑厘信任有加：“尽传其学，与墨子并称。”庄子《天下》说："古之道术有在于是者，墨翟、禽滑厘闻其风而说之。"墨子在《所染》里还专门对禽滑厘的为人进行了评价："其友皆好仁义，淳谨畏令，则家日益、身日安、名日荣，处官得其理矣，则段干木、禽滑厘、傅说之徒是也。"由此可见禽滑厘在墨子心中地位之高。墨子在军事战略防御方面的卓越识见，大都是向禽滑厘讲述然后记录下来的，我们现在能了解墨子在军事学上的贡献，禽滑厘做出了不可磨灭的贡献。

（3）治国理政、强力行义、教书育人中说话的"博"与"约"。

在治国理政、强力行义、教书育人中是否话说得越多就越好呢？请看下面的例子：

> 子禽问曰："多言有益乎？"墨子曰："虾蟆、蛙蝇，日夜而鸣，舌干擗，然而不听。今鹤鸡时夜而鸣，天下振动。多言何益？唯其言之时也。"（《太平御览》卷三九〇引《墨子》）

这个案例说明了墨子反对说无益的废话（博），认为一定要在适当的时间说合适的话（约）。

第六节　"躬行实践"教学法

"躬行实践"教学法是墨子身体力行、亲力亲为和弟子一起在实践中获得新知，促进弟子快速成长的教学方法。墨子是我国最早的躬行实践的教育家，他和弟子富有实践精神，他们的学习内容、活动收获、研究成果都是从实践得来的。

1．"躬行实践"教学法的提出

墨子的"躬行实践"教学法从践言和践行两个方面体现。虽然墨子不反对"坐忘"修德和"内省"养性的教育方式，但是他更重视实践在个人品德形成中的重要作用。墨子认为在实践中能锻炼意志、提升道德水平。在实践过程中，墨子强调了积极的苦行有助于提高道德素养。这也与他"强本节用"的思想相呼应。墨子的实践除了道德的和社会政治的之外，还有生产的、军事的和科技的。人称墨子是"以自苦为极"，对墨子吃苦耐劳、艰苦实践的精神，当时和后来的各家都十分叹服。墨子注重实践性的教学，理论联系实际，要求学生：

> 志不强者智不达，言不信者行不果。（《修身》）
>
> 信身而从事。（《尚同下》）
>
> 士虽有学，而行为本焉。（《修身》）
>
> 言必信，行必果，使言行之合，犹合符节也。（《兼爱下》）

第一则是说，墨子严格要求言行一致，不论在生产还是战斗中，都要坚决执行任务，不屈不挠。第二则是说，墨子强调要亲身参加生产实际，去求得科学知识与技能。第三则是说，一个有学问的人，品行是他做人的根本（要做到言行一致）。作为受教者亲身实践才是根本（要做到学以致用）。第四则是说，出言必定守信用，行为必定要果断，使言行一致就像与符节相合一样，没有出言而不实行的。可见，墨子严格要求弟子言行一致，将自己的言论、思想付诸实践。“口言之，身必行之。今子口言之，而身不行，是子之身乱也。”（《公孟》）意思是说，口出言，自身必须实行。现在你口已出言，但自身不去实行，是你自身混乱啊。以此来反对言行不一的行为，强调实践的重要性。这是墨子在教学中十分重视的，成为墨子教育实践中考查学生学习知识和德行是否符合标准的一个重要原则。墨子治学主张“躬行实践”，强调学以致用、理论联系实际；重视“以身戴行”，言行一致，反对只说空话、不务实际的做法。

2.“躬行实践”教学法的运用

墨子十分注重认知，其最根本的精神则源于实践。因此，在教学的过程中，墨子十分重视诱导学生从认知走向实践。

> 子墨子曰：“今瞽曰：‘巨者白也，黔者墨也。’虽明目者无以易之。兼白黑，使瞽取焉，不能知也。故我曰瞽不知白黑者，非以其名也，以其取也。今天下之君子之名仁也，虽禹、汤无以易之。兼仁与不仁，而使天下之君子取焉，不能知也。故我曰天下之君子不知仁者，非以其名也，亦以其取也。”（《贵义》）

把白的和黑的东西放在一块儿，让盲人分辨，他就不能知道了。盲人不知白黑，不是因为他不能称说白黑的名称，而是因为他无法择取。现在天下的君子不知道“仁”，不是因为他不能称说“仁”的名，而是因为他无法择取。这里墨子举出盲人不能分辨黑白的例子来强调实践的重要性。

墨子极力反对“坐而言义”的空谈。

> 子墨子曰：“商人之四方，市贾信徙，虽有关梁之难、盗贼之危，必为之。今士坐而言义，无关梁之难、盗贼之危，此为信徙，不可胜计，然而不为，则士之计利，不若商人之察也。”（《贵义》）

这里墨子通过将商人与士相比较，对士提出批评。商人能不畏艰难险阻，为利而往，士人为什么不能在没有艰难险阻的情况下主动实践，教人行义呢？墨子如此重视实践，因此在教学过程中对弟子采取了与之相应的教学方法。

墨子要求施教者在教学过程中，必须从受教者的具体实际出发，根据受教者的能力、资质、才智等方面的情况进行教育。墨子以自苦为极乐，亲身实践，为弟子做了很好的表率。墨子死后墨家巨子亦有这种示范作用，他们以身作则，为人师表，墨家弟子才能够做到“赴汤蹈火，死不旋踵”。

3. “躬行实践”教学法的案例

墨子在培育弟子的过程中，真正做到了“躬行实践”，对于有发展潜力的弟子，则因势利导，培养他们的能力。正是由于这样的教育方法，墨子的弟子大都能学有所成，墨者才能够遍布天下。

（1）墨子亲力行义，自强不息。

> 子墨子自鲁即齐，过故人，谓子墨子曰：“今天下莫为义，子独自苦而为义，子不若已。”（《贵义》）

墨子从鲁国到齐国，探望老朋友。他的老朋友对墨子说：“现在天下没有人行义，你何必独自苦行义，不如就此停止吧。”墨子不为世俗所动，继续勇于行义。

（2）墨子自苦行义，践履承诺。

> 子墨子曰：“今有人于此，有子十人，一人耕而九人处，则耕

者不可以不益急矣。何故？则食者众而耕者寡也。”（《贵义》）

墨子说：“现在这里有一人，他有十个儿子，但只有一个儿子耕种，其他九个都闲着，耕种的这一个不能不更加紧张啊。什么原因呢？因为吃饭的人多而耕种的人少。”这是对墨子同老朋友的谈话。从中我们可以看出墨子为发扬义，自苦行义，践履承诺。

（3）墨子言行一致，劝齐避不祥。

子墨子见齐大王曰：“今有刀于此，试之人头，倅然断之，可谓利乎？”大王曰：“利。”子墨子曰：“多试之人头，倅然断之，可谓利乎？”大王曰：“利。”子墨子曰：“刀则利矣，孰将受其不祥？”大王曰：“刀受其利，试者受其不祥。”子墨子曰：“并国覆军，贼敖百姓，孰将受其不祥？”大王俯仰而思之曰：“我受其不祥。”（《鲁问》）

墨子通过刀锋利能杀人，试验的人遭受不祥，推及国家兼并领土，覆灭军队，残杀百姓，当政者遭受不祥，阐明了反对攻战即反对战争的思想，进而使齐王认识到自己做法的不妥，如不悬崖勒马，马上就要遭受不祥了。墨子与齐王一问一答，齐王对墨子欣然佩服。从中可以看出墨子的良苦用心，墨子游说诸侯“择务而从事”，做到了言行一致。

第七节 “积极创新”教学法

“积极创新”教学法是指墨子在继承前人经验的基础上，进一步创造出新的方法，用新思想、新知识、新方法向弟子施教。

1. “积极创新”教学法的提出

墨子认为前人的经验不应轻视，人类文化的创造发展是一个不断前进、完善的过程，每一个时期都应有新的创造。

吾以为古之善者则诛之，今之善者则作之，欲善之益多也。（《耕柱》）

墨子听公孟子说“君子不创作，只是阐述罢了”不同意他的观点，指出：不是这样。墨子明确表示：对古代好的东西就阐述，对现在好的东西则创作，希望好的东西更多。这里体现了墨子对待古代文献的态度，墨子反对公孟子说的儒家“述而不作”，认为只要有利于百姓就要为之。墨子认为“今之善者”为了“善之益多”而“作”。实际上，墨子的好多文章、多次辩论都是根据时代的发展，创新地展示自己的思想、观点。

这不仅反映了墨子对传统文化的态度，而且体现了墨子积极向上的思想。对古代的好东西应当继承，而在今天则进一步创造出新的东西，希望好东西能更多一些。还表现了墨子的学习与教育方法——重创造，墨子是很有创造精神的。墨子学于儒而能自成一家，墨子的科学和逻辑学都是这种创造精神的结果。这种注意培养创造性思维的教学思想正符合当代教育的要求。

2.“积极创新”教学法的运用

墨子十分重视“积极创新”教学法的运用，墨子的科学思想极为丰富，他和弟子们一起动手实验，取得了一些引人注目的成就。

(1) 墨子利用力学原理研制出守城器具。

墨子不但从理论上研究力，而且善于将自己掌握的力学知识加以运用。在《墨子》一书中，墨子的许多论述，包括城墙的修建、武器的打造、工具的改进等，都渗透着力学原理的运用。

> 百步一井，井十瓮，以木为系连，水器容四斗到六斗者百。(《备城门》)

每百步挖一口井，每井安排十瓮，用木头制造提水的桔槔。储水器可容纳四斗到六斗水，共一百个。“系连”即桔槔，是抽水的工具，这种工具利用了力学原理，既省力又能多抽水。墨子大力提倡使用这种工具。此外，他还对这种机械加以改进，制成起重机、挖掘机、冲撞机等。如果墨家弟子在学习的过程中没有反复实验，又怎么可能造出像连弩车、转射机等这样的守城器械呢？正是因为墨子在教学的过程中借助实验方法，所以墨家取得了杰出的科学成就。

（2）墨子的凹面镜成像实验。

墨子在凹面镜成像实验中，没有用烛炬作为发光体而把他自己的脸作为发光体，把自己的眼睛作为观察的仪器。现在我们试立在凹面镜前的远处行向镜面，就看见自己的小而倒的人像自焦点迎面而来，等人走近球面中心时，人像仍小、仍倒，但逐渐模糊，以至于不辨。这时因为像成在离人不到25厘米的地方，这样已小于人的视距，所以看不清楚。待人到达球面中心时，此时像也成在此处，好比把东西放在我们的眼球上面，当然看不到了。人要是更向前，大而倒的像就成在人后面，更无从得见。但人走过焦点再向镜面而去，则大而正立的像又可见于镜子后面。所以当人从远处走向凹面镜时，初见是小而倒的像，当人行进到球面中心和到达焦点之前，像由模糊至毫不可见；过焦点，大而正的像又可见了。这一点很值得借鉴。

3．“积极创新”教学法的案例

《墨子》的诸多篇章都闪耀着墨子创新的光芒，兹举几例如下。

（1）“节用”就是“创新”。

诸子百家中，最善于劳动创造而又厉行节俭的就是墨子了。《节用》三篇详细论述了节约的好处和必要性。开篇以“圣人为政一国，一国可倍也”来打动读者，阐述“倍”来自“节”。对于物质财富，墨子的观点是用财不费，去其无用，则国家强大，人民富裕。墨子时代，生产力水平低下，人类创造的社会财富少，从某种程度上说，适当“节用”也是变相创造了社会财富。墨子反对繁文缛节，虽然礼尚往来在人与人的交往中不可避免，但是铺张浪费却是错误的。

今天，尽管物质丰富，但是依然需要“节用”。勤俭节约、反对浪费是中华民族的优良传统，中华民族正是靠着勤劳创造、节约利用才克服无数艰难险阻，走向了富裕文明。节约不能停留在口头，应该落实在日常生活工作中，衣服不能因为旧了就抛弃，饭菜不能因为不可口就浪费，家具不能因为不时髦就丢掉……一个国家要兴旺发展，民族要振兴腾飞，节约和创造缺一不可，我们应该努力形成节约的风尚。“节用”是爱物惜物的态度，济民救世，福及子孙；“节用”是爱国爱自然的伟大情操，心胸宽阔境界高远；“节用”是积累，为持久发展蓄存更大能量。

（2）“非儒”亦是“创新”。

墨子其实是儒家弟子，“学儒者之业，受孔子之术，以为其礼烦扰而不说，厚葬靡财而贫民，久服伤生而害事，故背周道而用夏政”（《淮南子·要略训》）。在伦理思想的渊源上，墨子受到儒家的影响，但在学有所成后反思自己从前所学，提出了“非儒”的观点，这就是创新。在这个问题上墨子表现出的革命性和批判性是同时代的其他诸子不能比的，但墨子的诸多真知灼见仍值得我们去挖掘和发扬，墨子以“济民救世”为核心的教育目的较之孔孟的贵族道德更给人以深思和启迪。儒家一直是统治阶层的代言人，墨子代表的则是社会上的中小生产者，这种认识上的分歧是必然存在的。《非儒》上、中皆佚，只有下篇留存了下来。《非儒下》主要是反对儒家婚丧之礼，实则是反对“亲有差”，又指责儒家的礼乐于政事、生产皆无益，又通过晏婴等之口讽刺孔子于君于民都是口头上讲仁义，实际上鼓励叛乱，惑乱人民。这反映了儒、墨两家在思想认识上的激烈斗争。墨子“非儒”，主要有以下几点。

一是指出儒家某些观点的谬误。第一，尊卑有别。提出“亲亲有术，尊贤有等”。第二，天命之说。儒家认为人的富贵贫穷、生老病死都是上天注定的，是不可改变的。

二是墨子以问答的形式对儒家立身处世的观点进行批评。第一，儒家说：君子要说古人的话、穿古人的衣服才能成就仁义。墨子回答说：古语、古服在古代都是新的，那么古代就没有君子成仁了？第二，儒家说：君子只遵循前人做的而不创新。墨子回应说：古时后羿制造了弓箭，奚仲造出了车子，就不是君子了？现在的鞋工、车工、木工都是君子？第三，儒家说：君子打了胜仗不追逃兵，也不对他们射箭，逃跑时车子陷了还帮他们推。墨子回答说：这样对仁义的人自然是没有什么不可以，但如果敌人是残暴之人，这样做就是姑息养奸，对天下不利。第四，儒家说：君子要像钟，不敲不响。墨子说：君子事上要尽忠，事亲要尽孝，有善就称美，有过就谏阻，这才是做人臣人子的道理。现在若敲他才响，不敲不响，故意隐藏智谋，懒于用力，看到问题却要等到君主问了他才说，见事与己无关就置若罔闻，实在是不忠不孝。

三是墨子对孔子的为人进行质疑。齐景公问晏子：孔子为人怎么样。晏子回答：孔子到楚国去，明知白公的阴谋，还把石乞献给他，致使楚惠王差点被害，白公被杀（此事即白公之乱，见《史记·楚世家》）。孔子鼓励下面的人反抗上面，教导臣子杀国君，不是贤人的行为；进入别国，而与叛贼结交，不符合义；知道别人不忠，反而促成他叛乱，不是仁义的行为。晏子还说孔子喜欢盛容修饰以惑乱世人，用弦歌鼓舞招集弟子，用繁杂的礼节显示礼仪。最后，墨子说：今孔某之行如此，儒士则可以疑矣；由孔子的言行和为人可见儒家学说的问题很大啊。

（3）墨子“颂孔”也是“创新”。

墨子虽然责难儒家，但对孔子进行了称颂。

> 子墨子与程子辩，称于孔子。程子曰：“非儒，何故称于孔子也?”子墨子曰：“是亦当而不可易者也。今鸟闻热旱之忧则高，鱼闻热旱之忧则下，当此，虽禹、汤为之谋，必不能易矣。鸟鱼可谓愚矣，禹、汤犹云因焉。今翟曾无称于孔子乎?”（《公孟》）

这里墨子与程子辩论，墨子引用孔子的话表示赞赏。程子意外，感到很吃惊：“非儒，何故称于孔子?”墨子形象地解释了他称颂孔子的原因，认为孔子的话有“当而不可易者”，“当”即恰当、准确、真实。普遍真理，谁也不能改变，自然可以引用。墨子这样说，以真理为依据，不存学派偏见，是合乎理性的思维，充分体现了墨子的谦虚好学和追求真理的认知态度，启发我们做学问只要善于吸收他人的真知灼见，才能使学问大有长进。

（4）“衡量轻重”更是“创新”。

权衡利害，利中取大、害中取小是前无古人的。

> 于所体之中而权轻重，之谓权。权，非为是也，非非为非也，权，正也。断指以存擘，利之中取大，害之中取小也。害之中取小也，非取害也，取利也。其所取者，人之所执也。遇盗人，而断指以免身，利也；其遇盗人，害也。断指与断腕，利于天下相若，无择也。死生利若，一无择也。（《大取》）

在这段文字中，“非非为非也”一句较难理解，意思是：也不就是错的。

这里，前三个“非”是副词，意为不、不是；第一个“非”和第二个“非”连在一起，表示双重否定，用否定加否定的形式，表达肯定的语意；第三个“非”是形容词，意为不对、正确。这一段文字的意思是：在所做的事体中，衡量它的轻重叫作“权”。“权”并不是对的，也不就是错的，“权”是正当的。砍断手指以保存手腕，那是在利中选取大的。在害中选取小的，并不是取害，而是取利。他所选取的，正是别人抓着的。遇上强盗，砍断手指以免杀身之祸，这是利；遇上强盗，这是害。砍断手指和砍断手腕，对天下的利益是相似的，那就没有选择。就是生死，只要有利于天下，也都没有选择。这个案例是说，在人所做的事体中，衡量它的轻重，进行了一番理论，告知人们：衡量事情是对的，关键是要把握好取舍并提出了原则：“利中取大，害中取小。”这里体现了墨子以义为利、为义舍利的精神品质，体现了墨家兼爱天下、牺牲自我的无私品格和锐意进取的创新精神。

第八节　“妙言尽意”教学法

“妙言尽意”教学法中，“妙言”是指极其美妙的言辞，“尽意”是指充分表达心意、情感。“妙言尽意”是指墨子用美妙的言辞，充分表达自己的心意、情感。从修辞的角度说，“妙言尽意”更像墨子的语言特色，为了体现墨子教学方法的高超，我们还是把“妙言尽意”放在教学方法里来论述。

1. “妙言尽意”教学法的提出

墨子对“妙言尽意”教学法有着深刻的体会，为了使他的学说、主张能为人们更好地接受，墨子对“妙言尽意”教学法非常看重。墨子在“妙言尽意”教学法上有着自己的特点，质朴准确的语言、三表法，以及各种修辞手法的使用，使墨子的言尽意说表现得更为突出。墨子生活的时代，是历史巨变的时代。各诸侯国内私家兼并，大国侵略小国，经常发生战争。战争的灾难和痛苦往往就降临到百姓身上。出身平民的墨子，在那样一个极其混乱的年代，带领一帮苦行者积极地宣传“兼爱”

“非攻”的思想极其艰难。在这样的情况下，思想传达过程中的“妙言尽意”就显得极其重要。墨子从民生、民本的角度发表自己的观点。在他看来，只有百姓有饭吃、有衣穿，财货充足，国家才能稳定。

> 故唯毋明乎顺天之意，奉而光施之天下，则刑政治，万民和，国家富，财用足，百姓皆得暖衣饱食，便宁无忧。（《天志中》）

这就是墨子想象中的理想社会：希望当政者明白上天之意，奉行而施之于天下，那么刑政就会治理，万民就会和协，财用就会充足。在这种思想的指导下，墨子为救时弊，极力奔走，极尽言说之能事。墨子极为重视“言”的作用：

> 以言为尽悖。（《经下》）
>
> 执所言而意得见，心之辩也。（《经上》）

前者批评、怀疑和否定“言不能正确表达意”的观点。后者的意思是说，语言是人的一种功能.通过说话可以表达或理解人的心意。这就表明肯定通过“言”能够把握“意”。他认为只要“执所言”就会“意得见”。可见，墨子非常注重“言”与“意”的关系，重视“言”对“意”的传达。

2．“妙言尽意”教学法的运用

(1) 用精确的语言来表达意图。

刘勰在《文心雕龙》中评价《墨子》说：“墨翟随巢，意显而语质。”即是说墨子不运用华丽的辞藻而通过精确的语言来表达意图。

> 今逐夫好攻伐之君，又饰其说，以非子墨子曰：“以攻伐之为不义，非利物与？昔者禹征有苗，汤伐桀，武王伐纣，此皆立为圣王，是何故也?”子墨子言曰：“子未察吾言之类，未明其故者也。彼非所谓攻，谓诛也。昔者三苗大乱，天命殛之。日妖宵出，雨血三朝，龙生于庙，犬哭乎市，夏冰，地坼及泉，五谷变化，民乃大振。高阳乃命玄宫，禹亲把天之瑞令，以征有苗。四（为‘雷’字之误，指雷电射向四方的样子）电诱祇，有神人面鸟身，若瑾（为‘谨’字之误，恭谨）以侍（为‘持’字之误），搤矢有

苗之祥（为‘将’字之误）。苗师大乱，后乃遂几。禹既已克有三苗，焉磨（为‘磿’字之误；‘磿’于‘离’同，分离、划分）为山川，别物上下，卿制大极（即‘飨制四极’，即‘节制四方’），而神民不违，天下乃静。则此禹之所以征有苗也。”（《非攻下》）

现在，一般喜好攻伐的国君，又掩饰他们的说法，用以非难墨子，说：你认为攻战是不义的事情，难道不是有利的事情吗？从前大禹征讨有苗氏，汤讨伐桀，周武王讨伐纣，这些人都被立为圣王，这是什么缘由呢？墨子说：您没有搞清我说法的类别，不明白其中的缘由。他们的讨伐不叫作“攻”，而叫作“诛”。从前三苗大乱，上天下命诛杀他们。太阳为妖在晚上出来，下了三天血雨，龙在祖庙出现，狗在街上哭叫，夏天水结冰，土地开裂而下及泉水，五谷不能成熟，百姓于是大为震惊。古帝高阳于是在玄宫向大禹授命，大禹亲自拿着天赐的玉符去征讨有苗。这时雷电大作，有一位人面鸟身的神，恭谨地侍立，用箭射死有苗的将领，苗军大乱，后来就衰微了。大禹既已战胜三苗，于是就划分山川，区分了事物的上下，节制四方，神民和顺，天下安定。这就是大禹征讨有苗的原因。

这段文字记载墨子反对攻伐掠夺战争，就以当时的“好攻伐之君”与“汤伐桀，武王伐纣”都被“立为圣王”为论据，为自己反对发动攻伐掠夺战争辩解。“非攻”是墨家针对当时诸侯兼并战争提出的反战理论，有三点不可忽视。一是以“兼爱”为其理论基础，是墨子为解决当时国家之间矛盾实现其理想的必然结论。二是以维护广大人民群众的根本利益为出发点，是人民的理论。三是提出了处理国家间关系的一个基本准则，得到了弱小国家的支持。当时的战争不仅在大国间进行，也在大国与小国、强国与弱国、小国与小国、弱国与弱国之间进行。“非攻”因对大国和强国尤其对好战的君王是约束，对小国与弱国则是保护，得到了它们的积极响应。当时“非攻”在制止战争、减轻人民痛苦等方面确实发挥了相当作用。“非攻”反对侵略战争，反映了小生产者渴望安定生活的愿望，这是墨子思想的一个重要内容。但“非攻”不是一般的“非战”，而是反对侵略者发动的攻伐无罪之国的战争。墨子说：“子未察吾言之类，未明其故也。彼非所谓‘攻’。谓‘诛’也。”在这里他认为商汤对夏桀、周武王对商纣王的战争是正义的“诛”，即“正义讨伐非正义”，而“好攻伐之君”则与“诛”的本质不同，是攻伐掠夺的非正义战争，是“攻”，二者本质不同。这种“察类明故”、分析论证没有犯混淆概念和虚假理由的错误。这样精准、质朴的语言不用任何修饰便将不义之战与正义战争区分开来，准确地表达了自己对不义之战的厌恶，将“非攻”的意图表现得淋漓尽致，让人心服口服。

(2) 用质朴的语言来表达思想。

“先质后文”，是墨子为文“妙言尽意”的突出特点。为什么墨子的语言质朴“无文”却能达到“尽意”呢？请看下面的例子。

> 楚王谓田鸠曰：“墨子者，显学也。其身体则可，其言多而不辩，何也？”曰：“昔秦伯嫁其女于晋公子，令晋为之饰装，从衣文之媵七十人。至晋，晋人爱其妾而贱公女。此可谓善嫁妾而未可谓善嫁女也。楚人有卖其珠于郑者，为木兰之椟，薰以桂椒，缀以珠玉，饰以玫瑰，辑以翡翠。郑人买其椟而还其珠。此可谓善卖椟矣，未可谓善鬻珠也。今世之谈也，皆道辩说文辞之言，人主览其文而忘有用。墨子之说，传先王之道，论圣人之言，以宣告人。若辩其辞，则恐人怀其文，忘其直，以文害用也。此与楚人鬻珠、秦伯嫁女同类，故其言多不辩。”（《韩非子·外储说左上》）

楚王对田鸠说：墨子是声名显赫的学者。他亲自实践还是不错的，他讲的话很多，但不动听，为什么呢？田鸠说：过去秦国君主把女儿嫁给晋国公子，叫晋国为他女儿准备好装饰，衣着华丽的陪嫁女子有七十人。到了晋国，晋国人喜欢陪嫁的媵妾，却看不起秦君的女儿。这可以叫作善于嫁妾，不能说是善于嫁女。楚国有个在郑国出卖宝珠的人，他用木兰做了一个匣子，匣子用香料熏过，用珠玉作缀，用玫瑰装饰，用翡翠联结。郑国人买了他的匣子，却把珠子还给了他。这可以叫作善于卖匣子，不能说是善于卖宝珠。现在社会上的言论，都是一些漂亮动听的话，君主只看文采而不管它是否有用。墨子的学说，传扬先王道术，阐明圣人言论，希望广泛地告知人们。如果修饰文辞的话，他就担心人们会留意于文采而忘了它的内在价值，从而造成因为文辞而损害实用的恶果。这和秦君嫁女儿、楚人卖宝珠是同一类型的事，所以墨子的话很多，但不动听。

这段话明确告诉我们，墨子之所以用质朴的语言是因为怕人们留恋文采而忘记留心文字所要表达的意思，并且这样就能在尚质轻文中明白文字所要传达的意思。

3. “妙言尽意”教学法的案例

(1) 以追求质朴为先，然后再求文采。

> 禽滑厘问于墨子曰：“锦绣絺纻，将安用之?”墨子曰：“恶，是非吾用务也……今当凶年，有欲予子随侯之珠者，曰：‘不得卖也，珍宝而以为饰。’又欲予子一钟粟者，得珠者不得粟，得粟者不得珠，子将何择?”禽滑厘曰：“吾取粟耳，可以救穷。”墨子曰：“诚然，则恶在事夫奢也? 长无用，好末淫，非圣人所急也。故食必常饱，然后求美；衣必常暖，然后求丽；居必常安，然后求乐。为可长，行可久，先质而后文，此圣人之务。”禽滑厘曰：“善。”(《说苑·反质》)

这里，墨子对禽滑厘说：“故食必求饱，然后求美：衣必常暖，然后求丽；居必求安，然后求乐；为可长，行可长，先质后文，此圣人之务。”墨子在这里并非单纯地完全摒弃了“文”，而只是在“妙言尽意”的文质关系中更加主张“先质后文”。墨子是平民百姓的代表，就算是著书立说也着重宣传自已“济民救世”的教育目的。墨子的文章不可避免地带有很大的功利性。这也正如他所说：“今当凶年，有欲予子隋之珠者，不得卖也，珍宝而以为饰。又欲予子一钟粟者，得珠者不得粟，得粟者不得珠，子将何择?”在战乱纷争的年代，在鱼与熊掌不可兼得的情况下，墨子毅然决绝地选择“粟”而弃“珠”。同样，在“以文害用”的情况下，墨子自然而然地选择“先质后文”，也只有这样才能更好地“妙言尽意”。

(2) 用“三表法”来“妙言尽意”，是墨子为文的另一个特点。

墨子认为任何人做事都必须有法度：“天下从事者不可以无法仪，无法仪而其事能成者，无有也。”(《法仪》) 可见，墨子认为“妙言尽意”也必须有法。立言有法，就可以辨别何者为是，何者为非，何者有利，何者有害，这样也就做到了“妙言尽意”。那么，墨家又是如何做到立言有法有仪的呢？墨子认为必须有一个共同的标准：

> 必立仪。言而毋仪，譬犹运钧之上，而立朝夕者也，是非利害之辨，不可得而明知也。故言必有三表。何谓三表？子墨子言曰：“有本之者，有原之者，有用之者。于何本之？上本之于古者圣王之事；于何原之？下原察百姓耳目之实；于何用之？废以为刑政，观其中国家百姓人民之利，此所谓言有三表也。”（《非命上》）

必须订立准则。说话没有准则，好比在陶轮之上放立测量时间的仪器，就不可能弄明白是非利害之分。所以，言论有三条标准。哪三条标准呢？墨子说：有本原的，有推究的，有实践的。如何考察本原？要向上本原于古时圣王事迹。如何推究呢？要向下考察百姓的日常事实。如何实践呢？把它用作刑罚政令，从中看国家、百姓的利益。这是墨子提出的认识客观事物的方法和检查认识可靠性的标准，即有名的“三表”或“三法”。《天志》《明鬼》《尚同》各篇，也都是从这一标准即以它合不合“国家百姓人民之利”为出发点的。墨子思想中许多丰富的带有人民性的进步因素，都是在这一标准指导下发展而来的。在墨子看来，人们日常的言谈应该以历史经验为本，以百姓的生活为直接观照，以在社会中所取得的实际结果为目的，这样才能真正地发挥“言”的作用，使“意”得到彰显，为人民带来实际利益。依此“三表”行事才能一方面凸显“刑政”的意图，使百姓言有所依、行有所限，另一方面也能使百姓在生活交际中清楚明白。

（3）通过多种手法来达到“妙言尽意”。

在行文、辩论、交流中，墨子还通过各种艺术手法来达到“妙言尽意”的效果。《公输》篇记述了墨子止楚攻宋的事迹，语言准确又极富文采，大量使用修辞。《所染》篇用“染于苍则苍，染于黄则黄”来譬喻人受环境的影响并逐步递进于“国亦有染”，比喻贴切自然、易为人知，达到了用形象语言论述复杂问题的目的，取得了很好的宣传效果。自设问答也是墨子“妙言尽意”的一种常用方式，作为引起注意和追问缘由的口语化表述方法。

何以知义之不从愚且贱者出，而必自贵且知者出也？曰：义者，善政也。何以知义之为善政也？曰：天下有义则治，无义则乱，是以知义之为善政也……然则孰为贵？孰为知？曰：天为贵，天为知而已矣，然则义果自天出矣。（《天志中》）

怎么知道义不从愚蠢而卑贱的人中产生，而必定从尊贵而聪明的人中产生呢？回答说：所谓“义”，就是善政。怎么知道义就是善政呢？回答说：天下有义则治理，无义则混乱，所以知道义就是善政……那么谁是尊贵的？谁是聪明的？回答说：天是尊贵的，天是聪明的，如此而已。那么，义果然是从上天产生的。在这短短的文字中，就用了四个设问，而且语句反复折叠，文意尽显，且深入人心。

第九节　“活用典故”教学法

“活用典故”教学法，就是将历史人物、故事以及现实生活中的传闻、案例，根据所写题目与内容的需要，灵活运用到自己的文章、辩谈、劝说之中，引古喻今、以古证今、以现实说法，以达到言简意赅、含蓄丰富、发人深省、引人入胜的效果。墨子是“活用典故”的高手，在“活用典故”上游刃有余。

1. “活用典故”教学法的提出

“三表法”是墨子在中国哲学史上一个重要的贡献，“三表法”涉及认识论中检验认识是否真实准确的标准问题，这在中国哲学史上是史无前例的。

故言必有三表。何谓三表？子墨子言曰：“有本之者，有原之者，有用之者。于何本之？上本之于古者圣王之事。于何原之？下原察百姓耳目之实。于何用之？废以为刑政，观其中国家百姓人民之利，此所谓言有三表也。”（《非命上》）

所谓“本之”，主要是根据前人的经验教训，其依据是古代的典籍；所谓“原之”，是“诉诸百姓耳目之实”，也就是从普通百姓的感受与经验中寻求立论的根据。所谓“用之”，也就是用作刑法政令，从中看国家、百姓的利益。墨子在当时能提出这样的观点是前无古人的，所以在读《墨子》一书时，我们经常读到一些动人的故事。这些故事有的是墨子教诲弟子的，有的是墨子在周游列国行教路上发生的，有的是墨子在说理中为表明自己理论正确引用的古代史实，有的则是由于墨子的机智而自己创造的。内容有关于品德修养的，有关于勤奋节俭的，有关于教人行义的，也有关于治国从政的。这些故事生活气息浓厚，包含哲学道理，富有启发教育意义。

2. “活用典故”教学法的运用

墨子对“活用典故”教学法的运用，可谓炉火纯青，做到了说理必用典故，辩论定用史料，授课使用故事，使说理有根有据，让人信服；辩论逻辑严密，无可辩驳；授课生动有趣，发人深思。

（1）观辜之死。

> 昔者宋文君鲍之时，有臣曰祏观辜，固尝从事于厉，袾子杖揖出，与言曰：“观辜！是何珪璧之不满度量？酒醴粢盛之不净洁也？牺牲之不全肥？春秋冬夏选失时？岂女为之与？意鲍为之与？”观辜曰：“鲍幼弱，在荷繈之中，鲍何与识焉？官臣观辜特为之。”袾子举揖而槁之，殪之坛上。（《明鬼下》）

从前宋文君鲍在位之时，有个负责祭祀的臣子叫观辜，曾在祠庙负责日常祭祀。有一次他到神祠里去，厉神附在祝史的身上，巫史拿着木杖出来挟持观辜，对他说：“观辜，为什么祭祀用的珪璧达不到礼制要求的规格？酒醴粢盛为什么不洁净？用作牺牲的牛羊为什么不纯色、不肥壮？春秋冬夏的祭献为什么不按时？难道是你干的，还是鲍这样做的呢？观辜说：“鲍还幼小，还在襁褓之中，怎么会知道做这些呢？是我观辜单独这样做的。”祝史举起木杖敲打他，把他打死在祭坛上。这个事例通过讲述观辜被厉神用木杖打死的故事，告诉人们鬼神不仅存在，而且能对人间的善恶予以赏罚。今天看来，虽然是迷信的说法，但是在当时墨子想借助超人间的权威来限制统治者对民众百姓的残暴统治。可见墨子善用策略，可谓用心良苦。

（2）季孟之祝。

> 子墨子曰：“季孙绍与孟伯常治鲁国之政，不能相信，而祝于丛社曰：‘苟使我和。’是犹弇其目，而祝于丛社也，‘若使我皆视。’岂不缪哉！”（《耕柱》）

季孙绍是鲁国大臣，事迹不详。孟伯常是鲁国大臣，事迹不详。这则故事讲述的是季孙绍与孟伯常两人同为鲁国大臣，互相不信任，还像掩耳盗铃一样，希望两人和好的故事。墨子说这事说得很巧妙：“是犹弇其目，而祝于丛社也，‘若使我皆视。’”这如同遮盖了自己的眼睛而在庙宇里祷告说：希望使我们都能看到。确实是很荒谬的。季孙绍与孟伯常两人明明知道事实的真相还不愿意承认，还要用谎话去骗自己，使自己认为这件事是真的，让自己“安心”，这是对事实的逃避。墨子举这个故事的目的，是告诫一同共事治国的官员，要想治理好国家，就要团结一致、齐心协力，切不可互不信任，这样会坏了国家大事。

3.“活用典故”教学法的案例

墨子很讲究形式逻辑，重视论辩技巧，善于从具体的生活现象和历史事实出发，由小到大，层层类比，进行推理论证。

（1）以常见事物作为说理的例子。

为了阐明“非攻”的道理，墨子就以常见事物为例进行说明。

> 今有一人，入人园圃，窃其桃李，众闻则非之，上为政者得则罚之。此何也？以亏人自利也。至攘人犬豕鸡豚者，其不义又甚入人园圃，窃桃李。是何故也？以亏人愈多，其不仁兹甚，罪益厚。至入人栏厩，取人马牛者，其不仁义又甚攘人犬豕鸡豚。此何故也？以其亏人愈多。苟亏人愈多，其不仁兹甚，罪益厚。至杀不辜人也，扡其衣裘，取戈剑者，其不义又甚入人栏厩取人马牛。此何故也？以其亏人愈多。苟亏人愈多，其不仁兹甚矣，罪益厚。当此，天下之君子皆知而非之，谓之不义。今至大为攻国，则弗知非，从而誉之，谓之义。此可谓知义与不义之别乎？（《非攻上》）

这段话由浅而深，逐层类推，揭穿了发动不义战争的人“亏人以自利”

的本质，批判了为不义战争辩护的错误行为，既浅显明白，又具有无可辩驳的逻辑力量。

（2）用自己编的故事进行说理。

劝止鲁阳文君攻郑。

> ……鲁阳文君曰："先生何止我攻郑也？我攻郑，顺于天之志。郑人三世杀其父，天加诛焉，使三年不全，我将助天诛也。"子墨子曰："郑人三世杀其父，而天加诛焉，使三年不全，天诛足矣。今又举兵，将以攻郑，曰吾攻郑也，顺于天之志。譬有人于此，其子强梁不材，故其父笞之，其邻家之父，举木而击之，曰吾击之也，顺于其父之志。则岂不悖哉！"（《鲁问》）

鲁阳文君将要攻打郑国，墨子听到了就去阻止他。墨子苦口婆心地劝止鲁阳文君不要攻打郑国。墨子先打比方，接着讲了一个"邻家顺其父志"的故事。这个故事是墨子为了说服鲁阳文君顺口编的，说得鲁阳文君点头称是，阻止了一场战争的发生。从中可以看出墨子"非攻"主张的正确和他为了天下安宁苦口婆心的劝说精神。墨子劝说鲁阳文君，有理有据，由大到小，由国到人，层层推进，鲁阳文君有所醒悟，发出了"然吾以子之言观之，则天下之所谓可者，未必然也"的感叹。可见墨子语言的力量和话题支点选择的准确。

（3）用传说的故事进行说理。

劝人学习：

> 有游于子墨子之门者，身体强良，思虑徇通，欲使随而学。子墨子曰："姑学乎，吾将仕子。"劝于善言而学。其年，而责仕于子墨子。子墨子曰："不仕子，子亦闻夫鲁语乎？鲁有昆弟五人者，其父死，其长子嗜酒而不葬，其四弟曰：'子与我葬，当为子沽酒。'劝于善言而葬。已葬而责酒于其四弟。四弟曰：'吾末予子酒矣。子葬子父，我葬吾父，岂独吾父哉？子不葬，则人将笑子，故劝子葬也。'今子为义，我亦为义，岂独我义也哉？子不学，则人将笑子，故劝子于学。"（《公孟》）

"鲁有昆弟五人"这个在鲁国流传的故事，是墨子对他的一个弟子进行教育时所讲的。这个弟子，墨子为使他跟自己学习，曾许以出仕为官。他因此就跟墨子学习，过了一年向墨子要求官职，墨子便讲出了这番道理：正像父亲逝世儿子要葬父一样，这就是做儿子的责任，应无条件从事，不然就会受到社会舆论的谴责，以此来说明学习也是这个道理。

（4）用历史人物来说明事理。

> 非独染丝然也，国亦有染。舜染于许由、伯阳，禹染于皋陶、伯益，汤染于伊尹、仲虺，武王染于太公、周公。此四王者所染当，故王天下，立为天子，功名蔽天地。举天下之仁义显人，必称此四王者。夏桀染于干辛、推哆，殷纣染于崇侯、恶来，厉王染于厉公长父、荣夷终，幽王染于傅公夷、蔡公縠。此四王者所染不当，故国残身死，为天下僇。举天下不义辱人，必称此四王者。（《所染》）

这个案例以染丝为喻，说明了这样一个道理：国君、诸侯必须正确选择自己的近臣，如此才能受到好的熏染，否则就会受到坏的影响；而“所染”是否得当，直接关系到国家的兴亡、事业的成败。这个案例从正反两方面列举历史事实说明这个问题：舜等四王由于“所染当”，所以“王天下”，功名蔽天地；夏、桀等四王则由于“所染不当”“国残身死，为天下僇”。从而告诉人们：国君如此，士也是如此。在墨子看来，首先，人性不是先天所成，生来的人性不过如同待染的素丝。其次，下什么色的染缸，就成什么样颜色的丝，亦即什么样的环境与教育就能造就什么样的人。因此，必须慎其所染。

（5）引用典籍来佐证自己观点的正确。

墨子学养深厚，谙熟《诗》《书》《春秋》，墨子创立的墨家学说承继了夏、商、周以来的文化精华，择取其中有利于墨家的成分。据学术界统计，《墨子》一书中，17 篇文章里引用典籍近 70 则，其中引用《诗》10 则，引用《书》29 则，引用百国《春秋》（唐刘知几《史通·六家》：“墨子曰‘吾见百国春秋’，盖皆指此也。”）4 则，引用不出名的古书、俗语、谚语 19 则。现选取几例墨子引用的典籍抄录于此。

一是《兼爱下》，引用《诗》：

> 姑尝本原之。先王之所书，《大雅》之所道曰：“无言而不仇，无德而不报，投我以桃，报之以李。”即此言爱人者必见爱也，而恶人者必见恶也。

姑且试着探究这一问题。先王之书《大雅》说道：“没有什么话不听用，没有什么德不报答。你投给我桃，我报给你李。”这就是说爱人的必被人爱，而憎恶人的必被人憎恶。

二是《所染》，引用《诗》：

> 《诗》曰：“必择所堪，必谨所堪”者。此之谓也。

“染料必选纯正，染浸必谨慎”讲的就是这个道理。

三是《尚同中》，引用《书》：

> 是以先王之书《吕刑》之道曰：“苗民否用练，折则刑，唯作五杀之刑，曰法。”

所以先王之书《吕刑》这样记载：苗民不服从政令，就加之以刑。他们作了五种意在杀戮的刑罚，也叫作法。

四是《兼爱中》，引用《书》：

> 昔者文王之治西土，若日若月，乍光于四方，于西土。

从前周文王治理西土（指岐周），像太阳、月亮一样，光辉照耀四方和西周大地。

五是《兼爱下》，引用《书》：

> 泰誓曰：“文王若日若月乍照，光于四方，于西土。”即此言文王之兼爱天下之博大也；譬之日月，兼照天下之无有私也。

这就是说文王兼爱天下的广大，好像太阳、月亮普照天下而没有偏私。

六是《七患》，引用《夏书》《殷书》《周书》云：

> 故《夏书》曰：“禹七年水”，《殷书》曰：“汤五年旱。”

《夏书》说：“禹时有七年水灾。”《殷书》说：“汤时有五年旱灾。”

> 故《周书》曰：“国无三年之食者，国非其国也；家无三年之

> 食者，子非其子也。”

《周书》说：“国家若不预备三年的粮食，国家就不可能成为这一君主的国家；家庭若不预备三年的粮食，子女就不能做这一家的子女。”

七是《尚贤中》引《诗》、《汤誓》（《尚书·商书》篇名）、《吕刑》（《尚书·周书》篇名）、《周颂》（《诗经》的组成部分）：

> 《诗》曰：“告女忧恤，诲女予爵，孰能执热，鲜不用濯?”

《诗经》说：“告诉你忧人之忧，教给你安排爵位，谁能拿了火热的东西而不用冷水洗手呢?”

> 《汤誓》曰：“聿求元圣，与之勠力同心，以治天下。”

《汤誓》说：“求到大圣，和他勠力同心，以治天下。”

> 先王之书《吕刑》道之，曰：“皇帝清问下民，有辞有苗。曰：‘群后之肆在下，明明不常，鳏寡不盖。德威维威，德明维明。’乃名三后，恤功于民。伯夷降典，哲民维刑；禹平水土，主名山川；稷隆播种，农殖嘉谷。三后成功，维假于民。”

先王之书《吕刑》说：“尧帝询问人民所患，人民都回答有苗为害。帝尧说：‘各位君主以及在下执事之人，凡是有德之人即可显用，鳏寡之人也没有关系。源于崇高品德的威严才是真正的威严，出于崇高品德的明察才是真正的明察。’于是命令伯夷、禹、稷三君忧虑勤劳民事：伯益制定典礼，使人民效法哲人；禹平治水土，确定山川的名称；稷教民种植，让人民努力耕种。这三君的成功，使人民大受其利。”

> 《周颂》道之曰：“圣人之德，若天之高，若地之普，其有昭于天下。若地之固，若山之承，不坼不崩。若日之光，若月之明，与天地同常。”

《周颂》说：“圣人的德行，像天一样高，像地一样广，光照于天下；像日一样光明，像月一样明朗，像天地一样长久。”

第九章　独行其是的施教足迹：奔走各国

为了“济民救世”，墨子以“为万民兴利除害”（《尚同》）为自己的使命，长期奔走于各诸侯国之间，游说诸侯，谋求制止战争，安定社会，安定民生，孜孜奋斗。据清代孙诒让考证：“其平生足迹所及，则尝北之齐，西使卫，又屡游楚，前至郢，后客鲁阳，复欲适越而未果。”墨子为宣传“济民救世”的教育目的，为救百姓于水火，可谓辛苦至极。

第一节　墨子在小邾国的施教活动

小邾国是西周晚期至战国时期地处齐、鲁、宋、楚等大国之间的一个诸侯国。春秋时期，邾武公夷父颜有功于周王朝，周王封他的庶子友来在商代子姓方国（诸侯国）的废墟上立国，国号倪国。公元前653年，倪犁把倪国更名为小邾国。楚宣王在位时（公元前369～前340年）灭小邾国。墨子在小邾国的施教活动主要有以下几个方面。

1. 关注社会，利民行义

“义”是墨子学说体系的一个重要组成部分，是贯穿墨子教育的一条主线。墨子所讲的“义”，是尊重和爱护他人的劳动果实，积极履行自身承担的社会责任与义务。当权统治者要想百姓之所想，急百姓之所急，这是为政者的职责所系，也是判断其成败得失的标准。墨子的“义”不仅是为人处世的准绳，而且也是执政治国的理念。

（1）见染所悟。

子墨子言见染丝者而叹曰：“染于苍则苍，染于黄则黄。所入者变，其色亦变；五入必而已则为五色矣。故染不可不慎也！”非独染丝然也，国亦有染。（《所染》）

（2）劝公输为义。

公输子谓子墨子曰：“吾未得见之时，我欲得宋。自我得见之后，予我宋而不义，我不为。”子墨子曰：“翟之未得见之时也，子欲得宋，自翟得见子之后，予子宋而不义，子弗为，是我予子宋也。子务为义，翟又将予子天下。”（《鲁问》）

这段对话是在墨子“止楚攻宋”之后，公输盘虚心向墨子请教对“义”与“得”（即“利”）的看法。这里公输盘主动向墨子认错、忏悔，他们的交流是推心置腹的。

（3）一步两井。

在今山东省滕州市木石镇化石沟村东墨子森林公园，有一处非常别致的风景，在山坡上有两口井，相距不到一米，井台相连，水质却迥然不同，一甘一苦，当地群众称为“一步两井”。甜水水味甘甜，水质优良，富含碘元素，传说是墨子为治疗逃荒者所患瘿病（俗称“大脖子病”）所掘，后人称“墨子井”。相传，当年墨子正准备率领众弟子奔走各国，宣传他的“济民救世”主张。有一天，忽然有一弟子报告说：外地来山里避难的人很多，有些得了粗脖子病，甚是可怕，有的人已经病死。墨子听后心里非常难过，便取消了外出游说的计划，让弟子拿出衣物、粮食救济难民。但对难民的粗脖子病却一筹莫展。一天他突发奇想：山里的泉水清冽甘甜，或许能治粗脖子病。他带领弟子日夜开凿，挖出一眼井，可井水苦涩难喝。于是，在这口井一步之隔的东边，又挖一井，井水透凉甘甜。于是墨子就让有粗脖子病的难民饮用，他们喝后粗脖子病竟奇迹般地不医自愈，而且井水四季不涸。当地群众为了纪念墨子的这一功绩，随将墨子的驻地“化石沟”改称“化瘿沟”。

2. 劝人求学，培养“贤士”

墨子主张造就“贤良之士”。他认为，作为一个以天下为务的人才，不仅要有各种知识，更重要的是要有“兼爱”天下的道德境界。《尚贤上》提出了所要造就的“贤良之士”要达到“厚乎德行、辩乎言谈、博乎道术”三条标准。为此，他费尽心思劝人学习。

（1）劝学游于墨子之门者。

有游于子墨子之门者，子墨子曰：“盍学乎？”……夫义，天下之大器也，何以视人？必强为之。（《公孟》）

（2）劝学骆滑氂。

子墨子谓骆滑氂曰：“吾闻子好勇。”骆滑氂曰：“然。我闻其乡有勇士焉，吾必从而杀之。”子墨子曰：“天下莫不欲与其所好，度其所恶。今子闻其乡有勇士焉，必从而杀之，是非好勇也，是恶勇也。”（《耕柱》）

文中提到的骆滑氂，是当时乡里的一名勇士，后来成为墨子的得意门生。墨子听说骆滑氂勇武且有不轨行为，便前往开导，指出他不是喜欢勇武，而是憎恶勇武。墨子到骆滑氂的住处，生动体现了墨子主动行义往教的精神。

3. 聚徒讲学，成立学团

墨子以“兴天下之利，除万民之害”（《兼爱下》）为己任，到处奔走，宣传行义。经过实践，墨子知道，仅靠说教不行，还必须有坚强的实力做后盾。于是，他组建了包括文、理、军、工等学科的综合性的学团组织。墨子学团有纲领、有组织和严密的纪律。其纲领是实现义，墨子要求成员以自苦为荣；不仅要有知识和专业技能，多数成员还要接受军事训练，并随时准备打仗，为实行义的事业献身。《淮南子》云：“墨子服役者百八十人，皆可使赴火蹈刃、死不还踵，化之所致也。”由此可见墨子门徒组织纪律严明。

（1）禽子问师。

禽滑厘问于子墨子曰：“由圣人之言，凤鸟之不出，诸侯畔殷周之国，甲兵方起于天下，大攻小，强执弱，吾欲守小国，为之奈何？”子墨子曰：“何攻之守？”禽滑厘对曰：“今之世常所以攻

> 者，临、钩、冲、梯、堙、水、穴、突、空洞、蚁傅、轒辒、轩车，敢问守此十二者奈何?”子墨子曰：“我城池修，守器具，推粟足，上下相亲，又得四邻诸侯之救，此所以持也。且守者虽善，则犹若不可以守也。若君用之守者，又必能乎守者，不能而君用之，则犹若不可以守也。然则守者必善而君尊用之，然后可以守也。”（《备城门》）

这说的是禽滑厘向墨子请教怎样防守城池的问题。墨子对这个问题做了详细的回答。墨子的防御理论在中国兵学史上占有重要地位。后世有关防御原则和战术的记述，多出自墨子，以至于一切牢固的防御也被笼统称为“墨守”。墨子从作战角度探讨防御，形成了较完备的防御作战理论体系，而这一体系恰好与孙子以进攻为主的作战理论互补，对传统兵学的发展做出了积极贡献。墨子的城池守御理论是中国筑城技术发展到一定阶段的产物。联系其在历史上的影响，墨子总结的防御战术已经达到相当高的水平，从而奠定了墨子在中国军事史上的地位。墨子总结的防御战术和其先进的科学技术成就是分不开的。

（2）量度天下。

> 今夫轮人操其规，将以量度天下之圜与不圜也，曰：“中吾规者，谓之圜；不中吾规者，谓之不圜。”是以圜与不圜，皆可得而知也。此其故何？则圜法明也。匠人亦操其矩，将以量度天下之方与不方也，曰：“中吾矩者，谓之方；不中吾矩者，谓之不方。”是以方与不方，皆可得而知之。此其故何？则方法明也。（《天志中》）

这是墨子在指导弟子进行生产技术时所讲的“规”“矩”道理，通过这个事例来说明“仪法”的重要性。墨子在长期的实践过程中，在讨论社会问题的同时，也利用掌握的文化知识，对自身工艺技术、生产经验进行了理论总结和探讨，在科技方面取得卓越的成果。作为古代著名机械设计与制造的参与者，墨子十分重视遵循设计程序和制造过程的相应准则，“规”与“矩”作为古代中国科学技术的象征具有符号意义，体现了中国文化所具有的道德理想与科学理性精神的融合。墨子以规矩为教，以规矩为治，以规矩为喻，这在世界文化史和科学史上也是罕见的。

（3）游说诸侯。

> 子墨子游，魏越曰："既得见四方之君，子则将先语？"子墨子曰："凡入国，必择务而从事焉。国家昏乱，则语之尚贤、尚同；国家贫，则语之节用、节葬；国家憙音湛湎，则语之非乐、非命；国家淫僻无礼，则语之尊天事鬼；国家务夺侵凌，即语之兼爱、非攻。故曰：择务而从事焉。"（《鲁问》）

墨子把他的政治主张同教育紧密结合起来，明确地提出教育必须为实现自己的政治主张和解决各国的政治问题服务。

4. 解疑答难，教学相长

墨子在培育弟子的过程中，不仅传授做人、做事的道理，教授弟子实用的课程，还很注意对疑难问题的解答。墨子给弟子解疑答难，实际上包含了施教者和受教者互动的关系，教和学互相影响、互相促进，都得到提高。正如《礼记·学记》所说："是故；学然后知不足；教然后知困。知不足然后能自反也。知困然后能自强也；故曰教学相长也。"

（1）墨子有疾。

> 子墨子有疾，跌鼻进而问曰："先生以鬼神为明，能为祸福，为善者赏之，为不善者罚之。今先生圣人也，何故有疾？意者先生之言有不善乎？鬼神不明知乎？"子墨子曰："虽使我有病，何遽不明？人之所得于病者多方，有得之寒暑，有得之劳苦。百门而闭一门焉，则盗何遽无从入？"（《公孟》）

这讲述的是墨子生病了，他的弟子跌鼻到墨子家里问难。墨子据情回应了跌鼻的责难，并指出得病的原因，表明鬼神并非万能。从中我们可以看出墨子进步的社会历史观。墨子既有尊重实际、从实际出发的唯物主义思想倾向，也具有辩证法的思想倾向。跌鼻提到墨子"以鬼神为明"，实际上是墨子希望假借虚幻的鬼神的存在和灵验，警戒统治者行善除恶。这一思想，墨子在《明鬼》中已做了明确的阐释。

（2）以人为镜。

> 古者有语曰："君子不镜于水，而镜于人。镜于水，见面之容；镜于人，则知吉与凶。"（《非攻中》）

"以人为镜"，意思是把别人的成败得失作为自己的借鉴。墨子提出用人作镜，可以知吉凶，以此来提醒当时的统治者，不要搞兼并战争，做不义之事，而应推行"圣王之道"，多做有利于庶民百姓的事情。墨子是在告诫我们：端正态度，注意对比和反省。拿自己和别人对比，可以看到自己的成功和不足，示意人们要善于学习、总结和反思，学习别人的长处，避免犯与别人一样的错误。

（3）来者可知。

> 彭轻生子曰："往者可知，来者不可知。"子墨子曰："籍设而亲在百里之外，则遇难焉，期以一日也，及之则生，不及则死。今有固车良马于此，又有奴马四隅之轮于此，使子择焉，子将何乘？"对曰："乘良马固车，可以速至。"子墨子曰："焉在矣来！"（《鲁问》）

这个事例是墨子对彭轻生子"来者不可知"的辩驳。墨子为彭轻生子假设了一个虽不现实但有可能发生的问题，彭轻生子要解决这个问题，达到"速至"的目的，选择了"乘良马固车"。这恰恰表明他知道"乘良马固车，可以速至"这一规律，并根据这一规律预测将来的情况，这等于说来者可知。墨子认为：事物有一定规则，在一般情况下，人们在此规则下得到相同的结果，未来的事情并非完全不能预料。这里墨子用的是演绎推理，墨子认为通过逻辑推理是能够获得新知识的，而彭轻生子根本不相信推理，他认为只有经验过的事情才可知，没有经验过的事情就不可知。墨子的假设，使彭轻生子不得不承认"乘良马固车可以速至"。这个结论并非从经验得来，而是演绎推理出来。彭轻生子起先不承认通过推理能够从已知到未知，后来他自己也不知不觉地用了演绎推理，最终还是接受了墨子的推理假设。

（4）墨子教人。

> 有游于子墨子之门者，谓子墨子曰："先生以鬼神为明知，能为祸人哉福，为善者富之，为暴者祸之。今吾事先生久矣，而福不至，意者先生之言有不善乎？鬼神不明乎？我何故不得福也？"子墨子曰："虽子不得福，吾言何遽不善？而鬼神何遽不明？子亦

> 闻乎匿徒之刑之有刑乎？”对曰：“未之得闻也。”子墨子曰：“今有人于此，什子，子能什誉之，而一自誉乎？”对曰：“不能”“有人于此，百子，子能终身誉其善，而子无一乎？”对曰：“不能。”子墨子曰：“匿一人者犹有罪，今子所匿者，若此其多，将有厚罪者也，何福之求？”（《公孟》）

这个事例是讲墨子教导学生的过程。墨子的这个弟子认为：自己侍奉先生已经很久了，但福却不到来，或许是老师的话不精确？或许是鬼神不明智？对老师产生了怀疑。墨子从隐藏犯人有罪说起，继而转到弟子不能称誉贤能自己十倍、百倍的人的事件上，找出弟子身上隐藏（很多）的罪过，指出弟子得不到福的原因。这个事例只是对弟子的说理，实际上尊师重教、宽容他人、严于律己、检查学习的内容已经隐含在这些话语里。

5. 亲身实践，倾心为民

墨子不仅重视实践，而且重视理论。他好学深思，苦读博览，潜心研究，取得了一系列领先世界的重大成果。

（1）墨子为鸢。

> 墨子为木鸢，三年而成。（《韩非子·外储》）

墨子看到鹰在空中翱翔，就用木片等材料精心制作了一只木鸢（即风筝）。经过三年的反复试验，木鸢在空中飞翔三天不落，受到人们的赞扬。这次试验成功，为墨子以后进行科学技术研究增添了信心和力量。

（2）鹊拙辖巧。

> 公输子削竹木以为鹊，成而飞之，三日不下。公输子自以为至巧。子墨子谓公输子曰：“子之为鹊也，不如匠之为车辖，须臾刘三寸之木，而任五十石之重。故所为功，利于人谓之巧，不利于人谓之拙。”（《鲁问》）

公输削木为鹊能上天，墨子削木成辖能承重。“巧”的标准是：“利于人谓之巧，不利于人谓之拙。”这里是指要从实际、实用出发，必须着眼于百姓的实际需要，而不是追求奇巧淫技，以此来警示统治者要重视实用，为平民百姓服务。

(3) 将成果应用于民。

墨子应用于民的研究成果有二：一是杠杆原理。墨子将定滑轮升降重物作为杠杆原理的特例来对待，指出利用定滑轮来使物体上升和下降，提拉的力和收引的力方向相反。二是斜面受力和平衡受力。要把重物升至高处，可以利用偏倚而不平正的斜面，它可以省力而不能省功。而堆石砌墙，石头既要承受来自上面的正压力，又要承受来自下面的撑住力。要使物体平衡不倒，撑住力与正压力必须大小相等、方向相反。墨家对斜面和平衡受力情况的分析，与当时建筑时如何运物省力和如何使房舍坚固是分不开的。三是浮力原理。

> 荆之大，其沉浅也，说在具。(《经下》)
>
> 沉，荆之贝也。则沉浅，非荆浅也，若易五之一。(《经说下》)

上则中，"荆"应作"刑"，"刑"与"形"通，意思是"形体""物体"，"说在具"的"具"通"俱"，意思是"相同"，可引申为"平衡"。这段文字的大意是："形体大，在水中沉下去的部分浅，道理在于平衡。"平衡可理解为物体的重量与它所受到的浮力相等。下则中，"荆之贝也"的"贝"疑为流传转抄中的"具"的笔误。如果是这样，这段话的意思就是："物体沉到水中，得到平衡。即使它沉下去的部分很浅，也并不是它本身矮浅，(而是物体重量跟所受浮力相比较的结果)，就如同市场上商品交易，根据此价，一件商品可以换取五件商品一样。"这些认识说明墨子不仅定性地认识到浮力同重力的平衡关系，而且有定量的概念。这从一个侧面可以看出，中国人民早在春秋战国时代就已经认识到了浮力原理，并开始在生产中加以应用。

6. 潜心研究，著书立说

随着年事已高，墨子已无力奔走各国行义。他回忆数十年来为了宣传自己的主张，创办私学、招收弟子、组织团体、研制器械、周游列国、制止战争等一系列重大的活动，既问心无愧，又忧虑重重。为了让后来者继续实践墨学、兼爱天下，他与弟子整理其言行，编写完成《墨子》一书，提出了自己独特的学术观点和系统的学说。墨子学说的主要内容有“兼爱、非攻、尚贤、尚同、节用、节葬、非乐、非命、天志、明鬼”，此外还有自然科学、文化教育、逻辑学、军事防守、工程技术等，内容非常丰富。

（1）掌握三物。

> 三物（出故、察理、明类）必具，然后足以生……以故生，以理长，以类行也者。立辞而不明于其所生，忘也。今人非道无所行，唯有强股肱而不明于道，其困也，可立而待也。夫辞以类行者也，立辞而不明于其类，则必困矣。（《大取》）

这三件东西具备了，言词就足以产生了……言词因事故而产生，又顺事理而发展，借同类的事物相互推行。创立言词，却不知道言词产生的原因，一定是谬误。现在人不遵循道理就不能做事，只有强壮的身体而不知道做事的道理，就会遭到困难，这是立等可待的。言词只有依照类别才能成立，如创立言词却不明白它的类别，那么，就必定遭受困难。这段文字是《大取》整篇的总结和点睛之笔。它指出，辩在内容方面说，就是出故、察理、明类。辩就是把这三件事做好（察理是最重要的部分）。辞以故生，是说一个观点、论点的产生和提出要有根据（故就是缘故、根据）；辞以理（理即道理，“理”主要是社会、政治、伦理道德方面以及人们居家行为方面的理。事情之情理、法理、人们交往之理）即一个观点、一个论点要借助讲出这个观点、论点主张所涉及的事理、情理来进一步展开，得到充分的阐述，把道理说充分（从而展现出论点的合理性、正确性、恰当性）。辞以类行，是指对所提出的观点、论点用相类似的情况、情理作旁证，以使其主张得到他人的认可、认同。这是论辩的一种辅助性手段。

（2）科学谈辩。

> 夫辩者，将以明是非之分，审治乱之纪，明同异之处，察名实之理，处利害，决嫌疑。焉摹略万物之然，论求群言之比。以名举实，以辞抒意，以说出故。以类取，以类予。有诸己不非诸人，无诸己不求诸人。（《小取》）

这段文字是《小取》的开头，开宗明义说出“辩”的目的。“以类取，以类予。有诸己不非诸人，无诸己不求诸人”是讲思维规律，即根据事物的类别取例证明，根据事物的类别予例反驳。自己赞成的论点不能反对别人赞成，自己不赞成的论点不能要求别人赞成。《小取》是罕见的中国古代逻辑专论，在中国和世界逻辑史上占有重要地位，是墨辩即墨家逻辑的简明读本和纲领。

（3）权衡轻重。

> 于所体之中而权轻重，之谓权。权，非为是也，非非为非也，权，正也。断指以存擘，利之中取大，害之中取小也。害之中取小也，非取害也，取利也。其所取者，人之所执也。遇盗人，而断指以免身，利也；其遇盗人，害也。断指与断腕，利于天下相若，无择也。死生利若，一无择也。（《大取》）

这对人在所做的事体中衡量它的轻重进行了一番理论。墨子告知弟子和世人衡量事情是对的，关键是要把握好取舍问题，并提出了原则：“利中取大，害中取小。”如果对天下的利益是相似的，那就没有选择。就是生死，只要有利于天下也就都没有选择。

（4）创立实验科学。

实验科学并不是西方的专利，墨子早在战国初期就创立了实验科学，即在劳动生产实践中感悟、验证并升华到自觉认知层面的规律性认识。可以说墨子是中国实验科学的鼻祖。墨子自称“贱人”，是制造各种器械的工匠，拥有精湛的手工生产技能。墨子由于切身体验了小生产者的甘苦，自然而然成为小生产者的代言人。墨子的弟子很多，大多来自社会下层，这些人吃苦耐劳，勤于实践，作战勇敢，平时从事手工业生产劳动。因墨子是第一线的手工业小生产者，而且他的弟子也为小生产者，这就具备了“实验科学者”的天然身份。初始实验科学，先有生产实践、实验，然后才会自然而然地产生提高“生产效率”和“产品精度”的原始科学。学界将此称为“初始实验科学”。

第二节　墨子在鲁国的施教活动

墨子之时，正值鲁国“三桓”重新掌权执政时期。鲁国是儒家学派的大本营，墨子的思想学说因针对当政者而发，再加上当时儒学兴盛，墨家发展受到很大的限制，在鲁国受到排挤。为了实现“济民救世”的教育目的，墨子还是尽可能“上说下教”，宣传自己的主张，仍然在鲁国进行施教活动。

1. 为鲁国出谋划策

（1）献计策拯救鲁国。

> 鲁君谓子墨子曰：“吾恐齐之攻我也，可救乎？”子墨子曰：“可。昔者，三代之圣王禹、汤、文、武，百里之诸侯也，说忠行义，取天下；三代之暴王桀、纣、幽、厉，仇怨行暴，失天下。吾愿主君之上者，尊天事鬼，下者爱利百姓，厚为皮币，卑辞令，亟遍礼四邻诸侯，驱国而以事齐，患可救也。非此，顾无可为者。”（《鲁问》）

鲁国国君为了避免大国齐国的攻击，向墨子求救，请教拯救鲁国的策略。墨子做了详细回答：对上尊天、对下利民、对外礼交四邻、对内动员全国百姓抵御侵略。墨子这段话，涉及内政、外交、军事等诸多方面的指导思想。由此可以看出，墨子不是简单的防御专家，而是伟大的战略家。

（2）出计谋治理国事。

> 鲁君谓子墨子曰：“我有二子，一人者好学，一人者好分人财，孰以为太子而可？”子墨子曰：“未可知也。或所为赏与为是也。鲔者之恭，非为鱼赐也；饵鼠以虫，非爱之也。吾愿主君之合其志功而观焉。”（《鲁问》）

鲁国国君问墨子立太子的事，墨子让鲁国国君把志（动机）和功（效果）结合起来观察。

(3) 说鲁君慎重处事。

鲁君之嬖人死，鲁君为之诔，鲁人因说而用之。子墨子闻之曰：“诔者，道死人之志也。今因说而用之，是犹以来首从服也。”(《鲁问》)

这个事例讲的是，鲁国国君的爱妾死后，鲁国国君看到讨好取悦于他的人写的诔文，一高兴就采用了，墨子对此事发表看法。从墨子的议论中可以看出：墨子反对鲁国国君这样做，原因主要是不符合他的“节葬”思想，虽然将诔文采用，但其作用好像是用牦牛的头做衣服，是十分荒唐的，从而告诫人们处事要三思，办事要慎重，不能草率行事，否则会贻笑大方。

2. 劝吴虑鼓而进义

鲁之南鄙人有吴虑者，冬陶夏耕，自比于舜。子墨子闻而见之。吴虑谓子墨子：“义耳义耳，焉用言之哉?”子墨子曰：“子之所谓义者，亦有力以劳人，有财以分人乎?”吴虑曰：“有。”子墨子曰：“翟尝计之矣。翟虑耕而食天下之人矣。盛，然后当一农之耕，分诸天下，不能人得一升粟。籍而以为得一升粟，其不能饱天下之饥者，既可睹矣。翟虑织而衣天下之人矣，盛，然后当一妇人之织，分诸天下，不能人得尺布。籍而以为得尺布，其不能暖天下之寒者，既可睹矣。翟虑被坚执锐，救诸侯之患，盛，然后当一夫之战，一夫之战，其不御三军，既可睹矣。翟以为不若诵先王之道，而求其说，通圣人之言，而察其辞，上说王公大人，次匹夫徒步之士。王公大人用吾言，国必治；匹夫徒步之士用吾言，行必修。故翟以为虽不耕而食饥，不织而衣寒，功贤于耕而食之、织而衣之者也。故翟以为虽不耕织乎，而功贤于耕织也。”吴虑谓子墨子曰：“义耳义耳，焉用言之哉?”子墨子曰：“籍设而天下不知耕，教人耕，与不教人耕而独耕者，其功孰多?”吴虑曰：“教人耕者，其功多。”子墨子曰：“籍设而攻不义之国，鼓而使众进战，与不鼓而使众进战而独进战者，其功孰多?”吴虑曰：“鼓而进众者，其功多。”子墨子曰：“天下匹夫徒步之士少知义，

而教天下以义者，功亦多，何故弗言也？若得鼓而进于义，则吾义岂不益进哉！”（《鲁问》）

这是墨子主动从事教育活动的突出例子。墨子听说后主动去见吴虑。墨子和吴虑交谈，主要是讲清了如果通过宣传能用“义”来统一众人的思想，世界上的事情就好办多了。在主动施教上，墨子不仅前进了一大步，还有所创新；不仅接受来学，而且热情往教；不仅“来者不拒”，而且“欲去者”则“止”之，“往者”则“追”教。

3. 驳巫马子的多次诘难

巫马子是鲁国的儒者、战国时期的儒家弟子。《耕柱》中巫马子曾五次诘难墨子。

(1) 巫马子谓子墨子曰：“鬼神孰与圣人明智？”子墨子曰：“鬼神之明智于圣人，犹聪耳明目之与聋瞽也。昔者夏后开使蜚廉折金于山川，而陶铸之于昆吾；是使翁难雉乙卜于白若之龟，曰：‘鼎成三足而方，不炊而自烹，不举而自臧，不迁而自行。以祭于昆吾之虚，上乡！’乙又言兆之由曰：‘飨矣！逢逢白云，一南一北，一西一东，九鼎既成，迁于三国。’夏后氏失之，殷人受之；殷人失之，周人受之。夏后殷周之相受也，数百岁矣。使圣人聚其良臣，与其桀相而谋，岂能智数百岁之后哉？而鬼神智之。是故曰，鬼神之明智于圣人也，犹聪耳明目之与聋瞽也。”

(2) 巫马子谓子墨子曰：“子兼爱天下，未云利也；我不爱天下，未云贼也。功皆未至，子何独自是而非我哉？”子墨子曰：“今有燎者于此，一人奉水将灌之，一人掺火将益之，功皆未至，子何贵于二人？”巫马子曰：“我是彼奉水者之意，而非夫掺火者之意。”子墨子曰：“吾亦是吾意，而非子之意也。”

(3) 巫马子谓子墨子曰：“子之为义也，人不见而耶，鬼不见而富，而子为之，有狂疾。”子墨子曰：“今使子有二臣于此，其一人者见子从事，不见子则不从事；其一人者见子亦从事，不见子亦从事，子谁贵于此二人？”巫马子曰：“我贵其见我亦从事，不见我亦从事者。”子墨子曰：“然则是子亦贵有狂疾也。”

(4) 巫马子谓子墨子曰："舍今之人而誉先王，是誉槁骨也。譬若匠人然，智槁木也，而不智生木。"子墨子曰："天下之所以生者，以先王之道教也。今誉先王，是誉天下之所以生也。可誉而不誉，非仁也。"

(5) 巫马子谓子墨子曰："我与子异，我不能兼爱。我爱邹人于越人，爱鲁人于邹人，爱我乡人于鲁人，爱我家人于乡人，爱我亲于我家人，爱我身于吾亲，以为近我也。击我则疾，击彼则不疾于我，我何故疾者之不拂，而不疾者之拂？故有我有杀彼以我，无杀我以利。"子墨子曰："子之义将匿邪，意将以告人乎？"巫马子曰："我何故匿我义？吾将以告人。"子墨子曰："然则一人说子，一人欲杀子以利己；十人说子，十人欲杀子以利己；天下说子，天下欲杀子以利己。一人不说子，一人欲杀子，以子为施不祥言者也；十人不说子，十人欲杀子，以子为施不祥言者也；天下不说子，天下欲杀子，以子为施不祥言者也。说子亦欲杀子，不说子亦欲杀子，是所谓经者口也，杀常之身者也。"子墨子曰："子之言恶利也？若无所利而不言，是荡口也。"(《耕柱》)

墨子的五次反驳都非常机智。第一次巫马子诘问墨子："鬼神与圣人相比，谁更明智呢？"墨子机智地回答道："鬼神比圣人明智，就好像耳聪目明的人比聋盲明智一样。"并举出"夏启派蜚廉到山川采金，在昆吾铸了鼎，叫人占卜"的事例来说明鬼神比圣人明智。第二次巫马子直言不讳地诘难墨子："您博爱天下，但未能做到对天下人有利；我不爱天下人，也没有什么害处。都没有产生什么效果，您怎么只肯定你自己而否定我呢？"墨子通过捧水灭火者值得崇尚、掺火将益者是错误的类比说明了兼爱天下的用意是正确的，而不爱天下的用意是错误的。第三次巫马子指责墨子行义，说他有疯病。墨子诙谐的举例使巫马子承认也看重有疯病的人，使我们看到墨子行义的坚定和教育人的机智。第四次巫马子诘问墨子："今之人而誉先王，是誉槁骨也。"墨子直截了当主张赞誉先王，墨子"古为今用"的做法，在今天也是可取的。第五次巫马子对墨子说：我与你不同，我不能兼爱。墨子采取以子之矛攻子之盾的方法，将巫马子驳得哑口无言。

4. 与公孟数次辩论

公孟子高即公明高，是孔子的再传弟子（曾子的弟子）。公孟子高是儒家代表之一，在春秋晚期掀起“犹古之礼”的运动，轰动一时，后于更加现实主义的战国时期湮灭无闻。公孟子高多次与墨子讨论学术、人生等问题。墨子和公孟子高的辩论，《耕柱》记载了1次，《公孟》记载了13次。这里我们收录了墨子与公孟子高的14次辩论。

(1) 公孟子谓子墨子曰：“君子共己以待，问焉则言，不问焉则止。譬若钟然，扣则鸣，不扣则不鸣。”子墨子曰：“是言有三物焉，子乃今知其一身也，又未知其所谓也。若大人行淫暴于国家，进而谏则谓之不逊，因左右而献谏则谓之言议。此君子之所疑惑也。若大人为政，将因于国家之难，譬若机之将发也然，君子之必以谏，然而大人之利，若此者，虽不扣必鸣者也。若大人举不义之异行，虽得大巧之经，可行于军旅之事，欲攻伐无罪之国，有之也，君得之，则必用之矣。以广辟土地，著税伪材。出必见辱，所攻者不利，而攻者亦不利，是两不利也。若此者，虽不扣，必鸣者也。且子曰：‘君子共已待问焉则言，不问焉则止。譬若钟然，扣则鸣，不扣则不鸣。’今未有扣，子而言，是子之谓不扣而鸣邪？是子之所谓非君子邪？”（《公孟》）

(2) 公孟子谓子墨子曰：“实为善人，孰不知？譬若良玉，处而不出有余糈。譬若美女，处而不出，人争求之。行而自炫，人莫之取也。今子遍从人而说之，何其劳也！”子墨子曰：“今夫世乱，求美女者众，美女虽不出，人多求之。今求善者寡，不强说人，人莫之知也。且有二生于此，善筮，一行为人筮者，一处而不出者。行为人筮者与处而不出者，其糈孰多？’公孟子曰：‘行为人筮者，其糈多。”子墨子曰：“仁义钧，行说人者，其功善亦多，何故不行说人也？”（《公孟》）

(3) 公孟子戴章甫，搢忽，儒服，而以见子墨子，曰：“君子服然后行乎？其行然后服乎？”子墨子曰：“行不在服。”公孟子曰：“何以知其然也？”子墨子曰：“昔者齐桓公高冠博带，金剑木盾，以治其国，其国治。昔者晋文公大布之衣，牂羊之裘，韦以带剑，以治其国，其国治。昔者楚庄王鲜冠组缨，绛衣博袍，以治其国，其国治。昔者越王句践剪发文身，以治其国，其国治。此四君者，其服不同，其行犹一也。翟以是知行之不在服也。”公孟子曰：“善！吾闻之曰：宿善者不祥。请舍忽，易章甫，复见夫子，可乎?”子墨子曰：“请因以相见也。若必将舍忽、易章甫，而后相见，然则行果在服也。”（《公孟》）

(4) 公孟子曰：“君子必古言服，然后仁。”子墨子曰：“昔者商王纣、卿士费仲，为天下之暴人；箕子、微子为天下之圣人。此同言，而或仁不仁也。周公旦为天下之圣人，关叔为天下之暴人，此同服，或仁或不仁。然则不在古服与古言矣。且子法周而未法夏也，子之古，非古也。”（《公孟》）

(5) 公孟子谓子墨子曰：“昔者圣王之列也，上圣立为天子，其次立为卿、大夫。今孔子博于《诗》《书》，察于礼乐，详于万物，若使孔子当圣王，则岂不以孔子为天子哉?”子墨子曰：“夫知者，必尊天事鬼，爱人节用，合焉为知矣。今子曰‘孔子博于《诗》《书》，察于礼乐，详于万物’，而曰可以为天子。是数人之齿而以为富。”（《公孟》）

(6) 公孟子曰：“贫富寿夭，齰然在天，不可损益。”又曰：“君子必学。”子墨子曰：“教人学而执有命，是犹命人葆而去其冠也。”（《公孟》）

(7) 公孟子谓子墨子曰：“有义不义，无祥不祥。”子墨子曰：“古圣王皆以鬼神为神明，而为祸福，执有祥不祥，是以政治而国安也。自桀、纣以下，皆以鬼神为不神明，不能为祸福，执无祥不祥，是以政乱而国危也。故先王之书《子亦》有之曰：‘其傲也，出于子，不祥。’此言为不善之有罚，为善之有赏。”（《公孟》）

(8) 子墨子谓公孟子曰：“丧礼，君与父母、妻、后子死，三年丧服。伯父、叔父、兄弟期，族人五月；姑、姊、舅、甥皆有数月之丧。或以不丧之间诵诗三百，弦诗三百，歌诗三百，舞诗三百。若用子之言，则君子何日以听治？庶人何日以从事?”（《公孟》）

(9) 公孟子曰："国乱则治之，国治则为礼乐；国治则从事，国富则为礼乐。"子墨子曰："国之治，治之废，则国之治亦废。国之富也，从事，故富也。从事废，则国之富亦废。故虽治国，劝之无餍，然后可也。今子曰国治则为礼乐，乱则治之，是譬犹噎而穿井也，死而求医也。古者三代暴王桀、纣、幽、厉，薾为声乐，不顾其民，是以身为刑僇，国为戾虚者，皆从此道也。"(《公孟》)

(10) 公孟子曰："无鬼神。"又曰："君子必学祭祀。"子墨子曰："执无鬼而学祭礼，是犹无客而学客礼也，是犹无鱼而为鱼罟也。"(《公孟》)

(11) 公孟子谓子墨子曰："子以三年之丧为非，子之三日之丧亦非也。"子墨子曰："子以三年之丧非三日之丧，是犹裸谓撅者不恭也。"(《公孟》)

(12) 公孟子谓子墨子曰："知有贤于人，则可谓知乎？"子墨子曰："愚之知有以贤于人，而愚岂可谓知矣哉？"(《公孟》)

(13) 公孟子曰："三年之丧，学吾（"吾"字后脱一"子"字，吾子：孩子）之慕父母。"子墨子曰："夫婴儿子之知，独慕父母而已。父母不可得也，然号而不止，此其故何也？即愚之至也。然则儒者之知，岂有以贤于婴儿子哉？"(《公孟》)

(14) 公孟子曰："君子不作，术而已。"子墨子曰："不然。人之其不君子者，古之善者不诛，今也善者不作。其次不君子者，古之善者不遂，己有善则作之，欲善之自己出也。今诛而不作，是无所异于不好遂而作者矣。吾以为古之善者则诛之，今之善者则作之，欲善之益多也。"(《耕柱》)

墨子与公孟子的这14次辩论，大致涉及九个方面的内容。一是教育态度问题（第一次）。公孟子所采取的"君子若钟，击之则鸣，弗击不鸣"；墨子主张采取主动积极的态度，不仅有问必答，而且"不叩必鸣"。二是关于是否主动行义的问题（第二次）。公孟子诘问墨子：到处向人说，不是太劳苦了吗？墨子顺势进行驳斥：仁义与此相同，外出劝说行善的人，其功既善亦多，为什么不外出劝善呢？在这里我们看到了墨子的胸有成竹，看到了墨子的能言善辩，看到了墨子行义救世的急切心情。三是服饰和作为是否有联系的问题（第三次、第四次）。公孟子认为：有好的服饰一定能有大的作为。墨子不以为然，他列举了齐桓公、晋文公、楚庄王、越王勾践四位国君，服饰好坏贵贱不同但作为却不一样的例子明确回答公孟子：有作为不在服饰。四是关于孔子地位的问题（第五次）。公孟子认为：如果孔子在圣王的时代，可以立为天子。墨子说：智者必尊天事鬼，爱人节用。你说可以立孔子做天子，就好比数人家的契齿，以为自己富。五是关于“贫困、富裕、长寿、夭折”的问题（第六次）。公孟认为人的贫富寿夭由天决定，主张君子一定要学习。墨子不以为然，指出：教人学习却宣扬“有命”的观念，就好像让人包裹头发，现在却拿去了他的帽子一样。六是关于“义与不义”的问题（第七次）。公孟子认为：只有义与不义，没有什么祥与不祥。墨子从古代的圣王谈起：都以鬼神为神明，能作祸福，执定有祥与不祥。因此，他们的国家政治安定。七是关于丧礼次的问题（第八次、第九次、第十次、第十一次、第十三次）。按照儒家的规矩，人死办丧礼，都有一定的时限。墨子认为，治理国家必须勤勉不已，然后才可达到目的，并以从前暴王桀、纣、幽、厉来说明自己观点的正确。第十次对话虽然短小，却很有意思。公孟子说没有鬼神，却又说君子一定要学习祭礼。墨子顺其语势，直截了当地指出：你主张没有鬼神，却劝人学习祭礼，这如同没有宾客去学习接待宾客的礼节，没有鱼去结渔网。第十一次是关于“三年之丧”和“三日之丧”的问题。第十三次，墨子用“儒者的智，岂能强过婴儿”驳斥公孟子。八是二人论“智”（第十二次）。公孟子的观点是：智的方面偶然胜过就算智吗？墨子进行驳斥：愚蠢人的智也有胜过他人的，难道说愚人就可以叫作智了吗？九是墨子就公孟子“君子不作，术而已”的观点进行驳斥（第十四次）。墨子的观点是：“吾以为古之善者则诛之，今之善者则作之，欲善之益多也。”

5. 和程子三次辩论

(1) 一辩——批评儒家丧失天下的学说。

子墨子谓程子曰：“儒之道足以丧天下者，四政焉。儒以天为不明，以鬼为不神，天、鬼不说，此足以丧天下。又厚葬久丧，重为棺椁，多为衣衾，送死若徙，三年哭泣，扶后起，杖后行，耳无闻，目无见，此足以丧天下。又弦歌鼓舞，习为声乐，此足以丧天下。又以命为有，贫富寿夭、治乱安危有极矣，不可损益也。为上者行之，必不听治矣。为下者行之，必不从事矣。此足以丧天下。”程子曰：“甚矣，先生之毁儒也！”子墨子曰：“儒固无此若四政者，而我言之，则是毁也。今儒固有此四政者，而我言之，则非毁也，告闻也。”程子无辞而出。子墨子曰：“迷（疑为‘还’字之误）之！”反，后（当为‘復’字之误）坐，进复曰：“乡者先生之言有可闻（应作‘间’，指责）者焉。若先生之言，则是不誉禹，不毁桀、纣也。”子墨子曰：“不然。夫应孰辞称议（旧本或作‘义’，当从）而为之，敏也。厚攻则厚吾（通‘御’），薄攻则薄吾。应孰辞而称议，是犹荷辕而击蛾也。”（《公孟》）

这里墨子指出儒家有四种丧失天下的学说：一是“天为不明，鬼为不神，天、鬼不说”；二是“厚葬久丧”；三是“弦歌鼓舞，习为声乐”；四是“以命为有，贫富寿夭、治乱安危有极矣，不可损益”。程子认为墨子这样诋毁儒家，也太过分了。墨子又指出：“假如儒者本来没有这四件事，而我这样说，那我就是在诋毁他们了。现在儒者实在有这四件事，而我这样说，就不是诋毁他们，不过是把我所听到的告诉你罢了。”程子无言以对而退出，墨子说：“回来！”程子回来后坐下，又说道：“刚才先生的话，也有不符合的地方。倘若照先生的话不就是既不称赞禹也不反对桀、纣了吗?”墨子说：“不然！凡是应付普通的语言，不必加以辩论，就算得上聪明了。人家攻势强，就用强力抵御；攻势弱，就薄设防御。如果应付普通的语言也照样辩论，那就好比拿起驾车的木头去打蚂蚁。”

（2）二辩——墨子称颂孔子。

子墨子与程子辩，称于孔子。程子曰：“非儒，何故称于孔子也?”子墨子曰：“是亦当而不可易者也。今鸟闻热旱之忧则高，鱼闻热旱之忧则下，当此，虽禹、汤为之谋，必不能易矣。鸟鱼可谓愚矣，禹、汤犹云因焉。今翟曾无称于孔子乎?”（《公孟》）

墨子与程子辩论，在辩论中墨子称颂孔子。在这个事例中，墨子以真理为依据，不存学派偏见。

（3）三辩——圣王不为乐。

> 程繁问于子墨子曰："夫子曰：'圣王不为乐。'昔诸侯倦于听治，息于钟鼓之乐；士大夫倦于听治，息于竽瑟之乐；农夫春耕、夏耘、秋敛、冬藏，息于聆缶之乐。今夫子曰：'圣王不为乐'，此譬之犹马驾而不税，弓张而不弛，无乃非有血气者之所不能至邪！"（《三辩》）
>
> ……
>
> 程繁曰："子曰：'圣王无乐。'此亦乐已，若之何其谓圣王无乐也?"子墨子曰："圣王之命也，多寡之，食之利也。以知饥而食之者，智也。因为无智矣。今圣有乐而少，此亦无也。"（《三辩》）

这是墨子、程子的第三次辩论。辩论的议题是：圣王不为乐。墨子为说服程子，列举了前人的例子，并告诉程子：现在圣王虽然有乐，但很少，这也等于没有乐。这里，墨子很好地把握了度的问题，好多东西不能过于奢华，如果过分追求，那就是舍本逐末了。墨子的这个观点，在今天看来仍具有积极意义。

6. 斥儒家学说虚伪

（1）墨子问于儒者。

> 子墨子曰问于儒者："何故为乐?"曰："乐以为乐也。"子墨子曰："子未我应也。今我问曰：'何故为室?'曰：'冬避寒焉，夏避暑焉，室以为男女之别也。'则子告我为室之故矣。今我问曰：'何故为乐?'曰：'乐以为乐也。'是犹曰：'何故为室?'曰：'室以为室也。'"（《公孟》）

这是个很有意思的故事。墨子强调作为施教者教育受教者，讲课不能讲受教者所知、所懂、浅显的知识，甚至避开受教者所难、所不知、深奥的问题。施教者应鼓励受教者多问几个为什么，要求施教者要运用讲清事物所以然的教育方法，即讲清难点，讲明究竟。

（2）子夏之徒问于墨子。

子夏之徒问于子墨子曰："君子有斗乎？"子墨子曰："君子无斗。"子夏之徒曰："狗豨犹有斗，恶有士而无斗矣？"子墨子曰："伤矣哉！言则称于汤文，行则譬于狗豨，伤矣哉！"（《耕柱》）

通过墨子回答子夏之徒的问题，我们可以看出墨子对"兼爱""非攻"的主张深信不疑，对儒家虚伪学说巧妙地予以批评。在墨子看来，儒家虽然言必称古代圣人、贤人，但他们的思想学说同其行为是脱节的。

（3）仲尼未得所对。

叶公子高问政于仲尼曰："善为政者若之何？"仲尼对曰："善为政者，远者近之，而旧者新之。"子墨子闻之曰："叶公子高未得其问也，仲尼亦未得其所以对也。叶公子高岂不知善为政者之远者近也，而旧者新是哉？问所以为之若之何也。不以人之所不智告人，以所智告之，故叶公子高未得其问也，仲尼亦未得其所以对也。"（《耕柱》）

这个事例说的是叶公子高向孔子请教施政的道理，对孔子的回答不满意，对孔子进行指责的故事。墨子所说的"所以为之若之何"，就是"用来为政之道怎么样做？"对于这样的问题，施教者千万不能"不以人之所不智告人，以所智告之"。

7. 批鲁国不良风气

（1）施人薄而望人厚。

鲁祝以一豚祭，而求百福于鬼神。子墨子闻之曰："是不可。今施人薄而望人厚，则人唯恐其有赐于己也。今以一豚祭，而求百福于鬼神，唯恐其以牛羊祀也。古者圣王事鬼神，祭而已矣。今以豚祭而求百福，则其富不如其贫也。"（《鲁问》）

鲁国的司祭用一头小猪祭祀，向鬼神祈求多福。墨子听到后说："这不行。现在施舍给人的微少，希望人回报的很多，那么别人就只怕你有东西赐给他们了。现在用一头小猪祭祀，向鬼神祈求多福，鬼神就只怕你用牛羊祭祀了。从前圣王侍奉鬼神，祭祀罢了。现在用小猪祭祀向鬼神祈求很多福气，与其祭品丰富，还不如贫乏得好。"

（2）弇目使我皆视。

子墨子曰：“季孙绍与孟伯常治鲁国之政，不能相信，而祝于丛社曰：‘苟使我和。’是犹弇其目，而祝于丛社也，‘若使我皆视。’岂不缪哉！”（《耕柱》）

墨子说这事说得很巧妙：“是犹弇其目，而祝于丛社也，‘若使我皆视。’”这如同遮盖了自己的眼睛而在丛林中的神社祷告说：“希望使我们都能看到。”确实是很荒谬的。季孙绍与孟伯常两人明明知道事实的真相还不愿意承认，还要用谎话去骗自己，使自己认为这件事是真的，让自己“安心”。这是对事实的逃避。墨子举这个例子的目的，是告诫一同共事治国的官员，要想治理好国家，就要团结一致、齐心协力，切不可互不信任。

8. 让鲁父哀子就义

鲁人有因子墨子而学其子者，其子战而死，其父让子墨子。子墨子曰：“子欲学子之子，今学成矣，战而死，而子愠，是犹欲粜籴，仇则愠也。岂不费哉？”（《鲁问》）

这说的是鲁人请墨子教育他的儿子，他的儿子后来在战争中为国家牺牲了，鲁人因此责备墨子。墨子的回答耐人寻味：学道为义必要时应不惜献出自己的生命，舍生取义正是学业已成的标志。从这里可以看出墨子把实行“义”作为教育目的，把“义”放在第一位，为了“义”，俸禄、毁誉、生命等都在所不惜。

第三节　墨子在宋国的施教活动

墨子“济民救世”的教育目的在鲁国遭到严重挑战，可谓举步维艰，于是墨子转道宋国，寄希望于宋国国君推行他的“济民救世”思想，密切关注宋国的内政外交和国家情况。从《墨子》全书来看，墨子在宋国的活动较多，与宋国的关系最为密切，对宋国的感情最深，这可以从墨子在宋国的施教活动中看出来。

1. 止楚救宋

> 公输盘为楚造云梯之械，成，将以攻宋。子墨子闻之，起于齐，行十日十夜而至于郢，见公输盘。
>
> 公输盘曰："夫子何命焉为？"子墨子曰："北方有侮臣，愿藉子杀之。"公输盘不说。子墨子曰："请献十金。"公输盘曰："吾义固不杀人。"子墨子起，再拜，曰："请说之……"公输盘曰："诺。"
>
> 子墨子见王……王曰："善哉！虽然，公输盘为我造云梯，必取宋。"
>
> 于是见公输盘……楚王曰："善哉！吾请无攻宋矣。"

这是说楚王为攻打宋国请公输盘制造了一批云梯，准备随时进伐。宋国危在旦夕。墨子听到这个消息，一面吩咐禽滑厘带领300多人前往宋国支援，一面亲自前往楚国，劝说楚王放弃不义之战。经过劝说，楚王知道取胜无望，被迫放弃了攻打宋国的计划。

2. 墨子过宋

> 子墨子归，过宋。天雨，庇其闾中，守闾者不内也。故曰："治于神者，众人不知其功；争于明者，众人知之。"（《公输》）

墨子完成止楚攻宋的壮举后，由楚国回返。途经宋国时，天下大雨，城门紧闭。墨子想到闾中（里巷大门内）避雨，守城者竟不让墨子进去。墨子不愿誉于世人，也不想说明真相，遂默默离去。从中我们可以看出墨子为了他人不计名利、毫无怨言、牺牲自我的高尚品格和自苦行义、默默无闻的救世精神。

3. 荐人仕宋

> 子墨子出曹公子而于宋。三年而反，睹子墨子曰："始吾游于子之门，短褐之衣，藜藿之羹，朝得之，则夕弗得祭祀鬼神。今而以夫子之教，家厚于始也。有家厚，谨祭祀鬼神。然而人徒多死，六畜不蕃，身湛于病，吾未知夫子之道之可用也。"子墨子曰："不

然。夫鬼神之所欲于人者多：欲人之处高爵禄，则以让贤也；多财，则以分贫也。夫鬼神，岂唯擢季拑肺之为欲哉？今子处高爵禄而不以让贤，一不祥也；多财而不以分贫，二不祥也。今子事鬼神，唯祭而已矣，而曰'病何自至哉'，是犹百门而闭一门焉，曰'盗何从入'。若是而求福于有怪之鬼，岂可哉？"（《鲁问》）

墨子推荐弟子曹公子在宋国做了三年官，当初曹公子来到墨子门下学习时吃穿困难，连祭祀鬼神的食品都没有。由于受到墨子的教育，家境富有了，反而家里灾祸不断，连自身都染上了疾病。曹公子怀疑墨子的学说不管用。墨子针对曹公子的问话，责备他"处高爵禄而不以让贤"，"多财而不以分贫"，"事鬼神唯祭而已"。运用比喻等方法教育曹公子要居官让贤，财物分人，祭祀鬼神真诚。

第四节　墨子在卫国的施教活动

墨子在卫国的主要施教活动有以下几项。

1. 南游使卫

子墨子南游使卫，关中载书甚多，弦唐子见而怪之，曰："吾夫子教公尚过曰：'揣曲直而已。'今夫子载书甚多，何有也？"子墨子曰："昔者周公旦朝读书百篇，夕见漆十士，故周公旦佐相天子，其修至于今。翟上无君上之事，下无耕农之难，吾安敢废此？翟闻之：'同归之物，信有误者。'然而民听不钧，是以书多也。今若过之心者，数逆于精微。同归之物，既已知其要矣，是以不教以书也。而子何怪焉？"（《贵义》）

墨子南游出使到卫国，车上装了很多的书，弦唐子见状感到很奇怪，提出疑问，墨子讲述了他带这么多书的原因。墨子南游使卫，可以给我们这样的启示：作为一个利国利民的主动行义之人，必须时时注意学习，做到博学多才，这样既可有助于修养自己的品德，还可以行义利民。

2. 劝卫养士

子墨子谓公良桓子曰："卫，小国也，处于齐、晋之间，犹贫家之处于富家之间也。贫家而学富家之衣食多用，则速亡必矣。今简子之家，饰车数百乘，马食菽粟者数百匹，妇人衣文绣者数百人，吾取饰车食马之费，与绣衣之财，以畜士，必千人有余。若有患难，则使百人处于前，数百于后，与妇人数百人处前后，孰安？吾以为不若畜士之安也。"（《贵义》）

墨子到卫国后，劝公良桓子把钱财用来养士。一旦遇到危难，士就可保其平安。"养士"也称养"食客"、养"门客"和养"清客"，就是名门望族或大户人家供给那些有特殊本领的人衣食住行等，在重大问题上或关键时刻请他们出面为自己出谋划策。世道混乱，养士可以消灾灭祸；太平时期，养士则包藏了巨大的政治野心和权力图谋。养士靠的是财力、声望，如果没有巨大家资和赫赫名气，怎能轻易地使各界名士为己效力？战国时代，养士已成为上层社会竞相标榜的时髦风气。只要是有实力有抱负的国君、权臣，无不以尽可能多地收养门客为荣。

3. 批评弟子

子墨子仕人于卫，所仕者至而反。子墨子曰："何故反？"对曰："与我言而不当。曰：'待女以千盆。'授我五百盆，故去之也。"子墨子曰："授子过千盆，则子去之乎？"对曰："不去。"子墨子曰："然则非为其不审也，为其寡也。"（《贵义》）

我们可以看出墨子对仕者弟子一针见血的批评，在墨子看来做官应是为百姓谋福祉、做好事，怎么能嫌俸禄少而撒手不干呢？这种见利忘义的做法是不可取的。为官不能见利忘义，要做到见利思义，遇到危难勇于献出生命，这样才可以成为完美的人。

4. 盛赞高石子

子墨子使管黔敖游高石子于卫，卫君致禄甚厚，设之于卿。高石子三朝必尽言，而言无行者。去而之齐，见子墨子曰："卫君以夫子之故，致禄甚厚，设我于卿，石三朝必尽言，而言无行，是以去之也。卫君无乃以石为狂乎?”子墨子曰:“去之苟道,受狂何伤!古者周公旦非关叔,辞三公,东处于商盖,人皆谓之狂,后世称其德,扬其名,至今不息。且翟闻之:‘为义非避毁就誉。’去之苟道,受狂何伤!”高石子曰:“石去之,焉敢不道也!昔者夫子有言曰:‘天下无道,仁士不处厚焉。’今卫君无道,而贪其禄爵,则是我为苟陷人长也。”子墨子说,而召子禽子曰:“姑听此乎!夫倍义而乡禄者,我常闻之矣;倍禄而乡义者,于高石子焉见之也。”(《耕柱》)

在墨家盛极一时的时期,很多墨子的弟子都被推举到各诸侯国做官。做官的墨子弟子都必须忠实于墨子的学说,如果不能推行墨子的主张,依据“背禄向义”的精神就要自动辞官。所以,墨子的弟子高石子因卫国君主不采用他的意见便辞官返回而得到墨子的赞扬。墨子认为义是天下的良宝,行义可以安国、利民,所以他孜孜不倦地坚持行义。他反对背义向禄的人,主张大家一起行义,这样才可以实现义。

第五节　墨子在楚国的施教活动

墨子多次访问楚国,献书给楚惠王。楚惠王打算以书社封墨子,但墨子最终没有接受。后来他又拒绝了楚王赐给他的封地,离开了楚国。墨子在楚国的主要施教活动有以下几项。

1. 劝阻楚王

子墨子见王,曰:“今有人于此,舍其文轩,邻有敝舆,而欲窃之;舍其锦绣,邻有短褐,而欲窃之;舍其粱肉,邻有糠糟,而欲窃之。此为何若人?”王曰:“必为窃疾矣。”子墨子曰:“荆之地,方五千里,宋之地,方五百里,此犹文轩之与敝舆也;荆有云梦,犀兕麋鹿满之,江汉之鱼鳖鼋鼍为天下富,宋所为无雉兔狐狸者也,此犹粱肉之与糠糟也;荆有长松、文梓、楩楠、豫

> 章，宋无长木，此犹锦绣之与短褐也。臣以三事之攻宋也，为与此同类。臣见大王之必伤义而不得。”王曰：“善哉！虽然，公输盘为我为云梯，必取宋。”
>
> ……楚王问其故，子墨子曰：“公输子之意，不过欲杀臣，杀臣，宋莫能守，可攻也。然臣之弟子禽滑厘等三百人，已持臣守圉之器，在宋城上而待楚寇矣。虽杀臣，不能绝也。”楚王曰：“善哉！吾请无攻宋矣。”（《公输》）

墨子见到楚王，采取“以子之矛攻子之盾”的办法，从道义上谴责楚攻宋之不义。他以富人盗窃穷人为喻，问楚王“此为何若人”？使楚王承认并说出此人“必为有窃疾矣”。既然承认这种人有窃疾，那么楚以富有之国而攻伐贫穷之宋，正“为与此同类”。在墨子强有力的论据面前，楚王也不得不称是，承认墨子说得有理，这从后文“善哉”一语可以看出。墨子抱着置个人生死度外的精神，向楚王言明楚国攻打宋国的不对，楚国强大，宋国弱小；楚国势重，宋国势薄；楚国人多，宋国人少。宋国无罪而遭攻击，楚国就要背负恶名。由于墨子的防守上的精心安排和劝说上的有理有据，楚王放弃了攻打宋国的计划。

2. 劝说公输盘

> 公输盘为楚造云梯之械，成，将以攻宋。子墨子闻之，起于齐，行十日十夜而至于郢，见公输盘。公输盘曰：“夫子何命焉为?”子墨子曰：“北方有侮臣者，愿借子杀之。”公输盘不说。子墨子曰：“请献十金。”公输盘曰：“吾义固不杀人。”子墨子起，再拜曰：“请说之。吾从北方闻子为梯，将以攻宋。宋何罪之有?荆国有余于地，而不足于民，杀所不足，而争所有余，不可谓智。宋无罪而攻之，不可谓仁。知而不争，不可谓忠。争而不得，不可谓强。义不杀少而杀众，不可谓知类。”公输盘服。（《公输》）

墨子诱使公输盘说出“吾义固不杀人”，接着就抓住这句话，深入揭露了公输盘的“义不杀少而杀众”的矛盾和义的虚伪性，公输盘无从辩驳，最终不得不服。

3. 墨盘较技

> 子墨子解带为城，以牒为械，公输盘九设攻城之机变，子墨子九距之。公输盘之攻械尽，子墨子之守圉有余。(《公输》)

这里生动地记述了公输盘“九设攻城之机变”、墨子“九距之”的经过。从这个故事中我们可以看到墨子维护正义的精神和机智果敢。

4. 墨盘论钩强

> 昔者楚人与越人舟战于江，楚人顺流而进，迎流而退，见利而进，见不利则其退难。越人迎流而进，顺流而退，见利而进，见不利则其退速。越人因此若执，亟败楚人。公输子自鲁南游楚，焉始为舟战之器，作为钩强之备，退者钩之，进者强之，量其钩强之长，而制为之兵。楚之兵节，越之兵不节，楚人因此若执，亟败越人。公输子善其巧，以语子墨子曰：“我舟战有钩强，不知子之义亦有钩强乎?”子墨子曰：“我义之钩强，贤于子舟战之钩强。我钩强我（为‘义’之假借字)，钩之以爱，揣之以恭。弗钩以爱则不亲，弗揣以恭则速狎，狎而不亲则速离。故交相爱，交相恭，犹若相利也。今子钩而止人，人亦钩而止子，子强而距人，人亦强而距子，交相钩，交相强，犹若相害也。故我义之钩强，贤子舟战之钩强。”(《鲁问》)

这里说的是，从前楚越水战，因“楚人顺流而进，迎流而退，见利而进，见不利则其退难。越人迎流而进，顺流而退，见利进，见不利则其退速”，楚败于越。楚国为改变战局，邀请公输盘来楚，公输盘为楚国设计制造了一种船战用的武器，对败退的敌船能钩住，对进攻的敌船能抗拒，因此楚国大败越国。公输盘很得意，跑去告诉墨子。这个故事就记述了墨子批评、劝说公输盘的经过。墨子做了一个很有意义的比较，以此来说明：大家相爱、相恭，才能利己利人；彼此相钩，只能是两败俱伤。

5. 劝说穆贺

> 子墨子南游于楚，见楚献惠王，献惠王以老辞，使穆贺见子

> 墨子。子墨子说穆贺，穆贺大说，谓子墨子曰："子之言，则成善矣！而君王，天下之大王也，毋乃曰'贱人之所为'，而不用乎？"子墨子曰："唯其可行。譬若药然，草之本，天子食之，以顺其疾，岂曰'一草之本'而不食哉？今农夫入其税于大人，大人为酒醴粢盛，以祭上帝鬼神，岂曰'贱人之所为'，而不享哉？故虽贱人也，上比之农，下比之药，曾不若一草之本乎？"（《贵义》）

这里说的是墨子南游到楚国劝说穆贺的经过。从中我们可以看到墨子虽然受到楚惠王的冷遇，但他自信自己的学说有益于社会，而对穆贺指出，采用先进的正确的主张，不应有门第观念，只要学说主张能为民造福、行之有效就行，并以草根为药举例，天子吃了它，能治愈疾病，难道会认为是一把草根而不吃吗？我们今天学习墨子，要从墨子的人生经历中受益。墨子有着春秋战国其他诸子少有的革新精神，这是当代人最应该感念墨子并从中取法的地方。他的学说，也多立足于工匠的实际生活，用当代人的话说，是"接地气的"。如果人们不带偏见地看待墨子，他几乎是当代社会公民人格最合适不过的代表。他的自信一样不假外求，他不需要外来的荣誉和装饰，衣衫褴褛地去见楚王。只有自信的人才知道外在的装饰无足轻重，精神的光辉已经说明一切。这样的人生，也正是我们普通人所应追求的。

6. 游楚辞封

> 楚惠王五十年，墨子至郢献书惠王王受而读之曰："良书也。寡人虽不得天下而乐养贤人。"墨子辞曰："翟闻贤人进，道不行，不受其赏，义不听，不处其朝，今书未用，请遂行矣。"将辞王而归，王使穆贺以老辞……鲁阳文君言于王曰："墨子北方贤圣人，君王不见，又不为礼，毋乃失士，乃使文君追墨子，以书社五百里封之，不受而去。"（唐余知古《渚宫旧事》）

由这段文字可以看出，墨子绝不会在被不重视的情况下委屈就职。如果不能实现"济民救世"的教育目的，虽"以书社五百里封之"，仍不为所动。

7. 劝导鲁阳文君

(1) 劝止鲁阳文君攻郑。

鲁阳文君（即公孙宽，楚惠王授与他鲁阳之地，故又称鲁阳文子）将攻郑，子墨子闻而止之，谓阳文君曰："今使鲁四境之内，大都攻其小都，大家伐其小家，杀其人民，取其牛、马、狗豕、布帛、米粟、货财，则何若?"鲁阳文君曰："鲁四境之内，皆寡人之臣也。今大都攻其小都，大家伐其小家，夺之货财，则寡人必将厚罚之。"子墨子曰："夫天之兼有天下也，亦犹君之有四境之内也。今举兵将以攻郑，天诛其不至乎?"鲁阳文君曰："先生何止我攻郑也？我攻郑，顺于天之志。郑人三世杀其父，天加诛焉，使三年不全，我将助天诛也。"子墨子曰："郑人三世杀其父，而天加诛焉，使三年不全，天诛足矣。今又举兵，将以攻郑，曰吾攻郑也，顺于天之志。譬有人于此，其子强粱不材，故其父笞之，其邻家之父，举木而击之，曰：吾击之也，顺于其父之志。则岂不悖哉!"

子墨子谓鲁阳文君曰："攻其邻国，杀其民人，取其牛马、粟米、货财，则书之于竹帛，镂之于金石，以为铭于钟鼎，傅遗后世子孙曰：'莫若我多!'今贱人也，亦攻其邻家，杀其人民，取其狗豕、食粮、衣裘，亦书之竹帛，以为铭于席豆，以遗后世子孙，曰：'莫若我多!'其可乎?"鲁阳文君曰："然吾以子之言观之，则天下之所谓可者，未必然也。"(《鲁问》)

墨子苦口婆心地劝止鲁阳文君不要攻打郑国。墨子先打比方，再讲"邻家顺其父志"的故事，最后说攻打郑国给鲁阳文君带来的危害，说得鲁阳文君点头称是，阻止了一场战争的发生。墨子劝说鲁阳文君，有理有据，由大到小、由国到人层层推进劝解。鲁阳文君有所醒悟，发出了"用您的言论观察，那么天下人所说的可以的事，就不一定正确了"的感叹。可见墨子语言的力量和话题支点选择的准确。

(2) 劝谕鲁阳文君明大小。

子墨子谓鲁阳文君曰："世俗之君子，皆知小物，而不知大物。今有人于此，窃一犬一彘，则谓之不仁，窃一国一都，则以为义。譬犹小视白谓之白，大视白则谓之黑。是故世俗之君子，知小物而不知大物者，此若言之谓也。”（《鲁问》）

这是墨子在对鲁阳文君讲述攻战的危害时讲到的事例，墨子的用意在于劝谕当权者取消攻战，使天下安宁。

（3）劝说鲁阳文君实行仁义。

鲁阳文君语子墨子曰：“楚之南，有啖人之国者桥，其国之长子生，则鲜而食之，谓之宜弟。美则以遗其君，君喜则赏其父。岂不恶俗哉？”子墨子曰：“虽中国之俗，亦犹是也。杀其父而赏其子，何以异食其子而赏其父者哉？苟不用仁义，何以非夷人食其子也？”（《鲁问》）

这个事例是说，楚南的恶俗和不实行仁义一样，劝说鲁阳文君实行仁义，不要攻打别的国家，认真施行仁义。

（4）劝答鲁阳文君何谓忠臣。

鲁阳文君谓子墨子曰：“有语我以忠臣者，令之俯则俯，令之仰则仰，处则静，呼则应，可谓忠臣乎？”子墨子曰：“令之俯则俯，令之仰则仰，是似景也；处则静，呼则应，是似响也。君将何得于景与响哉？若以翟之所谓忠臣者，上有过，则微之以谏；己有善，则访之上，而无敢以告。外匡其邪，而入其善。尚同而无下比，是以美善在上，而怨仇在下；安乐在上，而忧戚在臣。此翟之所谓忠臣者也。”（《鲁问》）

这是讲回答鲁阳文君提出的“忠臣”问题。墨子回答得很巧妙，以“影子”“回声”为喻，批评了鲁阳文君所说的“忠臣”，阐述了“忠臣”的真正含义：国君有错，能劝谏；自己有好见解，就告诉国君；匡正国君的邪恶；不在下面结党营私；美善存在于上级，怨仇存在于下面；安乐归于国君，忧戚归于臣下。墨子的这番宏论，是从“兼爱”的思想出发，指出作为“忠臣”要自身纯正，严于律己，勤恳为民，这样才能为国家服务，为百姓谋利。

第六节　墨子在齐国的施教活动

墨子与齐国的渊源关系颇深。他多次来齐国，有时居住在齐国，有齐国弟子，与齐国君臣交往密切，墨子的文章中有很多齐国文化的内容。墨子在齐国的主要施教活动有以下几项。

1. 止齐伐鲁

墨子晚年来到齐国，劝止项子牛讨伐鲁国。

> 齐将伐鲁，子墨子谓项子牛曰："伐鲁，齐之大过也。昔者，吴王东伐越，栖诸会稽；西伐楚，葆昭王于随；北伐齐，取国子以归于吴。诸侯报其仇，百姓苦其劳，而弗为用。是以国为虚戾，身为刑戮也。昔者智伯伐范氏与中行氏，兼三晋之地。诸侯报其仇，百姓苦其劳，而弗为用。是以国为虚戾，身为刑戮，用是也。故大国之攻小国也，是交相贼也，过必反于国。"(《鲁问》)

"止齐伐鲁"也是墨子劝止攻战的著名事件，让我们领略了"不战而屈人之兵"的最高境界。从这个事例中我们可以体察到墨子反对并制止侵略战争的良苦用心。

2. 自鲁即齐

> 子墨子自鲁即齐，过故人，谓子墨子曰："今天下莫为义，子独自苦而为义，子不若已。"子墨子曰："今有人于此，有子十人，一人耕而九人处，则耕者不可以不益急矣。何故？则食者众而耕者寡也。今天下莫为义，则子如劝我者也，何故止我？"(《贵义》)

这是对墨子同老朋友谈话的记述，从中可以看出墨子不为世俗所动、勇于行义的救世精神。

3. 齐遇日者

> 子墨子北之齐，遇日者。日者曰："帝以今日杀黑龙于北方，而先生之色黑，不可以北。"子墨子不听，遂北，至淄水，不遂而

反焉。日者曰："我谓先生不可以北。"子墨子曰："南之人不得北，北之人不得南，其色有黑者，有白者，何故皆不遂也？且帝以甲乙杀青龙于东方，以丙丁杀赤龙于南方，以庚辛杀白龙于西方，以壬癸杀黑龙于北方，若用子之言，则是禁天下之行者也。是围心而虚天下也，子之言不可用也。"（《贵义》）

墨子是诸子中的唯物思想家，而且留有大量的科技和军事理论。这样一位唯物思想家，为什么我们认为的唯心思想却出现在他的重要主张里面？这里面的鬼神和大家理解的不一样。我们通常对鬼的理解是妖魔鬼怪，是贬义的、负面的。而墨子认为，鬼神是神灵的先知，是褒义的、正向的。从墨子的文章中我们可以深刻理解鬼神的存在，鬼神是惩恶扬善的主宰，这是认知鬼的表面。而鬼的内涵则是以鬼神为寓意让人们特别是当权者在精神信仰上所有敬畏。在这个事例中，墨子不相信命运，对阴阳先生的迷信妄说进行了批驳。

4. 劝齐国避不祥

子墨子见齐大王曰："今有刀于此，试之人头，倅然断之，可谓利乎？"大王曰："利。"子墨子曰："多试之人头，倅然断之，可谓利乎？"大王曰："利。"子墨子曰："刀则利矣，孰将受其不祥？"大王曰："刀受其利，试者受其不祥。"子墨子曰："并国覆军，贼敖百姓，孰将受其不祥？"大王俯仰而思之曰："我受其不祥。"（《鲁问》）

"劝齐国避不祥"，是墨子劝说齐王避免遭受不幸的故事。墨子通过刀锋利、能杀人，实验的人遭受不祥，推论到国家兼并领土，覆灭军队，残杀百姓，当政者遭受不祥，阐明了反对攻战即反对战争的思想，进而使齐王认识到自己做法的不妥，如不悬崖勒马，马上就要遭受不祥了。故事中墨子与齐王一问一答，齐王对墨子的劝说心服口服。

5. 胜绰犯明

子墨子使胜绰事项子牛。项子牛三侵鲁地，而胜绰三从。子墨子闻之，使高孙子请而退之，曰："我使绰也，将以济骄而正嬖也。今绰也禄厚而谲夫子，夫子三侵鲁而绰三从，是鼓鞭于马靳也。翟闻之，言义而弗行，是犯明也。绰非弗之知也，禄胜义也。”（《鲁问》）

这个事例表现了墨子坚持原则、反对侵略的崇高品德，也反映了墨子对见利忘义行为的厌恶和蔑视，更看得出墨子对弟子严格要求、对学生错误决不姑息迁就的严师风范。

6. 为义孰为大务

治徒娱、县子硕问于子墨子曰：“为义孰为大务？”子墨子曰：“譬若筑墙然，能筑者筑，能实壤者实壤，能欣者欣，然后墙成也。为义犹是也，能谈辩者谈辩，能说书者说书，能从事者从事，然后义事成也。”（《耕柱》）

高何、县子硕、胡非子都是齐国人，墨子收这三人为徒。《吕氏春秋·尊师》记载：“高何、县子石，齐国之暴者也，指于乡曲，学于子墨子……刑戮死辱之人也，今非徒免于刑戮死辱也，由此为天下名士显人，以终其寿……”治徒娱、县子硕同墨子讨论行义之事什么是要务的问题。墨子没有就问题回答问题，而是指出做正义的事情无所谓大小，只要你根据自己的情况努力行义就可以。这充分反映了墨子因材施教的教育智慧和务实的行义主张。墨子通过“筑墙”的比喻，形象地回答并解释了这个问题。

第七节　墨子在越国的施教活动

为了“济民救世”，墨子的行迹很广，东到齐，北到郑、卫。越王邀请墨子作官，并许给他以五百里的封地。墨子以“听我的劝告，按我讲的道理办事”作为前往的条件，而不计较封地与爵禄，目的是实现自己的政治抱负和思想主张。

子墨子游公尚过于越。公尚过说越王，越王大说，谓公尚过曰：“先生苟能使子墨子于越而教寡人，请裂故吴之地，方五百里，以封子墨子。”公尚过许诺，遂为公尚过束车五十乘，以迎子墨子于鲁。曰：“吾以夫子之道说越王，越王大说，谓过曰：‘苟能使子墨子至于越而教寡人，请裂故吴之地，方五百里，以封子。”子墨子谓公尚过曰：“子观越王之志何若？意越王将听吾言，用我道，则翟将往，量腹而食，度身而衣，自比于群臣，奚能以封为哉？抑越不听吾言，不用吾道，而吾往焉，则是我以义粜也。钧之粜，亦于中国耳，何必于越哉！”（《鲁问》）

这说的是墨子守义志坚、一心向道、无意仕禄。墨子一生行义，坚守“兴天下之利，除天下之害”的奋斗目标，这种努力不懈、坚守原则、不因高官厚禄而动摇，也不因困难而改变初衷的执着态度，正是墨子独立精神的写照。

第八节 墨子在魏国的施教活动

墨子为宣传“济民救世”思想，一心行义，可谓栖栖惶惶，席不暇暖。墨子在魏国的主要施教活动有以下几项。

1. 回答学生：择务从事

在奔赴魏国的途中，当弟子问起墨子“既得见四方之君，子则将先（‘奚’之讹，怎么）语?”时，墨子回答说：

凡入国，必择务而从事焉。国家昏乱，则语之尚贤、尚同；国家贫，则语之节用、节葬；国家憙音湛湎，则语之非乐、非命；国家淫僻无礼，则语之尊天事鬼；国家务夺侵凌，即语之兼爱、非攻。故曰：择务而从事焉。（《鲁问》）

墨子教育弟子游说诸侯时，应秉持“择务从事”的原则。墨子和弟子在帮助对方解决问题的时候，也必须根据不同国家的不同国情，选择最紧迫、最棘手、最困难、最重要的问题去解决，一切从实际出发，一切从国情出发。

2. 收禽滑厘为徒：悉心教诲

禽滑厘先从孔子弟子子夏学儒，后从墨子学墨，尽得墨子学说之精髓。墨子在《所染》中专门对禽滑厘予以赞扬，禽滑厘因精通攻守战术，在“止楚攻宋”事件中，率墨家弟子三百人守卫宋城。《墨子》《庄子》《吕氏春秋》《说苑》《史记》《列子》《太白阴经》中都记有其事。

第十章 独领风骚的教育价值:观照当代、引领未来

墨子扬天下至理，叙万物真情，究古今嬗变，教育思想形成了完善的结构体系：既明确提出了教育目的，又采取适合学生发展的办学形式；既创立了前无古人的“义务教育”，又设置了科学合理的课程；既躬行实践、以身示教，又奔走各国宣传救世主张；既高度重视科学技术的创新传承，又为世界创立了“兼爱、非攻”的普世价值；既重视施教者的主动教育，又强调受教者要主动学习；既创新性地提出促人发展的育人原则，又开创了适合受教者的学习方法。

进入新时代，墨子的教育思想能让我们更多地思考新时代的教育问题。笔者从教半个世纪，在墨子教育思想的滋养下，创立了“适时施教”理论。“适时施教”就是创造适合学生的教育。下面从“适时施教”的角度，谈谈墨子教育思想给新时代以及未来教育的启示。

第一节 对新时代教师成功的启示

墨子是教、学、行三者结合的典型，这恰恰是新时代教师所要学习的。教师是教育发展的第一资源，教师在教育学生的同时也要进行自我教育。今天有什么样的教师，明天就会有什么样的未来。新时代的教师要秉承先师墨子的风范，不能只做传授书本知识的教书匠，而要成为塑造学生品格、品行、品味的“大先生”。

1. 确立适应新时代的教育理念

墨子以其独特的济世情怀和教育理念，为后人做出了榜样，新时代的教师应学习墨子，树立适应新时代的教育理念。

（1）树立新时代学生德育使命理念。

一是培养新时代中国特色社会主义思想品德。从思想素质和道德品质两个方面入手，教师要关注学生思想品德养成的整个过程，把德育培养渗透融入学生学习生活的各个环节，把立德树人、规范管理的严格要求和春风化雨、润物无声的灵活方式相结合，引导学生正确认识时代责任和历史使命。

二是塑造新时代中国特色社会主义理想人格。具体内容有协调精神（正确处理国家、集体和个人的关系）、创新精神（具有强烈创新意识和较强创造能力）、进取精神（乐观自信，锐意进取，坚韧不拔）和反省精神（自律反思，慎独改过）。教师要加强政治方向和价值引领，用自身的人格魅力去感化学生，营造学习氛围，引导学生日常行为和习惯的养成，开展法治教育规范导正学生的人格。

三是引导新时代中国特色社会主义行为实践。第一，深入学习新时代中国特色社会主义思想，使先进思想切实转化成学生在理想、价值、道德观念上的共识和行为实践上的遵循。第二，综合运用课堂教学、网络平台、学生社团、社会实践等渠道和载体，激励学生做新时代社会主义核心价值观的坚定信仰者、积极传播者、模范践行者。第三，指导学生建构目标、培养学习兴趣、端正学习态度、养成良好习惯。

（2）确立新时代教育幸福人生理念。让教育创造幸福人生，增强学生的幸福感。

创立“幸福课程”，采取“3＋2”模式。“3”是指学校、老师、家庭三位一体：学校带动，老师指导，家长参与。“2”是指两项措施：家长委员会是班级活动的核心；每个班级都要制定幸福课程纲要、计划和具体活动流程。实施“幸福课程”，要动员家长积极参与，每次活动都有不同的主题；根据主题家长分组分工合作，给学生带来精彩的课程。

（3）确立新时代“互联网＋教育”理念。

充分利用互联网、大数据的便捷性，服务于教育教学。“互联网＋

教育”作为教育战略，将网络技术与学习行为相结合。这是一种新型的学习环境，实现教学内容的不同方式的传输，有很多优势：锻炼学生自主学习的能力，使教学内容更加丰富，加强学生间的交流，学生创造能力的培养，从封闭到开放的教育资源，从被动到主动地学习。

（4）确立新时代全面综合素质理念。

即以全面提高学生的基本素质为根本目的，尊重学生的主体性和主动精神，注重开发学生的潜能，培养学生健全的个性。

一是教育观。面向全体学生，促进学生创新精神和实践能力的培养，促进学生生动、活泼、主动、全面发展，着眼于学生的可持续发展。

二是教学观。从“教育者为中心”转向“学习者为中心”，从“教会学生知识”转向“教会学生学习”，从“重结论轻过程”转向“重结论的同时更重过程”，从“关注学科”转向“关注人”。

三是学生观。学生在教育活动中处于主体地位；学生是发展的人，具有巨大的发展潜力；学生是有个性与差异的，要切实贯彻因材施教的教育理念。

四是教师观。由知识的传授者，转变为学生学习的引导者和学生发展的促进者；从课程的忠实执行者，转变为课程的建设者和开发者；从“教书匠”，转变为教育教学的研究者和反思的实践者；从学校教师，转变为社区型的开放教师；师生关系方面，强调尊重与赞赏；对待教学，强调帮助、引导；对待自我，强调反思；与其他教育者关系方面，强调合作。

（5）确立新时代实践创新教育理念。

墨子在教育实践中，创新的教育观念、科学的教育方法、拓宽的教育内容，给当时陈腐的教育制度注入了生机和活力，造就了中国古代教育发展的新局面。墨子的创新和知行合一精神，具有强烈的时代价值和现实指导意义。创新教育作为一种教育理念，目的是在于提高学生的创新素质。从创新教育的理念出发，在科教兴国、中华民族伟大复兴的背景下，新时代教师作为实施创新教育的主体，其教育观念和教学行为的创新要提高到一个重要的位置上。在教育教学中，运用发现教学、问题教学和讨论教学法等，激发学生的实践、创新能力，锻炼学生的动脑、动手能力，引导学生自主思考，成为有创新思维、善于实践的一代新人。

（6）确立新时代教育时时变革理念。

一是教育主要矛盾转化，要满足人民群众对高质量教育与优质教育资源的需求。

二是教育发展方式转变，从以规模扩张为特征的外延式发展，转变为以提高质量和优化结构为核心的内涵式发展。

三是学习方式变革，互联网、人工智能技术与教育教学深度融合，引导学生自主、合作、探究式学习。

四是人才培养模式改革，适应经济社会发展需求，培养不同层次和类型的高级专门人才。

五是教育国际化，学习借鉴国际先进教育理念和成功经验，促进中国优质教育教学资源的国际拓展。

六是管理体制机制创新，优化教育治理结构和体系，提升教育治理能力，建设现代学校制度，创新管理体制和运行机制。

2. 具备适应新时代的知识素养

真正的教师，离不开“一主两基”的核心要素，即以生命认知素养提升为核心，以学科专业素养和学生认知素养提升为基点。这不仅是打破教师成长困局的突破口，而且是创新教师培训的着力点。新时代的教师要形成具有个人特色的知识素养的立体结构。从墨子的经历看，今天理想的教师应是综合型的专家。综合是指多面手，专家是指水平高。要求教师既要有比较雄厚的专业知识基础，还要能够比较深刻地理解学科知识在整个学科体系中的地位和作用。教师发展的三结合立体结构模式如下：

教　学 ————教育教学的专家

管　　理 ————教育教学的管理专家

科　　　研 ————教育科学研究的专家

提出这样的要求很重要，从教师个人来讲，知道想往哪个方向努力；从学校来讲，明确继续教育所需要解决的问题。

3. 形成适应新时代的教育功力

教师具备的传统基本技能包括：讲一口流利的普通话，写一手优美的粉（钢、毛）笔字，绘一手简洁漂亮的简笔画，做一套实用经济的教具。在此基础上，新时代的教师具有创新的教育功力包括以下几个方面。

（1）与人合作能力。

与其他教师合作，完成课程的综合和学习方式的综合；与家长合作，在共同的探讨中激发社会力量发挥积极作用；与学生合作，和学生一起经历教学过程，一起共享教育成果；与教育管理者合作，对学校内部的教学、管理、评价方式进行改革，建立课程改革保障机制。

（2）育人评价能力。

自我评价能力，对自己的教学对象、教学资源和教学行为进行综合性的判断；命题与试卷分析能力，对试卷编制、学生学习状况等做出正确评判；教学评价能力，以新的形成性评价，关注学生的自我认识、修正与发展。

（3）课程改革能力。

课程开发的能力，教师要参与地方、学校课程的开发；解读教材的能力，教师能自觉地从“学”与“教”的角度以及人文熏陶的角度、难度的把握角度、坡度的设置角度审视教材；运用信息的能力，使用大数据对信息进行获取、分析、加工、利用、交流、创新的能力。

（4）育人创新能力。

思想上具有创新因素，树立创新思想，坚持育人为本，开发学生潜能，使学生具有可持续发展的观念；环境上适应创新的机制，增强主体意识，激活创新潜能；工作中展示创新技能，构建崭新的教育模式：德育建立“教师—学生”的主体内化式；教学构建“教师—学生”的主体发展式；课外活动构建“教师—学生”的主体创建式。

（5）教育科研能力。

以教学研究为中心，既教学又研究，创新科研成果。联合国教科文组织在一份报告中指出：“在今天，从教师在教育体系中的作用看，教师与研究人员的职责趋向一致。”这意味着今天乃至未来的教学需要具有科研素质的学者型教师。

4. 开发适应新时代的教育课程

墨子的“谈辩、说书、博术”课程，既注重书本知识，又注重实践；既注重亲身体验，又注重弟子参与。新时代的教师开发适应新时代的教育课程，需要做以下几方面工作

（1）开发课程之外的知识。

教师不仅要传授给学生课程知识，更需要传授课程之外的知识，拓展学生的知识面，开阔学生的视野。

（2）增加课堂之外的体验。

教师不仅为学生提供课堂教学，更要陪伴学生走到课堂之外，去体验更多不同形式的学习，走近自然、走近生活、走近他人、走近社会，在体验中构建人生观、价值观、世界观。

（3）开拓学习之外的生活。

教师不仅要关注学生的学习情况，更要关注学生的生活情况，比如学生的身体、心理状态，注重学生全方位的变化与成长，重视生活教育、德育教育。

5. 开启适应新时代的教师发展

墨子的知识和能力是经过多年辛苦积累、大胆创新形成的，新时代的教师要从个体、集体角度进行提高。

（1）教师个体角度。

一是发挥教师的个性化风格、注重教师个性化发展，有不同的授课风格，不同的人格魅力，并非千师一面。教师首先要自己激发创造力和思维，才能给学生带来正面积极的影响。教师的潜移默化会影响学生，鼓励教师独立发展，同时也是鼓励学生独立发展。

二是加强教师的自我学习。做会学习的教师。掌握多种学习渠道，不断充实和丰富自我能力，树立并践行终身学习的理念，在孜孜不倦的学习中完善和优化自我。

三是了解学生和家长的需求。教师不能埋头苦干，闭门造车，要加强与家长、学校的沟通，共同合作，相互帮助，为学生提供更好的教育

环境、更好的教育方式，让学生更加快乐健康地成长。

（2）教师集体角度。

一是青年教师。青年教师是指刚走上教育岗位、教龄10年以内的教师。做到政治上爱教、业务上热教、生活上乐教。

二是中、高级教师。中、高级教师是教师队伍的骨干力量，大多数年龄在32～45岁。做到本体理论要“深”，知识面要“宽”，政教理论学习要“新”。

三是特级教师。在教育界内部，特级教师被誉为“师德的标兵、育人的模范、教学的专家”，享有崇高的社会声誉。做到自我完善，永无止境；关心大事，永葆活力；立足本职，发挥作用。

6. 创立适应新时代的教学方法

墨子的教学方法灵活多变，突出的特点是“适合学生”，新时代的教师，要创立适合学生的教学方法。

（1）信息化教学手段。

深入了解并应用信息化教学手段，发挥信息化教学的优势，提高工作效率，增强工作效果。利用微博、微信、QQ等新媒体平台进行家校互动，使用智能化教学产品进行授课创新等。

（2）大数据辅助管理。

教师可利用学生各类数据，比如上课、作业、实验等数据，有效进行数据分析，分析学生特点及行为，总结学生的行为规律，因人施教，优化教和学的过程。

（3）把课堂变得有趣。

让学生学起来更有参与感、更投入、更快学会知识。这就需要教师花费心思备课、上课，创新教学形式，用心设计课堂内容，在不断尝试和努力中把课堂变成有趣的学堂。

（4）建立“慕课”平台。

“慕课”（MOOC），第一个字母“M”代表Massive（大规模），与传统课程不同，课程受众人数多；第二个字母“O”代表Open（开放），以兴趣为导向，凡是想学习的，都可以进来学，只需一个邮箱就可注册参与；第三个字母“O”代表Online（在线），学习在网上完成，不受时空限制；第四个字母“C”代表 Course（课程）。“慕课”作为在线课程模式，让教师和学生能够在各个环节进行充分而有效的沟通，可以将“慕课”的使用情况纳入最终成绩的考核。“慕课”平台结合线上教学和线下教学的优点，对教学能起到很好的指导作用，能增强师生之间的互动性，使学生能更加积极地上课。

（5）重视学法指导。

培养训练学生观察、想象、记忆、思维、分析、综合、实践等能力，发挥情感、兴趣、注意、意志、动作、习惯、性格等非智力因素的积极效应，使二者相互交织，达到和谐统一；培养训练学生听、说、读、写、议、算等技能技巧，做到快速表达；提高学生比较以及语言、书写、阅读、实践操作、计算等能力，让学生掌握更多更好的学习方法并应用于学习中，变成会学的使者，使“授之以鱼”变为“授之以渔”。

（6）对分课堂。

即把一半课堂时间分配给教师指导，一半分配给学生讨论，把教师讲授和学生讨论在时间上错开，让学生进行自主学习和个性化吸收。在教师指导下，学生把握本节课的基本内容，理解重、难点，这样大大降低了学习难度。学习时学生可以根据个人特点和具体情况，以自己的节奏完成对知识的内化吸收，完成对教材内容更为全面的学习与理解。

第二节　对新时代学生发展的启示

新时代，教育对已然变化的学生要多一些研究、认识和尊重，如果依然用过去习惯的思维方式教育今天的学生，忽视他们的独立人格和权利，就会出现种种的不适应。教师必须见微知著，重新审视、认识今天的学生，树立新的师生观。墨子对弟子的审视、对弟子的关心、对弟子的尊重、对弟子的情怀，是值得新时代的教师效法的，他根据弟子不同的情况，施以适合的教育。从墨子对耕柱的严格要求、对胜绰的严厉批评、对曹公子的再教育、对禽滑厘的关心爱护，可以看出墨子对弟子的熟知了解。墨子对学生的情怀，能给新时代的教育工作者重要启示。

1. 新时代学生丰富的新含义

墨子对每个弟子的情况十分了解，清楚地知道每个弟子需要什么。《耕柱》中墨子批评耕柱，是因为对他有了更高一步的要求。新时代的学生权利意识的觉醒，让他们在很多事情上拥有了表达自己甚至捍卫自己权利的意愿。新时代的教师要像墨子那样，清楚认识学生的意义。

（1）学生的真正意义。

关于学生，国家的文件上说是“受教育者”“接班人”，课本上说是“祖国的花朵”“一代新人”，群众说是“上学的”“念书的”。这些都是从学生接受知识的角度讲的，未能说出学生的真正意义。那么，学生的真正意义是什么呢？“适时施教（创造适合学生的教育）”理论认为：学生是学习生活知识、学习生存技能、学习生命意义的人。学，是指学习；生，是指生活、生存、生命。

一是学习生活知识。学生要学会料理自己，关心、帮助别人，尊敬师长，同别人一起合作共事，不给父母、老师添心事、找麻烦。

二是学习生存技能。学生要学会把对知识的掌握转化为能力，适应社会的发展。

三是学习生命意义。学生要明确学习的目的意义，知道学习在人生中的作用，懂得自己对家庭、社会、国家意味着什么，要用学习来使自己的生命更有意义，用爱父母、爱学校的感情让自己的生命绽放光彩，用为国家、为人民的雄心壮志去创造生命的辉煌。

（2）提出适合学生的要求。

> 求学必先立德，立德以信为本，有尊严地活着，是学生做人的根本。作为学生应该做到：孝父母，在家庭做个好子女；敬老师，在学校做个好学生；讲文明，在社会做个好青年；爱祖国，在世界做个好华人。

这个要求，从个人的角度，由小到大，贯穿一生；从家庭的角度，由自己到他人，深入社会；从国家的角度，由内到外，屹立于世界；从学习的角度，可谓终身学习；从服务的角度，可谓全方位覆盖；从做人的角度，可谓孝顺当先；从爱国的角度，可谓忠诚国家……这个要求的关键有两点。

一是立德。一个人没有良好的品德，即使再有才华也不会为他人、为社会做出奉献。墨子强调“雄而不修者，其后必惰”。（《修身》）告诫人们要时时刻刻注意品德修养。

二是守信。立德应以讲信用为根本，说了不做，说多做少，都是不讲信用，“言不信者行不果”（《修身》）。为了真正做到“立德”与“守信”，学生要做到爱家、爱父母，爱校、爱老师，爱社会、讲文明，爱祖国，做个好公民。

（3）了解学生的权益。

根据国家法律法规的规定，学生享有权利和履行义务。

一是学生的权利。第一，学生的人身权包括生命、身体健康、肖像、名誉、隐私等方面的权利不受侵害。第二，参加学校教育教学计划安排的各种活动，在学业成绩和品行上获得公正的评价，完成规定的学业后获得相应的教育证书。第三，和教师共同使用教学设施、设备、图书等资料。第四，按照国家规定的条件申请奖学金、贷学金。第五，通过适当的形式参与学校的民主管理，参加校内合法的学生团体。第六，对学校或教师侵犯其合法权益以及对学校给予的处分如有不服可以提出申诉。第七，法律、法规规定的其他权利。

二是学生的义务。第一，遵守国家的法律、法规。第二，遵守学生行为规范，养成良好的思想品德和行为习惯。第三，完成规定的学习任务。第四，听从教师对其进行的适合身心发展的教育指导。第五，遵守学校的规章制度。第六，法律、法规规定的其他义务。

2. 新时代学生发展的新目标

学校要把培养国际型人才作为新时代学生发展的新目标。要从“人类命运共同体”的新视角，寻求人类共同利益和价值的新内涵。“人类命运共同体”是中国反复强调的关于人类社会的新理念，墨子的“兴天下之利，除天下之害”（《兼爱中》）和“人类命运共同体”不谋而合。墨子还说“有力者疾以助人，有财者勉以分人，有道者劝以教人”（《尚贤下》），旨在建设一个民众平等、互助、兼爱的社会。新时代的学生要立志成为热爱祖国、具有适应国际活动能力的人才。

（1）国际型人才的观念。

教育学生树立这样的观念：

> 中国是我们的，世界也是我们的，今天的中国学生将是明天世界的主人。这不是霸权世界的野心，而是作为中华民族屹立于世界之林的壮举，是年青一代为伟大的中华民族复兴，实现“中国梦”的具体行动。

（2）国际型人才的标准。

一是国际知识。了解国际时事、世界发展趋势；东西方文化，中华民族在国际社会中的地位和作用，建设祖国、服务人类的使命。

二是国际意识。国际理解、相互依存、和平发展、国际正义意识。

三是国际活动能力。独立思考、竞争参与、信息处理、终身学习、经受挫折、国际交往能力。

四是国际态度。自尊自爱、自信自强，公平竞争、友爱合作，适应变化、创造未来，关心地球、关心人类。

（3）国际型人才的素质。

国际型人才需要掌握以下知识技能。

一是学业技能。写作、阅读理解、数学、科学知识、计算机及其他技术、获取和处理信息的技能，对世界历史和世界事务的理解，世界地理知识，外语知识。

二是个人和人际技能。口头和书面交际、判断性思维及推理、自律、适应和灵活性、关键的人际技能，肯定努力的价值，对生活充满激情。

三是公民技能。对多元文化的理解，国际洞察和展望能力，调解技能和谈判技能，理解并尊重与自己不同之人，对自己行为高度负责的能力。

3．新时代学生保持的新心态

新心态是指学生最佳的学习心态。《备梯》记述禽滑厘侍奉墨子三年，手脚都起了老茧，脸晒得黑黑的，却不敢问自己想要问的事。墨子深知禽滑厘的心事，约了禽滑厘一同上山，请禽滑厘喝酒。墨子的这一举动是想以一个宽松的环境认真回答他想了解的知识。墨子的这一做法，实际上是在培养弟子的最佳学习心态。

（1）学生最佳学习心态的形成。

学生最佳心态的培养是极为复杂的劳动，教师应用自己良好的心态来培养学生。学生的最佳学习心态组成要素如下：

一是轻松感。学生没有精神和外界压力。

二是愉悦感。学生积极情感的心理表现。

三是好奇感。学生对新鲜事物的敏感直觉和好奇心。

四是成就感。学生在学习中获得成功的感觉。

（2）学生最佳学习心态的培养。

一是轻松感的培养。营造轻松的情感氛围，保证学生积极的情感体验。

二是新奇感的培养。教学中，多设疑问，让学生质疑；多设难题，让学生思考；多设置有挑战性的问题，让学生探索。

三是愉悦感的培养。教师要给学生美的熏陶，充分体现学科的特点。

四是成就感的培养。捕捉学生的优点并予以表扬。

（3）最佳学习心态的核心。

概括是思维的基础，这个过程也就是思维从个别到一般的过程。培养思维品质的突破口是培养学生思维的敏捷、灵活、独创、深刻性。发展逻辑思维能力，即要发展学生的抽象思维，又要发展学生的形象思维。

（4）最佳学习心态的习惯。

一是掌握应该掌握的知识，把基础打牢。

二是学会学习，学习新知识前要先预习再学习，主动思考，多提问题。做作业前要先复习，对每课（章、节）的学习内容要认真进行小结。

三是对学过的知识重新进行组织，从多方面去思考与探索前所未知、前所未有的创造性的东西。

四是通过发散思维重新组合信息，从多种角度、多种联系寻找解决问题的最佳方法和途径。

五是把创造性想象的积极参与和学习知识的定向的有机统一作为学习的重要环节。

六是具备对学习的迷恋，保持对知识的灵感。

七是保存好平时的学习资料，使之归类并形成知识网络。

八是把思维同社会生活的发展联系起来，在生活中思维、学习，从观察中发现，在想象中体验。

4. 新时代学生就业的新观念

墨子是一位百科全书式的教育家，他对弟子的就业教育，在理论和实践上仍对我国职业教育的改革与发展有借鉴、推进意义。针对遵纪守法的规矩意识欠缺、技术上精益求精精神欠缺、职业自信欠缺等问题，我们可以从墨子的教育思想中寻找他山之石。

（1）培养学生的职业思想，出彩中国世界。

墨子根据当时社会发展需要，通过教育培养“兼爱”之人，达到“济民救世”的目的。墨子不仅传授弟子生产技能，还培养他们的职业操守。新时代的职业教育对学生要尊其身，重其道，成其业，让每一个学生都有人生出彩的机会。“君子必贵其言，贵其言则尊其身，尊其身则重其道。”（《中论》）尊其身，就是尊重人，既有尊重他人，又有尊重自我。促进和引领学生成长、成人、成才，努力让每一个学生成为最好最优的自我，做人格健全的现代人，做与时俱进的职业人，做卓越幸福的心理人。

（2）培养学生的创新精神，理论实践相融。

墨子的“博乎道术”就是培养实干能战的劳动、制造、建设、科技、军事方面的人才，让他们具有“各从事其所能”（《节用中》）的本领。墨子首次把知识分子和劳动者相结合，把理论学习与生产实践相结合。墨子学团经常会面临制械、守城等任务，所以需要具备相当的专门技术和知识。墨子的教育思想与社会发展是紧密相关的。

一是理论学习与实践运用高度统一。墨子亲领弟子从事各种工艺制作、科学实验活动，通过实验发现并创立了光学、力学、数学、几何学等理论，后著书传授，带领学生把理论知识运用到生活实践和军事实践中。职业教育要求学生走出校门后就能立即在各自的工作岗位上独当一面，这就要求重视实践操作技能的培养。学生应多到现场实习、操作实践。多练、多动手才能熟练地掌握技巧，培养更多既具有丰富的理论知识又有一定动手能力的社会所需要的真正人才。

二是注重学生创新能力的培养。学校要特别强调学生运用理论知识解决实际问题的能力，激发学生的主动创新精神、创新意识。重作重行，重作即重视学生创造能力的培养。墨子主张“古之善者则述之，今之善者则作之，欲善之益多也”（《耕柱》）。重行即重视实践，就是从实践中学习技术，总结经验，培养改造社会、推行政治主张的能力。

（3）使学生术业有专攻，筑牢文化根基。

现代工匠精神表现为甘于奉献的敬业精神、知行合一的实践精神、精益求精的制造精神、至善至美的创新精神。当代规矩意识、精益求精精神、职业自信欠缺，工匠精神缺失，根源是没有筑牢职业教育文化根基，这就需要建立支撑工匠精神的价值文化和制度文化。墨子思想是我国职业教育的重要文化根基，我们今天提倡的工匠精神应当从墨子那里汲取营养。弘扬工匠精神，是指让工匠精神渗入每件产品、每道工序，“差不多就行”的心态要不得，以工匠精神支撑企业家精神，支撑“制造强国”建设。

5. 新时代学生遵循的新规矩

《法仪》说：“天下从事者，不可以无法仪；无法仪而其事能成者，无有也。”法仪就是标准法度，而制定标准法度的目的是“校正”，是“不走偏”。小到一个人、一个家庭，大到一个城市、一个国家乃至整个世界，只有“不走偏”才能有序运行。所以，规矩立，人心正，社会自有秩序。就算是为了我们自己，也应该做一个守规矩、有底线的人。规矩意识是学校管理之根本，规则意识的培养有助于实现和谐。要想和谐，必须有规则。遵守交通规则，马路就显得宽敞；遵守家庭规则，家庭就会和睦；遵守保洁的规则，校园里就会干净整洁；遵守时间规则，就不会有迟到现象发生；遵守上课规则，学生就能和谐地学习；遵守宿舍规则，学生就能友好相处；遵守靠右行规则，校园里就不会有事故发生。

6. 新时代学生文化的新自信

文化是国家和民族独具的标识，也是国家和民族具有精神独立性的基础。要自信必须有文化，有文化才能自信。墨子是文化自信的楷模，他说："以其言非吾言者，是犹以卵投石也，尽天下之卵，其石犹是也，不可毁也。"（《贵义》）"天下无人，子墨子之言也犹在。"（《大取》）今天我们也应当有这种自豪感、自信心，勤奋学习，努力工作，使我国的科学技术走在世界前列。《光明日报》2016 年 8 月 16 日刊载文章《量子科学实验卫星取名"墨子"彰显文化自信》，潘建伟告诉记者：墨子在光学等领域有许多成就，在世界上最早系统地阐释了小孔成像理论，以及光是沿直线传播的，奠定了光通信、量子通信等理论的基础。以"墨子"命名第一颗量子卫星，可以激发国人的文化自信心，激励国人前进。新时代，学生学习墨子就是要沿着墨子的人生道路，遵循墨子的人生标准，了解墨子的性情道理，学习墨子的人生实践，做像墨子一样自信的人。新时代中小学培养学生高度文化自信的途径有以下几个。

（1）思想政治课是培养学生高度文化自信的主要渠道。马克思主义有助于帮助学生确立马克思主义文化理念；毛泽东思想和习近平新时代中国特色社会主义思想有助于帮助学生把握社会主义先进文化方向；中国现代史有助于帮助学生传承中国革命文化和爱国主义文化；思想道德修养与法律有助于帮助学生树立社会主义荣辱观和人生观。

（2）人文素质选修课是培养学生高度文化自信的必要途径，如开设中国优秀传统民间文化保护、中西文化对比等课程。

（3）开展丰富多彩的校园文化活动是培养学生高度文化自信的重要途径，如组建文化社团，举办校园文化节，举行传统文化知识竞赛等。

（4）参加校外文化实践活动是培养学生高度文化自信的重要环节，组织参观各地的博物馆、纪念馆、文化馆，组织参加城乡基层群众文化活动等。

（5）加强校园网络文化建设是培养学生高度文化自信的重要手段，如创建主题教育网站，举办有益的网络文化活动等。

加强学生文化自信的培养是当前教育教学现实的、必然的要求。新时代学生只有培养高度的文化自信，才能真正成为先进文化的承载者和引领者，才能肩负起中华民族伟大复兴的历史重任。

第三节　对新时代教育时机选择的启示

时间，泛指时刻的长短；时机，是适当的时刻和机会。时间和时机，我们既看不到，又无法触摸。我们对时间和时机，时而觉得漫长，度日如年，时而又觉得飞快。教育时机是外界环境、学生心理和教育课程等整个综合动态系统的最佳结合点。墨子认为，时间有一个起始点。他说："始，当时也。"（《经上》）也就是说，开始做事情要把握好时机。对学生施之以有效的教育，教育时机就像一条红线，贯穿于整个育人过程。

1. 新时代教育时机的丰富内涵

墨子是一个非常讲时效的人，对于时间，他有专门论述："久，弥异时也。"（《经上》）"久，古、今、旦、莫（暮）。"（《经说上》）可见墨子认为时间具有丰富的内涵。总结"适时施教"的实践，我们发现教育时机有以下特点。

（1）教育时机是一个综合体。

教育时机是伴随着教育的外界环境、学生的心理状况、课程是否适合学生出现的。我们都有这样的感觉：学生对学习产生极大兴趣的时候，往往是教学的环境适宜、教师的方法适当、学习的教材适合等和谐一致的时候。教育时机只有在教育教学因素达到最佳结合时才会出现。

（2）教育时机是公平的。

教育时机在任何情况下既不会固然存在，也不会自然减少。

（3）教育时机是不可收藏的。

教育时机不像文物、艺术品、金钱那样可以收藏。不论你是否愿意，不管你多么有能力，时机一旦失去就无法挽回。因此，对教育时机我们要努力把握。

（4）教育时机是不可替代的。

在实际生活中，水、煤等资源可以用另一种资源来代替，而教育时机是没有替代品的，是不能再生的。

2. 新时代教育时机的科学观念

墨子有着科学的时间观，他的时间观同时也是人文的。时间虽然不是生命本身，但是生命的长度则是人拥有时间的长度。所以，“时间就是生命”并不完全是一个比喻。“时间是组成生命的材料”也不完全是文学性的描写，从某种层面讲，它就是事实本身，我们应当珍惜时间。墨子说：“人之生乎地上之无几何也，譬之犹驷驰而过隙也。”（《兼爱下》）

（1）教师的时机观。

“来而不可失者，时也，蹈而不可失者，机也。”（苏轼《代侯公说项羽辞》）意思是来到了就不可丧失的是时间，遇到了就不可错失的是机会。说明时间宝贵，机不可失，多用来告诫人们抓住机会以成就事业。这是说明时机的重要性。

（2）教师的时代观。

墨子有着明确的时代观，春秋战国时期，诸侯争霸，黎民百姓处于水深火热之中，墨子适时提出“兼爱、非攻”主张。墨子思想的横空出世，充分反映了墨子“兴天下之利，除天下之害”（《兼爱下》）的“济民救世”目的。当今时代是一个变革快速、节奏快的新时代，作为教师稍有懈怠就会落伍。教师要站在时代的高度来规划自己的工作，使自己的工作和时代同步，和时代要求相一致。要想做到这一点就必须不断学习，开阔视野，了解国内外教育的最新动态，明晓国家对教育的要求，知道本地区的教育发展状况，清楚本学校改革的步骤，提高自己站在教育之外审视教育的能力。

（3）教师的时机价值感。

时机价值感是指教师对教育时机的功能和价值稳定的态度和观念，包括时机对教师个人的生存与发展以及对社会存在与发展意义的稳定态度和观念，它通常是充满人情味的，从而促使教师向着既定的目标前进，对教师驾驭时机具有导向和推动作用。在这方面，墨子十分清楚时机的价值，《公输》记载：楚国将要攻宋，墨子“裂裳裹足，行十日十夜”，前往制止，就是为了让宋国及时避免祸患。教师在自己的工作中要精心教育指导学生，耐心为学生的发展服务，这是教师从事教育的基础，也是教育的价值之一。

（4）教师的时机效率观。

经济学上有关于效率的公式：效率＝价值÷时间。这个公式告诉我们：创造的价值无限大，如果用无限的时间去除，效率就无限小，时机运用要讲究效率。我们应在育人过程中树立时机效率观，以最少的时间来取得教育学生的最好效果。

3. 新时代教育时机的育人作用

（1）适时恰当解决问题。

在育人过程中，教师总是要面对学生的一些具体问题。在什么时候进行教育，是问题得以解决的重要原因之一。心理学的原理告诉我们：人的中枢神经活动有两个过程，即兴奋过程和抑制过程，这两个过程是随着时间、环境的变化交错进行的。合理选择时机，把教育工作做在学生的兴奋过程中，就能收到事半功倍的效果，反之，会使需要教育的问题变得更加复杂。

（2）适时施教提高效率。

心理学研究表明，人对知识的接受程度是以其对知识的兴趣强弱为前提的。学生对教师的教育教学产生浓厚兴趣，对知识的需求产生迫切愿望，学生在教育中接受的道理就越多，各项素质的提高就越快。而学生的兴趣、需求，就是他们求知欲望的“振奋点”，作为教育时机应及时抓住，就能收到理想的效果。我们经常听到有些教师埋怨学生不接受他们的教育，我们认为出现这个问题的主要原因是教育时机选择不当。

（3）超前教育减少失误。

墨子看到耕柱有骄傲的苗头，就抓住时机，提前教育使耕柱及早警醒，收到了很好的效果。教育的根本任务是提高学生的思想觉悟，激发学生的进取心、上进心，使学生保持正确的行动方向。青少年时期是学生长身体、学知识阶段，他们求知欲强，很多事情都想尝试尝试，为了减少他们行动的失误，教师要抓准时机，将问题解决在萌芽状态。

4. 新时代教育时机的有效把握

教育时机在日常教学中有很多，比如当学生做错了事的时候他们在事实面前产生一种痛悔心理，往往比平时更易于认识接受教育，这便是良好的施教时机。在育人过程中，教师要审时度势，把握教育时机。

（1）积极争取教育时机。

教师的教育教学工作是要抢时机的。例如，高中学生高一、高二贪玩，事情也多，但到了高三懂事了，学习也认真起来。但是当有些学生明白过来的时候，发现已经来不及了，他们以前的基础太差，而马上就要面临高考，再想努力但时间已经不够了。教师如果能够充分认识到这个规律，就会事前做好充分的准备，让学生在没有明白之前在学习上尽量能够跟上，并且在高三来临之前就注意做学生的思想工作，使学生在醒悟之后仍然有充足的时间把功课赶上。

（2）耐心等待教育时机。

教师都有这样的体会，同样的话语，不同的时间、不同的场合说效果是不一样的。教师平时苦口婆心劝告，学生根本听不进去，等到学生自己吃到苦头教师再去劝告他便会听进去了。因此，教师要等待这样的机会，一旦有了这样的机会，就不能放过。表扬、批评学生，都有一个最佳时机。学生正骄傲时，不要表扬他；等到他信心失落时，教师的表扬就显得珍贵了。学生有情绪时，不要批评他，等到他冷静下来认识到自己错误的时候，再严厉的批评他也能听进去。特别是对后进学生做工作时，教师尤其要有耐心。学生的成长过程不是均衡、平稳的，而是跳跃式的，有一个量变到质变的过程。教师要学会等待，量变到一定程度会使学生产生质的提高。

（3）充分利用教育时机。

学生在每天的生活、学习中会有大量的事情发生，其中有些事情教师如果好好利用，便是非常好的教育时机。如学校召开运动会，全班都参与了，这就是一个很好的集体主义精神的教育时机，教师可以给运动员打气，组织女生啦啦队加油鼓劲，组织没有比赛任务的学生端茶送水，让他们也参与到集体活动中来。

（4）想方设法创造时机。

在育人过程中，当有些工作很紧迫必须马上做而又没有合适的教育时机时，教师要想方设法创造教育时机。创造时机，重要的是创设完成目标的条件。如教师在做学生的思想工作而学生思想有顾虑或因其他种种原因不愿配合时，教师不宜开门见山，而要闲聊一些其他话题以拉近师生之间的距离，等到学生的戒备心消除了、情绪缓和了、师生感情融洽了，再慢慢进入主题，就会取得极好的效果。这同在教学中创设适合教学目的的情境教学一样，学生在适当的情境中能轻易地实现我们的教学目标。

5．新时代教育时机的最佳时机

（1）学生进入新学校之时。

此时学生来到一个新的环境，新的学校、新的教师、新的同学、新的课程……他们会萌发向上心理。可抓住这个最佳时机进行教育。

（2）学生迎来新学年、新学期之际。

这给学生带来了新的希望、新的时机。他们希望把新学年、新学期作为努力改变自己的面貌或向新的高度进军的开端。这时对学生进行发扬成绩、纠正不足、相互了解的教育，学生会比平时更容易接受。

（3）学生受到褒奖，取得好成绩之际。

此时学生会产生两种心理：感受到自己的价值，获得一种暂时的满足；感受到自己的不足，产生提高自己的要求，并同时也产生在其他方面也能取得成功的要求。教师应抓住这一时机，因势利导，循循善诱，提高学生的自我意识，促使他们取得新的成绩。

（4）学生参加有意义的活动之后。

如阅读有教育意义的书籍、文章，观看电影、戏剧，听有教育意义的报告，参加有意义的活动等，都会对学生提高道德认识起到潜移默化的作用，使学生积极向上。教师应抓住这些时机，使学生的热情变成持久的自觉行动。

（5）学生感到失落、受到刺激的时候。

学生偶然做错事，自尊心受到伤害，遇到不幸时。教师应不失时机地去亲近、鼓励他们，给他们指明进步的方向，帮助他们排除生活学习中的困难，送上集体的温暖，为之驱散苦恼。这时他们会感到自己并没被遗忘、被冷落，从而产生向上的动力。

（6）学生某种不良思想萌生之时。

当学生的某种错误刚露端倪之时，是及早解决的好时机。教师要善于察言观色，洞察入微，留心学生的言行变化并及时发现学生的反常行为。通过多种方式与行之有效的教育，提高学生的思想境界。

（7）学生身边出现偶像时。

学生常以心中的偶像为榜样，并且对榜样有强烈的模仿性，教师应时刻挖掘和寻找现实生活中的先进人物作为学生的榜样，并以榜样事迹为载体，对学生进行人生观、道德观、价值观教育。

（8）学生身上出现闪光点的时候。

教师要及时抓住并予以鼓励，扬其所长，使之得到充分发挥，增强学生的自信心。

（9）学生失败的时候。

教师应不失时机地帮助学生分析失败的原因，采取相应的措施，使他们振作精神，树立信心。

（10）学生对某件事发生强烈兴趣的时候。

教师应根据学生的喜好，因势利导，积极鼓励他们自觉地去探索，主动地去创新。

（11）学生过节日、纪念日之际。

发挥学生参加活动的主动性、积极性，调动学生接受教育的自觉性，以取得良好的教育效果。

（12）有学生早恋时。

教师要通过正当的教育把学生引向健康的发展方向。

（13）有的学生情绪不能自控时。

教师一定善于调节，让学生与学生之间或学生与教师之间的矛盾始终在健康向上的气氛中得以解决，这样冲突也会具有一定的教育价值。

第四节　对新时代教育环境营造的启示

凡读过《所染》的人，都会有这样的感觉：染丝之变，墨悲染丝。墨子提出人和环境的关系，人生活在社会中，容易受各种熏染，创造良好的教育环境可以使人健康快乐地成长。人的主要选择很多时候是受身边的人熏染，结果的好坏也与亲近之人有关。在育人工作中我们都有这样的体会：越是在学生面前，庄重的集体场合所强调的事情往往越会出错，而单独安排或小范围的布置往往不会出错。当教师单独和学生在一个幽雅的场所谈话，学生不会感到外界的压力，会感受到和教师独处的温馨，那么有错误的学生就会心生惭愧，有成绩的学生奋发之情会油然而生。根据"适时施教"的实践，营造有利于学生接受教育的环境对有效教育是至关重要的。

1. 新时代教育环境的育人作用

教育环境要紧扣时代主旋律——改革，促使学校办学水平迅速提高、教育质量稳步上升。教育环境有以下几个方面的作用。

（1）有利于增强师生对学校的归属感。

师生积极争取为学校多做贡献，整体的学习和工作积极性高。经教师精心辅导，学生在国际、国内各级各类比赛中捷报频传，使过去默默无闻、名不见经传的学校在电视、报纸、杂志上频频亮相，让更多的人情系学校。让校外人以能成为学校的人为幸，校内人以自己是学校的人为荣，离校的人以自己曾在这里工作而感到自豪。

（2）有利于营造良好的组织氛围。

学校环境作为一种组织文化，有益于形成奋发向上的氛围。因此，学校环境建设能增强学校行政管理组织的活动机能，学校领导班子团结协作、事业心强，并且有较强的改革神经和较流畅的改革思路。

（3）有利于提高师生的人文素质。

校风是以学生的意识、教师的意识及校长的意识来衡量的。经过学校环境的教育，学生对知书达礼的认知水平会有所提高，行为规范和思辨能力的水平会有所上升，学校师生整体人文素质会有所提高。

2. 新时代教育环境的育人结构

（1）环境的结构。

一是师生双向的教育活动，互相尊重、互相学习、互相激励的人际关系。

二是师生创造的文化成果，学科、科技、艺术、体育、精神的。

三是校园文化环境氛围，绿化、美化、净化、知识化的物质环境和设施，以及丰富多彩的文化活动。

四是校园的文化思潮，显性的文化思潮、倾向、文化热点以及文化交流的传播形式。

（2）环境的组成。

一是物质环境。融入教育的内涵，教育艺术在于不仅要使人的关心、教师的榜样和言语以及集体精心保护的种种传统能教育人。用学生自己创造的情境，用丰富集体生活的正能量进行教育。

二是文化制度。依据合乎人情的原则，建立校园生活方方面面的行为规范，创设教育情境，引导学生提高认知水平，进行文明行为规范的教育和训练。

三是人际环境。学校的人际关系包括教师与学生的关系、教师与教师的关系、学生与学生的关系、学校领导与学生的关系等。其中，与教育成败关联最大的是师生关系。只有师生关系和谐，学生才会亲其师、信其道，才会朝着教师期望的方向发展。

四是文化传统。建设学校的文化传统：确立师生自己的节日，设计学校的形象，设计学校的校旗、校徽、校服、校歌、校报，实行环境民主管理制度，建立学生校长助理制、学生值周制、班级学生自治制等。

3. 新时代教育环境的育人文化

（1）学校的文化功能。

学校文化对完成培养目标起着至关重要的作用，这种作用包括文化功能中的教育、凝聚、塑造、娱乐功能。学校文化的教育功能有两种。

一种是有形的学校文化。具有多种形态，如建筑布局和建筑设计、场地布局和场地设计、学校场所的布局与设计等，都是文化的物化，都会对学生产生难以估量的影响。

另一种是无形的学校文化。也有多种形态，如人的精神面貌、行为风貌以及各种具有约束力的法规化的要求、规章制度。

（2）学校的两级文化。

一是校级文化。校级文化是比班级文化形态要高的文化，起着更大的导向和环境教育的作用。要体现在“两个走出”（走出“应试教育”的怪圈，走出高原现象）、“三个走向”（走向全国、走向世界、走向未来）上。

二是班级文化。班级文化是由班级师生共建的文化，包括物质文化（学具、教具、教室的设施）、物化（窗报、墙报、作品、作业展览）的文化（媒体和媒体传播的）和精神状态的文化（班风和人际关系）。班级文化是特别活跃的文化，因为它由学生参加、学生享有、学生建设。

（3）学校文化的要求。

学校文化从其稳定程度来说存在两种。一是稳定的学校文化。一般3～5年变动一下。二是流动的班级文化。第一，一般学校采取教室一年一换的方式。小学是随着年级的升高，楼层逐年上升；中学是随着年级的升高，楼层逐年下降。教室的文化建设要每年进行一次，让学生有新鲜感。第二，展示学生个人的进步。及时反映新的信息和班级活动的记录，班级文化不仅应该多样，而且应该富于变化。

（4）学校文化建设的实践。

一是校风建设——高标准。即追求高标准、追求全面，人人奋发向上，学术氛围浓厚，师生心向一致，学校美名远播。“育感恩之情，养儒雅之气”和“教育要面向现代化、面向世界、面向未来”，应是建设新时代学校的指导思想和基调。这里规定了建设新型学校的标准——现代化；空间比较面——世界；时间比较尺度——未来。

二是制度建设——成规范。建立一所新型学校，必须建立一套完整的学校制度，涵盖学校的方方面面，其核心是对教师、学生的激励机制。

三是庆典纪念——搞活动。开展各种纪念和庆祝活动，开展各种教育、竞赛活动，开展各种娱乐、体育活动。

(5) 物质建设的教育化。

学校建设的核心是改变校园文化观，把学校的一切建设都纳入文化建设的视野。

一是建设绿色教室。创设在比较自然的情境中上课学习的环境（提倡多样化)。

二是真正让每一个墙面“讲话”(用学生的作品)。

三是设计雕塑性的纪念物。

四是着力解决难点问题。如洗手间的现代化、餐厅的美化、师生服饰的教育化和职业化。

五是信息化建设。对内对外搞好宣传、交流，出报（黑板报、窗报、壁报、校报)，办刊，建站（广播、电视)，上网（建网站、设网页、出专辑)。

4. 新时代教育环境的育人教室

教室是学生学习的场所，师生共处一堂，在融洽和谐的气氛里教学，这有利于发挥学生的主体作用，发挥教师的主导作用，发挥班集体的陶冶作用。

(1) 教室的任务。

教室是教育因素容量最大、功能最全、最可控、最有效的教育空间。

一是组织学生学习知识，使学生形成基本的技能是课堂教学的第一要务，是完成教学任务的基础和前提。

二是鼓励学生全面发展，培养学生的创新精神和实践能力。

三是培养学生健全的品格，提高分辨是非、善恶、美丑的能力。

四是分层走班教学。学生根据自己现有的知识基础以及对学科的学习能力和兴趣，自主选择不同层次的教学班，同一科目同时开展教学活动，学生分别去相应层次班级上课。教师根据学生的层次重新组织教学内容，确定与其基础相适应又可实现的教学目标，这样就降低了学困生的学习难度，满足了学优生扩大知识面的需求。

(2) 教室的物质环境。

一是改变教室中课桌椅的摆法。新型的摆法有环形、扇形，这两种座位排列法有助于学生小组成员之间相互交流。特别是环形排列法比传统的“秧田式”更能鼓励学生主动发言。教师也可以让学生自己重新排列课桌椅，以符合新时代课堂教学的要求。教室中桌椅的新摆法实际上传递着这样的信息：学生是重要的，教学是以学生和学习为重心的，旨在创造一种合作的氛围和环境。

二是营造积极向上的气氛。必须注意四点：教师的主导性，教师是组织者，起主导作用；教学的艺术性，教师机智地根据学生特点和接受能力把枯燥的知识艺术地、有趣味地传授给学生；知识的难易度，让不同的学生都有收获；优雅环境的影响，教室的环境对学生具有很大的影响。

三是所有教学材料师生共享，让学生在使用中亲历教学过程。

(3) 教室的人文环境。

一是建立新的教学制度，对束缚学生自主精神发挥的有关课堂规定加以修订，对抑制学生个体发展的统一要求加以改革，将不利于形成学生健康心理的管理方法加以改进。

二是形成民主、平等的师生关系，要让每个学生都能从教师身上感受到自己的权利、灵感和积极性、主动性受到尊重。教师在培养学生的自主学习能力和创新能力的同时，也要发展和提升学生的探究能力，真正实现教学相长。

三是净化语言环境，教师的语言使用普通话，要使用民主、平等、关怀、热爱的教学用语。

(4) 教室的新旧比较。

	传统的教室	新时代的教室
教师与学生的位置：	以教师为中心	以学生为中心
学生发展的关注范围：	单方面发展	多方面发展
学生的学习方式：	独立学习	“主动、探究、合作”学习
学生的学习类型：	接受学习	探究学习
学生的学习反应：	被动反应	有计划地行动
学习活动的内容：	基于事实知识的学习	基于选择、决策的学习
教学的背景：	孤立的人工背景	现实生活中的背景
教学媒体的使用：	单一媒体	运用多媒体
信息传递方面：	单向传递	多向传递

通过比较，我们就可以看出，传统的教室死板、沉寂，缺少生机，学生补课多；新时代的教室活跃、活泼，充满生机，学生自由时空多。

6. 新时代教育环境的育人氛围

（1）精心布置学校环境，努力营造文化氛围。

营造健康优美的校园文化环境，从净化、绿化、美化入手整治校容校貌，创建文化设施，使学生随时随地受到感染与熏陶；树立良好的校风、班风、学风，重视发挥教师的模范作用，影响学生的思想品德塑造。

（2）运用学校文化载体，积极开展文化活动。

开展丰富多彩的文艺、体育活动，坚持每年一届艺术节、运动会，全校师生全员参与；利用课余时间开展文艺、体育竞赛活动；抓好系列主题活动，结合重大事件、节假日，开展形式多样、生动活泼的主题系列活动，激发学生的想象力和创造力，促进学生素质全面提高；开展健康有益的课外文化活动，如成立课外活动小组，丰富课余文化，开展寝室文化建设活动；抓好日常行为规范教育，根据不同年龄段学生的实际，对日常行为规范进行细化，制定具体实施方案，分阶段、分层次加以落实；积极开展心理健康教育，向学生讲授心理健康知识，培养学生良好的心理素质和自我保护能力；加强法治教育，通过法治教育专题讲座等多渠道帮教，防微杜渐，最大限度地减少学生在校期间违纪违法行为，不断增强学生的法律意识和法治观念。

（3）加强学校文化管理，渗透思想道德教育。

建立健全校园文化管理制度，加强对学生学习、生活、宿舍、食堂等的管理；健全学校德育工作制度，实行学生常规管理，完善班级管理制度；通过成立学生会、设立红领巾文明监督岗等形式，增强学生自我教育、自我管理、自我服务、自我约束的能力，从而养成学生自觉遵规守纪的良好意识；明令禁止学生进入营业性电子游戏厅、舞厅等娱乐场所，杜绝学生带手机进课堂、进校园，防御、抵制灰色文化的侵扰。

第五节　对新时代道德教育工作的启示

墨子对道德教育极为重视，《修身》一文专门论述了品行修养与君子人格问题，强调品行是为人治国的根本，君子必须以品德修养为重。墨子把修身看作道德完善的基础，认为这是成就完美人生的途径。道德德育是学生幸福成长的根基，是对学生施行正确的、有目的和有系统的感化教育，是在学生身上养成国家和人民所希望的品质。要落实“立德树人”的根本任务，必须借鉴墨子的思想；要跟上时代步伐，必须学习墨子的创新思想。2017 年 8 月 17 日，国家颁布的《中小学德育工作指南》指出，中小学德育的五项主要内容是理想信念教育、社会主义核心价值观教育、中华优秀传统文化教育、生态文明教育和心理健康教育。

1. 新时代道德教育工作的理想信念教育

理想信念是一个人的世界观、人生观和价值观的集中体现。崇高的理想信念是人生的支柱和前进的灯塔。确立崇高的理想信念，就有了正确的方向和强大的精神支柱，就会“贫则见廉，富则见义，生则见爱，死则见哀”（《修身》），就能抵御各种腐朽思想的侵蚀。墨子说：“事无始终，无务多业；举物而暗，无务博闻。”（《修身》）意思是：做事有始无终，就不要去做更多的事情；做一件事情都糊里糊涂，就不能做到博学多闻。古往今来，人们把立志视为成功的第一阶梯。人是要有一点精神的，就是说人要有理想信念。坚定理想信念，重要的就是坚持用客观的立场、观点、方法来认识世界，认识人类社会发展的客观规律；坚定理想信念，必须与求真务实紧密结合起来，立足于现实，切实完成工作有贡献、清廉不变质两大历史使命；坚定理想信念，要从自己做起，从现在做起。

（1）理想信念教育是培养学生的根本问题。

理想信念教育关乎培养什么人、怎样培养人、为谁培养人这一教育工作的根本性问题。放眼古今中外，每个国家都是按照自己的政治要求来培养人。

（2）理想信念教育是培养学生的方向指南。

理想信念教育对学生而言，恰似阳光之于万物，绝不是可有可无的，更不能随意裁量。学生处在价值观形成的关键阶段，知识体系尚未完成，价值观塑造尚未成形，若是第一颗扣子扣错了，剩余的扣子都会扣错。能不能正确看待小我梦想和大我情怀，能不能正确认识中国大势和世界潮流，能不能正确处理个人奋斗和国家需要的关系，无不系之于理想信念的“总开关”。浇花浇根，育人育心。建设教育强国不能脱离立德铸魂，办好人民满意的教育亦需要塑造有理想、有信念、能奋斗、敢担当的时代新人。

（3）理想信念教育是培养学生的精神钙片。

现在的学生生活在和平环境之下，没有遭受过民族生死存亡的苦难，没有经历过血与火的考验，人生阅历相对有限，信念不够坚定。如果不加以正确引导和长期教育，学生就难以树立正确的理想信念，甚至可能走偏。从“分数满当当、脑袋空荡荡”的信仰空虚，到“90后遭遇‘中年危机’”的精神早衰，再到“长着中国脸，不是中国心，没有中国情，缺少中国味”的基因蜕变，虽然只是少数现象，但理想信念弱化、软化的问题值得重视。

（4）理想信念教育能让学生灵魂挺拔。

教育学生擦亮年轻的眼睛、点燃奋斗的火炬，从国家历史、现实成就、国际比较中汲取真理和道义的力量。读一读近代史、革命史，就能从历史逻辑中发现走社会主义道路“历史的选择、人民的选择”；看一看40多年翻天覆地的变化，就能从现实逻辑中把脉中国梦的大势所趋、人民对美好生活的热切企盼。只有这样理想信念教育才能入脑入心、滋心润魂，真正激荡起塑造挺拔灵魂的伟力。

2. 新时代道德教育工作的核心价值观教育

墨子思想作为中华民族优秀传统文化的重要组成部分，是涵养和培育社会主义核心价值观的重要源泉。“富强、民主、文明、和谐”是社会主义核心价值观基本理念的凝结。墨子思想的核心内容与社会主义核心价值观高度契合，可以深入理解与贯穿社会主义核心价值观。

(1) 用“兼爱”思想进行和谐教育。

“兼爱”思想是墨子提出的救世之法。墨子主张：“视人之国若视其国，视人之家若视其家，视人之身若视其身……天下之人皆相爱，强不执弱，众不劫寡，富不侮贫，贵不傲贱，诈不欺愚。凡天下祸篡怨恨，可使毋起者，以相爱生也，是以仁者誉之。”（《兼爱中》）墨子主张以“兼爱”实现社会由乱到治。墨子的“平等之爱”思想，在更加强调个人权利和“以人为本”的今天更能发挥作用。墨子的“兼爱”思想与我国要建立和谐社会的目标不谋而合，是超越时代的社会和谐观。“兼爱”不以牺牲“利”和他人为条件，而是为了“互利”，把国家间关系建设成相互尊重、互利共赢的合作伙伴关系，这使得“兼爱”思想更容易被接受与付诸实践，从而发挥化解冲突、稳定社会的作用。

(2) 用“非攻”思想进行文明教育。

墨子的“非攻”思想是中华民族爱好和平的思想源泉。墨子反对一切侵略战争，并在其学说中凸显关心民生与反战的观点。中国是文明古国，有着爱好和平和反侵略的优良传统。学生的文明素质是指以思想修养为灵魂、以文化修养为基础的一种高尚品格，是综合素质的核心。学校必须有针对性地采取一系列措施，提高学生素质特别是文明素质。良好的校园物质文化环境对提高学生的知识水平、思想素质，熏陶情感，启迪智慧等具有深刻、直观的教育意义。文明教育要着眼于弘扬爱国主义教育的主旋律，学校要始终以爱国主义教育为主线，有计划、有步骤地开展系列活动；要着眼于创新发展，根据地区、学校特点开展丰富多彩的活动；要着眼于依法治校，将依法治校和校园精神文明建设相结合，将各项教育政策、法律、法规通过各项规章制度和内部管理渗透到学校工作的方方面面。

(3) 用“义利”思想进行富民强国教育。

墨子的思想产生于“礼崩乐坏”的春秋战国时期，墨子为了挽救纷乱的社会秩序，提出了尚“利”贵“义”的价值观，认为义是实现利的手段，而利才是最终目的，只有通过义才能获得利，达到义、利的统一。墨子讲究“义利并重”，并不否认利的重要性，认为义、利并不矛盾，可以互相促进。墨子认为利是目的，而义是利的手段。墨子讲的利不是个人之私利，而是“天下之大利”。墨子的义利观并没有陷入唯利是图的泥潭，而是建立了一种以义为驱动进行利的导向的模式。墨子认为只有符合“天下人民之利”，而不是一己私利的行为和原则才是“义”，从这一点看，墨子认为义、利是统一的。墨子鼓励百姓积极地去追求利，而把“万民之利”作为自己逐利行为的最低要求。“富民强国”具有指标性与目的性两大特征，是社会主义核心价值观中的价值衡量与体现。要实现经济可持续性发展，必须使个人利益服从于社会公益，进而最大限度地提高经济效率，保障经济健康发展。要实现社会主义核心价值中的“富民强国”，就必须维护公众的整体利益，从而使社会平等、社会和谐。由此可见，墨子的义利并举、义利统一的思想，在目前民众重利思想普遍的大环境下可以成为向民众宣传维护社会公利的切入点，从而使公众更容易接受和受到感召，提高公众维护公益的道德水准与意识，维护社会整体秩序，最终实现富民强国。

3. 新时代道德教育工作的传统文化教育

传承中华优秀传统文化，要弘扬跨越时空、超越国界、富有永恒魅力、具有当代价值的文化精神，需要深入挖掘和阐发墨家思想。墨家思想是中华民族传统文化中富有科学和人文精神的优秀文化遗产，蕴含着“施诸四海而皆准，行诸百世而不悖”（胡适《中国哲学史大纲》第四章）的普遍真理，由于墨家思想符合当代社会发展的需要，所以具有重要的世界意义和当代价值。墨子的先进思想、科学理念在新时代德育工作的传统文化教育中值得弘扬和继承的内容有以下几个方面。

（1）规制的“贤良之士”标准。

墨子认为，要建立和谐社会，根本在于治国。必须把有德行、有才能的“贤良之士”选拔到各级领导岗位上。“贤良之士”的标准是：“厚乎德行，辩乎言谈，博乎道术。”（《尚贤》）也就是说，道德高尚、睿智善辩、博学多才的人是国之珍宝和栋梁之材。墨子的这个标准和国家“培养德、智、体等方面全面发展的社会主义事业的建设者和接班人”的教育方针相一致。

（2）提出的“和谐社会”主张。

建立和谐稳定的社会，一直是中国人的追求和梦想。墨子提出“尚同”思想，即“上下一致、行动统一、和谐有序”。国家如果思想不一致，就会互相矛盾。墨子强调：“上之所是必皆是之，上之所非必皆非之。上有过则规谏之，下有善则访荐之……”（《尚同上》）也就是上级正确必须服从，上级有错必须提出建议，下边有好的经验，必须积极推广，从而达到上下一致、和谐统一。

（3）高擎的“非攻”反战大旗。

墨子认为：建立和谐社会，战争是最大的障碍。所以，他高举“非攻”反战大旗。针对当时天下诸侯相互攻伐的局面，墨子主张“非攻”而不废除“征诛”，明确地把侵略——非正义的“攻伐”和为民除害——正义的“征诛”区分开来。墨子的“兼爱”“非攻”思想与“和平与发展”的时代主题也不谋而合。

（4）倡导的勤俭节约主张。

墨子“非乐”，是反对统治者的淫乐活动。墨子认为，淫乐活动会加重平民百姓的负担。统治者制作乐器，“厚措敛乎万民”，演奏乐器需大批青年男女，这不仅影响生产，还要供给他们美衣美食，“夺民衣食之财”。“节用”“节葬”是墨子借“天志”的名义要求统治者仿效古代“圣王”“利人乎即为，不利人乎即止”（《非乐上》）。墨子提倡的“节用”并不是纯粹的节衣缩食，而是与增加生产、发展经济相结合。墨子注重“强本”和主张“节葬”“节用”是对统治者恶俗的有力批判。统治者厚葬久丧、“食必粱肉，衣必文绣”必会使“国家必贫，人民必寡，刑政必乱”（《非葬下》）。因此，墨子的勤俭节约主张即使在今天仍不过时。

（5）科学的知识来源渠道。

墨子创立的哲学理论是科学的。墨子将知识按其来源分为三类：“闻知、说知、亲知”。

“闻知”又分为传闻和亲闻，但不管是传闻还是亲闻，在墨子看来都不应简单接受，必须消化并融会贯通，使之成为自己的知识。因此，他强调要“循所闻而得其义”（《经上》），即在听闻、接受之后，加以思索、考察，以他人的知识为基础，进而继承和发扬。

“说知”包含推论、考察的意思，指由推论得到的知识。他特别强调“闻所不知若已知，则两知之”（《经下》），即由已知的知识去推知未知的知识。如圆可用圆规画出，推知所有的圆都可用圆规度量。由此可见，墨子的“闻知”和“说知”不是消极简单地承受，而是蕴含着积极的进取精神。

“亲知”是自身亲历所得到的知识。他把“亲知”的过程分为“虑、接、明”三个步骤。“虑”是人的认识能力求知的状态，即生心动念之始，以心趣境，有所求索。但仅仅思虑却未必能得到知识，譬如张眼睨视外物，未必能认识到外物的真象。因而要“接”知，让眼、耳、鼻、舌、身等感觉器官去与外物接触，以感知外物的外部性质和形状。而“接”知得到的仍然是很不完全的知识，它所得到的只能是事物的表面知识，而且有些事物如时间是感官所不能感受到的。因此，人由感官得到的知识还是初步的、不完全的，还必须把获得的知识加以综合、整理、分析和推论，方能达到“明”知的境界。

（6）奠基的中国逻辑思维。

墨子是中国逻辑学的奠基者，他认为，人们运用思维，认识现实，做出的判断无非“同”或“异”、“是”或“非”。由这一思维法则出发，墨子指出：“摹略万物之然，论求群言之比。以名举实，以辞抒意，以说出故。以类取，以类予。”（《小取》）意思是，思维的目的是要探求客观事物间的必然联系，探求反映这种必然联系的形式，并用“名”“辞”“说”表达出来。此外，墨子还总结出了假言、直言、选言、演绎、归纳等多种推理方法，墨子的辩学由此形成系统分明的体系，在古代世界独树一帜，与古希腊的逻辑学、古印度的因明（逻辑学）并立。

（7）独创的科技发明思想。

墨子重视科学研究和技术应用，其创新发明和科技思想在当时独领风骚。英国著名学者李约瑟在《中国科学技术史》中这样评价墨家的科学技术成就：“完全信赖人类理性的墨家，明确奠定了在亚洲可以成为自然科学的基本概念的东西。”墨子兼具经验家、技术家、工匠和科学理论家的素质和品格，是手工机械制造的能手，会造车，善造守城器械，熟悉生产技术工艺，有着丰富的科学技术知识。《公输》记载，公输盘在与墨子两国交兵的推演中一败涂地。墨子在数学、力学、光学、化学、机械学等方面的发现，在中国科学技术史上写下了光辉的一页。

胡适在《中国哲学史大纲》中说："墨家论知识，注重经验，注重推论。看《墨辩》中论光学和力学的诸条，可见墨家学者真能做许多实验。这是真正的科学精神，是墨学的贡献。"历史学家杨向奎称："中国古代墨家的科技成就等于或超过整个古代希腊。"

（8）践行的无私奉献精神。

墨子以其强烈的"济民救世"情怀，赴汤蹈火、不辞生死；为建立和谐社会不辞辛苦，为富国强兵积极发展生产，进行科学研究。孟子称颂墨子是一个"摩顶放踵，利天下为之"（《孟子·尽心上》）的利天下主义者。

4. 新时代道德教育工作的生态文明教育

生态文明是人类为保护和建设美好生态环境取得的物质、精神、制度成果的总和，反映了一个社会的文明水平。墨子倡导节俭，提倡适度消费、加强生产，以实用为消费原则，以发展生产来保证消费，以节用来保证消费的可持续。要建设好生态文明，必须改变不合理的消费观，构建生态消费观；要树立科学的消费观，克服工业文明的异化消费；要树立健康、科学、文明、合理的消费观，提倡适度消费、绿色消费和可持续消费。开展生态文明教育，教师是关键，课程是基础，学生是主体。加强生态文明教育，就是要加强节约教育和环境保护教育，开展大气、土地、水、粮食等资源的基本国情教育，开展节粮、节水、节电教育活动，推动实行垃圾分类，倡导绿色消费，引导学生树立尊重自然、顺应自然、保护自然的发展理念，养成勤俭节约、低碳环保、自觉劳动的生活习惯，形成健康文明的生活方式。

（1）生态教育进课堂要充分根据学生的年龄特点设置课程。

不同学段的学生对生态文明有着不同的认识，学校要根据学生的认知能力和接受习惯，推出不同的教育内容，让学生看得懂、听得进、记得住。比如，幼儿园孩子的学习课本可以以绘本的形式呈现，注重幼儿环保习惯的养成；小学低年级可注重用图片传授环保知识，高年级则图文并茂，强化学生的环保意识。总之，对不同年级的孩子循序渐进，教授不同的生态教育内容，更有利于生态文明意识入脑、入心，进而落实到生态文明行动中。

（2）生态教育进课堂要注重课本知识和实践知识相结合。

学以致用、知行合一，是生态文明教育的重要任务。学校要开展节约用水、用纸，拒绝一次性用品，垃圾分类等生态实践活动，有条件的地方可带领学生到垃圾处理厂、污水处理厂或生态环境破坏严重的地方听介绍、看现场，亲身感受生态保护的重要，坚定保护生态的决心，还可以到乡村、社区、工厂开展垃圾分类、节能减排、保护生态资源等公益宣传和实践活动，让学生从生态知识的学习者转变为生态知识传授者，成为生态文明建设的践行者、推广者。

（3）生态教育进课堂要建立考核机制。

老师要真教生态教育、学生要真学生态教育。生态文明建设是关系到经济社会可持续发展和人类生存的大事，与每一个人息息相关。因此，生态教育进课堂要切实增强责任意识，真抓实管。将生态文明课程纳入教学计划，并且在督导、考核中加大对学生生态文明素养的考核力度，这样能大大增强学校开展生态文明教育的责任感和主动性，使生态文明意识根植学生内心。

（4）生态教育进课堂必须常年坚持。

生态兴则文明兴，生态衰则文明衰。生态文明建设不是一朝一夕的事，而是一项长期性、复杂性和艰巨性的工作，学校要切实推动生态文明教育进课堂，在一代又一代人的接续奋斗中建设美丽中国，实现中华民族永续发展。从幼儿园到大学，从课堂教学到课外实践，从志愿讲解到生活点滴，师生个个做生态公民，将会唤起更多人践行环保的自觉意识。

5. 新时代道德教育工作的心理健康教育

心理健康教育是根据学生心理发展的规律和特点，运用心理学的教育方法和手段，培养学生良好的心理素质，促进学生整体素质全面提高的教育。中国的传统文化中有很多积极的内容都涉及心理健康。墨子主张与人交往，不论对方是君子还是贱人，均要“兼爱”，因为“爱人者，人必爱之，利人者，人必从而利之”（《兼爱中》）。这种交际理论，现在看来仍为人们所称道。墨子认为知识来源于直接或间接经验，来自“耳目之实”。墨子强调后天环境对人的发展的影响，“染于苍则苍，染于黄则黄，所入者变，其色亦变”（《所染》）。墨子主张“去六辟”，即“必去喜、去怒、去乐、去悲、去爱、去恶，而用仁义。手足口鼻耳目，从事于义，必为圣人”（《贵义》），认为它们伤德害性，必须坚决去除。学校要把传统文化中的积极因素与心理健康教育结合起来，利用学生熟悉的心理调节模式，改善学生的心理健康状况，这不仅有利于学生的心理健康发展，而且对提高我国人口的整体素质具有重要意义。加强心理健康教育，包括开展认识自我、尊重生命、自主学习、人际交往、情绪调适、升学择业、人生规划以及适应社会生活等方面的教育，引导学生增强调控心理、自主自助、应对挫折、适应环境的能力，培养学生健全的人格、积极的心态和良好的心理品质。

（1）以自强精神塑造健康人格。

自强不息、刚健有为是中国传统文化思想中优秀的精神内涵。自强可以立志，建立积极的人生观和价值观，消除消极、颓丧等不良心理。自强不息还可以使人勇于创新、敢于实践，具备挑战精神，克服自卑感，身心健康。自强不息是自信心建立的基础。只有自信才能使人克服退缩和畏惧心理，不妄自菲薄，在学习和生活中主动抵制因失败情绪而产生的压抑感，保持健康的心理状态。

（2）以自律和自省意识调控自我行为。

墨子是一个严于律己的人。传统文化思想中的自律和自省意识，强调的就是法治意识和纪律意识，要求公民遵纪守法，注重自我行为的学习，从而形成良好的社会环境。自我检查是进行自我检定、探究自我深层心理的有效思维方法。如果能用正确的道德规范反省自己，学习身边的优秀个体，进行积极的自我暗示，就能有效地预防各种心理问题。

（3）以宽容心态建立和谐人际关系。

人际关系是人在面对面的交往过程中形成的，个体可切实感受到它的存在。在人际交往心理形成的关键时期，人际关系一经建立，一定会被个体直接体验到。如果在心理上距离趋近，个体会感到心情舒畅，相反，如果有矛盾和冲突，则会感到孤立，变得抑郁。美国学者舒茨（W. Schutz）曾以人际需要为主线，提出了人际关系的三维理论。三维理论认为，社会个体都有三种基本的人际需要：包容需要、支配需要和感情需要。这三种需要中，最基础的是包容需要。也就是说，与他人接触、交往、相容是人最基本的需要。对于强调个性的现代人来说，交往中的包容心理就显得尤为重要。

（4）让学科渗透成为心理健康教育的最佳途径。

学科渗透是在各学科的基础课程中开发心理健康教育资源，使学生充分认识到自己的学识和心理，从而达到教书和育人的统一。在各门学科课程中，合理挖掘课程蕴含的心理健康教育资源，并由长期处于教育一线、能更多接触学生的学科教师适度灵活地开展融合性教育。学科渗透是学校教育最值得期待的一种模式。教师是学科渗透的前提，学科渗透的顺利进行，离不开各学科教师的直接支持与参与。每一位教师都应成为学生的心理辅导员。课程是学科渗透的关键，有实践表明，学科渗透最关键的是要对课程进行分析，找到学科中显性和隐性的心理健康教育因素，之后由教师结合授课学生的身心发展特点，潜移默化地进行心理健康教育，从而促进学生的发展和进步。

第六节　对新时代教育创新的启示

墨子在教育实践中创新了教育观念，改进了教育方法，拓宽了教育内容，适应了社会发展的需要，给中国的教育制度注入了生机和活力，培养了大批应用型复合人才，促成了中国古代学术发展的新局面。墨子教育思想多方面的创新建树，丰富了中国古代的教育思想，是中国教育思想的亮点，并产生了深远的影响。

1. 新时代学校教育观念的创新

学校要发展，教育观念的创新至关重要。只有不断开拓创新，学校才能更快、更好、更有效地发展，才能适应新时代对人才的需要。

（1）从知识中心转向促进学生的全面发展。

以育人为本，加强立德树人，现在的学生毫无疑问要学习很多学科，在学校花费大量时间，但是我们的教研过去都是以学科教研为中心，同一学科的老师应该坐在一起，以学生为中心进行教研。以人为中心的教研，将提升老师的育人能力，形成教育合力，产生巨大的新能量。

（2）由注重知识传授转向注重学生的能力发展。

墨子在生产实践的应用过程中，使自己的教育理论不断得到检验，得到完善，发明创造的科技成果涉及数学、光学、力学和军事学等方面。他深入探索杠杆原理并将其运用于实践，在民用、军事领域发挥了重要作用。《墨子》还记录了实验过程与实验分析，由此表明墨子在教学过程中采用了观察和实验相结合的方法。《墨子》中的一些研究成果在当时处于世界领先地位。墨子认为，技术的目的在于“利人”。《鲁问》中记载，面对公输盘精心制作的飞鹊，墨子认为技术旨在于满足人的需要，能够负重五十石的车轮比飞鹊更有价值，“故所为功，利于人谓之巧，不利于人谓之拙”。墨子的这些实践探索，对新时代的教育由注重知识传授转向注重学生的能力发展具有重要的借鉴意义。学校、教师要充分发挥学生的潜能，提高素质，发展能力，不仅要传授知识，更重要的是帮助学生形成良好的情操、品质和人格。

（3）由面向少数学生转向面向全体学生的全面发展。

尊重教育规律和学生身心发展规律，为每个学生提供适合的教育，是新时代教育改革的方向。由面向少数学生转向面向全体学生，摒弃教师为应试而教、学生为应试而学的现象，使每一个学生都能得到充分、全面发展。面向全体学生施教，最现实、最首要的是做到面向全体，以提高全体学生素质为目的。面向全体，不搞“一刀切”，要坚决贯彻因材施教、分类推进原则，在练习、互动、展示等主要教学活动中，运用一定的方法，实现全体学生素质的提高。教育者的责任是使每一个学生既获得学习成功的喜悦，又使其品格和智力得到充分发展。

（4）由注重教师教转向注重学生学的教学相长。

在墨子看来，弟子学习是为了行义，那么他的教也是为了行义。作为受教者必须“强学”，作为施教者就必须“强教”。“强学强教”是墨子对教、学两个方面提出的最基本要求。关于劝人“强学”，《公孟》记载：墨子劝他的一位弟子去学习，这位弟子以“吾族人无学者”为由来搪塞。墨子批评道：你的这种说法是不对的。一个人爱美，他并不会因自己的族人都不爱美而放弃自己对美的追求。一个人向往富贵，他并不会因自己的族人都不想富贵而放弃自己对富贵的追求。更何况学是一种义事，是天下最贵重的东西，因此你应当努力去学习才对，又何必去管别人怎么做。重视学生的学，要强化学生的主体地位，发挥学生主体的自主性、主动性、创造性。采用“教师教、学生学”的模式，重视学生的学，教会学生学会学习。教师要真正转变教育观念，改进教育教学方法，教学要采用启发式，吸引学生积极参与教学。要减轻学生课业负担，把时间还给学生，使他们有时间思考、有时间实践、有时间锻炼身体、有时间参加自己喜爱的科技或文艺活动，这样教育才能生动活泼，学生才能感受到教育带来的幸福感。

2. 新时代教育网络建设的创新

站在新时代新起点看，没有教育网络信息化，就没有教育现代化。学校教育需要正视新趋势和新变化，更新观念，转变思路，用新方法推进教育工作。

(1) 在联通上下功夫。

形成端端相连、开环融通的教育网络信息化系统，向着更广、更强的联通的方向发展，依靠互联网把教育教学的各要素、环节、主体、部门等连接起来。

一是推进各种端口的互联互通和平台间的开环对接。互联网的移动性和开放性为信息化教育教学带来了灵活性和变通性。要促进各种端口的全面联通，包括手机、平板、手环等典型的移动终端。坚持开放理念，以尽可能开放的方式联通各类教学平台，其中包括学校教学管理平台、教研师训与评估平台、同步课堂平台以及其他个性化教学应用平台等。

二是建设以支持常态信息化应用为目标的教育基础设施与装备并确保足够的带宽。

要拓展覆盖范围，通过光纤、无线、移动网络等形式，注重校内各区域之间、校与校之间、校内与校外之间以及区域与区域之间的网络连接。要提速增质，提前布局5G等下一代互联网与教育系统的对接，必需的同步课堂、专递课堂等常态化频繁运用，带宽要够用。促进各类教育资源和教学的融通。应从过去主要面向主课发展为全覆盖，特别要注重对立德树人以及德育资源和音体美资源建设，并探索专递与走教、远程与面授相结合的优质师资部署新模式。

(2) 在数据上做文章。

大数据是信息时代的新生事物，教育系统体量大、范围广，在数据应用方面存在巨大空间，依靠数据治理来推动教育教学改革和发展大有可为。

一是用大数据探索教育教学规律和学生成长规律。对于教学来说，教师可以通过数据来量化教学过程和状态，快速准确地发现学生的特点和问题，进行个性化教学。而教师则可以通过教育大数据审视教学活动的交互过程，发现教育新规律，用以指导教学和推动教育改革。对于学生成长来说，伴随式收集的多维数据有助于形成学生全方位的成长记录，为其生涯规划和建立多元评价体系提供数据支撑。

二是用大数据支撑精细管理和科学决策。大数据的应用可以有效减少教育管理中"拍脑袋"式的解决方案。数据的应用将有助于厘清教育业务条线逻辑，促进管办评分离，为放管服增效。

三是大数据的作用不容忽视。教师可以通过教育大数据预测学生的整体学习状况。教师的工作不再是简单的知识传授，而是使知识的输出形式多样化；将统一形式、集体化的教学转变为信息技术支持下的教学。教师在了解学生的认知能力和知识结构的前提下，对知识进行迁移、整合与传授。大数据技术可以在教育平台上跟踪和关注老师和学生的教学、学习过程，记录老师和学生的课堂表现以及课下行为的数字化痕迹，通过在教育活动中对微观行为的捕捉，为教育管理部门、学校、老师和家长提供最直接、客观、准确的教育结果评价。

(3) 在智能上求突破。

以人工智能为引领，回归教育教学的育人本质。人工智能正快速进入教育领域，既是教育改革的新工具，也是课程教学的新内容。人工智能将带来教学方式的革命性变革和对育人本质的实质性回归。对教学来说，平板进入普通学校已成常态，作业批改、错题记录等可重复性的工作将借助图像识别等高效完成，教师将从烦琐的低智能类的教学活动中解放出来，把注意力转向学生的品德、情感、想象力和创新思维等素质教育内容。对学生来说，依托智能推荐技术、语音等交互技术，学习方式的个性化、内容丰富性以及学生的主体地位将更加突出。

3. 新时代教师水平提高的创新

教育要发展，关键在教师。促进教师专业水平的提升是当前我国教育发展的重要内容，也是全面提升教育质量与促进教育均衡发展的重要途径。墨子是一个注重自我提高的人，他在《修身》中说："志不强者，智不达。"实际上，作为教师，对做好教育事业的愿望有多强烈，他所能积聚和发挥的能量就有多大。

（1）开启新时代教师水平提高的新征程。

2018年初，国家颁布《关于全面深化新时代教师队伍建设改革的意见》。这个文件是指引新时代教师队伍建设的行动指南，是培养高素质、专业化、创新型教师的政策举措。

一是提高教师思想政治素质。加强理想信念教育，引导教师树立正确的历史、民族、国家、文化观，坚定"四个自信"，坚定职业信仰，把国家的教育方针贯穿到教师培训的全过程。

二是引导教师做立德树人的表率。改变教师培训中单纯重视业务能力的倾向，把引导教师形成高尚师德和良好师风贯穿到教师培训的全过程。

三是全面提升新时代教师的关键能力。要注重培养适应学生终身学习发展、创新性思维，适应时代要求的关键能力（认知、合作、创新、职业能力）。

四是把握国家教师培训工作的着力点。利用丰富的资源，大力培养能够代表中国特色、地方特点的新时代教育领军人才。

五是完善教师职后培养体系。构建分层分类的"3＋1＋N"教师职后培养体系，"3"指以新任教师、校长为对象的"启航计划"，以优秀青年干部教师为对象的"青蓝计划"，以专家型教师为培养目标的"卓越计划"；"1"指以农村教师为重点的"教师专项提升计划""协同创新学校计划""伙伴式研修计划"等一系列精准支持计划；"N"指根据教育改革的最新要求和热点难点问题及时推出的各类专题研修项目。

六是提高培训的针对性和实效性。实施专业建设，根据教师所处的不同发展阶段，坚持以培养对象素质能力要求为出发点，以实际工作需要为落脚点。抓住培养目标、教学内容、实施方式、考核评价、教材建设等关键环节，推进培训课程规范化建设。

（2）迎接新时代教师水平提高的新挑战。

新时代，教师要增强质量意识，积极应对新的挑战。

一是网络教学的新挑战。以慕课、翻转课堂、微课程为代表的基于互联网的教学模式应运而生，为突破学习空间和时间的局限性、促进学生个性化的线上学习以及共享优质课程资源创造了很好的条件，同时也为促进学生的自主学习和合作学习、促使教师将线上教学和线下教学相互融合、改革传统的教学方式和手段创造了条件。教师要保持清醒，保持严谨求实的态度，真正把功夫放在如何把线上教学和线下教学相融合上，放在如何改革传统的课堂教学模式以及如何提高学习效率、提升学习效果上。

二是 STEAM 教学新挑战。STEAM 是 Science（科学）、Technology（技术）、Engineering（工程）、Arts（艺术）、Maths（数学）五个英文单词首字母缩写。STEAM 教育就是科学、技术、工程、艺术、数学多学科融合的综合教育。STEAM 教育是重实践的，把这几门学科的知识融会贯通，有利于激发学生的学习兴趣，加深学生对知识的理解，完善学生的知识结构和思维方式，培养学生的创新思维和创造力。STEAM 教育强调实践途径多样化，一是创新教学方式，提高教师跨学科综合能力和课程整合能力，引导学生实现自主学习与合作学习；二是重视深化课程改革，打破学科壁垒，重构课程结构，研发校本教材，建立 STEAM 教育实验室；三是强调多样化的探索，为学生提供更多的选择和更多的机会。

三是高考改革的新挑战。高考改革基本目标是促进公平、科学选才、引导学生全面发展。在考试方式上探索分类考试、一年两考等；在考试科目和内容的改革上，高中学生可以自选三科，同时在命题上取消文理分科；在招生录取方式上强调对学生进行综合评价，高校尝试多样录取。

四是教育国际化的新挑战。教育国际化的目标是促进世界范围内的教育相互理解、交流合作和协调发展，基本特征是人力资源和物质资源跨国、跨地区的流动成为常态。要强调将外国文化的本土化和本土文化的国际化相结合，在鼓励师生走出去、吸引更多优质教育资源进入中国教育市场的同时，也能够推进中华优秀文化的弘扬和优质教育教学资源的国际拓展，为教育国际化做出中国贡献。

（3）建设新时代教师水平提高的新队伍。

面向全体，培养“三高”教师。通过教育科研常态化，加速建立高师德、高学识、高能力的教师队伍。

一是高师德。敬业爱岗、刻苦钻研、无私奉献。教师既是文化知识的传承人，也是人文精神的传承人，更是民族灵魂的塑造者。教师的人品会对学生产生潜移默化的影响，因为教师的一言一行、为人处事的方法都将成为学生的“榜样”，是另一种形式的教育与教学。高尚的职业道德和良好的品德修养，是做教师的根本。

二是高学识。知识广博、学术水平高。这不仅是教师能够做好教学工作的基础，而且也是树立威信、赢得学生与同事敬重的条件。教师教学水平高，可以使学生在领略知识魅力的同时提高自己的实际技能。教师教课内容广大博深，高质量，高效率，有个性，甚至教师授课时激情和精神可以深深感染学生，影响学生。教师对学生一生的影响不容忽视。有能力的教师可以帮助学生学业有成，提高学生的整体素质。

三是高能力。教育、教学和科研能力高水平。高能力是优秀教师的生命，教学工作出色的教师，大都是学问高的教师。教学能力是一种通过理论与实践相结合获得的知识。而要想获得优秀的教学能力，就需要学习如何教学，研究并有选择地尝试各种教学思想与方法，最终形成一套属于自己的理念、方法，从而最终形成具有自己特色的教学风格。

（4）造就新时代教师水平提高的新精英。

造就科研型教师、学者专家型教师，教师达到这一境界，就完全进入了教育教学的自由王国。他们积多年的实践积累、理论探讨，对教育教学的内在规律熟谙于心，身体力行，挥洒自如，游刃有余。自由是对必然的认识，唯其如此，他们才能既视野开阔又个性鲜明，总能让人感到这些教师的言论、实践的独到之处和高屋建瓴的气势。科研型教师、学者专家型教师的要求是：掌握现代教育理论；不断更新教育观念；具备适应新时代教育的信息技术能力；具备教育和科研理论基础，科研意识强，掌握科研方法；具备科研能力，能独立完成科研课题研究并取得有一定科研成果。

4. 新时代教育评价科学的创新

评价就是寻找证据驱动教育变革，促进学生健康成长。教育教学质量的提高，离不开教学评价体系的构建。客观、公正、全面地评价教学工作，有利于调动教师“教”和学生“学”两个方面的积极性，从而提高教学质量。墨子对弟子的评价既中肯又能激励人。墨子在《所染》里评价禽滑厘的为人说：“其友皆好仁义，淳谨畏令，则家日益、身日安、名日荣，处官得其理矣……”在《耕柱》里赞扬高石子背禄向义：“倍义而乡禄者，我常闻之矣；倍禄而乡义者，于高石子焉见之也。”新时代的教育对教师、对学生、对教学的评价既要科学又要创新。

(1) 教育评价要重视“三维”。

评价要重视“知识与技能维度，过程与方法、情感态度与价值观”三维课程目标的落实。

一是知识和技能。改变重书本知识评价轻实践创新评价的做法，教学中在不降低要求的情况下，降低知识难度，拓宽知识宽度，加强实践力度，做到知识与技能并重。

二是过程与方法。教学中主要看有没有运用先进的教学理念，有没有积极利用教学资源创设教学情境，有没有根据学生的认知规律及课堂实际采取灵活多样的教学方法，有没有充分发挥学生主体的作用，有没有教会学生学会创新，有没有在教学过程中对学生进行过程与方法的介绍、德育与科学思想的渗透、创新精神与能力的培养等。

三是“情感、态度、价值观”。看教师能否做到以情唤情，走进学生的心灵世界，去体验他们的感受，以情感赢得情感。教师要走下讲台，与学生建立民主、平等、和谐的师生关系，关注学生的需要、兴趣、体验、困惑等，和学生共同探讨新知识、新技能，力求在教中学、学中教，教、学、做合一，与学生一同成长。

(2) 教育评价要体现“四性”。

一是评价要突出发展性。评价的根本目的在于促进学生发展，强调评价的民主化和人性化；评价内容全面，重视知识以外的综合素质的发展，尤其是创新、探究、合作与实践等能力的发展；评价标准分层，关注学生之间的差异性和发展的不同需求，促进其在原有水平上的提高和发展；评价方式多样，将量化评价方法与质性评价方法相结合，适应综合评价的需要，丰富评价与考试的方法；评价主体多元，从单向转为多向，加强评价主体间的互动，强调学生成为评价主体中的一员。

二是评价要体现过程性。对学生的评价过程应当既有利于学生的全面发展，又有利于教师的专业成长。教师的成长可从两个方面看，一方面是教学观念与艺术性方面的提升，另一方面是专业知识的丰富。在教学实际中，积极向上的学生经常会因为提出一些问题而令教师感到为难。这些问题确实是各种考试都不要求的，但它们承载着学生强烈的好奇心与求知欲，反映了学生善于思考的问题意识，同时也为教师进行教学研究提供了素材。因此，我们有必要对从课程知识到教学方法等方面进行深入研究，以求为学生提供通俗易懂的解释。在完成这一解释的过程中，既保护了学生的求知欲和问题意识，也促使教师进行教学研究，从而能对类似的疑难问题给出深入浅出、通俗易懂的解答。

三是评价要注重激励性。激励性是指在教学过程中教师通过语言、情感和恰当的教学方式不失时机地从不同角度给予不同层次的学生以充分的肯定、鼓励和赞扬，使学生获得自信成功的体验。教师教育学生的过程，是师生情感交流的过程。如果教师热爱学生、善待学生，激励学生去思考，那么学生就会用心学习，克服困难，走向成功。教师要尊重信任学生，教育成功的秘密在于尊重学生。激励性得以有效发挥，在于抓住合适的契机，也就是教师要善于下“及时雨”，在学生最需要的时候去鼓励，“雨”要下得及时。特别是对那些学习有困难的学生，要经常对他们的闪光点进行适时适度的激励，使之渐渐走上“我要学”的道路。

四是评价要尊重差异性。学生是有差异的，是千差万别的，学生发展中的差异也是客观存在的。从身心成长速度和智力发展水平的实际出发实施教育，才是教育的真谛。首先要承认学生之间的差异，这样教师才能发挥应有的主导作用；其次要欣赏学生个性，这不仅有助于促进教师生命意识的成长，同样也带来了学生的欢笑；最后要尊重学生差异，用欣赏的目光善待每一个学生。

(3) 教育评价要突出学生。教育的最终目的是为了学生发展。学校、教师围绕学生发展的理念，用生态的、多元化的观念来看待学生。大树有大树的风采，小草有小草的魅力，野花有野花的芬芳。评价要做到以下三点：一是始终把促进每一个学生平衡与充分发展放在首位；二是要关注学生在真实学习情景中的投入状况；三是要为学生的个性发展留出自由的空间。

要做到这三点，首要的是简化对教师的评价，教育是一种极具个性与创造性的专业工作，充满个性的特色与差异，在很大程度上无法用简单的指标来衡量。因此，在对学生进行评价的同时也必须在评价上解放教师，让教师伴随着学生的成长也获得自我实现的幸福。

5. 新时代服务育人形式的创新

服务育人要打破低效率的自然经济式的小而全的管理模式，寻求专业性较强的社会化管理模式。服务育人与教书育人具有同等的重要地位，学校服务人员的言行举止会给学生带来潜移默化的影响。

(1) 强化意识抓主题。

服务育人是学校后勤的永恒主题。服务工作与学生的学习生活息息相关，教师、学生的衣食住行都离不开服务部门。服务人员既是服务者也是教育者，他们的思想作风和工作态度对学生有直接影响，能起到春风化雨、润物无声的教育作用。这种教育是学生在课堂上和教科书中无法看到的。服务工作是“没有讲台的课堂”，服务人员是“不上讲台的老师”，他们的工作直接影响到学生如何理解尊重人的含义。学生对服务的印象如何，将直接影响学生人格的塑造。事实证明：唯有寝食无忧，学生方能安心学习，教学方能顺利进行，学校方能平稳发展。

(2) 美化环境抓育人。

校园应当美观，成为对学生富有吸引力的地方。现代教育心理学也认为：在人的性格的形成过程中，环境因素影响很大。因此，学校要注重校园环境的绿化、美化，努力构建积极向上、文明和谐的人文环境，以此来影响人、感染人、教育人。将校园文化体现在环境中，力求融校园、家园、花园、乐园于一体，集社会美、艺术美、自然美、科学美于一身，努力营造“一草一木都能说话，一砖一瓦皆可育人”的充满艺术氛围和人文精神的校园环境。这不仅有助于学生调节情绪、振奋精神、减少德育中的逆反心理，而且有助于培养、陶冶学生高尚的情操。

(3) 优化员工提素质。

受传统观念的影响，人们认为服务工作地位低下，根本谈不上教育别人。服务人员对自己在整个教育体系中的角色也不清楚。因此，学校应努力建设一支具备“三种意识（管理、服务、育人）”和“三种精神（求实、奉献、创新）”的高素质服务队伍。坚持政治学习，提高理论水平，加强法规教育，做到依法办事；加强业务知识学习，提高管理服务技能；始终牢记“服务育人”宗旨，加强队伍作风建设；主动听取师生员工的意见和诉求，解决师生员工的实际问题。只有服务人员自身修养得到提高，才能担当起教育者的角色，真正做到服务育人。

(4) 严格管理抓重点。

育人服务要围绕学校中心工作，积极、主动地服务。

一是服务的主动性。要设立服务绿色通道，及时收集师生的意见，及时维修损坏的教育教学及生活设施，不断改善师生的学习和生活条件，使广大师生感受到家一样的温暖，产生归属感，形成强烈的主人翁意识和集体主义观念。

二是管理的规范性。要使用规范的操作程序，执行严格的规章制度，确保硬件发挥最大效用，更好地为教育教学服务。

三是教育的经常性。在为师生服务的同时，面对学生的不良习惯，要有针对性地开展教育活动。争做有心人，一旦出现问题，立即组织活动加强教育，及时纠正，以取得良好的育人效果。

第七节 对新时代学校管理的启示

墨子的教育管理纪律严明，奖惩分明：对弟子“法仪”从事，规矩绳之；对受教者主张“富之、贵之、敬之、誉之”（《尚贤上》）；对有能之人，主张“尚贤使能”（《尚贤上》），人尽其才。墨子在办学特色上呈现出质疑权威、敢为人先的特征。墨子的教育管理思想精华不论在历史上还是在现实中都贴近当代社会发展的要求。

1. 新时代学校管理的新形态

教育部学校规划建设发展中心 2017 年 10 月 10 日发布的《未来学校研究与实验计划》认为，未来学校具备六大特征。一是绿色、智能和泛在互联的基础设施；二是集成、智慧、因变的新学习场景；三是灵巧学习及创新的赋能场；四是开放融合的学习生态；五是创新的知识和信息网络拓扑结构；六是融合人工智能的教学平台——课程智慧系统。新时代学校是教育领域的研究热点，它倡导重新设计学校，通过空间、课程与技术的融合探索“互联网＋”背景下的学校结构性变革。新时代，学校在以下方面呈现新形态。

（1）创造适合学生的课堂形态。

新时代的课堂是拥有丰富教育资源的“课程室”，既有实物资源，也有网络资源，每个学生都可以从互联网、大数据中找到某个学科的“最佳教室”。墨子教育弟子视其程度的深浅、能力的强弱而有所不同，在施教中从学生发展的实际可能性出发，教学任务、教材内容、教学方法和组织形式是学生可接受的。新时代的课堂负担既不能过重，也不能轻而易举，高于学生实际水平，保持一定难度，在能力尚处在形成状态的“最近发展区”内，引导学生经过努力去解决问题。贯彻这一原则，要准确了解和估计学生接受能力和智力体力发展水平，采取合理的教学方式，恰当地由近及远、由已知到未知、由简单到复杂、由易到难、由具体到抽象、由部分到整体地进行课堂教学。

（2）创造适合学生的学校形态。

墨子所处的时代私学、学团、社会教育、终身教育并存，这个形态是适合当时社会的。未来学校既有实体的，也有虚拟的，学校应建成面向所有学生的特色教育资源载体，从教育规律出发，从发挥学生主体性出发，开展适合学生的教育，把学校办成理想的学校。

一是国际型人才学校。培养了解世界，参与国际竞争、立足中国、面向世界的人才。

二是弘扬中华美德的学校。师生修身自省、志向远大、气节高尚、爱国爱家、孝悌为先、尊敬师长、宽大仁恕、宽仁慈爱、讲究礼仪、保持诚信、勤奋学习、节约勤俭。

三是综合开放式学校。以培养学生的创新精神和实践能力为重点，为学生的全面发展创造条件。

四是学习型学校。注重人的可持续发展。人人在学习、处处有学习、事事讲学习，变教育型学校为学习型学校，变教室为学室，变教案为学案。

五是理想成员组成的学校。校长能清晰地认识到自己的价值与使命；教师教育理念先进，学识渊博，重视学生可持续发展的潜能；学生热爱生活，积极进取，敢于创新；学生家长把孩子的人格健全和道德完善放在首位，培养孩子追求卓越、独立自主的精神。

六是科研主导的学校。科研与育人融为一体，整体、有序、主动、高效，教育科研常态化。

七是可持续发展的学校。以学生和教师的可持续发展为目标，培养学生的可持续发展能力。

(3) 创造适合学生的师生关系形态。

师生之间将建立一种新型伙伴关系，彼此人格平等、相互尊重、教学相长，这方面可以从墨子诸多教育案例中汲取营养。“墨子怒耕柱”，在“怒”中，耕柱明白了老师的苦心。义是墨子最为强调的道德观念，墨子认为，行义比求得仕禄更为重要，他的弟子高石子到卫国做官，俸禄超过卿相。高石子在朝廷上反复申明墨子的主张，可是这些主张未被卫君付诸实践。为此，高石子义无反顾地辞官而去。墨子对高石子很是赞赏，把他列为弟子学习的榜样。相反，对于那些把官职看得比仁义还要重要的“禄胜义”之辈，墨子认为是没有资格留在自己的团体里的。一位叫胜绰的弟子受墨子的委派，在齐国将军项子牛麾下效命，恰好碰上齐国对鲁国发动战争，胜绰竟三次跟从。墨子闻知，解除胜绰同自己的师生关系。在墨子的熏陶下，所有弟子都具有墨子为义而献身的精神。《淮南子·泰族训》说：“墨子服役者八十人，皆可使赴火蹈刃，死不还踵。”墨子的弟子们一个个身着粗布短衣，量腹而食，日夜劳作不息，与下层社会的贱者为伍。他们存在的目的，就是扶危济难；他们也读书求仕，但求仕的目的只在于行道。有所收入，就用来周济穷人，或用来维持墨家学团的生活用度。还是耕柱游仕于楚，挣得的俸禄不敢随便花销，同学到他那里去，他也只招待他们每食三升的饭食。古代三升是当今的一升，三升尚不及当时刑徒所食，以至于这几位同学吃不饱饭，回来在老师面前发牢骚。但是不久，耕柱却将积攒的十金俸禄全部寄给了墨子，供墨家学团开销。从以上案例可以看出墨子师生关系形态，确实值得今人学习。

（4）创造适合学生的教育形态。

墨子创造了适合学生的教育形态，提出了著名的“染丝说”，说明了环境、教育对人性形成的重要性；从“兼相爱，交相利”的社会理想出发，以“贤良之士”作为教育的培养目标；为使平民百姓能“饥则食之，寒则衣之，疾病侍养之，死丧葬埋之”（《兼爱下》），对弟子提出要“兴天下之利、除天下之害”（《兼爱下》）；重视科学技术知识教育，和弟子一道研究实验军事技术；培养弟子的思维能力，训练“善辩”之士，推行墨家的政治主张；提倡“虽不叩必鸣”（《公孟》），积极主动“上说下教”；对儒家的“述而不作，信而好古”（《论语·述而》），强调“古之善者则述之，今之善者则作之”（《耕柱》），重在创造；重视实践，认为“士虽有学，而行为本焉”（《修身》）；在施教中注意弟子的知识水平，做到“深其深，浅其浅，益其益，尊其尊”（《大取》）；传授劳动技能，使之上升为经验科技。上述案例给新时代的教育形态带来以下启示：在区域内不同的学校建设特色课程基地，让学生在不同学校的课程中受到浸润；将来的教育是“混合式”的，每一个学生都可以从不同的学校选课，尊重学生学习的选择性；给所有学生提供均等的学习机会，学生可根据自己的兴趣、爱好、特长、能力选择适合自己的课程，而且可以多次选择；学校的任务是促使学生全面发展，对学生“能学什么”感兴趣，关注他们对感兴趣课程的学习；在教学管理上采取灵活措施，不设固定的班级，功课分成若干门，完成规定的基础课程即可毕业，规定的课程不及格，可重读，没有年限限制。

2. 新时代学校管理的新方式

（1）教学对象是全体学生。

真正做到面向全体学生，依据教学内容的特点和班级学生的实际，改变以教师为中心的教师与学生个体或教师与学生群体的单一课堂交往模式，形成师生之间、生生之间多向交流、多边互动的立体结构；有效地采用活动化、探索性的学习方式，通过合作、讨论、交流发挥学习共同体的作用；在练习层次上，上不封顶，下要保底；应对某些特殊学生（优秀生或学困生）给予特殊政策。总之，使课堂成为每一位学生充分发挥自己能力的舞台。

（2）教学目标是培养创新能力。

注重引导学生进行探索，培养学生的创新意识、创新精神、创新能力是教师在教学中要重视和解决的问题，也是适应未来社会的需求。教师通过合理设计课程目标和内容、创新教育方法、重视实践教学环节等方面，探讨以培养学生创新能力为目标的新的教育方式。

（3）教学过程是主动、生动、活泼。

学生学习应当是一个生动活泼的、主动的和富有个性的过程，除接受学习外，动手实践、自主探索与合作交流也是学习的重要方式。教师要和学生一起学习、一起实验、一起动手、一起研讨……学生应当有足够的时间和空间进行观察、实验、猜测、验证、推理、计算、证明等活动。

（4）教学法是启发内因转化。

学习的过程是一个矛盾转化的过程。矛盾的转化以内因为根据、外因为条件。外因通过内因起作用。学生的学习积极性是学习的一个重要内因，与学生学好各门课程关系极大。有了学习积极性，学生就能越学越顺利，越学越有劲。

（5）教学环境是和谐愉悦共振。

课堂教学除了知识传递这条主线外，还有一条情感交流的主线。也就是说，完善学生个性是新时代教育义不容辞的责任。课堂教学环境是否愉悦和谐，影响着师生交流的广度和深度，并在一定程度上制约着教学效率的提高。知识往往要借助情感这个媒介才能更好地被学生接收，很难想象知识中那些单调的符号、繁复的公式、抽象的原理在沉闷、令人窒息的环境中如何能被以具体形象思维为主的学生接收。教学取得成功的关键是师生之间信息的传递和转化产生和谐共振效应。只有教师、学生、课程之间实现了和谐共振，教学才能真正让全体学生获得美的享受，得到精神的愉悦和认识的满足。

（6）从粗放式管理向精细化管理转变。

学校管理要学习企业管理，学习企业从粗放到精细化管理的经验。有的宾馆从卫生间看，就知道是几级的，它有环境的要求，有明确的工作步骤的要求。而对于教育来说，其设计环节非常多，每个环节都影响着育人的质量，我们对每个环节的管理都太不细致。改善粗放式管理实际上就是从粗放式管理向精细化管理转变，这不是一蹴而就的，需要全体教职员工沉下心来，一步一个脚印地扎实推进。首要的是切实转变观念。摒弃与当代教育管理不相适应的思想，消除与精细化要求不相符合的行为习惯，树立“时间就是金钱”“效益就是生命”“细节决定成败”“一份工作一份责任”“执行就是能力，落实就是水平”等观念，坚持认真负责的科学态度，把对每节课、每件事，每个班级、每个学生的管理做到位，形成“精、准、细、严”的工作作风。

3. 新时代学校管理的新中心

学校教育的新中心是指做到以学生为中心。这需要妥善处理好以下几对关系。

（1）全面发展和学有特长之间的关系。

全面发展是指学生具有广泛的文化修养，在德智体美劳等方面可持续均衡发展并最终成为一个和谐发展的人。学有特长指的是学生有自己喜欢且擅长的领域。学校教育要认识到学生之间的差异，认识到不同类型学生的不同发展目标。为实现这样的目标，学校在课程设置上应当针对不同类型的学生设计不同的课程体系，不断探索不同类型人才发展的需求和培养规律。对同一学科的教学也要分不同的层次，搭建不同类型的教育平台供学生选择，让不同能力、不同兴趣、不同愿望、不同目标的学生在学校寻找到适合自己发展的教育机会与教育资源。

（2）中国传统文化与国际视野之间的关系。

中国传统优秀文化的学习和传承，旨在帮助学生树立文化自信，并在未来走向国际舞台的时候自觉成为继承、创新、输出中华文明的使者。国际视野的培养旨在帮助学生认识到不同国家和民族对人类文明做出了怎样的贡献，不同文明的成果如何促进全世界的发展繁荣，认识到要为人类发展承担起各自的责任与使命。学校通过课堂教学、社团活动等方式妥善处理好这一对关系，对于学生成长为可堪大任的时代新人十分必要。

（3）做人、求知、办事、生活四者之间的关系。

这四者中，首位是“做人”，因为“立德树人”是教育的根本任务，教育的目的就是激发和引导学生的自我发展之路，帮助每一个学生发现自己、发展自己，实现个体生命的价值，成为“完整的人”。“求知”不仅指学习课堂知识，也指能在大自然、社会生活实践以及人际交往中学习。这是一种开放的学习，强调学习不是为了获得系统化的知识，而是借助知识掌握认识世界的方法与手段。强调自主实践，并能够对所处的环境产生积极的、建设性的影响。“办事”与“求知”是“行”与“知”的关系，前者是对后者的实际应用，“知”的目的在于认识世界，而“行”则旨在改造世界。“生活”是希望我们培养出来的学生不仅能拥有高远的志向、独特的能力，成为社会公共生活积极的领导者、主动的建设者，还能在回到个人生活空间时成为一个有着丰富生命内涵、生活情趣、艺术审美能力的人。

4. 新时代学校管理的新特点

（1）培养目标更加明确。

新时代的社会主要矛盾已经转化成为人民日益增长的对美好生活的需要和不平衡、不充分发展之间的矛盾。对于教育而言，主要矛盾自然是人民日益增长的对美好教育的需要和教育的不平衡、不充分发展之间的矛盾。如果说当前教育有问题，大概也是这两个问题——不平衡和不充分。要通过促进教育公平来解决教育不平衡的问题，通过提高教育质量来解决不充分的问题。所以，当前教育改革的主题就是促进教育公平和提高教育质量，通过这个来解决教育不能满足人民日益增长的需要的矛盾。因而，未来学校的目标应该会更明确。

（2）立德树人更加落实。

立德树人的落实，实际上是健全人格的培养。

一是教育的主导性。明确“立什么德”。主导性涉及文化自信的问题，因为文化自信是一个国家、一个民族发展中最基本、最深沉、最持久的力量。文化自信必须建立在一代代青年都了解自己国家文化的基础上，并融入感情形成习惯，才有可能实现中华民族文化的传承，立的“德”才能够取得好的效果。学校的全部教育活动应该把爱国主义作为主旋律，加强中华优秀传统文化教育，引导学生树立和坚持正确的历史观、民族观、国家观、文化观，增强做中国人的骨气和底气。

二是教育的针对性。首先是针对问题，由于社会矛盾的复杂化，学生信息来源多渠道，社会价值取向多元化，部分学生的思想、行为、心理都存在不同程度的问题，有些影响个人发展，有些甚至影响社会安定，迫切需要我们强化问题意识，增强教育的针对性。其次是针对需求，由于时代的发展，新事物不断涌现，一方面学生希望对新事物有更多的了解，另一方面也产生需求困惑，所以要针对满足学生的多种需求来增强教育的针对性。最后是针对对象，由于学生的学段、地区、家庭等不同，对不同学生的要求和学生的接受能力也不同，所以应该面对不同对象来增强教育的针对性。

三是教育的亲和力。亲和力是学生对教师和教育实践活动产生的亲近感、和谐感、趋同感的动力水平和能力。提升教育的亲和力是增强德育实效的关键，是改进学校德育工作的切入点，只有教师与学生之间产生强烈的心理认同，才能收到“春风化雨，润物无声”的教育效果。

（3）学习方式更加多元。

一是课程功能的转变。改变课程过于注重知识传授的倾向，强调形成积极主动的学习态度，使学习过程成为必备品格和关键能力形成的过程。学习内容将实现核心课程、选修课程和跨学科综合课程的相互协调、时代精神和民族文化传统相互协调、传统科学和新的科学研究成果相互协调、教与育相互协调。

二是课程结构的转变。首先是增强课程结构的均衡性，学校课程体系中的各种课程类型、具体科目和课程内容能够保持一种恰当、合理的比重。其次是增强课程结构的综合性，一个学科要尽可能联系其他方面的知识，设置综合课程，增加综合实践活动。最后是增强课程结构的选择性，学校课程要以充分的灵活性适应地方社会发展的现实需要，以选择性适应学生的个性发展。

三是改变学生的学习方式。教师在教学过程中应和学生积极互动、共同发展，要处理好传授知识与培养能力的关系，注重培养学生的独立性和自主性，引导学生质疑、调查、探究，在实践中学习，促使学生在教师指导下主动地、富有个性地学习。

四是密切课程内容与生活和时代的关系。课程内容有利于引导学生利用已有的知识与经验主动探索知识的发生与发展过程，同时也有利于教师创造性地进行教学。课程内容的选择应符合课程标准的要求，体现学生身心发展特点，反映社会、政治、经济、科技的发展需求；课程内容的组织应多样、生动，有利于学生探究，并提出观察、实验、操作、调查、讨论的建议。

（4）学校形态更加开放。

新时代学校的布局、教室的格局、校园的环境应该更加适应学习方式的变革，信息技术以及其他先进的人工智能设施将应用于教学，学校信息化水平将大大提高。学校的空间应该更加开放，信息技术的应用使学校的围墙被打破，逐步实现各类教育资源的共享，学习场所更加多元；学习的时间也更加开放，固定的学习时间表可能会被打破，学习时间更加自主；学生更加开放，可能会打破学籍和年龄的限制，朝着终身学习的方向前进。

（5）教师队伍更加活跃。

教育工作的终端是教师，学校教育的终端是学生。教师的主动性和创造性是取得教育实效的关键。教育是创造性劳动，教师是学校教育活动的实际组织者，是教育改革从理念转化为实践的桥梁。只有尊重教师的创造性才能使教育真正增强针对性、亲和力、实效性。而教师的事业激情和自主性是创造力的源泉，应最大限度地激发教师的创造性和赋予教师自主的创造空间，支持教师创新、探索和参与前沿研究的学术自由。

（6）教育评价更加合理。

要建立与素质教育理念一致的评价与考试制度，不仅要关注学生的学业成绩，而且要发现和发展学生多方面的潜能，了解学生发展中的需求，帮助学生认识自我，建立自信。评价内容要全面，评价功能要促发展。同时，也要建立对教师的评价体系，强调教师对自己教学行为的分析与反思，建立以教师自评为主，校长、教师、学生、家长共同参与的评价制度，使教师从多种渠道获得信息，不断提高教学水平。

5. 新时代学校管理的新衔接

教育衔接是指学生由幼儿园进入小学，小学进入初中，初中升入高中，学生进入一个新的学习阶段，必须有一个适应过程。学校要想提高教育质量，必须重视衔接管理。墨子的“私学、学团、社会、终身”教育衔接得当，为我们树立了新的航标。

（1）幼儿园进入小学的衔接。

一是让学生熟悉学习环境。老师和家长应有意识地带学生到学校里走走看看，认识任课老师，结识新同学，教育学生尊敬老师、团结同学，熟悉新环境，消除陌生感。

二是养成遵守时间的习惯。家长应积极配合老师，教育孩子要严格遵守学校的作息时间和其他规章制度，养成早睡早起、生活有序的习惯。

三是培养学生的自理能力。家长应教育孩子在力所能及的范围内做到自己的事自己做，这样不但能培养学生的自理能力，还能使孩子从中学到本领。

四是为学生创设良好环境。让学生愉快地生活、学习，德、智、体、美、劳全面发展。

五是培养学生认真的学习习惯。老师和家长应教育学生（孩子）在上课时要集中精力，注意听老师讲课，认真完成作业，不拖拉、不抄袭。如果在学习过程中遇到困难，在检查作业时如果发现有错，也应启发他自己改正，不要由家长包办代替，注意培养学生勤奋好学的习惯。

(2) 小学升入初中的衔接。

一是学习环境的衔接。学生来到新的学校，面临的是新生活中的“三多一少”。“三多”指的是书多、课多、老师多。学习科目从小学的两三门课增加到十多门，仅初一就有12门课，每科都有专门的授课老师。“一少”指的是“老师盯得少”。学生对盯得少会认为是“松”，其实不是，中学的培养目标是自主性。刚入学的初一学生如果仍从兴趣出发，重视班主任老师的课，而忽略其他课，这会给以后的两极分化埋下隐患。

二是学习动力的衔接。中学生学习的动力要从被动地接受知识逐步过渡到为社会理想、人生理想而学。中学的一切教育都将不同程度地影响或决定人生观、世界观的形成。学校将围绕如何学习、如何做人、如何生活、如何成才开展一系列教育活动。这些教育需要家长配合，使学生逐步明确并树立“国家兴亡，匹夫有责”的历史责任感。

三是学习方法的衔接。学会预习，学生在上课前要认真学习教材；学会听课，把看不懂的重、难点在课堂上突破；学会抓住重点，记好笔记；学会复习，做作业前应先复习老师在课堂上传授的内容；独立完成作业，切忌在遇到困难时不看书，不看笔记，不复习，不动脑筋，而是问家长或打电话问同学。

四是生理方面的衔接。中学时期学生在生理上表现出“三快”，即长得快、代谢快、萌动快。针对这个时期出现的一些自然生理现象，学校、教师应有意识地帮助他们了解自身成长规律，使学生平稳过渡，安心学习。

五是心理方面的衔接。注重培养学生的注意力、观察力、记忆力和理解力等综合能力。记忆也从机械记忆转变为理解记忆。在思维方式上，对学生系统地进行形象思维、抽象思维、逻辑思维、求异思维的训练，形成立体和空间概念。学校和家长要特别注意学生个性的发展，因势利导。

(3) 初中升入高中的衔接。

高中课程理论性增大，知识量增大，体现了高级中学为高校输送人才和为社会输送建设者所需知识量的特点；在阅读、写作、思维、计算和实验等方面，能力比初中的要求更高。从初中升入高中后，有不少学生仍沿用学习初中课程的方法和策略：只顾解题，不阅读课本；只记概念、结论，不重视学习概念和知识的发生过程和如何应用；只会死背知识，不会做知识的融会贯通工作；只记题型，习惯于模仿，不做“求什么、怎么求、可做哪些变化和发展”正确解题思路的分析等。学生要适应高中的学习策略，应从以下几个方面着手。

一是要学好课本。重视课本学习，就是要认真、细致地阅读课本。读通是指导理解有关概念和知识发生和形成的过程，并懂得如何去理解应用；要清晰掌握提出概念和有关知识的条件，特别是要明确所隐含的条件、在相应条件下得出的结论，还要掌握各种概念和知识的适用范围。

二是要重于理解。学习知识不能只停留在字面了解的层面，字面上的了解不等于懂。必须真正理解，不但要理解知识的本质，而且要知道与其他知识之间的联系，达到“懂”、“会”、“熟”、“化（融会贯通）”。

三是要理性解题。引导学生由盲目、模仿解题向理性解题转化。必须养成具有正确的解题思路的习惯，首先要考虑解证什么，是涉及哪方面的知识，与解题相关的有哪些知识，采用怎样的手段、途径和方法可构建已知与未知之间的桥梁，然后确定解题的策略、思路和方法。

6. 新时代学校管理的新家教

墨子的教育实际上就是家庭教育，他以学校为家，弟子也以学校为家。新时代，学校必须做好家庭教育工作，调动家长积极性，真诚协作，共同做好学生的教育工作。

（1）请家长来校。

学校要敞开大门办学，家长可以到学校看自己孩子的成长。可以召开家长会，让家长了解班级情况和孩子的表现；可以听公开教学课，了解教师的情况和孩子的学习情况；可以参观孩子的作品（作业、小制作、科技制品），听孩子汇报自己成长的过程；可以组织“学生赞家长”主题班会，邀请家长参加，学生的发言会激励家长严格要求自己，为孩子做出表率。

（2）到学生家中访问。

为解决个别性问题，教师在家访时要注意以下几点。

一是端正家访目的。让家长了解孩子的在校表现，和家长一起商讨帮助学生进步、提高成绩的措施。不要向家长告状，或自己教育不力而把责任推给家长。

二是尊重学生、家长。不要伤害他们的感情，不能对学生的家长特别是后进生的家长流露出厌烦情绪。要耐心倾听家长的意见，即使有的意见不一定正确。

三是真诚和家长交谈。说话要谨慎、讲究艺术，善于抓住家长的心理特点。一般地说，家长都想从教师那里了解到孩子的优点、长处，特别是后进生的家长，他们非常想从教师那里知道自己孩子最近的进步情况。

(3) 发挥家长集体的作用。

家长集体是指家长委员会或家长学校。由于家长委员会的委员在学生家长中产生，他们从事不同的工作，具有广泛的代表性。

一是提高家长的素质。家长委员会或家长学校通过组织全体家长学习教育理论，交流家庭教育经验，使学校与家庭、家庭与家庭的教育信息得到传递交流，能起到活跃思想、更新观念、学到方法、互相促进的作用。

二是帮助学校、教师做好教育工作。学生家长来自不同的工作岗位，通过“家长委员会”或“家长学校”的活动，可以充分发挥各位家长的优势，帮助学校、帮助教师开展一些活动，使学生受到各方面不同层次的教育。

(4) 孩子学习习惯的培养。

习惯是指某一动作和行为通过多次重复而确定下来的过程。通俗地讲，就是指用一百次的动作去重复做一件事，久而久之，便养成了下意识的动作行为了。

第一阶段：家长陪伴期。一是陪伴，相伴在孩子身边，辅助和引导孩子建立良好的学习秩序。二是陪伴周期，大约 21 天。三是陪伴过程，家长需要明确引导孩子所做内容：做好孩子每天放学后至睡觉前的学习时间安排，要与孩子协商确定，周末另行约定；提前 10～15 分钟提醒孩子进入学习或者写作业时间，请将手里继续的事情停下来；做好学习前的准备工作，如喝水，上厕所，整理书桌，准备课本、作业本、文具等；孩子在不同年龄段，注意力集中时间不同，幼儿每次 10～15 分钟、小学生每次 20～30 分钟、中学生每次30～40分钟；每一次学习时间到后，家长要安排孩子短暂休息 10～15 分钟；家长要注意观察孩子写作业时的坐姿、执笔、运笔、注意力、写作业时的难易程度等，给予孩子适当的引导和帮助；家长通过观察和比较，对孩子学习或者写作业的点滴进步做总结，给予适当的鼓励和表扬，让孩子感受到自己的进步。

第二阶段：家长渐离期。一是渐离，指家长离开孩子的书桌旁，在孩子目光视线可及的范围内关注孩子学习或者写作业。渐离期是一个让孩子逐渐由依赖父母在旁边陪伴学习到父母一点点离开身边逐渐走向独立的过程，在这个过程里父母的引导非常关键，这关系到整个学习习惯培养是否顺利实施。二是渐离周期，约 30 天。三是渐离过程，家长应该关注的内容：与孩子总结陪伴期内学习秩序养成情况，给予孩子以肯定，引导孩子逐步走向独立；明确告诉孩子，现在爸爸或者妈妈要给你独立学习的空间，因为你已经具备独立学习的能力，但是为了能让你安心学习，我们会在你视线所及的范围内陪伴你；你写作业，我们做自己手里的事，如果你学习遇到困难需要爸爸或者妈妈帮助及时告诉，我会来到你身边帮助你；在一个学习时间段里，可以走到孩子身边提醒，注意不要超过两次；在下一次写作业之前，家长要和孩子有针对性地对上次作业中存在的问题进行小结，提醒孩子应该注意哪些事项；家长要注意说话态度，力求委婉和艺术化，让孩子容易接受；渐离期内，家长可以加入互动式的学习方式，比如家长当学生，让孩子当老师，这种方式容易激发孩子的积极性，启发孩子做主动式思考，互动既让家长拉近了与孩子的距离，同时也锻炼了孩子的逻辑思维表达能力。

第三阶段：家长放手期。一是放手，只要家长通过前两个周期的辅助和引导，基本上让孩子从心理完全依赖过渡到半依赖状态，在家长的进一步鼓励和引导下，让孩子完全适应一个人独立学习或者写作业。二是放手周期。大约 50 天。三是放手期过程。家长应关注的内容包括：与孩子总结渐离期内学习习惯的培养情况，明确告诉孩子达到的养成程度，让孩子感受到自己的进步和收获；通过引导鼓励孩子尝试独立学习，走向独立；家长与孩子约定：爸爸或者妈妈在这个周期里只负责提醒你几个学习时间，不会就细节予以关注，要靠你自己；通过时间提醒，家长要注意孩子对时间的养成情况，特别是对时间的管理，要让孩子自觉地去关注时间，而不是一味提醒孩子，一旦孩子能自觉进入学习准备、学习中间的休息等环节，就要及时予以表扬，培养孩子的时间意识，增强孩子的自豪感和积极性。

第八节 对新时代课堂教学的启示

墨子创立的“量力从事”“以身示教”“激发勉励”“博约并重”“积极创新”等教学法，是中国传统教育思想的亮点。墨子在《经下》中说：“学之益也，说在诽者。”意思是说学习是有益的，因为诽谤者反对学习的言论本身就是在教导他人，让别人学习他。质量是新时代课堂的生命线，要坚持教学回归本分、回归初心、回归梦想，培养学生的创新精神和实践能力。课堂一端连接着学生，一端连接着民族的未来，是教育发展的核心，只有抓住课堂这个核心，学生才能快乐地参与教学过程。墨子是课堂教学改革的大家，他的弟子通过课堂学习个个都学得了一身本领。

1. 新时代课堂教学的学生中心

墨子的教学真正体现了以弟子为中心，一切从弟子出发，教学必须考虑弟子喜欢不喜欢；体现了以弟子为本的教育观念。《耕柱》中，治徒娱、县子硕问墨子：“行义，什么是最重要的事呢?”墨子答道：“譬若筑墙然，能筑者筑，能实壤者实壤，能欣者欣，然后墙成也。为义犹是也，能谈辩者谈辩，能说书者说书，能从事者从事，然后义事成也。”墨子的回答是从学生中心出发的，即行义就像筑墙，要各司其职，齐心协力。从这个事例中我们可得到以下启示。

（1）学生中心的课堂教学应促进学生生命全方位的发展。

创造适合学生的教育会让人们认识到这样一个事实：人是整体的生命，而不是以生命的某一方面投入波澜壮阔的生活。因此，课堂教学应使学生德智体美劳全面发展。而实践中，课堂教学是以学科教育为主，主要是为智育服务，这就要求教师在课堂上渗透德育，使课堂教学开放化，让学生尽可能地接触实践，充分考虑学生生命活动诸方面的内在联系，使之相互协调，得到全方位的发展。

（2）学生中心的课堂教学应让学生的主体作用得到充分发挥。

一是要提高学生的主体意识，在课堂教学中，学生是具有主观能动作性的，学生接受教师的“教”是通过自身的内化活动来实现的，教师必须提高学生的主体意识。在教师发挥主导作用的同时，要创造条件最大限度地发挥学生的主体作用，尽可能提升学生学习的自由度，着力发挥学生在教学中的自觉性、积极性和独立性，使学生真正掌握学习的主动权。

二是要强化健康的师生情感。只有教师对学生情之所至，学生才会“亲其师信其道”（《礼记・学记》）。课堂教学中学生主体作用与教师的情感交流有着密切的关系。教师对学生充满爱心，话语自然会亲切温馨，目光自然就充满信任，举手投足也会优美动人，这种情感营造有利于发挥学生主体作用，学生自然会以主人翁的姿态全身心地投入课堂学习之中。

三是要开发学生乐学的天地。教师要努力拓宽学生乐学的路子，让课堂教学给学生带来欢乐、激奋和成功。教师要重视运用手势、表情、体态、目光等非语言行为的“无言之教”促进学生的无意识学习，以弥补有意识学习中学不到的东西或难以学到的东西，并以此给学生主体作用的发挥创造契机。

四是要通过新异的刺激来引起学生的兴趣。在课堂教学中教师采用的教法，要尽可能生动形象、灵活多样，通过新异的刺激来引起学生的兴趣、营造愉悦的氛围，以符合学生喜新好奇、情绪易变、趣味多样的年龄特点，想方设法通过眼、耳、手、鼻、口、足、脑的各种活动提高学生学习的乐趣，培养学生健康的个性，唤起学生求知的欲望，强化学生学习的动机。

（3）学生中心的课堂教学应当美不胜收、飘溢芳香。

从美学的角度，课堂教学应该情趣横生，洋溢着清新明快的气氛，给学生以智慧和力量，这种韵味是一种愉快的审美体验。美感体验蕴藏在人类主观见之于客观的实践活动中。课堂教学是一种客观实践，学生通过课堂认识世界，同样应该能体味到美的意境，沉浸在一种如醉如痴的精神生活之中。教师应当这样认为，学习应成为学生生活的重要组成部分，这种生活当然包括美的熏陶。但人们往往把课堂和沉闷、单调、枯燥联系起来，忽略了课堂固有的审美因素和审美价值。其实，一堂美妙生动的课，应该是令人心旷神怡、启迪心智的，应该能受到道德、品质、审美情趣和意志的陶冶，应该是艺术的享受。

（4）学生中心的课堂教学应让每分钟都有意义。

国家卫健委发布的《2017 年我国卫生健康事业发展统计公报》显示，2017 年我国居民人均预期寿命为 76.7 岁。我们以一位寿命 70 岁的人为例，他的一生大概是这样分配的：1 年时间用来跑步；1 年时间用来娱乐；7 年时间用来吃饭；10 年时间忙于工作；23 年的时间用来睡觉。由此可以看到，我们每天都在重复着的必不可少的活动中失去了大部分时间。因此，时间对我们来说是宝贵的。其余的时间 19 年用来读书学习，其中 4 年时间读大学，3 年时间读高中，3 年时间读初中，6 年时间读小学，3 年时间读幼儿园。在课堂上的时间占在校时间的 75％，人的一生在课堂上的时间大约为 14.25 年。因此，我们不能让学生的时间白白度过，要惜时如命。

2. 新时代课堂教学的分层教学

墨子根据弟子素质的不同，挖掘弟子潜力，发挥弟子特长，分别给予不同的教育，使他们学有专长。墨子认为：不同的教育对象在程度、能力等方面是有高低、强弱之分的，作为施教者，就应该因人而异，区别对待，做到“深其深，浅其浅，益其益，尊其尊”（《大取》）。分层教学就是根据学生不同的发展水平和发展速度确立相应的教学层次，以适应学生最近发展区和最佳发展期的教学。

（1）学生分层。

按照学生的学习能力进行分层（班）教学，或者在一个班级内开展分层教学。根据学生的进步状况，允许其在不同层次的班级间流动。一般分为三层。

一是A层，为跃进层。学生基础扎实，接受能力强，学习方法正确，成绩优秀。

二是B层，为发展层。学生基础一般，接受能力尚可，学习比较自觉，有一定的上进心，成绩中等左右。

三是C层，为提高层。学生基础薄弱，接受能力不强，学习积极性不高，学习态度和学习习惯存在问题，在学习上有困难。

要注意的是，分层（班）教学不仅重视学生的优秀，更要追求学生的进步。

（2）备课分层。

教师在透彻理解掌握课程标准和教学内容的基础上，突出备课的层次性，注重因材施教，为不同层次的学生提供不同的学习条件，设计好分层教学的全过程。内容安排上要符合学生的认知规律与接受能力，做到由易到难、由简到繁，突出重点。

一是对于C层学生，教师应尽可能设计一些简单的、易于模仿的问题，只需教师加以指导或小组内通过简单讨论就能解决。

二是对于B层学生，设计的问题应具有中等难度，梯度稍大一些，并兼顾一些培养思维能力方面的问题，要求学生能熟练掌握基本知识，注重设计发展理解能力和思维能力的问题。

三是对于A层学生，要设计灵活性和有一定难度的问题，要求他们能深刻理解基础知识并能灵活运用，注重设计培养创造力、想象力和发展个性特长的问题。

在备课设计中，要根据情况设置“全体、提优、补差”三条线索。针对学生接受能力不同，在课堂容量上有不同的要求。

（3）课程分层。

在不降低教育要求的情况下，根据课程的难易程度将其分为A、B、C三个层次，学生可以根据自己的兴趣、发展水平和未来职业定向等因素选择不同的课程层级。同时，改变传统上固定行政班的教学制度，实行走班制。相对于把学生分到固定的不同层次的班级而言，这种课程分层更值得肯定。

（4）作业分层。

针对学生的差异，A层是面向全体学生的基础型作业，B层是面向大多数学生的拓展型作业，C层是面向少数学有余力学生的提高型作业。同时，可以改变布置作业的方式，变“布置”作业为“推荐”作业，变教师给予为学生自编，实行弹性作业制度、学生互帮制度等。

（5）评价分层。

要根据不同层次学生的不同学习目标，分层评价其基础性学力、发展性学力和创造性学力。对C层学生，要用赏识评价，对点滴进步要给予肯定与鼓励；对于B层学生，采用激励评价；对于A层学生，不但要激励，更要严格要求，使之优中更优。评价分层的关键不在于追求结果，而在于关注过程性与发展性。要变横向评价为纵向评价，鼓励学生自己与自己比较，而不是在学生之间进行比较，肯定自己的每一点进步。要变竞争性评价为激励性评价，学会欣赏，发现每个学生的闪光点。

3. 新时代课堂教学的基本因素

墨子在教育弟子的过程中，对时间、课程、环境等因素对学习的不同影响进行了探讨。新时代的课堂是一个综合性的动态结构，课堂教学的基本因素有以下几方面。

（1）宏观课堂因素。

一是教师。教师是课堂教学的设计师，在教学过程中，学生能否积极主动地学习，取决于教师是否让学生成为学习的主人。教师施教的目的，最终都要落实到学生身上，要让学生在认识、能力、思想诸方面获得进步与提高，教师的教是为了学生的学。

二是学生。学生是学习活动的主体，教学过程中，只有学生被教师当作学习的主人时，他们才能产生主人翁的责任感，才有可能形成对待学习的自觉态度和创新精神。学生虽然年龄小，但他们有权利享受国家义务教育，有权利得到教师的爱和尊重。学生希望教师指导、帮助、鼓励他们学习，而不是用不尊重的言行和做法强迫他们学习。

三是课程。教师要使学生明确在教与学的过程中学习什么和解决什么。首先是弄懂理论、原理、定理、法则、公式、规律等，其次是学会技能、技巧、创新，再次是发展智力、能力，再次是培养道德品质、良好习惯、创新精神、实践能力，最后是形成正确的世界观、价值观。

四是环境。这里专指课堂教学的情况和条件。墨子的“染丝说”说明了环境的重要性。创造适合学生的教育要求这个环境要有利于“以学生为本”的教育目标的实现，注重培养学生的创新精神和创造能力；要营造积极的课堂氛围，即尊重学生的观点、问题，鼓励学生提问、概括、假设和陈述的课堂氛围；高度鼓励学生的积极参与、对学术建设性地批判、对已有的思想和观念提出质疑等，并形成学生之间、教师与学生之间的相互合作关系。教室的布置要做到整洁、美观、大方、高雅，学生处在优美的环境中，会心情舒畅，兴趣大增。

（2）中观课堂因素。

一是教学目标。教学目标就是教学所要达到的目的。教学目标有知识与能力、过程与方法、情感态度与价值观三个维度。就知识与能力而言，知识主要包括人类生存所不可或缺的核心知识和学科基本知识，能力，获取、收集、处理、运用信息、创新实践能力。就过程与方法而言，过程指应答性学习环境和交往、体验，方法包括基本的自主、合作、探究学习和具体的发现式、小组式、交往式学习。就情感态度与价值观而言，情感态度是乐观生活、科学求实、宽容人生的态度；价值观强调个人价值和社会价值、科学价值和人文价值、人类价值和自然价值的统一，从而使学生确立起对真善美的价值追求和人与自然和谐和可持续发展的理念。

二是教学内容。首先是知识，由事实、概念、原理及它们的内在联系构成。其次是能力，是顺利完成某种实践的个性心理特征。知识和能力是相辅相成的，知识的掌握有助于能力的形成，掌握知识形成能力，能力往往制约知识的掌握。最后是非智力因素，指直接影响制约智力发展的意向性的心理因素，主要包括动机、兴趣、情绪、情感、意志、性格等个性心理倾向和心理特征。

三是教学结构，反映特定教学理论逻辑轮廓，包含：知能序列，学科课程的知识和能力体系中固有的序列；认知序列，是学生通过书本知识学习人类间接经验的程序；过程序列，根据不同课型设计的课堂教学程序。

（3）微观课堂因素。

一是教学方法。教师的教学方法直接关系着教学工作的成效、教学效率的高低和教学目的实现；学生的学习方法专指在课堂教学中学习的方法，是课堂教学活动的主要内容。

二是教学技能。教学技能是由教师的创新知觉、表达、组织、情感交流等能力决定的、能运用自如的教学技巧和能力。

三是教学效率。教学效率是教学改革的重要内涵和归宿，必须想方设法提高教学效率。

4. 新时代课堂教学的具体要求

墨子要求弟子自觉地严守墨家教义，弟子的政治活动和经济生活都要受教义教规约束。在教学过程中，墨子主动施教，弟子强力而学。墨子对弟子们意志的磨砺，并非客观环境不够好而不得不为之，并非弟子们表现不够好而必须批评之。许多时候，墨子是有足够的能力为弟子们创造舒适的工作和生活环境的，弟子们的表现也不辱墨者名声。他这样做，是为了更好地磨炼弟子的意志，培养弟子的强人品德、超人意志。墨子在教学中对弟子的要求，给新时代的课堂教学带来诸多启示。

（1）对教与学的要求。

墨子的“量力性原则”可以在这里得到很好的体现。课堂教学质量的高低决定着教育质量的高低，对课堂教与学的要求有以下几点。

一是“少”。“少”是指教师讲授的时间少。实践研究表明，小学生在一节课中精力最集中的时间在15分钟左右；中学生22分钟左右。这期间学生头脑最为兴奋，最为活跃，教师要抓住这个最佳时段给学生传授知识。

二是“精”。“精”是指课堂学习内容精。首先是必须体现课堂教学主要目标的内容，其次是必须是知识点，最后是必须和前后知识联系紧密的内容。这些内容由教师点拨后要求学生掌握，如果有的学生当堂接受不了，要在当天的自习课上内化吸收。

三是“活”。“活”是指教学方法活。墨子在教学中采取了灵活的教学方法，和弟子研究光学采取讨论式；研究力学让弟子在动手、动脑的体验感受中学习知识、接受知识；教授守城战法，采用单独教授的方式，让弟子入脑入心。我们要改变教师讲、学生听，教师说、学生记，教师看、学生练的方式，向墨子学习调动学生积极主动学习的方法，让学生主动思考。

四是“新”。“新”是指教学手段新。墨子在教育弟子的过程中，注重采用新方法，传授新知识。当今时代是信息时代，是知识化经济时代，教学手段需要跟上时代的步伐。采用多媒体教学、电化教学等先进手段，既可以节省时间，又能激发学生学习兴趣。

五是高。“高”是指教育效果高。课堂教学是学生获取知识、增长才能的主要渠道。如果一节课结束后学生学不到什么，那么这就是一节失败的课。优秀的课堂教学的标准是：课堂实现（及格）率在98%以上，优秀率在80%以上。

(2) 对教师的要求。

教师是课堂教学的设计师、执行者，新时代的教师要像墨子那样帮助学生检视和反思自我，明确自己想要学习什么和获得什么；帮助学生寻找、搜集和利用学习资源；帮助学生设计恰当的学习活动；帮助学生发现所学东西的个人意义；帮助学生营造和维持学习过程中积极的心理氛围；帮助学生对学习过程和结果进行评价，并促进评价的内在化。以墨子为榜样，教师应当做到以下几点。

一是教学目标具体明确。

二是掌握学生的身心特点和认知规律。

三是把握好学生的实际发展同教材要求的结合点。

四是注重挖掘教材中的德育、美育因素，并搞好渗透教育。

五是搞好教学过程设计，注重有机、有序。

六是注重各个教学环节的启发教学，有利于学生获取知识。

七是注重学生的人格，尊重学生的发言权，鼓励其发表独到的见解。

八是注重教学的思想方法，培养学生的思维能力；选择并运用好训练方法，发展学生的各种能力。

九是创设情境，以知引趣，营造乐学氛围；整体性与个别性结合，切实搞好因材施教，追求学生的最大化发展。

十是树立教师自身的人格形象，以高尚的师德影响、教育学生。

(3) 对学生的要求。

学生作为教育主体要积极参与教学过程，感受和体验知识的产生和过程。对学生的要求有以下几点。

一是课前预习。通读下节课的学习内容，抓住新旧相连的知识点，将自己不能解决的知识点列出，试着解答课后练习，巩固预习成果。

二是课堂学习。做好充分准备，认真自学思考，眼观与耳听结合，切实做好笔记，适时多动记忆。

三是课堂作业。做作业的过程是复习—审题—做题—验证。

四是课堂实验。破除操作实验的神秘感，掌握常用的实验设计方法、操作实验设计的步骤、操作实验中应注意的问题。

五是课堂反馈。直接反馈，当面对学生的学习情况给予评价；间接反馈，从侧面做出反应，这种方式运用比较广泛。

六是课堂检测。做好检测前的准备，掌握检测技巧，考后认真总结。

七是课后复习。回忆再现、钻研教材、整理笔记、勾引牵连、记忆巩固。

5. 新时代课堂教学的科学结构

课堂教学的科学结构是指一节课的组成部分及各部分之间的联系、顺序和时间分配。墨子在教授弟子的过程中既是知识的传授者，又是教学活动的组织者，还是弟子的合作者，更是弟子学习的服务者。他在教学中做到了“五放手”：新知识放手让弟子主动探索；疑难问题放手让弟子讨论，提出问题放手让弟子思考解答，结论或规律放手让弟子概括；知识结构体系放手让弟子构建。课堂教学应以发展学生的主体性为主，构建发展学生主体性的课堂教学结构。

(1) 学生主动自学（8 分钟）。

教师在学生课前预习的基础上简明提示学习目标，并根据预习的内容列出自学题目，引导学生自学。教师要注意以下几个方面。

一是定好学习目标、自学题目。学习目标、自学题目要简洁，让学生一看就懂，一听就能记住；学习目标要有导向作用，学生通过独立自学能发现疑难和问题。

二是讲清自学要求。要给学生指出自学的范围、要求（用多少时间、达到什么目标、自学后教师如何检测等）与指导学法（怎样看书、怎样发现问题、怎样做记录、实验要注意的事项等）。

三是即时了解自学情况。梳理学生遇到的疑难和问题，掌握不同层次学生特别是学习困难学生的自学情况，便于在师生交流、研讨时进行指导。

四是将学生分出层次。按 A、B、C 隐性动态分层，学生可根据本人的实际情况和教师设计的分层教学要求，在课堂上自主地确定自己的层次。A 层为成绩优秀的学生，B 层为成绩一般的学生，C 层为学习困难的学生。不同层次间的教学要求的关系为较低层次要求（C 层）→基础要求＋新增要求（B 层）→较高层次要求（A 层）。

五是及时巡回指导鼓励。勤于巡视，对学生进行指导和鼓励。学生自学时，根据学生分组情况，广泛巡视学生的自学情况，要特别注意自学有困难的学生，以适当的方法予以辅导；对自学速度快、效果好的学生要及时鼓励表扬。

（2）合作能动讨论（15 分钟）。

在自学的基础上，根据自学题目，学生分组进行讨论。讨论既是对自学效果的检查，同时又能解决自学中的疑难和问题，也是为接受教师的指导做准备。教师要注意以下几点。

一是组织好学生讨论。讨论的方式分为全班讨论和分组讨论两种。全班讨论，由教师主持；分组讨论，由学生（成绩优秀的）主持，学生分组以每组 4～6 人为宜。

二是抓住讨论要点。讨论中，要对疑难和问题进行讨论，这是讨论的要点。全班同学参与，交流体会，让会者教不会者，共同提高。

三是及时发现问题。分组讨论，教师要积极鼓励学生思考、发言，注意培养学生的创新思维和创新能力，培养学生主动学习的进取精神，适时对学生的创新思维给予积极评价。在讨论中，学生讲对的教师要给予肯定，讲错的要给予更正，讲得不完整的要给予补充，不会讲的可留作问题，等到教师指导时重点讲解。

（3）师生互动研讨（15 分钟）。

在学生自学、讨论后，师生就学生尚未理解、掌握的疑难和问题进行研讨。教师应注意以下几点。

一是研讨的内容。凡是学生自学、讨论后掌握的一律不再讲解，学生不能掌握的重点、难点、新旧知识结合点、易混点，要进行指导和点拨。

二是研讨的方式。可采取师教生、生教生两种方式，师教生由教师指导讲解，生教生由 A 层的学生指导讲解。

三是研讨的要求。不能降低学习要求，有些问题不能因为学生认为是对的就不指导讲解，对任何一个知识点都应让学生知其所以然。

四是成果的展示。每个学习小组选一位代表，采用讲解、说明、表演、操作、图例等方式，向全班同学展示。

五是搞好研讨小结。师生研讨后，要用简明的语言精要小结，并鼓励学生在综合理解、领会的基础上提出新的见解，进一步培养创新精神。

（4）当堂自动练习（7 分钟）。

在前三步的基础上，为巩固基础知识、基本技能，培养学生的创新能力，对当堂所学知识进行练习，在有限的时间内让学生进行口头、书面或动脑、动手练习。教师应注意以下几点。

一是练习题目的要求。练习的内容要有针对性、层次性、量力性、典型性。

二是学生练习时的要求。学生练习时要做到独立、按时，教师不指导。当堂练习应如同考试，不准抄袭，教师也不能辅导。

三是教师要提醒矫正。学生练习时，教师要巡视检查，敏锐地观察和了解学生在做题中可能出现的不良习惯并及时提醒学生矫正。

四是作业批改的要求。练习的作业不论做完与否都要在下课时交上。每次练习后，学生要在作业后写上“整洁”“成绩”“年月日”，“整洁”采用甲、乙、丙、丁等级评定，“成绩”采用优、良、中、差等级评定，并填上批改日期。

五是留好课下预习的内容。下课前，教师要布置下节（周）的预习内容，以利于学生在课下预习。

6. 新时代课堂教学的点拨启发

墨子通过教育感化黎民，使之遵守社会伦理秩序，形成良风美俗。教育是为政治服务的，我们建设稳定、发展、和谐的社会，离不开教育这一首要的功能。

(1) 在师生合作中点拨启发。

墨子在和弟子的合作中做到了教学相长。墨子和弟子教与学的关系，暗示了启发教学的必要性。一方面，在“教”与“学”的过程中，教师和学生互为依存，相辅相成；弟子的“学”的自觉性、主动性不是天生的、自发的，而是在墨子的启发引导下逐步形成的，墨子的“教”发挥了主导作用；另一方面，墨子在“教”的过程中，弟子在“学”的过程中，一方是墨子的素质、态度、能力、需要、动机等，另一方是弟子提出的问题、希望、对墨子的要求等。这一过程推动墨子增加和更新知识、改进教学，这就是墨子“自强”的动力。在弟子“学”的过程中，一方是社会、墨子向弟子不断提出新要求、新问题，另一方是弟子的学习心理状态，如需要、动机、态度、感情、能力等，自主地学习和发展，形成前进的动力。双方不断地从对方的新变化中受到新的启发，获得新的能量，得到的启发越多，越能推动矛盾的发展。

(2) 在激发兴趣中引领启发。

墨子在教学中注意激发弟子的学习兴趣，使教学轻松自如，收到了事半功倍的效果。

一是设疑激趣。墨子精心设计某些问题，造成悬念，诱发弟子的学习兴趣，促使弟子自己思考得出答案。教学中墨子顺势点拨，因势利导，诱发弟子的学习兴趣，取得了很好的教学效果。对耕柱的教育就是很好的一例。

二是试验激趣。墨子对弟子的学习活动，预先设计有趣的活动和试验，让弟子积极参与，人人动手、动口、动脑。这样弟子觉得有疑可问，有趣可学，促使弟子自觉积极地学习，教学就会收到意外的效果。

三是竞赛激趣。心理学的研究结果告诉我们，成长期的学生有极强的表现欲，他们渴望得到别人的赞许与认可。对此，在教学中很好地抓住他们的心理，给予他们充分表现的机会，他们学习会很投入。

四是尝试激趣。到生活中学习，学以致用，以激发弟子学习的兴趣。墨子非常注重为弟子提供运用学习知识的机会、提倡自主、合作、研究性学习，让弟子走上社会宣传墨家主张。

五是想象启发。想象比知识更重要，运用联想和想象，能丰富学习内容，这应在教学中去渗透、去落实，开启学生想象之门，点燃想象的智慧火花。

六是拓展启发。要拓展学生的思维空间，培养学生的开放视野。课堂教学中可设置系列开放式的问题，提供系列延伸课外的发散性训练，增强学生思维的灵活性和多元性。

七是求异启发。求异，就是转换角度，另辟蹊径。课堂教学要多角度、有创意地引导学生思考。

八是创新启发。注重开发学生的创造潜能，促进学生持续发展，注意学生创新能力的培养。比如有的教材选择的是短小精悍、意境十分清新优美的儿歌。儿歌通过比喻和想象，诗化了插秧的耕作过程，诗化了艰苦的劳动。老师通过版画把学生带入意境，在领悟的基础上激励学生创新。

（3）用自身的榜样影响启发。

在教授弟子的实践中，墨子身体力行、亲身实践，和弟子一起在实践中获得新知，促使弟子快速成长。

一是诱导学生从认知走向实践。《贵义》中墨子举出盲人不能分辨黑白的例子来强调实践的重要性。

二是反对空谈。《贵义》中墨子通过商人与士的比较，对士提出了批评。墨子重视实践，在教学过程中对弟子则采取了与之相应的教学方法。

三是自苦行义，为弟子树立了榜样。“今有人于此，有子十人，一人耕而九人处，则耕者不可以不益急矣。何故？则食者众而耕者寡也。”（《贵义》）墨子为发扬义的主张，践履承诺，只要能行义，再苦自己也不在乎。

四是言行一致，为弟子做出表率。《鲁问》中墨子由刀利能杀人推论到国家兼并当政者遭受不祥，阐明了反对攻战的思想。墨子游说诸侯“择务而从事”，做到了言行一致，在做人、做学问方面为弟子树立了榜样。

（4）用意显的语言引导启发。

刘勰在《文心雕龙》里评价墨子的语言“意显而语质”，即意义明显、语言质朴。墨子的语言在对弟子的教授启发中发挥了很好的作用。

一是质朴语言的教授启发。墨子通过各种手法用质朴的语言教授启发。《公输》止楚攻宋，墨子使用了大量修辞；《所染》用“染于苍则苍，染于黄则黄”譬喻人受环境的影响，并扩大到“国亦有染”；《天志中》四处自设问答，对“义”“善政”“孰为贵”“孰为知”进行生动的说明。

二是美妙言辞的教授启发。墨子在对弟子的教授中，为了充分表达心意、情感，十分注意用美妙的言辞来表达。墨子为救时弊，极力奔走，极为重视“言”的作用：“执所言而意得现，心之辩也。”（《经上》）意思是说，语言是人的一种功能，通过说话可以表达或理解人内心的意思。墨子反对攻伐掠夺战争，就以当时的“好攻伐之君”与“汤伐桀，武王伐纣”都被“立为圣王”的事实为论据，为自己反对发动攻伐掠夺战争辩解。“非攻”不是一般的“非战”，而是反对侵略者发动的攻伐无罪之国的战争。墨子说：“子未察吾言之类，未明其故也。彼非所谓‘攻’。谓‘诛’也。”（《非攻下》）他在这里认为商汤对夏桀、周武王对商纣王的战争是正义的“诛”，即“正义讨伐非正义”；而“好攻伐之君”则与“诛”的本质不同，是攻伐掠夺的非正义战争，是“攻”。二者本质不同。

三是历史典故的教授启发。墨子在对弟子的教授中，将历史人物、故事以及现实生活中的传闻、案例，根据教授的需要，灵活运用到自己的教学之中。《明鬼下》中的“观辜之死”，是讲述观辜被厉神用木杖打死的故事，告诉人们鬼神不仅存在，而且能对人间的善恶予以赏罚。《耕柱》中的“季孟之祝”，说的是季孙绍与孟伯常两人同为鲁国大臣，互相不信任，还要装作若无其事，希望两人和好的故事。《非攻上》以常见事物作为说理的例子（今有一人，入人园圃，窃其桃李）来阐明

“非攻”的道理。《所染》列举所染得当“四王”和所染不当“四位君王”，用历史人物来说明事理。

(5) 用丰富的对话沟通启发。

我们知道，没有沟通就不可能有教学。教学从本质上说是一种沟通的活动，是一种通过提出问题（实际上就是我们通常说的提问）进行对话的活动。《耕柱》《公孟》《鲁问》《贵义》《公输》等篇是对话教学的典范。实际上墨子与弟子进行着认识与情感的交流，显然有别于我传你接、我授你受的“传话教学”。这正是墨子与弟子的启发式对话，后人狭隘地把启发与课堂问答画等号。墨子用讨论的方式与弟子谈话，不直接把结论教给弟子，而是提出问题并引导弟子最后得出正确的结论。对话在墨子这里是自觉应用的，而且的确产生了很好的教育效果，因而是当之无愧的教学对话。但是，墨子所处的时代等级森严，民主精神匮乏，尽管墨子有民主的作风和与弟子对话的情怀，但整个时代还是非对话时代。在非对话的时代，对话就只能是一种技术，教学对话也只能是一种教学的艺术。只有在教育不断前进的步伐中，对话才逐渐从教学艺术升华为教学精神。墨子根据教学过程中弟子掌握知识的特点和规律，依据对话的内容和目的，创造的课堂对话有以下几种类型。

一是记忆对话。就是检查弟子已学知识，主要培养弟子记忆能力的对话。目的在于确定弟子能否掌握已学知识的实际内容，是否了解所学内容的基本事实。禽滑厘的“守城之法”就是在对话中得来的。

二是理解对话。就是加深弟子对知识的理解、培养弟子理解能力的对话。在记忆对话的基础上，墨子开启了更深层的对话，多用于了解弟子对所学新知识的领会、掌握情况。

三是创新对话。就是培养学生综合解决问题能力的对话。它要求教师要有创新精神，提出综合性强、激活力强、角度新、质量高的问题；学生要有探索精神，多角度、多侧面、深度进行思考，巧妙地谈论自己对问题的独特看法。

四是管理对话。就是通过加强学习管理、学习纪律使学生持续进行学习的对话。管理对话有的是提出具体要求，有的是提出解决问题的方法，有的是指定学生做某一实验等。

（6）用科学的实验生成启发。

世界首颗量子科学实验卫星“墨子号”的发射升空和在轨运行，不仅助力我国广域量子通信网络的构建，服务国家信息安全，还将开展对量子力学基本问题的空间尺度实验检验，加深人类对量子力学的理解。世界首颗量子卫星之所以被命名为“墨子号”，是因为墨子最早通过小孔成像实验发现了光是沿直线传播的，第一次对光沿直线传播进行了科学解释，还提出了某种意义上的粒子论。墨子在两千多年前就和弟子一起进行了实验研究，并用光沿直线传播解释了一些现象。光在同种均匀介质中沿直线传播，这是一条非常基本也非常重要的规律。“墨子”号卫星发射的光子在自由空间中就是沿直线传播，并且卫星上的发射装置以及地面上的接收装置需要根据光沿直线传播计算光子传播的路径，并操纵仪器进行工作。

第九节　对新时代课程改革的启示

新时代呼唤新教育，新教育需要新课程，课程改革要紧跟时代的要求。在新理念的引领下，新课程意味着学生接受的教育即将上升一个层次，这对于学生的综合发展，国家的未来发展都有着积极重要的意义。墨子向弟子施教，独辟蹊径，将课程设置为“谈辩”“说书”“从事”三类，这对于新时代的课程设置有着极其重要的启发意义。

1. 新时代新课程的新理念

培养什么样的人，是国家意志的要求；新时代新课程改革，要体现国家意志，学生学什么、怎么学，事关国家的前途和民族的命运。墨子为了实现“济民救世”的行义目的，让弟子各司其职，通过“谈辩”让弟子宣讲墨家思想，通过“说书”让弟子四处传播墨学，通过“从事”让弟子掌握实际知识和专门技能学有所用。新时代的新课程应体现以下新理念。

（1）课程新的理念引领。

一是理想信念。首先，教育的初心是为了个人发展、家庭幸福、民族复兴、人类进步。其次，教育的使命是“立德树人，为国育才”，培养道德心、铸造中国魂，培养人文精神、科学精神，形成生命力、创新力、领导力。再次，教育要培养善良而有智慧的现代君子，要解放心灵，使生命自由舒展。最后，要开办中国灵魂、世界眼光的未来教育，树立世界基础教育的中国标杆。

二是课程建设。以育人为本，创建适合学生发展的全面育人课程体系，以基础、发展、荣誉课程为三大层级，逐步形成国家、地方、校本、创新人才培养、国际合作、精英人才培养六大课程体系。

三是未来教育。以现代教育信息技术手段为支撑，构建以“学习者为中心”的教育，通过开展个性化的学习与教学活动，培养适应未来社会的人才。

（2）课程新的价值观念。

新时代新课程的价值取向是：为了每一个学生的发展，像墨子那样把学生培养成有益于社会的人。把知识技能、过程与方法、情感态度价值观三者真正统一起来，使课程体系产生质的飞跃。提倡具有健壮的体魄和良好的心理素质，养成健康的审美情趣和生活方式，具有社会责任感，努力为人民服务，具有初步的创新精神、实践能力、科学和人文素养以及环境意识，用整体的观点来全面把握学生的个性发展并将其视为课程的根本目标。

（3）课程新的高水平。

课程是有计划地安排学生学习机会的过程，并使学生获得知识、参与活动、增加体验。以墨子的“谈辩”为例，“谈辩”既是课程，也是墨子和弟子日常生活的主要内容，他们通过演讲、游说、辩论展示了墨家“谈辩”的风采。“谈辩”的魅力在于能够有效地说服别人改变态度，让自己的意志去影响别人。新时代的新课程要体现高水平。

一是强调计划性。关键是安排学生学习的机会，学生只有有了学习机会，才能掌握知识、发展智力、形成能力。

二是学生能力取决于知识、机会、智力。学生应该学习关于“怎样做”“为什么”“谁的”知识，成为有自主能力的人。

三是课程是一个过程。课程是随学生的发展而来的，因此要适应学生。过去的课程对学生自主学习的过程基本没有体现，正如社会上流传的，学前幼儿忙探究，小学三年失兴趣，初中开始就分流；中小学生在解题，大学生在休闲。教育过程得不到体现，教师、学生的生活质量大大下降，教育目标大大错位。

四是课程是开放、民主、科学的。开放的课程具有极大的包容性，凡是对人类发展、对社会进步、对学生培养有利的知识都应有效地编入教材；民主的课程是为祖国的新一代服务的，因此要适应学生；科学的课程是实事求是的学问，回答学生“能做什么”的问题，教师指导学生在探究中发现问题、解决问题，养成适应社会的能力。

（4）课程新的教学变革。

新课程把培养学生素养作为目标，要求每个学生不仅要获得科学知识，而且要掌握科学方法和科学技能，形成科学态度与科学精神，并倡导开展以探究为核心的教学来实现这一理念，这一理念的实施将使教师的教学行为、学生的学习方式和师生关系发生重大转变。墨子在对弟子的教学中大胆变革，以教授“说书”的课程为例，墨子是以实践活动来实现的。墨子安排学生到各国实践治国理念，他认为：“夫尚贤者，政之本也。”（《尚贤上》）在“尚贤使能”思想指导下，墨子选拔、安排众多的弟子到各国实践治国理念。墨子推荐曹公子到宋国做官，派高石子到卫国做官，让禽滑厘率三百人助宋守城防楚……这样的教学行为在今天仍有启发意义。

一是教师教学行为的转变。教师要把激发和保持学生学习热情与获得学习能力放在教学首位，改变教学方法，帮助学生形成积极主动的求知态度，引导学生发现、探究、解决问题。培养与保护学生的好奇心和发现欲，帮助学生学会学习。教师要逐步成为学生学习和发展的促进者，与学生积极互动、共同提高的协作者，组织学生合作学习、探究学习的引导者。

二是学生学习方式的转变。学生采用“主动—探究—合作”的学习方式。重点培养学生动口、动脑、动手的实践精神和合作意识。在教师的引导下，学生自主探究，合作交流，揭示知识内在联系，探索新知识的形成过程，从而获得新知。

三是师生关系的转变。注重构建平等、民主的师生关系，营造和谐、宽松的课堂气氛。教师要为学生创造良好的学习氛围，建立和谐、民主、平等的师生关系。师生在平等的对话中进行活动，学生在愉悦的氛围中思考，获取知识。

（5）课程新的资源组合。

教科书不再是唯一的课程资源，墨子给我们做出了榜样，他对所有的教育资源做到了综合利用，做到了有机组合。“谈辩”“说书”“从事”三类课程既自成一体，又互相联系，囊括了各类知识资源。这三类课程涵盖政治、经济、军事、教育、哲学、宗教、伦理、科技、逻辑、管理以及义利观、人才观、人生观、历史观、宇宙观、认识论等方面。新时代的新课程要将课程资源重新组合。

一是开发、利用好校内外一切课程资源。首先是校内课程资源，包括实验室、图书馆及各类教学设施和实践基地。其次是校外课程资源，包括图书馆、博物馆、展览馆、科技馆、工厂、农村、部队、科研院所等广泛的社会资源及丰富的自然资源。最后是信息化课程资源，包括校内信息技术的开发利用、校内外的网络资源等。

二是提高对课程资源开发、利用价值的认识。课程资源对学生的发展具有独特的价值，因其具体形象、生动活泼和学生能够亲自参与等特点，给学生多方面的信息刺激，能调动学生参与，激发学生兴趣，使学生身临其境，在愉悦中增长知识、培养能力、陶冶情操。

三是树立新的课程资源观。学生应成为课程资源的主体和学习的主人，学会主动地、创造性地利用一切可用资源，为自身的学习、实践、探索性活动服务。教师应成为学生利用课程资源的引导者，围绕学生的学习，帮助学生走出教科书，走出课堂和学校，充分利用校外各种资源，在社会的大环境里学习和探索。

2. 新时代新课程的新特点

墨子的施教课程，在墨子所处的时代是先进的、科学的，是引领当时时代发展的，即使在今天仍有借鉴意义。中国为世界上那些既希望加快发展又希望保持自身独立性的国家和民族提供了全新选择，为解决人类问题贡献了中国智慧和中国方案。新时代的新课程应具有符合新时代的特点。

（1）学习国际先进经验。

研究世界发达国家的改革经验，从中汲取值得借鉴的内容与方式。综合借鉴世界发达国家的先进经验，如各国普遍强调的价值观教育与道德教育，注重基础学力的提高、信息素养的养成、创造性思维的培养；尊重学生，倡导“自主一合作一探究”的学习方式，建立民主、平等的师生关系；探索发展性的课程评价，强调评价的教育功能；构建共享的课程管理机制，增强学校课程的适应性等。

（2）体现中国教育特色。

一是重视国际经验的本土化。在培养目标上，提出要使学生具有爱国主义、集体主义精神，热爱社会主义，继承和发扬中华民族的优良传统和革命传统；具有社会主义民主法制意识，遵守国家法律和社会公德；逐步形成正确的世界观、人生观、价值观；具有社会责任感，努力为人民服务；等等。

二是在继承的基础上进行创新。首先，学校要有一定的课程权利。使得真正发生教育的地方——学校承担相应的职责。其次，正确处理各类课程之间的关系。根据综合性、均衡性与选择性的原则，正确处理学科课程与活动课程、分科课程与综合课程、必修课与选修课的关系。最后，提升学校、地方已形成的教育经验。

（3）克服“学科、知识、书本中心”倾向。

通过学习进一步提升学生的生活质量，强调把所学知识运用于日常生活中，注重培养学生运用知识解决实际问题的能力；强调探究式学习，每课均有“活动与探究”，教材由易到难、循序渐进地设计大量丰富多彩的类型各异的探究栏目与活动；每个学科都要提供相关网站，引导学生和教师利用互联网进一步拓展学习渠道和领域。

（4）知识得到极大融合。

融合是将有关学科融合为一门新的学科。例如，历史、地理、公民融合为综合社会科；物理、化学、生物融合为综合理科；植物学、动物学、解剖学、生理学融合为生物学；综合性实践活动，实质上是课程融合的最好尝试。

（5）强化课程的选择。

新时代的新课程加强了课程与社会发展和科技新成就的联系，允许学生对问题有独特的见解，从而为学生发展个性留出了空间。为使学生深刻理解技术及其对人类和社会的影响，STS课程则是保证人类文明健康发展应具有的最佳状态。STS是Science、Technique、Society三个单词第一个字母的缩写。但是作为一个概念，STS并不是这三个单词的简单排列。概括地说，STS是一门研究科学、技术、社会三者相互作用关系的复杂而庞大的系统学科。物理、化学、生物三科的新教材中都专门设有“科学·技术·社会”栏目，密切联系材料、能源、环境和生命科学等社会实际，体现科学、技术、社会发展的联系，展示科学发展的新成果。提供大量供学生课外自选的家庭小实验等，增加选修课和综合实践活动课时，学生根据自己个性兴趣和需要选择学习的机会大大增加。

（5）营造新的课程文化。

一是合作文化。强调课程的开放性。每一位学生都是一个完整的生命体，促进每一个完整生命体的发展需要许多人的合作才能实现。课程强调专家、教师、学生及其家长、社会人士都是合作共同体的一分子，应尽可能保证相互之间有合作的机会并建立合作机制。

二是对话文化。强调课程的民主性。课程本身就是一种对话，是所有与课程利益有关的人员或部门之间的对话。学生是国家的希望、民族的未来，学生的发展是全社会的焦点，因此需要社会各界人士对话与协商。

三是探究文化。强调课程的科学性。就课程的历史来看，学生在学校里学什么，或者说什么样的课程才是适合学生的课程，这是一个永恒的话题，需要一代又一代人前赴后继，不懈地持续探究。

3. 新时代新课程的新实践

墨子是一位倡导实践的教育改革家，他的教育思想对中华文明的发展，对开发民智、提高国人的文化意识起了巨大的作用。他创立的课程，蕴含了实践教育的理念、准则与方法。实践与理论相结合，使墨子既是一位渊博的知识分子，又是一位著名的能工巧匠。他将实践中积累的丰富的知识经验，毫不保留地传给弟子，其弟子不仅能言善辩，而且注重理论联系实际，会干善干。墨子在日常生活生产中制造了桔槔、辘轳、车梯等机械工具，同弟子一起进行了本影、半影、球面镜成像、小孔成像等一系列光学试验。这些实践既锻炼了弟子的实际操作技能，又为科学技术研究的创新做出了贡献。随着历史的发展，墨子的实践教育思想成为中华民族教育思想体系的重要内容，时至今日仍然对我国教育事业有着深远的影响。课程，是学生学习的进程与安排；学习，是学生成长进步的阶梯；实践，是学生提高本领的途径。

（1）课程实践的新动向。

让每个学生都得到发展，是新时代新课程实践的指导思想。这就要求课程实践必须构建一套具有前瞻性和可操作性的课程体系，形成一支善于攻坚、结构均衡、既有国际学术视野又有本土实践经验的课程研究队伍，构筑具有典型性和示范性的课程实验网络。

一是课程内容的选择。新时代的新课程不是“囊括”而是“精选”，选择课程内容要向“精选式”转变，其目的在于培养学生适应未来社会所需的能力。

二是学力目标的定位。不是以量取胜而是以质取胜。未来社会的学力目标主要定位于对方法论知识、价值性知识的把握和创造性思维能力、语言表达能力、实践能力的形成。换言之，传统的3R（Read、Writing、Arithmetic）时代终结，崭新的3C（Care、Concern、Connection）时代已经来临。从课程发展的角度来看，现代学习理论对“发现、体验、合作、反思”学力目标的强调意味着编制课程采用的“主题——经验——表达”的“登山型”模式将比编制分科课程所采用的“目标——成果——评价”的“阶梯型”模式更具优越性。

三是教学方式的取向。不是“教师中心”而是“学生中心”。当前许多国家推行的课程政策试图倡导实现课程与教学理论从“记忆教学论”向“思维教学论”[①]、从“划一教学”方式向“合作学习”转变。

（2）课程实践的新线索。

课程实践活动，是在教师引导下学生自主进行的学习活动。对任何

① 参见钟启泉编译：《现代教学论发展》，教育科学出版社1992年版，第3页。

年龄阶段的学生而言，课程实践活动都是一个有机整体。要切入课程实践活动这个有机整体，必须依循具有内在联系的线索进行。

一是学生与自然的关系。学生将自己融入大自然，探究人的存在环境相关的自然事物或现象的问题，核心是人的现实生活的自然环境，如水资源、植被等。

二是学生与他人和社会的关系。学生置身社会，社会问题研究是学生研究学习的基本内容。它涉及社会或社区的历史变迁、社区文化、社会的经济问题、社会政治、科学技术与社会的探究、个人和群体与制度的探究等领域。

三是学生与自我的关系。学生对自己在生活中遇到的问题进行研究，其中生活学习是学生课程设计的基本领域之一，具体的问题有生活技能、生活科技、怎样学习等。

（3）课程实践的新原则。

课程实践活动的具体内容是由每一所学校根据实际充分发挥其创造性而确定的，学校在确定课程活动的具体内容时应遵循以下原则：一是尊重每一位学生的兴趣、爱好、特长，二是体现每一所学校的特色，三是反映每一所学校所在社区的特色，四是善于引导学生从日常生活中选取探究课题或问题，五是正确处理学生的自主选择、主动探究与教师有效指导之间的关系，六是恰当处理学校对综合实践活动的统筹规划与活动具体开展过程中的生成性目标、生成性主题的关系，七是灵活处理课时集中使用与分散使用的关系，八是适当处理整合校内与校外课程资源的关系，九是适时处理信息技术与综合实践活动的内容和实施有机整合的关系。

（4）课程实践的新开发。

一是地方课程的开发。首先是对国家课程的补充，反映地方社会发展实际对学生素质的基本要求。其次是根据特定地域社会发展对学生的特殊要求，目的是满足地方发展的实际需要，增强学生的社会责任感。最后是观照社会，把学生融入地方或社区生活发展的历史过程，应以探究和实践活动为主，多开展地方历史、地理研究、经济、文化传统研究。

二是学校课程的开发。第一，增强课程的适应性，最大限度地适应学生，促使学生全面、主动发展。第二，促进教师提高，教师通过研究提升育人能力，成为教学专家。第三，形成学校特色，管理者有教育哲学思想，教师有独特的人格魅力、教学风格，学生要有个性，能适应社会、适应世界。第四，推动学校课程开发。（1）提出议案，校长、教师、学生、学生家长均可提出。（2）学校要成立组织，有教师代表、学生、学生家长、社区代表参加，对提出的议案进行审议。（3）对课程的必要性进行论证，根据学生、学校、周边社会发展的需要。（4）资源分析，包括教育技术、教师资源等。（5）在论证的基础上，学校组织人员编制具体课程方案。

（5）课程实践的新关系。

墨子在课程实践中注意到"谈辩"、"说书"与"从事"的关系，三者相互交叉、相互联系，互为依存；课程与受教者的关系，关注弟子的学习状态，教育方法的实施建立在对弟子了解的基础上；课程与施教者的关系，课程内容丰富，在与弟子的对话中创新地揭示课程的内容，帮助弟子发现更新知识；施教者和受教者的关系，课程实践中有良好的教与学的关系和氛围，弟子有独立思考的空间，在与别人的思考与交流中迸发出火花，产生创新意识；知识学习与实践应用的关系，施教者在教学过程中应该鼓励受教者努力把所学到的知识运用到实践中去；环境与人的关系，环境是人运动变化的外因，真正的动力是人的主观努力。除了正常的教学、研究、宣传之外，墨子十分注意协调这些关系。课程实践的新关系主要有以下几对。

一是学科课程与学习课程的关系。学科课程各年级内容具体固定，时间统一安排，进度统一要求，使师生有本可循；学习课程，各年级内容、时间、进度都未做明确要求，学习研究的内容要靠学生从社会、生活、学习中去寻找。超越了传统学科课程的束缚，二者之间是基础与超越的关系。

二是学科课堂与学习课堂的关系。学科课堂按课程表上课；学习课堂形式灵活、地点不一、时间不定。二者之间是相互补充、相互促进的关系。

三是学科内容与学习内容的关系。学科内容，是国家规定的；学习内容，是学生根据自己的兴趣，从社会、学校、家庭生活选取课题进行研究。二者之间是相互融合、互补的关系。

四是学科学习方式与研究学习方式的关系。学科课程的学习方式，注重接受性学习、讲究学习方法的指导、提倡模仿、多以活动课来推动学习；研究学习方式是一种先进的、科学的学习方法。二者之间是基础与提高、发展与超越的关系。

五是学科评价与研究性学习评价的关系。学科评价要求在事实描述的基础上，体现评价者的价值观念和主观愿望。评价的方式是多样的，既可以是定量的方法，也可以是定性的方法。研究性学习的评价是对学生研究成果的价值进行评断，充分体现研究性学习的价值取向，促使学生在原有水平上的发展。

4．新时代新课程的新样态

基于课程品质的提升，新时代新课程的新样态重点是课程再造和智慧教育。

（1）未来课程的内涵。

未来课程一定是面向未来的、关注学生可持续发展的课程；未来学校一定是新样态的、满足学生个性化学习需求的学校；未来教师将主要承担起学生学习规划者和引导者的作用，而不是直接的知识传授；未来的学习方式更多是基于项目的、跨学科的、探究性的学习方式；未来学校的应用场景应该是集智能化、泛在性、强合作于一体的实践场。

（2）未来课程的层次。

一是点状水平的层次。课程以课程门类的增减为标志，这是点状水平的课程变革。

二是线性水平的层次。学校会围绕某一特定的办学特色或项目特色开发相应的特色课程群。这是线性课程开发水平。

三是呈鸟巢状，多维联动水平的层次。学校课程发展呈鸟巢状，以多维联动、有逻辑的课程体系为标志。这是文化创生层次的课程变革，是新时代学校课程的新样态。

（3）未来课程的原理。

一是聚焦学习原理。识别、发现、回应、满足学生的学习需求，是课程实践的核心追求。

二是情境慎思原理。分析社会文化情境以及学校在地文化情境，明晰课程实践的起点。

三是文化融入原理。确定课程哲学并将其融入课程实践全要素以及全过程，让课程充满文化气息。

四是目标导引原理。厘定课程目标，并据此构建学校课程图谱，确保学校课程实践的理性精神。

五是扎根过程原理。充分发挥各类群体的课程参与积极性，巧妙运用多样的课程实践方式，展现活跃的课程图景。

（4）未来课程的取向。

建构课程带有实践属性的知识理论，课程研究应更多地关注实践。面对鲜活的课程实践，回到特定的课程场景，保持理论先于观察的主体状态，与特定课程建立亲密关系，改善与提升课程品质是课程理论的立场。研究视角从宏大庄严事件转向具体课程实践，研究价值从追求普遍理论转向改善课程实践，研究思维从逻辑演绎思辨转向经验实证的扎根思维，从抽象课程理论走向场景课程理论是新时代课程理论发展的一个方向。理论的鲜活性与适用性离不开理论产生的土壤，学校、教师应以理性与自信的姿态来关怀课程实践，参与课程对话交流，在消化、吸收的基础上自主建构属于自己的课程知识。

第十节　对新时代教育科学研究的启示

墨子汲取前人及当时的先进知识，通过亲身实践不断创新。就教育实践、科学技术来说，墨子成就为最；就广度和深度来说，与同时代的古希腊任何一个学派和任何一位科学家相比，墨子都不逊色。墨子强调认识始于接知，终于知。《经说上》说："知也者以其知论物，而其知之也著，若明。"意思是凭自己的才智深入探讨事物而得到高明的理论，好比物体有光明则现。墨子提出了由感性认识到理性认识的阶段性要求。墨子的教育研究实践是中国古代教育科研花园中的奇葩，是教育科学研究的初始形态。

1. 新时代应引发的教育科研革命

大数据因具有预警性、预测性、差异性、共享性、动态性等特性，被越来越多地运用在政治、医疗、经济、教育等领域。利用教育数据挖掘技术和学习分析技术，是新时代的教育科研革命，能为教育教学决策提供有效支持并成为未来教育发展的趋势。教育领域的大数据研究，是指通过科学实验、检验、统计等方式所获得的用于科学研究、技术设计、查证、决策等的数值。教育本身就是一个漫长的过程，教育的对象更是一个庞大的、不断发展的群体，相比于其他领域，教育更加具有情境性、可变性和不确定性，这与大数据独有的大规模、长期、个性化测量、记录、存储、统计、分析、反馈的特点相契合，因而大数据为未来教育的发展带来更多的可能性。例如促进个性化教育的实现，丰富教学评价的体系，完善管理决策平台，无限扩展教学资源等。大数据的运用还可能引发未来教育的巨大变革，因为大数据不仅迎合了教育个性化的发展趋势，而且重新定义了教育的内涵，教育从对形势的规训和教化转变为服务和支持。由此，形势学习的内容和方式、教师的角色和技能以及学校教育机构的功能都将发生新的巨大变化。

2. 新时代应确立的教育科研理念

新时代教育科研的任务和使命，是用大数据提升教育科研的效能，促进教育科研的发展。新时代的教育应确立适合新时代的教育科研理念。

（1）教师就是课程。

教师是学生做人、做事、做学问的楷模，教师就是学生学习的全部课程。

（2）问题就是课题。

在教育教学过程中，我们遇到的影响教师提高、影响学生发展的问题，就是要研究的课题。

（3）教学就是研究。

要想教好书育好人，就必须不断学习，将教和学有机地结合起来。

（4）实践就是创新。

“重复昨天的故事”是无效劳动，如果进行调整就会出现新奇的结局，这个调整就是创新。

（5）成绩即是成果。

认真地教书、认真地学习、认真地育人，就一定能做出成绩，这个成绩就是研究成果。

3. 新时代应认识的教育科研发展

教育科研是通过研究发现教育教学的规律和本质，从而指导教育教学的实践过程，这种过程和大数据发现规律、预测未来的本质是一致的。作为教师，有必要从教育科研管理的角度来认识大数据带来的价值，利用好大数据，让教育科研更好地发挥促进教育发展的作用。

（1）改变研究思路。

大数据带来的不仅是技术层面的创新，更多的是思维模式的改变。大数据思维模式的应用，将改变教师的研究观念与思路，拓展教师的研究视野。

一是研究的样本不再是抽样的，而是可以实现对全体的研究。这有助于我们在教育科研过程中有效地规避抽样方法的局限，更好地把握全局，得到完整、全面的信息。

二是研究的分析不再强调因果，而是注重相关。教育科研的对象十分复杂，传统的因果思维面对纷繁复杂的情境无能为力。而数据强调的相关研究，重视的是结果而非原因，可以直接告诉教师应该如何做，这就使同类的研究可以另辟蹊径。

三是研究的结论不再强调精确，而是注重包容。大数据要求打破封闭和垄断，强调开放、交流、共享和合作。大数据注重相关性、强调包容的思维特点，使教育科研过程中的研究对象不再局限于教育现象和教育内部，开拓了研究的视野；允许教育科研失败，让教师能够充分享受研究的过程，不再纠结于教育科研所谓的“成效”。

（2）丰富研究方法。

大数据研究的一般思路是在大规模、长期、全面、准确、系统地测量、收集、记录、分类、存储相关数据的基础上，对这些数据进行严格的统计、分析和检验，即通过教育数据的挖掘和分析，得出一些有价值的研究结论。大数据的研究方法既可以深化传统的量化研究，同时其注重相关性的特点也丰富、深化了质性研究，大数据与量化研究、质性研究的结合，不仅可以弥补现有教育科学研究方法和手段的不足，提升研究的效度，还将使教育科研演变成一种新的实证科学，为教育科研和管理开创崭新的未来。

（3）提供个性化服务。

大数据不仅可以让学校从海量的科研数据中发现教育科研的发展趋向，找到教育研究的基本规律，还可以通过个人终端收集、储存、整理、分析研究项目和教师的信息，及时关注每个研究项目的进度乃至每位教师的态度、能力和思维方式，可以发现教师的研究轨迹以及他们在研究过程中的需要和不足，从而让学校及时、准确地为教师提供所需的各种资源、指导和帮助，使教育科研管理真正转变为面向个体的、个性化的服务。

（4）创新评价体系。

基于大数据的教育科研成果评价的体系和标准更为客观、公正，使评价从结果评价走向过程评价成为可能。

一是教育科研成果的评价方式，通过大量数据确定研究项目的成果在类似研究中的地位和可能产生的作用。

二是通过大数据可以对教育科研成果进行多元评价，拓展评价的范围。可以对教师的研究态度和能力等做出全面、客观的评价，而不仅仅是论文发表等显性成果的单一维度。

三是通过大数据可以使教育科研成果的评价跳出结果评价的困境，真正实现过程性评价。

4. 新时代应实现的教育科研管理

大数据技术和研究的引入，将促使教育科研管理的跳跃式发展。让大数据助推教育科研管理变革是一个漫长的过程，这就需要我们不断研究、探索和实践。

（1）建立和完善教育科研管理的数据库。

大数据时代的教育科学研究将更多地依靠各种长期积累且相互共享的数据库，教育科研管理要主动迎接大数据时代的来临，当务之急是逐步建立和完善有利于大数据研究的教育科研管理数据库，这是实现管理变革的重要基础和前提条件。从某种意义上说，教育科研管理的数据库才是今后教育科研乃至教育事业发展的智囊或智库。

（2）构建适应教育科研管理需要的大数据交流与分析平台。

大数据发现规律、预测未来的本质对于教育事业和教育科研的发展都有着巨大的作用。在建立和完善教育科研管理数据库的基础上，可以将现有的教育科研网络与科研管理数据库进行有效整合，逐步构建一个有利于不同地区、不同类型大数据共享、交流、挖掘、建模和分析的研究与运用平台。通过平台建设助推教育科研管理变革。以宏观决策为例，通过大数据研究与运用平台寻找研究的内容和教育发展趋势的一致性或相关性，由此发现教育科学研究内容发展、演变的过程和轨迹。这种大数据研究既可以帮助我们分析过去与当前教育科研和管理存在的问题与不足，又有助于分析、比较不同地区的优势与不足，更好地把握今后研究的方向和趋势，引领教育科研发展。同时，大数据有助于个性化服务在教育科研管理中的运用，从而有效地解决目前教育科研管理中指导与服务个性化不足的问题，填补教育科研管理的漏洞。

（3）研究和推广教育科学研究的新范式。

教育科学研究的新范式是指数据密集型科学的概念。大数据时代，数据密集型科学已与理论科学、实验科学和计算科学比肩，成为一种根本的研究范式。数据密集型科学是在实证式（实验科学）研究类型、理论式（理论推演）研究类型和计算式（计算机仿真）研究类型基础之上，采用 IT 技术获取、处理、存储、统计分析大数据，从中获取知识，相比之下更为科学、更为有效的研究范式。数据密集型科学在教育科学研究中的运用给今后教育科研带来的变化将是革命性的，不但会丰富现有教育研究的方式，弥补现有研究方法和手段的不足，还会极大地改变教育研究的思维方式，使教育研究获得更多的数据支撑。大数据研究方法的运用，有助于教师有针对性地改变相关的教育教学策略，在教育科研方法和手段创新上也有着较强的引领和示范作用。

（4）开展大数据应用的探索和实践。

学校通过长期的实践、摸索、总结，促进教育科研管理效能提升的大数据应用方法和策略。学校利用大数据有助于实现个性化服务的优势，探索科研管理通过对研究团队和课题主持人长期的观察，基于课题研究的过程性分析，及时发现某一项课题可能存在的问题，需要哪些支持等，并及时为课题研究者提供所需的帮助、提示和获取资源的途径和办法，从而实现课题管理与服务的精致化、个性化。

5. 新时代应搞好的教育科研教学

学校通过大数据的技术支持，借助智能化、信息化工具获取、分析、研究数据，实现教学与科研的深度融合，做到“教中有研，以研促教”，同时促进教师数据素养和专业水平的提高。

（1）搞好精准教学。

一是精准备课。根据学生数据分析结果以及学生历次考情及学情追踪、班级共性错题和薄弱知识点的情况，为教师精准推送相匹配的拓展备课资源，实现课堂精准教学和个性化辅导。

二是精准讲评。根据班级学生的作答数据统计每个知识点的班级整体掌握程度，通过班级得分率和学校得分率进行对比，找出差距。上课时，教师可以按试题错误率对题目进行重新排序，重点讲解班级的共性问题。

三是精准辅导。直观展现每位学生的学情和学生知识点掌握情况，方便教师查看和发现学生的薄弱环节及分析原因，实现个性化、针对性地辅导学生学业。此外，教师要主动关注学生，实现对关注学生成绩波动的主动提醒。

四是精准教研。为促进大班式教学向个性化教学转变，建立了大数据教研中心。配合精准教研工具，实现由经验重复转向数据实证的常态方法转型，打通校本教研的创新路径。

（2）建立个性化学习中心。

为学生提供自由、开放、安全的学习及实践空间，配备专用的教学设备、丰富的个性化学习资源和学习工具，把信息技术与学科教学有机整合起来。个性化学习中心的功能分区如下。

一是个性化学习区，旨在为学生营造紧跟前沿科技的学习环境，学生可以在物理空间上进行分组，方便学生开展分组讨论、专项训练等。

二是分层教学区，可实现教师、学生的分层教与学，让学生进行分组讨论式协作学习，引导学生个性化学习，学生答题后老师即时获得学生作答情况。基于班级个性化练习结果，系统提供班级报告，包含完成情况、分数统计分析，薄弱知识点的提升情况等指标，呈现个性化学习后的班级整体效益，系统重新呈现高频错题，实现教师个性化智能讲评。

三是个性化学习资料打印区，能保证 1 个年级或 15 个班级的提分数册同时打印及存储，可供 45 名学生同时使用。

（3）智慧课堂。

这里的智慧指辨析判断、发明创造的能力。智慧课堂是借助先进的智慧教学模式的课堂。智慧教学模式以教学组织结构为主线把学习方式分成两层。

一是分组合作型学习。主要是培养学生综合应用能力，强调构建学习共同体，通过智慧教室多屏协作等形式为小组讨论与演示提供最大的支持，强调项目制学习，以可活动的新型桌椅及平板等支持小组项目制学习。

二是个人自适应性学习。学生可以根据个人偏好与发展需要，自主选择学习资源。而在个人自适应学习中，个人学习空间是核心环节，每个学生都应有一个具备学情分析报告、微课、预习与作业、巩固复习作业及资源库的综合个人学习空间，基于学生学情自适应推送难度不一的练习资源等。

（4）实现教育定制化。

大数据有能力去关注每一个学生的微观表现，诸如某个学生在一道题上耗时多久，在不同学科课堂上开小差的次数等。这些数据对其他个体没有意义，但将所有学生的数据整合起来就能解答教育过程中的许多疑问。

一是大数据能让老师教得更到位。数据分析有利于提高教学质量，通过对每次考试结果的分析，系统就可以对学校、学生进行多维度诊断。最后查看“诊断结果”，就能知道学校、学生在知识体系、学科能力等方面存在的问题。

二是教师可以查看任教班级对应学科的各项考试数据明细，包括试题分析、知识点分析、题型分析、客观题选择率分析、分段排名分布分析、学生成绩明细；查看各考试统计项目的平均分、得分率、及格率、低分率、满分人数等；查看各统计项目表现优秀的学生和表现较差的学生名单，双击学生名单还能具体了解学生在知识点或题型等细项上的作答明细。

三是科任教师可以通过分析任教班级考试中逐题得分率与年级总体得分率的差异情况，及时发现教学中存在的问题，进行基于实证的教学反思，进而优化教学方式，提高教学成绩。

四是班主任可以查看各学科的班均分、校均分、区均分、市均分以及低分率、及格率、优秀率、超均率等统计指标。最后，通过数据分析了解本班各学科的成绩，进行全科诊断，如对学生等级水平分布情况进行分析，发现优势学科和薄弱学科，进而解决问题。

（5）智慧校园的应用。

一是智慧校园的定义。智慧校园是智慧学习环境的具体载体。智慧校园具备智能化分析与管理功能的一体化环境，它以各种应用服务系统作为载体，将教科研、校园管理等工作有机地融为一体，通过信息共享以及对数据的系统性分析，体现校园相关工作所具有的智能优化特征。

二是智慧校园的核心特征。首先，从师生或者管理者的角度出发，提供一个全面基于智慧感知的环境与综合信息服务平台。其次，从互联网信息服务出发，打造融合校园各个子应用及服务领域的互联网合作整体校园信息与数据服务。最后，通过智慧感知环境与数据信息服务，提供校园与外部空间互动的接口。

三是智慧校园大数据的应用。首先是CC（Cloud Computing）平台的应用。CC平台是计算机与网络技术相融合的产物，可靠性高、通用性强。该平台运用虚拟化技术，并以网络作为载体，可对分布式计算资源进行协同工作。教师可将数据存储到云上，这部分数据存储后，由CC平台进行维护与管理，教师可随时对数据进行访问和读取。其次是一卡通平台。校园一卡通因其便捷性，在很多学校得到推广使用，大数据技术则是校园一卡通的核心技术。学生凭借一张卡可以解决在校园内学习、生活方面的诸多问题。最后是社交网络平台。借助该平台，学生能够跨学科学习，交流不受限制。此外，教师可以通过该平台与其他教师和学生进行知识的交流与研讨，为教学创新提供了渠道。

6. 新时代应形成的教育科研常态

教育科研常态是教师、校长或管理人员以教育科学研究的态度对待教书、管理、服务育人工作，把自己所担负的育人工作作为研究来做，把育人过程当作研究过程。墨子的教育实践，就是学习—研究—实验—推广的过程。苏联著名教育家苏霍姆林斯基说："凡是感到自己是一个研究者的教师，则可能变成教育的能手。如果你想让教师的劳动能给教师带来一些乐趣，使天天上课不致变得单调乏味，那么你就要引导每一位教师走上从事研究这条幸福的道路上来。"① 这里所说的"走上从事研究这条幸福的道路"，就是教育科研常态的最高境界，应是每一位教师、校长追求的目标。

如果我们将每所学校、每位教师根据自己的工作特点进行设计，教育科研常态首先要树立"教师即研究者"的理念，消除对教育科研的畏惧心理，在教育教学中时刻追问"是什么，为什么，怎么办"，在教育理论的指导下研究本校、本班、本学科的实际情况，解决日常工作中出现的问题，提升育人效果。

（1）学校教育科研常态的总体程序。

教育科研常态的学校总体程序如下：

传统的做法		教育科研常态的做法	
	制定工作计划 ↓ 工作成员讨论 ↓	确定研究计划 ↓ 专家进行论证 ↓	
学校工作目标——	（按计划开展工作 ↓ 总结工作成效	实施具体研究） ↓ 总结研究成果	——取得工作成效

这样长期坚持，形成常态，可以促进学校、教师步入"学习→研究（反思）→提高→出成果"的轨道。

① ［苏］瓦·阿·苏霍姆林斯基：《给教师的建议》，杜殿坤编译，教育科学出版社1980年版，第494页。

（2）教师教育科研常态的个体程序。

教师将教育教学工作作为亲自参与研究的过程，应探究出适合自己实际教学的科学方法，教师个体教育科研常态的形成步骤如下。

一是捕捉问题。从所教课程、所担任的工作和自身所处的独特情境中寻求需要解决的有意义的问题。

二是描述问题。利用自己观察或测量工具，描述所关心的问题，明确问题的性质和类型。

三是预测或假设。根据已有的信息推测问题可能解决的程度并指向目标。

四是干预和调节。论证、确认有效的介入因素，制定行动方案，明确实施的方式、方法并付诸实施。

五是结果解释。是对结果的理性分析，是一种个性化的讨论。当然，不是所有的研究都要达到解释的程度。

教师若能明晰实践研究的思路和操作规范，就能使研究变得简单和易于把握而不迷失方向。

参考文献

一、著作

岑仲勉：《墨子城守各篇简注》，中华书局1958年版。

冯成荣：《墨子行教事迹考》，（台北）文史哲出版社1980年版。

［美］李绍崑：《墨子：伟大的教育家》，张志怡译，湖南教育出版社1985年版。

孙诒让：《墨子间诂》，中华书局1986年版。

国家教委情报研究室编：《今日日本教育改革》，北京工业大学出版社1988年版。

张知寒主编：《墨子研究论丛（一）》，山东大学出版社1991年版。

杨俊光：《墨子新论》，江苏教育出版社1992年版。

张知寒主编：《墨子研究论丛（二）》，山东大学出版社1993年版。

张知寒主编：《墨子研究论丛（三）》，山东人民出版社1995年版。

蒋振远：《墨子箴言九十条》，山东滕州市墨子中学校本教材，1995年。

蒋振远：《适时施教的艺术》，山东教育出版社1997年版。

蒋振远：《教学艺术的实践与探索》，黄河出版社1997年版。

李广星：《墨子与当代教育》，中国书店出版社1997年版。

蒋振远：《墨子寓言故事选》，山东文化音像出版社1998年版。

张知寒主编：《墨子研究论丛（四）》，山东人民出版社1998年版。

蒋振远：《中学生怎样进行研究性学习》，吉林音像出版社2001年版。

王裕安：《墨子研究论丛（五）》，齐鲁书社2001年版。

蒋振远：《二十一世纪的育人要略》，甘肃教育出版社2002年版。

蒋振远：《课堂教学改革的十大策略》，吉林音像出版社2002年版。

李明主编：《墨子故里·滕州》，红旗出版社2002年版。

潘慧玲：《发展国民中小学教师教学专业能力指标之研究（普及版）》，台湾师范大学教育研究中心，2004 年。

任继愈、李广星主编：《墨子大全》，北京图书馆出版社 2004 年版。

王裕安主编：《墨子研究论丛（六）》，北京图书馆出版社 2004 年版。

王裕安主编：《墨子研究论丛（七）》，北京图书馆出版社 2006 年版。

蒋振远：《新课程下适时施教的艺术》，人民教育出版社 2007 年版。

任守景主编：《墨子研究论丛（八）》，齐鲁书社 2009 年版。

任守景主编：《墨子研究论丛（九）》，齐鲁书社 2010 年版。

邵长婕主编：《墨子研究论丛（十）》，齐鲁书社 2013 年版。

蒋振远：《适时施教的感悟》，中国炎黄文化出版社 2015 年版。

邵长婕主编：《墨子研究论丛（十一）》，齐鲁书社 2016 年版。

孙中原编：《墨子大辞典》，商务印书馆 2016 年版。

邵长婕主编：《墨子研究论丛（十二）》，齐鲁书社 2017 年版。

墨子研究中心编：《科圣墨子》，齐鲁书社 2017 年版。

姜宝昌：《墨子训释》，齐鲁书社 2017 年版。

二、论文

杨卫星、赵洪尚：《墨子讲授教学法评析》，《齐鲁学刊》2000 年第5 期。

赵发中、郑淑萍：《墨子科学技术教育思想研究》，《平顶山师专学报》2001 年第 3 期。

杜鹃：《谈墨子的辩论艺术》，《河南广播电视大学学报》2003 年第16 期。

史墨卿：《墨子的十大发明与发现》，《职大学报》2005 年第 3 期。

蒋振远：《墨子教育思想解读》，《东疆学刊》2006 年第 1 期。

陈逢治：《论墨子“善守御”的军事防御策略》，《齐鲁学刊》2006 年第 5 期。

郭金荣：《坚持教育的公益性之思考》，《实事求是》2009 年第 3 期。

张杰：《浅析墨子教化思想》，《内蒙古农业大学学报》（社会科学版）2010 年第 6 期。

汪涵：《墨子道德教育体系简述》，《群文天地》2010 年第 12 期。

孙中原：《〈墨子·经上〉和〈经说下〉的逻辑》，《毕节学院学报》2011 年第 1 期。

孙中原：《〈墨子·经上〉》和〈经说下〉的逻辑》，《毕节学院学报》2011 年第 2 期。

张勤：《论墨子与言尽意说》，《北方文学》2012 年第 3 期。

陆爱武：《墨子教育思想述考》，《兰台世界》2012 年第 15 期。

赵鹏：《论墨家的逻辑基本规律》，《保定学院学报》2013 年第 2 期。

光姝瑜：《从墨子哲学看社会主义核心价值观》，《党史博采》2015 年第 8 期。

姚慧：《大数据时代教育科研管理的变革》，《中国教育学刊》2015 年第 9 期。

肖洋：《大数据在智慧校园中的应用》，《电子技术与软件工程》2016 年第 19 期。

陶西平：《未来学校有这 7 个共同特点》，《未来教育家》2018 年第2～3 期。

蒋振远：《墨子教育思想的当代价值》，第四届墨学国际研讨会，1999 年。

张知寒：《略论墨子积极防御的军事学》，张知寒主编：《墨子研究论（三）》，山东人民出版社 1995 年版。

邵长婕：《墨子思想对建设中国特色社会主义文化的重要价值》，邵长婕主编：《墨子研究论丛（十）》，齐鲁书社 2013 年版。

陶贤都：《先秦墨家科技思想论析》，《光明日报》2008 年 10 月 19 日。

后记 | 蒋振远

校对完《墨子教育新论》书稿，我惬意地舒了口气。多年来我对墨子的纠结，算是有了圆满的结果。

说到对墨子的研究，我觉得《诗经》中的《野有蔓草》一诗，与我研究墨子有共通之处。《野有蔓草》是一首带有原始纯朴性和直率性的表现男女邂逅的诗作，表现了青年男女对不期而遇的惊喜和对爱神突然降临的幸福感，但我觉得这首诗就是写我和墨子的不期而遇，这种事先没有约定而意外的相逢，让我惊喜了几十年。

20世纪70年代初，我读中学，在语文课本里读到了《公输》。墨子“止楚攻宋”的故事，生动地叙述了墨子为实现“非攻”主张表现出的艰苦实践和顽强斗争的精神。文章先写墨子以理说服公输盘，接着写指责楚王攻宋不智，再写挫败公输盘的阴谋。我被墨子的大智大勇感动，为墨子的能言善辩所折服，为墨子的高超战法所动容，那种初读《公输》的震撼感动、再读《公输》的激烈紧张、细读《公输》的快意感觉，至今难以忘怀。

20世纪80年代中期，我到墨子的出生地——位于落凤山下的滕县第十三中学任校长。人们之所以叫它“落凤山”，据传这里是墨子出生时凤凰的降落处。落凤山不算高，但山势险峻，形如凤凰展翅。我在这里工作了5年多，其间经常听到当地群众关于“凤落名山生墨子”的传说，多次到化瘿沟（现为“化石沟”）墨子为治病救人带领弟子开挖的“一步两井”遗址前凭吊，组织学生对落凤山的民俗、民情做过调查。由于水泥厂的污染，学校不得不搬迁，我为此向领导、社会、媒体奔走呼吁，为学校师生请命。在当地政府的支持下，在学校驻地群众的帮助下，新校于1987年元旦建成。学校搬迁时，当地群众兼爱相亲、尊师重教、以义为利、热心助学的墨子遗风，至今还时时浮现眼前。

1995年10月，我调到滕州市墨子中学工作。这是全国唯一一所以“墨子”名字命名的学校。就在我到墨子中学工作的第四天，学校召开美籍华人李绍崑奖学金颁奖大会，中国墨子学会、山东大学、滕州市的领导都参加了。这次颁奖大会使我有幸结识了美国宾夕法尼亚州爱丁堡大学教授、中美精神心理研究所所长、著名墨学专家李绍崑先生，我们一见如故。在陪同李先生参观学校和与学生联欢的过程中，通过和李先生交谈，我进一步了解到墨学的精义，这更加激起了我对墨学的兴趣。于是，我便系统地学习、研读《墨子》，作为墨子故里的教育工作者，有责任、有义务来宣传、普及墨子思想，让青少年和更多的人了解、学习墨子。这既是建设社会主义精神文明的需要，也是继承中华民族优秀文化的需要。我要像墨子那样主动行教，做墨子思想的普及者，将教书育人同墨学研究结合起来。为了帮助学生更好地学习《墨子》，我在工作之余编著了《墨子箴言九十条》。该书是全国第一本校本教材，书中选取的箴言都贴近生活、言简意赅、包含哲理、闪烁着人类智慧的光芒。

在研读《墨子》的过程中，我经常读到一些动人的故事，这些故事有的是墨子教诲弟子的，有的是墨子在周游列国行教路上发生的，有的是墨子在说理中为表明自己理论正确引用的古代史实，也有的是墨子凭借自己的机智创造的故事。每每读到这样的故事我就笔录下来，两年多积累、收集达200余则。为了让青少年学生更好地理解和掌握墨子的思想，我结合教学实际，将这些故事整理分类，加以注释，进行翻译，书写提示，编著而成《墨子寓言故事选》一书。

在墨子中学工作期间，我多次参加墨子文化节、国际墨学研讨会，撰写了《墨子教育思想的当代价值》等一系列论文。2004年，我从工作岗位上退了下来，先后受聘到中国教育学会教育发展研究中心和中国教育培训服务中心工作，我仍对墨子怀念不已，抽出时间对《墨子》进行研读。利用外出培训、举办讲座、实地考察的机会，和全国各地的教育同人进行广泛的交流，收获颇为丰厚，先后写下了大量讲座文稿和体会文章。这期间我撰写的《墨子教育思想解读》，先后发表在国家东北亚文化研究名栏期刊、中国人文科学核心期刊、第二届全国优秀社科学报、国家教育部高校系统核心期刊《东疆学刊》上。文章指出：墨子是一位影响世界发展的伟大教育家，他对教育的理性思考和真切实践，有着敢为天下先的创新精神和超越时代的强大生命力。

继《墨子教育思想解读》后，每当阅读《墨子大全》，翻阅以前写下的文稿、书籍，我萌生撰写一部全面、系统研究墨子教育思想著作的想法。我以《墨子教育思想解读》一文为纲，做了大量的准备工作，于2008年着手进行写作，一边梳理文稿，一边阅读《墨子》原文，从中汲取新的营养，同时还参阅了大量的书籍、文献。经过十多年的努力，终于完成了《墨子教育新论》。

从20世纪70年代初我读中学算起，到现在已近半个世纪，在这期间我除了研究墨子，还创立了“适时施教”理论，“适时施教”即抓住适当时机，创造适合学生的教育。“适时施教”理论的集成著作《新课程背景下适时施教的艺术》，2007年8月年由教育部资助、人民教育出版社出版。经教育部师范教育司、教育部课程教材研究所评审纳入“国家重点图书出版规划项目、教育家成长系列、全国中小学教师继续教育用书、教育部特级教师计划、中国特级教师文库”并在全国推广。我的“适时施教”理论研究和墨子研究都取得了丰硕成果。墨子的教育思想为“适时施教”理论提供了丰厚滋养，“适时施教”理论对墨子教育思想进行了很好的阐释。

《墨子教育新论》能够艰辛完成、得以顺利出版，我要感谢我的老师——著名教育家、山东师范大学原校长谷汉民先生。谷先生当年对我的谆谆教诲，至今言犹在耳。谷先生八十高龄，精神矍铄，社会活动虽然繁多，但在百忙中仍不辞辛苦，审阅书稿，为本书作序，谷先生奖掖后进的精神令我感动。

感谢我的夫人，她是我的大学同学、枣庄科技职业学院退休的高级讲师。我们都出生于农民之家，忠厚的家风熏陶了我们，善良的父辈影响了我们；贫穷助我们成长，学习使我们成才。她工作成绩卓著，曾多次被评为市、县优秀教师，当过地市级人大代表。为了我的研究，她无私奉献。多年来我每有新作问世，她是第一个读者，提出了很多有价值的建议。

感谢中国墨子学会、山东大学、滕州市墨子研究中心，为我学习、研究墨子大开方便之门，倾力予以支持。没有它们的支持，本书不可能完成并得以出版。

感谢滕州市教育局，我退休前后的领导对我的研究给予很大支持，提供诸多方便，使我的研究成果得到了验证、推广的空间。

感谢鲁东大学教育科学学院副院长娄立志教授在繁忙的教学、研究中抽出时间英译“内容提要”，为本书增色不少。

感谢山东大学出版社，对本书的出版表现出极大的热忱，在第一时间给予回复并提出珍贵的修改意见和详细指导。

为了本书的写作，我参考了大量的著述和研究文献并有所吸取、征引，有的已在书中注明，没有注明的在书后参考文献中列出。掠美之处，谨此深致谢忱。由于学力有限，书中难免存在不少谬误，敬请前辈、专家、领导、同行和读者朋友批评指正。

2019 年 6 月 26 日